Quanto ao futuro, Clarice

© Bazar do Tempo, 2021
© PUC-Rio, 2021

Todos os direitos reservados e protegidos pela lei n. 9610, de 12.2.1998.
Proibida a reprodução total ou parcial sem a expressa anuência das editoras.

Este livro foi revisado segundo o Acordo Ortográfico da Língua Portuguesa de 1990, em vigor no Brasil desde 2009.

Edição
Ana Cecilia Impelliziéri Martins

Assistente editorial
Clarice Goulart

Revisão
Elisa Duque

Projeto gráfico e capa
Evelyn Grumach
EMoD – Escritório Modelo de Design PUC-Rio

Diagramação
Ully Cabral
EMoD – Escritório Modelo de Design PUC-Rio

Imagem da capa
Clarice Lispector, década de 1970 (autor não identificado) / Instituto Moreira Salles

Rua General Dionísio, 53, Humaitá
22271-050 – Rio de Janeiro – RJ
contato@bazardotempo.com.br
www.bazardotempo.com.br

Reitor
Prof. Pe. Josafá Carlos de Siqueira SJ

Vice-Reitor
Prof. Pe. Anderson Antonio Pedroso SJ

Vice-Reitor para Assuntos Acadêmicos
Prof. José Ricardo Bergmann

Vice-Reitor para Assuntos Administrativos
Prof. Ricardo Tanscheit

Vice-Reitor para Assuntos Comunitários
Prof. Augusto Luiz Duarte Lopes Sampaio

Vice-Reitor para Assuntos de Desenvolvimento
Prof. Sergio Bruni

Decanos
Prof. Júlio Cesar Valladão Diniz (CTCH)
Prof. Luiz Roberto A. Cunha (CCS)
Prof. Sidnei Paciornik (CTC)
Prof. Hilton Augusto Koch (CCBS)

Editora PUC-Rio

Rua Marquês de S. Vicente, 225 – Casa da Editora PUC-Rio
Gávea – Rio de Janeiro – RJ – CEP 22451-900
55 21 3527-1760/1838
edpucrio@puc-rio.br
www.editora.puc-rio.br

Conselho Gestor da Editora PUC-Rio
Augusto Sampaio, Danilo Marcondes, Felipe Gomberg, Hilton Augusto Koch, José Ricardo Bergmann, Júlio Cesar Valladão Diniz, Sidnei Paciornik, Luiz Roberto Cunha e Sergio Bruni.

Quanto ao futuro, Clarice
ORG. Júlio Diniz

É preciso
arrancar alegria
ao futuro.

Vladimir Maiakovski

Macabéa ficou um pouco aturdida sem saber
se atravessaria a rua pois sua vida já estava
mudada. E mudada por palavras – desde
Moisés se sabe que a palavra é divina.
Até para atravessar a rua ela já era outra
pessoa. Uma pessoa grávida de futuro.

Clarice Lispector

SUMÁRIO

Júlio Diniz 9
Quanto ao presente, Lispector

Ana Kiffer 27
O som inaudível do quarto

Antoneli Matos Belli Sinder 45
Conversar com C. – As ficções
de infância de Clarice Lispector
para crianças

Beatriz Damasceno 69
Clarice Lispector e Lúcio Cardoso –
Para além da paixão

Elizama Almeida 89
"Terminei rasgando e jogando fora":
perdas e pedaços de
A hora da estrela no arquivo
Clarice Lispector

Evando Nascimento 109
Clarice e as plantas: a poética
e a estética das sensitivas

Florencia Garramuño 139
Inauguração do futuro: Clarice
Lispector e a vida anônima

João Camillo Penna 153
A menina, a água, a montanha

Lucia Helena 179
Clarice Lispector e o desafio duma
rapariga ao espelho

Lúcia Peixoto Cherem 193
Empada de legume
não tem tampa

Magdalena Edwards 209
Clarice Lispector e a tradução
como constelação

Marcela Lanius 221
O instante-já e o já-instante:
Clarice Lispector em tradução
ou um monólogo para muitas vozes

Maria Clara Bingemer 243
Clarice às voltas com Deus
(algumas reflexões teoliterárias)

Nádia Battella Gotlib 267
Clarice Lispector hoje:
literatura e pandemia

**Roberto Corrêa
dos Santos** 283
A arte da frase em Clarice

Silviano Santiago 299
Clarice Lispector:
a coragem do medo

Veronica Stigger 309
O útero do mundo

Vilma Arêas 339
Circuitos da vida íntima

Yudith Rosenbaum 357
Escrevendo o impossível: embates
entre narrador e personagem em
A hora da estrela, de Clarice Lispector

**Margarida de
Souza Neves** 379
Clarice em seis tempos

Marina Colasanti 397
Depoimento

Nélida Piñon 405
Depoimento

Maria Bethânia 415
Depoimento

. Quanto ao futuro

Registro dos fatos

e já acabei ~~de~~ de

~~ta~~ historia ~~~~ começo ~~~~

certo pudor esta

~~~~ onde ate

A reaci~~~~

cada um

Quanto ao presente, Lispector
Júlio Diniz

Desejos, medos e sonhos

A ideia de fazer este livro começou em 2019 quando a pandemia sanitária ainda não nos ameaçava. Sentíamos, sim, os primeiros impactos das ações que sustentariam o projeto e a agenda de combate às conquistas sociais, políticas e econômicas implantados no Brasil a partir de janeiro daquele ano. Percebemos rapidamente que tínhamos que reagir de alguma maneira ao que estava a ocorrer, e essa reação teria que ser, como era de se esperar, no campo das ideias, com indignação, inteligência e sensibilidade.

No início do segundo semestre daquele ano nos reunimos na PUC-Rio em torno de um projeto a ser realizado em 2020: a comemoração do centenário de nascimento de Clarice Lispector. O objetivo principal era não somente homenagear aquela que é a maior escritora brasileira de todos os tempos, como também ler e atualizar a força de sua literatura numa contemporaneidade que se debruça para o futuro. Não se pretendia falar de Clarice como um monumento literário, aprisionado a um passado glorioso, nem tratar a sua obra como um arquivo já constituído. Queríamos celebrar a voz viva, presente e potente desta nordestina-ucraniana-judia-carioca-passageira-do-mundo, que marca em definitivo a literatura e a cultura em língua portuguesa no século XX.

As primeiras ideias surgiram das reuniões no Decanato de Teologia e Ciências Humanas e foram ganhando corpo progressivamente. O núcleo inicial era formado por professores e alunos de graduação e pós-graduação de diferentes departamentos que propuseram as seguintes atividades: a realização de um simpósio internacional, a criação de um site específico para o evento e a publicação de um livro reunindo os textos apresentados no simpósio.

Procuramos parceiros institucionais para conversar sobre o projeto e propor uma agenda comum. A adesão do Instituto Moreira Salles (IMS) e do *Suplemento Pernambuco* foram imediatas. O projeto passou a ter uma dimensão maior, envolvendo uma exposição organizada pelo IMS e um número especial do *Suplemento*.

Como sabemos, 2020 foi marcado pelo surgimento e agravamento da Covid-19 e suas consequências nefastas. Sentimos a dolorosa e trágica experiência de viver simultaneamente várias pandemias. Além da crise sanitária, fenômeno em escala global, constatamos a sua letalidade sendo potencializada pelas crises ética, moral, política e econômica que assolava e continua assolando o Brasil. Tivemos que suspender quase que integralmente o projeto, algumas atividades não puderam ser realizadas e outras ideias foram adiadas para um momento mais adequado.

Felizmente, Schneider Carpegianni, editor do *Suplemento Pernambuco*, conseguiu publicar, em dezembro de 2020, exatamente no mês do centenário, o extraordinário número 178 do jornal literário em homenagem a Clarice.

Apesar das dificuldades e dos limites da vida, o desejo de publicar este livro continuou de pé, assim como nossas parcerias institucionais e os nossos sonhos. O lançamento de *Quanto ao futuro, Clarice* coincide com a exposição *Constelação Clarice*, com curadoria de Eucanaã Ferraz e Verônica Stigger, inaugurada no Instituto Moreira Salles da avenida Paulista. Os dois projetos, temporariamente suspensos em 2020, se encontram em sua plenitude no fim do ano de 2021, fechando a celebração do centenário.

O livro

Convidamos para compor este livro dezoito ensaístas que se dedicam à leitura e reflexão da vasta obra de Clarice, tanto no espaço acadêmico quanto nas mídias e no mercado editorial, e que contribuíram de uma maneira brilhante para que esta publicação acontecesse. Teremos a oportunidade de citar nominalmente cada um dos colaboradores ao longo desta apresentação, destacando um pequeno trecho de seus respectivos textos.

Como era de se esperar, o livro nos apresenta uma diversidade significativa na escolha dos temas, alguns mais recorrentes que outros, e das obras que compõem o universo clariciano. Cada autor(a) convidado(a) propôs o assunto, a abordagem, a forma e a extensão de seu ensaio. O projeto deste livro não tinha como objetivo percorrer a integralidade da obra de Clarice Lispector, muito menos cobrir a totalidade das temáticas que atravessam a escrita ficcional-filosófica própria da escritora.

Ana Kiffer, professora da PUC-Rio, ensaísta e escritora, trata em seu texto *O som inaudível do quarto* de temas que marcam o debate contemporâneo, tais como opressão, miséria e racismo, focando a sua análise em *A paixão segundo G.H.* e, particularmente, na personagem Janair.

> Às vezes a vida volta. Diria que hoje, nessa grande volta de Clarice, é mesmo Janair quem deveria voltar. Diria ainda que hoje a vida volta em demasia. Volta em muitas voltas: no recrudescimento das forças da extrema-direita, nos novos fascismos mundiais, no racismo crescente e nunca ultrapassado, no incremento do ódio ao diferente, e na imensa instabilização da própria vida, acossada entre as pandemias e o desabar, incendiar, desmatar a própria origem de toda vida – a terra, a natureza. Hoje a vida volta nos dizendo que talvez não tenha outra volta. Volta em alerta e em súplica.

Conversar com C. – As ficções de infância de Clarice Lispector para crianças, texto da pesquisadora Antoneli Matos Belli Sinder, aborda as obras de CL ditas para crianças, problematizando a relação entre a ficção e o imaginário da infância, os devires constituintes do humano e do não humano.

> A fome é motor de desejo, de vida, de morte, de mais fome ou mesmo de autodevoração para tentar dar lugar a algo que poderia permanecer ou simplesmente restar. A narrativa é faminta? A fome criada deixa o leitor esfomeado. A fome come, devora e sempre fareja mais o que comer. Esse motivo poético aproxima e afasta a narrativa tanto do animal quanto do humano como numa gangorra. Oscila e vacila. Por vezes, é a fome da própria narrativa, da própria escrita. *A mulher que matou os peixes* é palco de fome e de morte, mas é também cenário ímpar da inter-relação figurativa, elástica, entre humano e não humano, aquilo que também une todos os viventes.

A professora da PUC-Rio Beatriz Damasceno propõe no seu texto *Clarice Lispector e Lúcio Cardoso – Para além da paixão* uma leitura comparativa das cartas e dos escritos que aproximavam e distanciavam os dois amigos, ressaltando a potência do afeto e o (des)limite amoroso entre os dois escritores.

A vida para ambos era vivida na intensidade, mergulhavam fundo, olhavam e perscrutavam o interior, buscavam extremos, não foi por acaso que a primeira frase da crônica dedicada ao amigo é: "Lúcio, estou com saudade de você, corcel de fogo que você era, sem limite para o seu galope " Mais adiante, completa: "Ouço ele me garantir que não tivesse medo do futuro porque eu era um ser com a chama da vida". Lúcio Cardoso reconhecia em Clarice a chama da vida porque também era chama. A forma visceral com que devoravam a existência fazia com que se reconhecessem e a escrita era uma busca para dar conta do risco que é viver.

O arquivo Clarice Lispector é o tema do texto da pesquisadora do IMS e mestre em literatura pela PUC-Rio, Elizama Almeida. *"Terminei rasgando e jogando fora": perdas e pedaços de A hora da estrela no arquivo Clarice Lispector* levanta e problematiza questões relativas à constituição do arquivo e seus mecanismos de (des)ordenamento e compreensão.

Em um arquivo, seja institucional ou pessoal, há um instante de abrir caixas e gavetas cuja atenção é devotada ao antigo: cartas, cadernos, provas escolares. Ali estão o primeiro amor que passou, o segundo que não veio, fotos de um destino já distante, o rascunho de um romance. Estar diante desses papéis equivale a estar diante de um recorte temporal: é preciso decidir entre aquilo que fica – e que obedecerá, portanto, a uma lógica de conservação e lembrança – e aquilo que sai, cuja economia será outra, de descarte e esquecimento.
Não é difícil supor a natureza do ímpeto clariciano em relação aos seus manuscritos.

O escritor, pesquisador, ensaísta e professor universitário Evando Nascimento ilumina em seu ensaio *Clarice e as plantas: a poética e a estética das sensitivas* um dos aspectos mais fascinantes da obra de Lispector: a potência relacional entre humano, não humano, plantas, bichos e coisas.

A ficção clariciana emaranha plasticamente tudo: bichos, plantas, humanos e coisas, numa corrente vital em que se mesclam amor e ódio como forças primitivas, mas também civilizadas, todas muito *cultas*. Como vimos, cultura remete a plantio e vida e, ao mesmo tempo, a civilização. Abre-se, com isso, o campo minado dos afetos no selvagem coração da vida – da "vida oblíqua". Tal é o impensado ou o impensável das culturas ocidentais que a ficção de Clarice permite pensar: subjacentes a este nosso mundo demasiado linear e hierarquizado, cheio de grades (como no Rio de Janeiro e em várias cidades mundo afora), há outras vidas, pulsando descontroladas, convidando ao vício, ao gozo e à alegria de viver. Sem álibi.

Inauguração do futuro: Clarice Lispector e a vida anônima é o título do ensaio proposto por Florencia Garramuño, escritora, tradutora e professora da Universidad de San Andrés, na Argentina. O impacto e o impulso transformador da literatura de Clarice na contemporaneidade é o tópico a partir do qual a ensaísta desenvolve os seus argumentos.

Talvez a fascinação contemporânea pela literatura de Clarice Lispector possa ser vista como sintoma de uma insatisfação com a literatura atual de gêneros definidos e estruturados que se concentram em histórias individuais; como sintomas – se bem – de uma insatisfação da cultura contemporânea pelas formas individualizantes e estáveis e um desejo – uma pulsão – por formas mais comuns e impessoais que consigam narrar, conter e imaginar, além do indivíduo, a noção de uma experiência alheia e ao mesmo tempo íntima às que o mundo contemporâneo nos confronta. Seja como for, o certo é que, tendo chegado ao âmago da narração, tendo levado a literatura a poder "dizê-lo tudo sobre o humano", como indicou Evando de Nascimento, Clarice Lispector tornou-se uma inspiração fértil para que a cultura contemporânea fosse ensaiando e achando formas e dispositivos poderosos para expandir suas fronteiras.

A menina, a água, a montanha é o título do texto urdido por João Camillo Penna, professor titular de teoria literária e literatura comparada da Universidade Federal do Rio de Janeiro (UFRJ). A densidade da leitura proposta aborda alguns tópicos da relação de Clarice com a sua infância, a força da presença do pai e os traços marcantes da cultura judaica, voltando-se para o sentir e pensar o mundo na sua infinitude como uma relação imanente.

"Banhos de mar" parece narrar algo como esse mundo divino duplamente imanente, hassídico e espinosano, ao mesmo tempo livre e necessário, aonde coincide a graça e a lei, e não por acaso está centrado na realização da vontade do pai. Trata-se ali de um Deus infinito, igual à natureza, que se manifesta como saúde, e que através das águas salgadas do mar de Olinda cura das catástrofes do mundo. Ao mesmo tempo, o pacto hassídico exige o segredo que não deve revelar-se enquanto tal. Revelar essa religião das coisas, o seu hassidismo transformado, seria ferir de morte o messianismo em surdina que praticava. Esmiuçar a referência filosófica seria ferir o pacto com a literatura. Dupla recusa da metalinguagem religiosa ou filosófica, porque dois e dois não são quatro, e ela "não se aguenta".

Lucia Helena, professora titular de literatura comparada da Universidade Federal do Rio de Janeiro (UFRJ) e da Universidade Federal Fluminense (UFF), propõe uma releitura de aspectos e textos específicos em *Clarice Lispector e o desafio duma rapariga ao espelho,* a partir da discussão sobre identidade nacional e cultural, a relação com o outro e as configurações externas e internas das personagens femininas.

Retiro agora uma segunda conclusão parcial: a de que se percebe neste texto de Lispector que a questão da identidade cultural penetra no texto não mais como tema, mas como construção encarnada no corpo da linguagem e não algo externo. Neste sentido, a lição modernista da inadequação do caldeamento de raças ou de uma teoria da racionalidade para nos explicar como o Outro, não é mais possível. Ou não tem mais qualquer rendimento em Lispector. As identidades pessoal e cultural caminharão juntas, como um problema que vai ser examinado na configuração interna da personagem feminina, investigada num quadro em que o patriarcado ocidental é convocado como ponto de vista de focalização (isto ficará bem claro no conto que trata de pequena flor, a pigmeia).

A professora da Universidade Federal do Paraná (UFPR) e tradutora Lúcia Peixoto Cherem discute, a partir da sua trajetória de encontro com o universo clariciano, como a autora de *O lustre* foi lida pelas lentes de intelectuais mulheres de língua francesa. Em *Empada de legume não tem tampa,* a pesquisadora paranaense discorre sobre a recepção da obra de Clarice no mundo francófono e seus desdobramentos no Brasil.

Outra contribuição de seu trabalho *[referindo-se a Claire Varin]* para o entendimento da obra é a ligação de Clarice com as línguas que ouviu na infância e com as que aprendeu mais tarde em viagens, quando morou fora do Brasil. Essa conexão com várias sintaxes marca muito a experiência dela com a escrita. Segundo Claire Varin, o espírito dessas línguas, além do iídiche ouvido em casa, foi captado por Clarice Lispector que ouvia, via e sentia demais. Por intermédio dela, sentimos, além do mundo das palavras, o da música e o da pintura. Toda linguagem lhe interessava, principalmente o silêncio, a entrelinha, o não-dito.

Clarice Lispector e a tradução como constelação é o texto proposto por Magdalena Edwards, tradutora, escritora e atriz, que discute os processos de tradução para a língua inglesa da obra de Lispector e sua relação, dinâmica e corporal, com o exercício tradutório na contemporaneidade.

Através do processo de tradução – como tradutora e leitora de traduções – comecei a aceitar que Clarice em português jamais seria Clarice em inglês ou espanhol ou francês ou chinês ou árabe ou hebraico ou... A tradução exige de mim que eu aceite tanto a perda quanto a diferença. A perda de jamais ser capaz de vivenciar plenamente os textos claricianos em todas as línguas que não conheço, além de sentir os sons (com meu corpo) se alguém lê uma passagem em voz alta para mim, e a perda de não ser capaz de ler a maior parte da escrita deste mundo em seu idioma original. Mas... com cada tradução um caminho novo e diferente emerge na direção do espírito do texto original. Isso é comovente e poderoso.

Marcela Lanius, doutora em Estudos da Linguagem pela PUC-Rio, apresenta, em seu texto *O instante-já e o já-instante: Clarice Lispector e/m tradução ou um monólogo para muitas vozes*, uma reflexão abrangente e detalhada dos processos e procedimentos tradutórios da obra de CL em língua inglesa, mapeando tradutores e apresentando distintas possibilidades de concepção do texto transcriado.

É importante, afinal, lembrar que Clarice ganha proeminência na França e no Canadá no momento político e socialmente conturbado da década de 1970. É a partir dessa leitura, sobretudo feminista e literária, que a escritora será transportada para o mundo anglófono dos Estados Unidos e do Reino Unido, criando uma rede de diálogos que ocorre sobretudo via tradução. Num momento histórico em que a academia e a crítica literária enfrentavam, na França, uma forte crise de valores, a segunda onda do movimento feminista se articulava com força, e o pensamento lacaniano se disseminava com rapidez (Cherem, 2013), Clarice será lida por Hélène Cixous, por Antoinette Fouque e por todo um núcleo de pensadoras e filósofas feministas, que se articulam e atuam majoritariamente no meio acadêmico. É na leitura de Cixous, sobretudo, que Clarice se transformará em expressão maior de uma chamada *écriture féminine* – e é dessa forma que será importada para os Estados Unidos, onde passará a ser lida e traduzida também como filósofa da linguagem; como pós-estruturalista *avant la lettre* (Fitz, 2001). Tal consagração vem pelas mãos de tradutores discípulos de Gregory Rabassa, eles próprios professores e pesquisadores inseridos na realidade acadêmica estadunidense, como Elizabeth Lowe e Earl Fitz (Rabassa, 2005).

A teóloga, ensaísta e professora titular do departamento de Teologia da PUC-Rio Maria Clara Bingemer propõe em *Clarice às voltas com Deus (algumas reflexões teoliterárias)* possíveis leituras de alguns escritos de Lispector, tendo como referência, teórica e conceitual, a teopoética, ou seja, a prática interdisciplinar e comparativista de hermenêutica do texto literário no campo dos estudos filosóficos e teológicos:

No entanto, na obra de Clarice, além de abordagens da temática judaica de forma oblíqua, aparecem menções a passagens da Bíblia Hebraica. Assim também é impressionante em sua obra a imensa prevalência da Palavra. Importa não esquecer antes de continuar nossa reflexão que, para o povo de Israel, antes que nada, Deus é Palavra. Palavra ouvida e obedecida, Palavra que inaugura mundos, engravida virgens e estéreis, transforma desertos em jardins, perfura os ouvidos humanos dando ao profeta língua de discípulo. Clarice, artista da palavra, declarou ela mesma em sua crônica "As três experiências": "A palavra é meu domínio sobre o mundo".

Nádia Battella Gotlib, biógrafa de Clarice, ensaísta, professora livre-docente de literatura brasileira da Universidade de São Paulo (USP), atualiza e potencializa a importância da escrita e da obra da nossa homenageada no seu texto *Clarice Lispector hoje: literatura e pandemia.* Pensar Lispector no momento histórico atual – difuso, confuso, pandêmico, distópico – é o que propõe a voz afetiva e política de Nádia.

Num momento de pandemia, em que passamos pela experiência do sofrimento e pela proximidade da morte, a arte de Clarice Lispector mostra a sua força ao vencer a 'via sacra' das adversidades, que inclui, entre tantas outras, a resistência ao medo. Se a barata, por um lado, revela o seu 'outro', ao trazer no seu 'dentro' o sumo da vida primordial, que resiste apesar de tudo, revela também a morte que tem de ser enfrentada, metáfora do vírus que assola e destrói nossa população. Em ambos os casos, é a revelação do valor da vida. E da alegria possível. "Alegria difícil, mas alegria", tal como a própria escritora propõe na dedicatória a seus leitores, em *A paixão segundo G.H.*

A arte da frase em Clarice é um ensaio que materializa e encena diálogos possíveis entre vozes que atravessam afetiva e politicamente os escritos de Clarice. A partir de frases e trechos dispersos na obra ficcional e (pós)filosófica da autora, o ensaísta, professor e artista Roberto Corrêa dos Santos nos oferece o pensamento bruto e potente de uma escrita que reafirma todo o tempo sua potência, capacidade de atravessamento, contemporaneidade e extemporaneidade.

Clarice é o ápice de nosso poder maior de a escrita valer-se da língua portuguesa do Brasil e com ela amalgamar inaugurais pensamentos, ritmos, descobertas, poemas ampliados. Entretanto, quase nada há de psicológico ou de intimismos em seu ato-escrever: nem causas, nem consequências importam; novos são seus modos de compreender vida, morte, tempo, amor; cuida-se do como se processa a ardente alegria, desenha-se a vida por intermédio de um saber a valer-se do ativo ignorar; conclama sua obra a cegueira encaminhante e responde aos enigmas 'do que é isto?' com: 'isto é isto, apenas isto e, logo, isto é tanto e tanto, sendo isto'. Não cria Clarice narrativas que justifiquem o bem ou o mal-viver; dizem seus textos da importância do seguir sem aprisionar-se nem ao antes nem ao depois: quer, como afirma, o *já*.

Silviano Santiago, professor emérito da UFF, ensaísta e escritor, propõe em seu texto *Clarice Lispector: a coragem do medo* uma leitura especulativa sob a ótica comparativa do conceito e a presença do medo em textos de Thomas Hobbes, Clarice Lispector e Roland Barthes, visando a discussão dos limites e efeitos do medo como trava/treva na criação, emergindo, conforme sua proposta, a coragem do medo, desentre(a)vado no pensamento ficcional de Clarice.

O gozo entrevado (paralisado, tolhido) do escritor medroso não propicia prazer. Entreva também a linguagem delirante. Clarice Lispector, autora do conto "O búfalo", é a primeira e talvez a única pensadora moderna a *desentrevar* o gozo propiciado pelo medo. (O verbo *desentrevar* existe em português e é bíblico, significa *curar de paralisia* e é usado para descrever os milagres de Cristo.) Clarice *desentreva* o texto do gozo para assumir a atrevida linguagem delirante do medo. A coragem do medo.

A operação do texto de Clarice Lispector visa a retirar o medo da masculinidade tóxica a dominar o Ocidente, a fim de poder configurá-lo com as características de gênero (*gender*). No mundo patriarcal, a mulher é a priori medrosa e, por isso, tem de estar sempre em alerta. Ela transforma a encomenda equivocada, o medo, recobrindo-a com a especificidade do objeto que fora solicitado, a coragem do medo.

O útero do mundo é o texto que nos oferece Veronica Stigger, doutora em teoria e crítica de arte pela USP, escritora, professora e curadora independente. A partir do conceito de histeria e da discussão sobre questões imbricadas no feminino, a ensaísta propõe a leitura de alguns textos centrais para a compreensão da literatura de Clarice pensando em três fórmulas conceituais: o grito ancestral, a montagem humana e a vida primária.

Se a vida primária manifesta-se como uma volta incessante à cena de origem, esta volta não é nenhum retorno a um tempo passado, a uma "pré-história" situada, de fato, *antes da história*. A vida primária – presença sempre inquietante – é manifestação deste começo sem fim, desta "pré-história" inacabável, no agora. Vida primária é o que bagunça a estrutura do tempo e a estrutura da história, o que altera a *cronologia*, transformando-a em *bio-grafia*; e pensemos, aqui, esse termo em sentido radical, para além dos mitos do eu e da individualidade: escrita-vida de um mundo vivo. A vida primária configura-se, antes de tudo, como um desejo permanente de mais vida. "O universo", bem diz Clarice, "jamais começou".

A partir das montagens teatrais de *A vida íntima de Laura,* a professora titular de literatura brasileira na Unicamp, ensaísta e ficcionista Vilma Arêas, percorre em *Circuitos da vida íntima* aspectos relevantes e reveladores da presença da infância e dos chamados livros para criança nas obras ditas infantis de Clarice Lispector. Interessa à ensaísta o diálogo entre a literatura e o teatro, mote para a discussão sobre escrita e montagem, materialidade do livro e corporeidade da cena.

A Narradora [*referindo-se ao Mistério do coelho pensante*] confessa com a maior tranquilidade que o mistério estava justamente ali. Ela não sabia. E repete: "Não sei". Com isso joga por terra o modelo da narrativa policial, ao lado de outras convenções: "É uma história tão misteriosa que até hoje não encontrei uma só criança que me desse uma resposta boa". Não adiantava nem mesmo franzir o nariz tentando pensar como um coelho, porque em vez de uma ideia, tinha "uma vontade doida de comer cenoura". Será que ela estava virando uma coelha? Será que estava zombando dos labirintos intelectuais? Bom, ela não responde à dúvida e em vez disso estimula as crianças a descobrir a solução. Suas palavras finais afirmam: "Eu é que não vou mais franzir meu nariz, porque já estou cansada, meu bem, de só comer cenoura".

Escrevendo o impossível: embates entre narrador e personagem em A hora da estrela, de Clarice Lispector é o ensaio proposto por Yudith Rosenbaum, escritora, professora de literatura brasileira na USP e doutora em Teoria Literária e Literatura Comparada. Sua leitura está focada, mas não exclusivamente, na leitura de *A hora da estrela,* tomando por base os conflitos entre Rodrigo (narrador), Macabéa (personagem) e, por que não, Clarice (autora).

Lembremos que a história de Macabéa é uma tentativa de reprodução de três páginas que literalmente foram jogadas no lixo pela cozinheira do narrador... O livro já surge como uma versão resgatada da lixeira, uma cópia aproximada de um original perdido. Essa origem rebaixada da narrativa em sua materialidade deixa entrever o rebaixamento da própria personagem, ela também o resíduo de uma experiência falhada. Não é preciso ressaltar que o fundo histórico da precária aventura da nordestina desenraizada rumo ao sudeste do Brasil está dado desde o início nesse nascedouro, lugar esquecido de todos, até mesmo por sua irmã de classe, a cozinheira. Pelo menos essa é *uma* das faces de Macabéa, sendo possível depreender outras menos esperadas.

Fotos e depoimentos

Entre um ano e outro, vasculhando as imagens do Núcleo de Memória da PUC-Rio, à época coordenado pela profa. Margarida Neves, deparamo-nos com seis fotos do II Encontro de Professores de Literatura, realizado no auditório da universidade em 1975. Organizado pelo então diretor do departamento de Letras e Artes, Affonso Romano de Sant'Anna, o evento contou com a presença de Clarice, uma das personagens das fotos, ao lado das escritoras e amigas Marina Colasanti e Nélida Piñon. Essa descoberta preciosa nos motivou ainda mais para publicar este livro.

As fotos, inéditas para o público leitor de CL, estão acompanhadas pelo belo texto de Margarida Neves (*Clarice em seis tempos*) e pelos depoimentos de Marina e Nélida, concedidos especialmente para esta ocasião. Agradecimentos especiais à generosidade e à amizade das duas escritoras que não só se dispuseram a relembrar os fatos que cercaram aquele evento, as sensações e reações de Clarice, como também falar sobre a convivência com Lispector, seus jeitos de ser e de viver os seus mistérios.

Nas palavras de Margarida:

> São seis fotos, fragmentos de um tempo passado e de um encontro acadêmico importante. E, de dentro delas, Clarice parece nos desafiar a encontrar algo mais que a simples constatação de sua presença no evento. Até a publicação deste livro, as fotos permaneceram inéditas, como se esperassem a comemoração dos cem anos da escritora para saltarem do silêncio dos arquivos para o ruidoso mundo dos debates acadêmicos no qual tiveram origem e para o qual parecem querer voltar. Sorte a nossa, porque, uma vez publicadas, será possível contar com as contribuições de outros olhares e de muitas outras leituras para analisá-las e compreendê-las.
>
> Que perguntas as seis fotografias poderão ajudar a responder? Sobre o que nos interrogam essas seis fotos? Que nos dirão sobre Clarice? E que nos dirá a calada Clarice dessas fotografias?

O livro termina com a transcrição de uma conversa com Maria Bethânia sobre a presença de Lispector em sua vida, o impacto que os seus textos provocam e como os escritos da autora de *Laços de família* fazem parte (e com muito sucesso) do repertório escolhido para as apresentações da intérprete de Santo Amaro, ideia original do mestre Fauzi Arap. Parte do público que acompanha a trajetória artística de Bethânia, nos discos e/ou nos shows, teve o primeiro contato com as poderosas e tocantes imagens poéticas de Clarice pela força da voz de Bethânia.

Agradecimentos

O momento é de agradecimentos a todas e a todos que colaboraram de alguma maneira para que este livro ganhasse vida e existência própria e plena.

Começo por aqueles que iniciaram esta travessia, entre luzes e sombras: Elizama Almeida (que soprou o título do livro nos nossos ouvidos), Marcela Lanius e Gabriel Martins. Agradeço também ao prof. Alexandre Montaury, diretor do Departamento de Letras, e sua equipe, à profa. Jackeline Lima Farbiarz, diretora do Departamento de Artes & Design, e sua equipe, e à Fernanda Fialho, assessora do CTCH. Agradecimentos especiais à designer e professora Evelyn Grumach, a Ully Cabral e Lívia Mascarenhas e a todo o grupo de trabalho do EMoD – Escritório Modelo de Design – do departamento de Artes & Design, pelo empenho, criatividade e sensibilidade na elaboração do calendário 2021 e do conjunto de marcadores de livro comemorativos do centenário, além da criação da belíssima capa e projeto gráfico deste livro. Gostaria também de agradecer a João Fernandes, Eucanaã Ferraz e Rachel Valença pelo apoio e parceria do IMS – Instituto Moreira Salles – e a Paulo Gurgel Valente pela liberação dos textos e das imagens do Acervo Clarice Lispector.

Finalmente, nosso muito obrigado a Felipe Gomberg, coordenador da Editora PUC-Rio, e a Ana Cecilia Impellizieri Martins, diretora da editora Bazar do Tempo, que abraçaram o projeto de publicação de um livro em tributo à nossa escritora-pensadora em seu centenário de nascimento, tornando *Quanto ao futuro, Clarice* um sonho possível de ser sonhado, não no porvir, mas nos devires do presente.

Rio de Janeiro, outubro de 2021

Júlio Diniz

Doutor em Literatura Brasileira pela PUC-Rio, com pós-doutorado em Literatura Comparada pela Universidade de Salamanca, Espanha. Foi diretor do Departamento de Letras da PUC-Rio onde é professor associado na Área de Estudos de Literatura. Desde 2016 exerce a função de decano do Centro de Teologia e Ciências Humanas (CTCH). Realiza consultorias e coordena projetos para instituições públicas e privadas, ONGs e empresas. Publicou inúmeros artigos, ensaios e livros no Brasil e no exterior. Foi membro do Conselho Estadual de Cultura do Rio de Janeiro (2004-2006), é curador do Museu Boulieu em Ouro Preto, assessor da Diretoria de Relações Internacionais da CAPES e bolsista de produtividade do CNPq.

...la:

...stou acrescentando ...

...orque senti necessidade de me prom...

... atributos. Escrev...

esta narrativa ex...

...e até sangue. escarl...

...acidade da vida

vou ...

...pulsações.

...a um de nós reconhece eu...

se eu não fosse ret...

...ós somos um. E expi...

...ambém alguma ...

começar pelo fi...

...o por um ponto fi...

outro ponto final.

. Quanto ao ~~futuro~~

— Registro dos fatos antecedentes —

Eu já acabei ~~de~~ de escrever o
desta história singela acrescentando
o começo ~~como~~ ~~preâmbulo~~ escrevi
com certo pudor esta narrativa explicita ~~de~~ onde até sangue escarlate
escorre ~~explícito~~ mas tem
~~alguma sutileza implícita~~. A
que descreri cada um reconheço eu
si pois todos nós somos um
ci mas tem também alguma sutileza
implícita — a começar pelo título
que é precedido por um ponto final
e seguido por outro ponto final.
Atenção, prezado Tipógrafo, se isto que
agora conto for jamais impresso, ponha
os dois pontos de que eu tanto
preciso para delimitar a frase-título.
No fim se entenderá que não se
trata de capricho meu e se entenderá
a necessidade do delimitar. Porque
se "Quanto ao futuro" fosse, em vez de
ponto, seguido por reticências a frase
ficaria aberta ao ilimitado e à

. Quanto ao futuro .
— Registro dos fatos antecedentes —

Eu já acabei de escrever o fim desta história singela. Estou acrescentando apenas o começo, porque senti necessidade de me pronunciar e para condicionar logo o leitor. Só não começo pelo fim porque preciso registrar os fatos antes.

Escrevi com certo pudor esta narrativa explícita onde até sangue escarlate escorre. A veracidade da vida que descrevi cada um de nós reconhece em si, pois todos nós somos um. Se eu não fosse rebelde esta história não se escreveria. É explícita mas tem também alguma sutileza implícita – a começar pelo título que é precedido por um ponto final e seguido por outro ponto final.

Atenção, prezado tipógrafo, se isto que agora conto for jamais impresso, ponha os dois pontos de que eu tanto preciso para delimitar a frase-título.

No fim se entenderá que não se trata de capricho meu e se entenderá a necessidade do delimitado. Porque se, "Quanto ao futuro" fosse, em vez de ponto, seguido por reticências a frase ficaria aberta ao ilimitado e à (...)

MANUSCRITO DE CLARICE LISPECTOR, *A HORA DA ESTRELA*, [197-].
Acervo Clarice Lispector / Instituto Moreira Salles

Ana Kiffer
O som inaudível do quarto

Ana Kiffer

Professora do Programa de Pós-Graduação em Literatura, Cultura e Contemporaneidade da PUC-Rio. Cientista do Nosso Estado pela FAPERJ e bolsista de produtividade do CNPq. Curadora convidada da Bienal de SP 2021. É escritora, com livros como *Tiráspola e Desaparecimentos* (2016), *A punhalada* (2016), *Todo mar* (2018). Colunista da *Revista Literária Pessoa*, pesquisadora da obra do escritor francês Antonin Artaud, vem desenvolvendo há muitos anos uma investigação sobre os diversos modos de relação entre os corpos e a escrita. Autora do livro *Antonin Artaud* (2016) e com Gabriel Giorgi *Ódios políticos e política do ódio* (2019) e *Las vueltas del ódio* (2020). Organizadora do livro *A perda de si – cartas de A. Artaud* (2017) e das coletâneas *Sobre o corpo* (2016) e *Expansões contemporâneas: literatura e outras formas*, com Florencia Garramuño (2014), entre outros artigos e ensaios.

te livrando:
castillo de alusiones
forest of mirrors
anjo
que extermina
a dor

Ana Cristina Cesar

O som inaudível do quarto é na verdade uma frase d'*A paixão segundo G.H.* (Lispector, 2019: 41). É também como venho me perguntando sobre o que não conseguimos ouvir na construção dessa história entrecortada, desse país tão grande, racista, diverso e dividido. É um jeito de afirmar e também de convidar: venham, colem os ouvidos, nós não escutamos. É um modo de deixar todo o comando, até aqui nas mãos do regime do visível e do dizível, encontrar as beiras do mundo, entre o audível e o inaudível. Foi a maneira que consegui ouvir o que não tinha visto, bagunçando os sentidos, e me espantando com os silêncios que circundaram as inúmeras proliferações discursivas de e sobre a aventura de G.H.

Talvez, ao final, tudo venha a ser aqui um conjunto de frases roubadas e rearranjadas de G.H., somadas a outras que se interpuseram ao longo do caminho, entre a primeira vez que li essa obra, e o que agora escrevo, em sua memória.

Todas essas frases juntas tentarão ir reconstruindo momentos muito distintos, porém entrelaçados pelo espanto que atravessa a escrita desse livro, a experiência da personagem, assim como a experiência do leitor e da leitura de G.H. Ao modo do ensaio e da associação livre me permitirei ir e vir nos diferentes tempos e espaços desses espantos. O espanto de reler agora esse romance que, no passado, havia revolucionado a minha própria vida; o espanto de G.H., no seu percurso *do quarto à paixão;* e o espanto com o que não vimos, nem ouvimos, do mundo contido na frase-título deste ensaio: o som inaudível do mundo-quarto de Janair. Mundo que não deixará de ser também aqui aludido em sua inscrição histórica, a de Clarice e a minha. Logo, o mundo de 1964, quando esse romance nasce, e o mundo que vivemos hoje, ao final do ano de 2020, no Brasil, onde ela também se encontrava quando escreveu e publicou *A paixão segundo G.H.*, depois de muitos anos morando no exterior.

Entre essas datas marcadas de 1964 e 2020 flutuarão outros tempos, convidados ou presentes nas vozes dos autores com quem buscarei conversar para tentar chegar, sem me queimar toda, *perto do coração selvagem* dessa escritora e *da paixão* que a atravessa. Também a data primordial, a do meu primeiro espanto, se escreverá nesse caminho. Ela guarda o impacto profundo de quando li pela primeira vez *A paixão segundo G.H.*.

Sinto que é chegada a hora de revelar também isso. Deixando as paredes dos quartos, cadernos e muros por onde fui largando um traço, uma letra, o rabisco de uma dor, ou a nesga de uma gosma ali secando e cristalizando.

Vou falar tanto desse romance com vocês que em alguns momentos o chamarei de *a paixão*, outros de *G.H.*, quem sabe ainda de *segundo ela*. Vou precisar criar esses apelidos carinhosos e femininos, para abordar os espantos que aqui se condensam. E também para dobrar o masculino[1] que define o gênero livro, romance, e o escrever, incluso quando de uma escritora mulher. Aí a própria Clarice está encerrada, mesmo quando se debatendo como as pernas da barata morta: no incontornável círculo do racismo e do machismo da sociedade patriarcal e colonial brasileira. Ainda sem ter sequer aberto a porta do quarto da empregada, interroga se, "na mudez de Janair, pudesse ter havido uma censura à (minha) vida, que devia ser chamada pelo seu silêncio de uma vida de homens?" (Lispector,

---

1. Em recente live para a FLIP 2020, Paul B. Preciado resume numa frase que segue como os corpos masculinos e brancos – inseridos no regime patriarcal-colonial – "definiram historicamente a masculinidade soberana como o uso legítimo da violência". O recolocar atual desse arcabouço passado vem inevitavelmente exigindo novos modos de ler os textos canônicos da cultura. Não seria diferente diante da obra de Clarice Lispector. Nenhuma releitura deve, no entanto, ser tomada como "cancelamento" de uma obra ou autora, a literatura – como região afetiva dos imaginários do mundo – não obedece aos maniqueísmos de última hora. Por outro lado, não ter a coragem de nos revermos, assim como ao acervo que nos formou, imobilizaria qualquer possibilidade de mudança nesse mesmo imaginário, agredindo assim o próprio princípio estruturante do fazer crítico e ficcional.

2019: 38). Como se a classe pobre e negra fosse apenas um receptáculo de padrões morais, arcaicos, atrasados e não emancipados, olhando para os estranhos e modernos hábitos dos brancos. Como se a liberdade da mulher branca, inclusa a "liberdade" ou, diríamos, a obrigatoriedade de ser homem para exercer "atividades de gênero masculino", fosse o motor de uma relação de indiferença e de desprezo de Janair por G.H. Incomunicabilidade entre mundos que se exacerba nesse contexto que, em 1964, insere a violência já estruturante da sociedade colonial escravocrata e racista nos trilhos de uma longa e duradoura violência do Estado militar.

Mas, ainda assim, o espanto que Clarice pressupõe sentir em Janair em relação aos seus modos masculinos de viver espanta ainda hoje os meus olhos cansados do ver. Ver que, ao fim e ao cabo, esse círculo, desenhado por Clarice em 1964, continua nos encerrando numa separação prenhe de preconceitos que impedem a alteração de toda lógica afetiva e efetiva entre as posições de subalternidade e de poder.

Em nome desse círculo vou ter que forçar o traço, e carregar de tinta aquilo que, quiçá, Clarice apenas entreviu. Vou ter que ficar ali na porta entreaberta, dizendo para ela e para mim que permaneçamos mais tempo fechadas no quarto com a "presença" de Janair, e com o seu desenho de carvão quebrado. Dizendo não fuja ainda para a barata, Clarice! Não, a vida não é neutra, antes disso, tudo é mesmo i-mundo[2], e o que cheira mal chama-se o nosso racismo. O véu que nunca arrancamos de nossa cara branca e aparentemente limpa. O entulho que fizemos do tanto que foi guardado nos quartos e porões do Brasil – o amontoado de corpos que "não vimos" matar e que continuam a serem mortos, consentindo, com a nossa visão turva, com esse avultar do horror. Sim, reencontraremos o gosto da gosma da barata em que nos tornamos, mas não sem antes ficarmos ali Clarice, *na simplicidade inesperada do aposento que te desnorteava* (Lispector, 2019: 39).

Permanecendo fechada no quarto ao teu lado olharei para o estrabismo de sua figura enigmática como autora, e em seguida olharei para os nossos estrabismos posteriores, que circunscrevem o enigmático como esse olhar de través, que olha sem olhar, para o *i-mundo* do mundo. Ao mesmo tempo, serei levada a

---

2. No posfácio da mais recente edição de *A paixão segundo G.H.* Luiz Fernando Carvalho dá título e forma a esse sentimento do i-mundo, em texto intitulado "O i-mundo do mundo" escreve: "O retrato, riscado a carvão na pele do quarto, expõe fissuras sociais, veredictos morais, civilizações, mas o relato avança liberando fluxos, que evocam, pouco a pouco, fragmentos que nos remetem a uma carta cifrada" (Carvalho apud Lispector, 2019: 183).

pensar que talvez esse olhar enigmático e cifrado em seu texto, executado com êxtase nas mãos de G.H., foi se delineando como modo de lida e de saída dos autoritarismos discursivos da sociedade brasileira. Insurgindo como um desvio, ou quiçá como uma possibilidade fina e tênue, que escorre e escapa para só tentar dizer, quando burlando o próprio dizer. Uma espécie de *instante já* (Lispector, 1980) não do ponto de vista filosófico da imanência, mas do ponto de vista das condições de possibilidade do discurso (Foucault, 1996), se inscrevendo como o nó de sua própria estrutura narrativa: onde tudo que não se pode dizer, escapando, se perfaz como matéria ou gosma discursiva[3]. Isso se deve também ao poder de atração do enigmático, carregado que é pelo forte imaginário criado pelo binômio repressão e transgressão, que vem organizando as materialidades dos discursos e dos corpos nas sociedades ocidentais modernas (Foucault, 1988).

Algo disso tudo a sua literatura e a sua figura autoral desenharam finamente. E, ao final, esse estrabismo magnético será aqui também fundamental para me aproximar dos espantos que circunscrevem hoje a minha escrita. Permitindo que agora, eu mesma, possa olhar tudo isso também de través. E já não mais rodopiando no epicentro do mistério que tantas vezes me atraiu, e outras me sugou para dentro dele, fazendo como se até mesmo a autora se tornasse a própria gosma neutra da barata, e não aquilo que G.H. advinha, em toda a sua apoteose fusional com o inseto.

Também precisarei me dirigir a vocês, como vocês. Essa espécie de coletivo imaginário a quem destinarei esse punhado de espantos e memórias. De outro modo não conseguirei, não conseguirei. Escolhi, ao longo de minha trajetória crítica, deixar algumas escritoras que foram como as minhas mães, presentes e sombrias, num lugar bem guardado, como o armário azul de Duras, o navio afundado de Ana C. e o quarto de empregada de Clarice. Sobre essas autoras, que me deram o seu leite, sobre essas que ordenhei com amor e com ferocidade escolhi nunca, sobre elas, escrever criticamente. Um certo pacto macabro que mantinha, desse modo, o meu próprio desejo de escrita assim salvaguardado. Mas como disse Barthes, a partir de Dante, chega esse momento, "*nel mezzo cammin di nostra vita*", onde uma espécie de *tomada de consciência total* (Barthes, 2005: 4-5) parece assumir o comando. Como se, in-

---

3. *A paixão segundo G.H.* é prenhe dessas situações aporéticas onde algo só se faz ali onde, no fundo, não está feito ou não pode se realizar. Sendo o âmago dessa experiência a sensação do neutro como o gosto reunido de todas as coisas.

dependente de mim, algo advém: "Forclusão de todo o Novo (definição da condenação aos trabalhos forçados)? Forclusão da Aventura (ad-ventura: aquilo que advém – Aventura = exaltação do sujeito)?" (Barthes, 2005: 6).

Hoje sou essa que me ordenho, tomando de minhas próprias tetas o leite antes, por elas, aqui infiltrado. Esse processo de autorização não é, no entanto, nem o da autossuficiência, muito menos o do abandono do passado. Ao contrário, quando nos ordenhamos a nós mesmas parece ser quando mais responsáveis somos por nos conscientizarmos dos leites em nós infiltrados e, no caso da mulher branca brasileira e latino-americana, das amas de leite nunca antes inscritas em nossas memórias, histórias e críticas[4]. Clarice, nisso também, e ainda, me perturba: terá ela visto a importância do gesto de abrir o quarto de Janair? Terá ela tomado em mãos a consciência desse desejo secular de matar os povos negros, que está na origem da formação do que chamaremos de Brasil? Ou terá ela, com o seu olhar de través, envolta em seu próprio e enigmático magnetismo, apenas entrevisto e fechado de novo a porta? E como eu mesma, e a maior parte de todos nós também não vimos a importância de Janair[5]?

De fato, essas perguntas sem respostas habitarão o que se repetirá ao longo dos espantos aqui escritos, pois como ela mesmo disse *na paixão*: "Os

---

4.Oriunda de antepassados pobres, tendo sido os meus pais os primeiros a ingressarem na Universidade, e tendo eles mesmos vivido a ascensão social e a queda, com a prisão do meu pai em 1968, pelo AI-5, nunca tive nenhuma ama de leite. Mas tive sim uma grande amiga que era também a filha da empregada: Carmen (in memoriam), que me ensinava a sambar e eu a ela o ballet clássico. Sim, não escapamos a muitos dos clichês que se interpuseram entre nós. Mas foi ao lado dela que vivi e sofri com a primeira consciência do racismo, quando um menino enviou de sua janela ao apartamento dos meus pais uma banana para "presenteá-la". Estávamos talvez no ano de 1978. Tudo ainda era chumbo, mas não era isso, nesse caso. Ali tratava-se de um tipo muito específico de ácido que nunca, nunca, nunca deixou de corroer a nossa sociedade, e até hoje. Hoje, essa história pertence a todos nós. Carmen foi também o meu primeiro amor, aquela amizade que perdura, toda uma vida, mesmo quando já não está. Depois dela nada foi passível de ser vivido sem sentir o que a experiência do racismo impõe: a desumanização da pessoa negra. Só nos falta entender, e viver, que ao final disso desumanizamos a todos nós, e que, num mundo assim, as nossas iniciais já não poderão portar quem somos e nem salvar ninguém. Sob este prisma, o devir barata será talvez o destino possível do branco, ou aquele que mais nos representará.

5. Em artigo recentemente escrito (ainda inédito), em parceria com Mariana Patrício Fernandes, fui por ela alertada para a importância desse quarto fechado de Janair e sobre o ódio que encerravam os seus muros relacionais. Nesse momento foi onde me pus a reler este romance, que havia lido havia muitos, muitos anos atrás. A partir daí buscamos também referências críticas que tivessem alertado para tanto silêncio em torno da questão. Até agora encontramos algumas referências diretas sobre a importância de Janair (ainda poucas se comparadas ao imenso acervo crítico sobre o livro de G.H.). E outras alusivas ou indicativas, que serão aqui mencionadas ao longo do texto e/ou na bibliografia final. Sendo que as que mais diretamente tratam da personagem Janair encontram-se, para nós, no artigo de Francisco Quinteiro Pires (2019: 167-189) e no texto Caderno de Receitas de Janair", de Tamyres Batista Costa (2019), versão e-book.

possessos, eles não são possuídos pelo que vem, mas pelo que volta. Às vezes a vida volta" (Lispector, 2019: 68).

Às vezes a vida volta. Diria que hoje, nessa grande volta de Clarice, é mesmo Janair quem deveria voltar. Diria ainda que hoje a vida volta em demasia. Volta em muitas voltas: no recrudescimento das forças da extrema-direita, nos novos fascismos mundiais, no racismo crescente e nunca ultrapassado, no incremento do ódio ao diferente, e na imensa instabilização da própria vida, acossada entre as pandemias e o desabar, incendiar, desmatar a própria origem de toda vida – a terra, a natureza. Hoje a vida volta nos dizendo que talvez não tenha outra volta. Volta em alerta e em súplica.

Nesse contexto, não diria que uma escrita possessa ou possuída responderia ao caos e aos transtornos das voltas que atravessam o mundo. Mas de fato muito do que volta, volta possesso. E se algo do possesso pode ser entendido como sendo a marca da presença afetiva no seio do exercício crítico e escriturário, então eu diria que o nosso tempo escreve possuído. Se entendemos que a possessão trata da raiva e do ódio, os mesmos que Clarice não deixou de inscrever entre G.H. e Janair[6], entenderemos parte das possessões do nosso tempo. Até eu mesma, relendo-a no tempo presente me permiti, pela primeira vez, também sentir raiva. E mesmo ódio desse leite, dessa mãe--autora e dessa vaca-profana-literatura-brasileira-latindoeuropeia-canônica--branca-masculinizante, e mesmo masculinizante do mais brutal feminino, o de Clarice, esse que me alimentou, me formou, me enquadrou, me desenhou e depois me pendurou, com um prego no meio do peito, no centro da parede caiada dos quartos fechados das empregadas que nunca tivemos a coragem de abrir ou de ali permanecer.

Mas não, mesmo com todo esse retorno, prefiro optar por escrever só com o tremor, e não com a possessão. Direi adeus ao transe para agarrar e nunca mais soltar o risco, o risco de tocar o traço e a carne do ódio na unha. E entender que o seu desenho se configura na impossibilidade do reconhecimento histórico desses espaços claustrofóbicos, onde toda a existência foi até agora negada, e onde os muros criaram capas acústicas feitas de um verdadeiro cimento impenetrável, tornando tudo o que ali existe inaudível/invisível aos nossos ouvidos/olhos brancos, de estômagos bem alimentados. Vou buscar o tremor que representa o ser por fim olhado e odiado pelo outro, como se até

---

6. "Perguntei-me se na verdade Janair teria me odiado – ou se fora eu, que sem sequer a ter olhado, a odiara" (Lispector, 2019: 41).

agora, naquele sonho de escritora que viveu nas coberturas, nunca elas mesmas fossem vistas: "Pessoas de meu ambiente procuram morar na chamada cobertura. É bem mais que uma elegância; é um verdadeiro prazer: de lá domina-se uma cidade" (Lispector, 2019: 28).

Dominar o mundo como se nunca ninguém a tivesse efetivamente olhado ("Janair era a primeira pessoa realmente exterior de cujo olhar eu tomava consciência", idem, p. 38), era como deslizar num contínuo sem alteridade, feito de reflexos (*forest of mirrors*) e, quando de marcas, apenas aquelas das iniciais de seu próprio nome, grafado sobre o couro das valises, não permitindo sequer duvidar de sua existência e identidade.

O estranho, e essa é a instabilidade que atravessa toda a escrita clariciana, é que os textos dessa escritora duvidaram, do início ao fim de sua vida literária, de sua própria existência e de todas as identidades, se vistas sob o seu fundo essencial e imutável. Seu estrabismo para o mundo pagou o preço dessa constante agonia – des-existir como único modo de agarrar o instante da vida.

Sem lugar nas valises e sem lugar nos quartos de empregada, Clarice/G.H. indica que a sua volta para o Brasil, como mulher independente e divorciada, à beira de um golpe civil-militar não seria, de fato, uma experiência tranquila, lisa e fluída para a sua investigação crua e radical da subjetividade da mulher, e de toda a instabilidade do vivo – humano ou não humano.

Será justo a contradição desse algo entrevisto e logo abandonado na escrita *do quarto à paixão* que permitirá, no entanto, redesenhar o tremor que perpassa o encontro fracassado de G.H. com Janair.

O tremor de que falarei aqui busca também rasurar a carregada ideia de possessão. Desfixando o seu sentido, ele mesmo impossibilitador de um trânsito mais respeitoso[7] pela potente cultura afrodiaspórica do Brasil. A ideia de tremor tomo do pensador Edouard Glissant. Que em livro, entre nós traduzido como *O Pensamento do Temor | La cohée du Lamentin* (2014), evoca, na construção de um pensamento diaspórico da Relação, a necessidade de sair do pensamento-raiz ocidental, e escrever o mundo a partir dos seus tremores:

---

7. Entendo que a ideia de transe e possessão são ainda atributos e construções eurocentrados que sobredeterminam o olhar para os estados físicos e afetivos vividos pelas culturas e religiões de matrizes afrodiaspóricas que não cabem nas valises da racionalidade branca, e que, de fora, observando, não entendemos. Não por acaso aparecem em torno das possíveis alusões de G.H. aos ritos, e traços ancestrais da presumida cultura de Janair emergem da repetitiva coloração depreciativa da mesma.

Os transtornos do mundo não nos extraviam mais. Adivinhamos que são a própria matéria das nossas mútuas superações. O seu caos é a "forma inteira" dos nossos emaranhados. E se a diversidade inédita dos povos e das culturas se apresenta inicialmente como um sofrimento, depende de nós e de todos que esse sofrimento se torne asfixia ou, pelo contrário, desabroche em sopro libertado. *Depende de nós*, quer dizer aqui, *se pudermos ampliar os nossos imaginários.* (Glissant, 2014: 27)

O tremor (os transtornos do mundo em nós) libera alguns estratos fixados de sentido na escrita/leitura de *G.H.* Fixidez de sentido que, no contexto da sociedade brasileira, indica as camadas de sofrimento a que alude Glissant, fazendo com que as mesmas se aproximem de verdadeiros estados de asfixia não só do sentido, mas também das vidas subalternizadas. Estados de asfixia construídos através das múltiplas camadas de racismo que batizam os inaudíveis sons.

Algumas delas colaram-se à ideia de possessão como se fosse algo demoníaco. E demoníaco como se fosse algo escuro. E escuro como se fosse algo maligno. Todos obviamente atributos dos corpos negros. E tudo isso junto funcionando para sujar a limpeza, a brancura, a clareza, a transparência e a saúde da pátria, pária, corpo e língua mãe do Brasil. O caminho até o quarto de Janair já indicava a asfixia do sentido que lhe encerrava: "Depois dirigi-me ao corredor *escuro* que se segue à área. No corredor, que dinamiza o apartamento, duas portas *indistintas* na *sombra se defrontam: a saída de serviço e a do quarto de empregada. O bas-fond de minha casa*" (Lispector, 2019: 34, grifo meu).

Face ao escuro do corredor até o quarto, e da invisível saída de serviço, Janair escreve o tremor, marcado doravante na parede-corpo de G.H., fazendo do seu carvão quebrado o traço trêmulo e ao mesmo tempo a faca, a lima, a foice e o espelho que tornava a partir dali todo traço por vir da narrativa, um fruto ou duplo de sua figura invisível: "O traço era grosso, feito com ponta quebrada de carvão. Em alguns trechos o risco se tornava duplo, como se um traço fosse o tremor do outro. Um tremor seco de carvão seco" (Lispector, 2019: 37).

E de fato, a apoteose da linguagem que prolifera a partir daí na escrita *da paixão* não poderia se efetivar sem esse estado mágico que G.H. experimenta com o desenho que carrega a presença de Janair: "Coagida com a presença que Janair deixara de si mesma num quarto de minha casa, eu percebia que as três figuras angulares de zumbis haviam de fato retardado minha entrada como se o quarto ainda estivesse ocupado" (Lispector, 2019: 39).

Presença nunca antes percebida dessa mulher, no seio de uma propriedade que não permite sequer que o quarto da empregada possa existir segundo a estética de quem ali vive. Porque, no fundo, ali não se vive. Mas disso não saberemos.

A escrita-tremor de Clarice em G.H. é o efeito desse impossível encontro. É o seu lampejo de contato com uma presença por séculos negada. É a presença ancestral que num átimo foi sentida por G.H. naquele quarto. Por isso mesmo o seu imaginário subsequente a esse "encontro", que dura um curtíssimo tempo narrativo no conjunto geral das páginas do livro, precisará evocar toda a sua desorientação posterior. Entrar naquele quarto significou já não saber mais por onde andava. Sob este prisma, o quarto de empregada poderia continuar sendo a sua propriedade, como tantas vezes afirmou G.H. ao longo do texto, mas não mais o seu território. A desterritorialização de G.H. é fruto desse contato mínimo com o seu próprio e inumano racismo. E, ao mesmo tempo, com a força da cultura ancestral de Janair, inscrita no quarto, e desconhecida e ignorada por G.H.

Racismo o seu, o nosso e também o de Clarice. Estrutura racista esta que nega a humanidade a Janair. E que acaba impelindo a narrativa à virtuose apaixonada pelo inumano d'*A paixão segundo G.H.* Seria o inumano de G.H. a única saída possível para o contato com a sua própria força de desumanização, e de brutalização da vida negra de Janair?

> A primeira coisa que eu faria seria arrastar para o corredor as poucas coisas de dentro. E então jogaria no quarto vazio baldes e baldes de água que o ar duro sorveria, e finalmente enlamearia a poeira até que nascesse umidade naquele deserto (...). Depois jogaria água no guarda-roupa para engorgitá-lo num afogamento até a boca – e enfim veria a madeira começar a apodrecer. Uma cólera inexplicável, mas que me vinha toda natural, me tomara: *eu queria matar alguma coisa ali.* (Lispector, 2019: 41, grifo meu)

A paixão pelo inumano e pela animalidade como saídas do regime de centralidade do homem emerge desse desejo de *matar alguma coisa ali.* De matar ali. De matar o que dali emerge. De matar também aquele espaço ali. O que não exclui em nada a radical experimentação posterior da narrativa com os estados opacos e fora dos limites delimitados pelo ser humano.

Minha questão é, no entanto, anterior: seria esse encontro com o inumano e o animal o desvio necessário que a narradora 'encontrou' para contornar a terrível animalidade a que o povo negro vem sendo historicamente subjugado nas sociedades brancas e coloniais? Povo que insurge, na figura de Janair, provocando esse incômodo tão radical e o seu inevitável desejo de *matar alguma coisa ali.* Justo ali onde ela vive esse radical incômodo. Será possível eliminar essa coincidência? De nada disso saberemos. Mas o que sim podemos dizer é que todo o desconhecido e mágico que passa a governar a escrita *da paixão* era, em parte, o desvendar de sua inumana, odiosa, (i-munda, desumanizante[8]) relação racista com Janair, e em parte a força da própria ancestralidade negra que treme sob o solo do quarto da empregada, do mural de escrita hierática, e dos sons que ainda não conseguimos ouvir nesse país. Os tambores e atabaques tremem sob os quartos das Janair*as* que habitam, ainda hoje, a maior parte das casas brasileiras de classe abastada.

Esse *som inaudível do quarto* que atingiu, e agiu, brevemente, sobre a narrativa desse livro, exige hoje ser disseminado. Mesmo que o brevemente torne difícil a nossa leitura atual desse livro. Aliás, é com esse tempo átimo da brevidade de Janair em G.H., e com esse som inaudível do seu quarto que me debato e que me espanto na releitura do romance. Talvez também por isso sinta a necessidade desses apelidos carinhosos ao livro *da paixão*; acreditando que eles assim permitirão, com sorte, a minha reaproximação desses espantos tão difíceis: como não vi Janair da primeira vez que li esse livro? Como passei rápido por ela, como o fez a narradora? Como a narradora passou tão rápido sobre a localização de Janair: cobertura-quarto de empregada-Janair-ódio-indiferença-invisibilidade-estômago vazio-carvão e unha-negrura-a inimiga indiferente-a rainha africana. Como deixou tudo isso para trás e foi ao determinado encontro ontológico e imanente com o neutro e a barata? Como Clarice não viu? Como ela não nomeou por mim? Por todas nós? Não, não é fácil chegar perto do que espanta. Conheço isso, tendo vivido essa sensação de muitas e diferentes posições: espantada, espantando, fui me tornando mágica em *espantamentos* e espantalhos.

O primeiro espanto foi determinante. E também já muito antigo. Precisarei retornar à casa emprestada aonde morava. E ao início dos meus sonhos de juventude. Foi ali que li *a paixão* pela primeira vez. Há mais ou menos vinte e sete anos atrás. Quando tive uma pequena casa só para mim. Era a casa emprestada de uma amiga, que me permitiu ali viver alguns poucos meses para

---

8. Tenho muito bem a consciência da diferença entre esses termos se tomados como categorias filosóficas ou mesmo político-sociais. Mas elas aqui funcionam na direção que o fluxo literário da narrativa foi lhes ofertando – em deslizamento contínuo de sentido. Aí onde um outro saber, mais sensível e intuitivo, indica que esses termos se complementam quando se trata de observar as profundezas do sentimento racista, que envolve desde os marcadores sociais e históricos até o modo como os afetos e as palavras se colam às experiências corporais sempre arcaicas e atuais da experiência racista.

cuidar do seu apartamento, no bairro da Urca, no Rio de Janeiro, enquanto ela mesma cuidava da cobertura de seus pais, que haviam viajado para o exterior. Tinha acabado de me formar em Psicologia na universidade, e atendia no consultório de psicanálise, estudava, lia muito e começava a tentar fazer do meu desejo de escrita, que por tanto tempo me acompanhou, não somente a arma secreta, cujos traços inscreviam-se nos cadernos, armários e quartos fechados, mantendo-me de pé mesmo quando descalça ou despida, mas a arma pública de quem começa a sonhar que vai um dia *poder-dizer* (Kiffer, 2019: 53).

Nesse momento, o espanto com a escrita *da paixão* deu-se com ela mesmo me dizendo que sim, que eu poderia viver fora do lugar, sem enquadres pré-fixados e terceiras pernas fajutas ou violentas. Também que sobre o meu corpo se inscreviam as marcas mais profundas e as mais desconhecidas da minha história, a maior parte esquecida. E que escrever era como, de algum modo, arrancá-las, queimando-as com outros corpos e papéis. Tudo isso que é o fazer selvagem do escrever. Tudo isso que ela ali me preparava, mesmo sem saber, para afrontar na selvageria da escrita de Marguerite Duras, quando não na própria vida:

> Vai-se ao encontro de uma selvageria anterior à vida. E sempre reconhecemos, é aquela das florestas, tão antiga quanto o tempo. O medo de tudo, algo distinto e ao mesmo tempo inseparável da própria vida. Encarniçado. Não se pode escrever sem a força do corpo. É preciso ser mais forte do que si mesmo para abordar a escrita. (Duras, 1994: 22-23)

E de fato, foi assim que me encontrava quando acabei pela primeira vez de ler G.H.: encarniçada, deitada sobre o chão do quarto desse pequeno apartamento em que vivia, o quarto onde dormia, com a cabeça quase debaixo do armário de mogno escuro, mais antigo do que Clarice, sobre o meu corpo, em pastel vermelho, traços desenhados, sim, talvez por mim, mas não me lembro ao certo. Era preciso ainda ali marcar sobre a pele o que jorrava sem lugar – essa devassa palavra espiralar de G.H. que foi como que amarrando todo o meu corpo. Terminei desenhada, jogada sobre o chão, numa espécie de êxtase. Hoje penso se não terei vivido, sem saber, a magia do traço em carvão quebrado de Janair. Talvez tenha sido o seu canto de sereia[9] que me embarcou

---

9. Nessa pesquisa sobre textos que tenham atentado para importância seminal de Janair e não apenas da barata, descobri a referência de um artigo que associa o próprio nome de Janair à Janaína que, na cultura afrodiaspórica brasileira encarna o orixá Iemanjá, a rainha dos mares. Ver Waldman (1999: 149-65).

nesses gestos de um corpo-escrito, ali ainda desconhecidos, indicando que algo desse livro só poderia ser lido, ele também, de modo hierático, inscreven-do-se sobre a própria carne do leitor.

Com esse espanto, ainda ali cifrado, volto a escrutinar, em perspectiva, os afetos que circunscreveram a relação G.H.-Janair. Na busca por entender o quê, talvez oriundo dos conflitos e tormentos desses próprios afetos, impediu que a presença de Janair se tenha mantido nessa narrativa, ou o porquê do seu apa-gamento tão contundente, na história da escrita e da leitura dessa obra.

Para aqueles que, como vocês, ou como nós, trabalhamos com o acervo do imaginário das sensibilidades humanas – e a literatura é um agente primordial desse acervo – não é suficiente entender que a consciência do racismo nos era ali ainda negada. Negada em parte pelos interesses, sempre presentes na ma-nutenção do status quo dominante das sociedades, em parte pela própria im-possibilidade de se romper a barreira da cegueira que a estrutura racista impõe e alimenta. Para quem trabalha com os acervos e a ampliação dos imaginários essa constatação não é suficiente. Venho entendendo que para romper, ou ao menos interromper os fluxos das explicações excludentes, tais como: análise sociológica ou psicológica da obra, escrita engajada ou escrita alienada, poder racional ou intuitivo, entre outros, uma saída é auscultar os afetos como fonte primeira da inscrição dos *transtornos do mundo*. Logo, ligação primordial entre corpo e logos. Interior e exterior. Por isso é no regime afetivo onde se locali-zam os maiores desafios da Relação, desde a geopolítica às subjetivas. Cada vez mais entrelaçadas, como o mundo não para de nos mostrar. O racismo indica que as nossas feridas e separações em torno dele construídas e forja-das são sustentadas não apenas pelo poder econômico que governa o mundo. Mas, e muito, pelo modo como os nossos imaginários e afetos dizem, calam, andam, ouvem, comem e sentem os espaços incomuns ou em-comum.

As relações afetivas, aquilo que nos afeta, no sentido mesmo do que move os nossos corpos, são a força e o gérmen primordial no entendimen-to dessas fixações e possibilidades. Das ampliações do imaginário e das mu-danças no campo da respiração planetária comum, que só será possível num mundo não racista. Não por acaso se pode dizer que G.H. é um romance sobre a potência de ser afetado. De onde deriva, inclusa, sua potência em afetar. Os afetos agem primordialmente como campos de força sobre os corpos, todos os corpos, vivos ou não, humanos ou não. Eles muitas vezes habitam esse lim-bo anti ou pré-discursivo, até mesmo pela força irruptiva e contagiante que carregam[10]. Por isso também podem ser pensados como esses primeiros reservatórios de uma ativação dos imaginários por vir.

Não por acaso os afetos que circundam o imaginário de G.H. na relação com Janair atravessam o silêncio, o ódio, a raiva, a inimizade e a indiferença:

> O som inaudível do quarto era como o de uma agulha rodando no disco quando a faixa de música já acabou. Um chiado neutro de coisa, era o que fazia a matéria de seu silêncio. Carvão e unha se juntando, carvão e unha, tranquila e compacta raiva daquela mulher que era representante de um silêncio como se representasse um país estrangeiro, a rainha africana. E que ali dentro de minha casa se alojara, a estrangeira, a inimiga indiferente. (Lispector, 2019: 41)

Abrir a porta do quarto é ouvir o inaudível desses afetos que, até hoje, temos imensa dificuldade para tocar, olhar, apalpar, admitir e sentir. Uma relação que coisifica, animaliza e brutaliza o outro – o corpo negro de Janair – em seu silêncio (ou mais bem seria silenciado?), é o limite, o impossível e o insustentável de nossa sociedade. Esse ser, por um triz humano, que ocupa sempre uma posição que se aloja dentro da casa do outro, no fundo dela, no seu *bas-fonds escuro e sombrio* como um invasor familiar numa *inimizade indiferente*, indica a inviabilidade de nosso viver juntos. Como podemos ainda acreditar que esse espaço de relação seja possível senão no ódio? Qual mentira nos contamos tantas vezes para sustentar esse insustentável? Como romper o ciclo histórico da escravização da mulher negra à empregada doméstica em sociedades onde a precarização do trabalho é o que hoje as estrutura? Como achar que podemos dormir em paz enquanto esses quartos continuam de pé? Qual ingenuidade racista nos faz ainda crer que essas relações se configurariam na familiaridade amorosa das famílias patriarcais e brancas do Brasil, mesmo quando assim se perfazem? Sim, Clarice, no tocante aos afetos que subjazem a essa história, disse a que veio:

> Perguntei-me se na verdade Janair teria me odiado – ou se fora eu, *que sem sequer a ter olhado, a odiara*. Assim como agora estava descobrindo com irritação que o quarto não me irritava apenas, *eu o detestava*, àquele cubículo que *só tinha superfícies: suas entranhas haviam esturricado. Eu olhava com repulsa* e desalento. (Lispector, 2019: 41, grifo meu)

---

10. No livro *Ódios políticos e política do ódio*, desenvolvo com Gabriel Giorgi essa potência dos afetos (Kiffer; Giorgi, 2019).

Sim, Clarice disse: o ódio é branco. Porque filho bastardo do pacto colonial, que ainda hoje sedimenta os imaginários das sociedades que por aí passaram sem nunca disso terem podido realmente sentir/sair.

Sob as forças do afeto dos ódios os tormentos do mundo vêm ainda fazendo tremer tudo o que até aqui não quisemos ouvir, fingindo não sentir. As relações impostas baixo os tremores dos ódios que subjazem adoecem, e se desenham como impossíveis. Intratáveis, os traumas se repetem. E ainda se repetirão. Sobre a carne dos corpos negros, ou a pele das paredes dos quartos de empregada, ainda muitos carvões e unhas quebradas, arranhando sons inaudíveis. Saídas sem saída de serviço, lixões e despejos.

Nada nunca foi neutro na acústica afetiva do quarto de empregada. Nem mesmo a barata, ou a sua gosma, presa de um desejo incontornável *de ali matar alguma coisa* que fora, num átimo, vivido por G.H na sua imagem fixada de Janair. •

REFERÊNCIAS BIBLIOGRÁFICAS

BATISTA COSTA, Tamyres. "Caderno de Receitas de Janair". *Outras tramas, dramaturgias escritas por e para mulheres*. Vitória: Maré, 2019. E-book: https://elastramam.files.wordpress.com/2019/12/outrastramas_ebook.pdf

BARTHES, Roland. *A preparação do romance*. v. 1. Trad. Leyla Perrone-Moisés. São Paulo: Martins Fontes, 2005.

BUARQUE DE HOLANDA, Sergio. *Raízes do Brasil*. São Paulo: Companhia das Letras, 1995.

DURAS, Marguerite. *Escrever*. Trad. Rubens Figueiredo. São Paulo: Rocco, 1994.

FOUCAULT, Michel. *A ordem do discurso*. Trad. Laura Fraga de Almeida Sampaio. São Paulo: Edições Loyola, 1996.

_____. *A história da sexualidade*. v. 1. Trad. Maria Thereza da Costa Albuquerque e J.A. Guilhon Albuquerque. São Paulo: Graal, 1988.

GLISSANT, Édouard. *Poétique de la Rélation – poétique III*. Paris: Gallimard, 1990.[Ed. Bras.: *Poética da Relação*. Rio de Janeiro: Bazar do Tempo, 2021.]

_____. *O pensamento do tremor/La Cohée du Lamentin*. Trad. Enilce do Carmo Albergaria Rocha e Lucy Magalhaes. Juiz de Fora: Ed. UFJF, 2014.

GIORGI, Gabriel. *Formas comuns*: animalidade, literatura, biopolítica. Rio de Janeiro: Rocco, 2016.

GONZALEZ, Lélia. "Racismo e sexismo na cultura brasileira". *Revista Ciências Sociais Hoje*, Anpocs, p. 223-244, 1984.

GOTLIB, Nádia Battella. *Clarice fotobiografia*. São Paulo: Edusp, 2007.

_____. *Clarice: Uma vida que se conta*. São Paulo: Ática, 1995.

JESUS, Carolina Maria de. *O meu sonho é escrever*: contos inéditos e outros escritos. São Paulo: Ciclo Contínuo Editorial, 2018.

_____. *Quarto de despejo*: Diário de uma favelada. Rio de Janeiro: Francisco Alves, 1960.

KIFFER, Ana ; GIORGI, Gabriel. *Ódios políticos e política do ódio: lutas, gestos e escritas do presente*. Rio de Janeiro: Bazar do Tempo, 2019.

LISPECTOR, Clarice. *A paixão segundo G.H.* Rio de Janeiro: Rocco, 2010.

_____. *Água viva*. Rio de Janeiro: Nova Fronteira, 1980.

_____. *Perto do coração selvagem*. Rio de Janeiro: Nova Fronteira, 1986.

MBEMBE, Achille. *Brutalisme*. Paris: La Découverte, 2020.

_____. *Politiques de L'Inimitié*. Paris: La Découverte, 2016.

PENNA, João Camillo. O nu de Clarice Lispector. *Alea: estudos neolatinos*, v. 12, n. 1, Rio de Janeiro, 2010.

QUINTEIRO PIRES, Francisco. "O talking back da 'negra africana': o ser desencarnado e silenciado da empregada doméstica Janair em *A paixão segundo G.H.*". *Brasiliana: Journal for Brazilian Studies*, Double Issue, vol.8, ns.1-2, p. 167-189, 2019.

RARA, Preta. *Eu, empregada doméstica*: a senzala moderna é o quartinho de empregada. Belo Horizonte: Letramento, 2019.

WALDMAN, Berta. "Xeque mate: o rei, o cavalo e a barata", em *A Paixão segundo G.H. Travessia*, n. 39, p. 149-165, 1999.

Antonelli Matos Belli Sinder
Conversar com C. — As ficções de infância
de Clarice Lispector para crianças

Antonelli Matos Belli Sinder

Pesquisadora de pós-doutorado na Universidade de Lisboa com pesquisa em literaturas infantis e juvenis no português global. É doutora em Literatura, Cultura e Contemporaneidade pela PUC-Rio. Foi pesquisadora visitante na Københavns Universitet. Sua tese *Ficções de infância. Clarice Lispector* ganhou o Prêmio CTCH de Teses e foi publicada em 2018. É autora do curso Planejamento Estratégico da Escola para a FGV-RJ. Sua mais recente publicação figura na obra *Exploring Materiality in Childhood. Body, Relations and Space*, de 2020. Sinder é professora atuante em diversos níveis e modalidades há mais de vinte anos. Seus interesses atuais de pesquisa e ensino estão nas inter-relações entre infância e juventude nas literaturas, culturas e artes luso-afro-brasileiras e estudos latino-americanos.

para Vicente.

"Era uma vez um animal chamado escrita, (...)"

M.G. Lansol

"Escreve pra mim?". Paulo, Pedro, Nicole, Cássio, João, Mark, Giancarlo, Karin, Letícia, Mônica, Zilda, Azalia, ("sobretudo a") Campanha Nacional da Criança, Nicole Algrante, Andréa Azulay, Alexandre Dines, Fátima Froldi, Fabiana Colasanti de Sant'Anna, Patricia Nogueira Leite (Patinha), ("e ao meu cachorro chamado") Ulisses. E eu.

As narrativas de Clarice para o público infantojuvenil não se articulam na produção mais ampla da escritora como um projeto estético-literário. Seus livros infantis aconteceram, como ela reafirma em sua última entrevista em 1977 para o *Panorama* da TV Cultura. Ano, aliás, em que escrevia seu último livro para crianças. Não considerava escrever para esse público e ainda chegou a pensar que era "tão pouca literatura". Quando um editor lhe solicita um livro infantil, lembra-se da história que havia escrito a pedido-ordem de Paulo em 1957, quando moravam nos Estados Unidos. "Se você escreve para adultos, para os outros, escreva pra mim, eu quero que você escreva pra mim, mamãe!". E já que tudo no mundo começou com um "sim", Clarice, então, interrompe a escrita de *A maçã no escuro* e escreve seu *The mistery of the thinking rabbit* (cf. Sinder, 2018: 51-2). Ela traduz o texto de uso familiar e vem a público *O misté-*

> Ziraldo — Você teria aprendido a ler tão cedo por uma necessidade de escrever essas histórias?
>
> CLARICE — Quando eu comecei a ler, eu lia muito livro de histórias. Eu pensava que livro era uma coisa que nasce. Eu não sabia que era coisa que se escrevia. Quando eu soube que livro tinha autor, eu disse: "Também quero ser autor". Mandava contos pruma página infantil de um jornal de Recife. Nunca foram publicados. E eu sei por que. As outras histórias publicadas contavam fatos. Eu contava impressões.
>
> Ziraldo — Você só descobriu isso mais tarde, né?
>
> CLARICE — Percebi na época. Com 9 anos escrevi uma peça de teatro, uma história de amor. (sorri). Eu escondia atrás de uma estante. Não sei como, mas os três atos da peça cabiam em duas folhas de papel.
>
> Ziraldo — Você tem algum original dessas coisas antigas com você?
>
> CLARICE — Não.
>
> Sérgio — Você perdeu ou destruiu?
>
> CLARICE — Perdi, não sei o que foi feito deles.

rio do coelho pensante (uma história policial para crianças) em 1967. O livro faz enorme sucesso e, no ano seguinte, é lançado *A mulher que matou os peixes*. *A vida íntima de Laura* chega a público em 1974 e *Quase de verdade* é escrito ao longo de 1977, lançado somente em 1978[1].

Que é a escrita de Clarice para crianças?

Minhas notas em torno desta questão perpassam atravessamentos da menina que também escrevia quando era criança, mas não foi publicada ou lida, porque suas histórias não eram "era uma vez" (leio como imenso o triunfo da menina Clarice em seu "era uma vez, era uma vez...eu!"), teve acesso tardio a poucos livros de adultos e nunca leu literatura infantojuvenil, a não ser na vida adulta. Esses são os apontamentos de professora que lê há mais de 20 anos literatura com crianças. É texto de pesquisadora também mãe, menina, mulher, esperançosa de mover o nariz rápido o suficiente a ser ovo, galinha, cachorro, barata, macaca, peixinho, coelha (*O animal que logo sou*). Meu convite aqui neste texto é o de tentarmos nos aproximar de uma conversa íntima com Clarice, percorrendo um pouco de alguns traços que alçam seus textos a um lugar singular na produção de nossa consagrada escritora e de imenso prestígio na cena da literatura infantojuvenil brasileira.

LITERATURA VIDA

Clarice traz para a obra infantil perplexidade e desconfiança, os dilemas da narradora moderna, visto que manifesta uma narradora sublinhada pelo feminino e que não se encontra presa à onisciência ou a um *status quo* de poder

---

1. O livro *Como nasceram as estrelas* foi publicado também postumamente, reunindo 12 textos que Clarice escreveu como encomenda para uma fábrica de brinquedos, um calendário com uma pequena história para cada mês. Eram 12 conhecidas histórias, baseadas no folclore nacional, recontadas por Clarice e que merecem um estudo diferenciado, a meu ver, já que estavam configuradas a formato e temática preestabelecidos. Ainda assim, gostaria de ressaltar que, a despeito das circunstâncias contratuais que limitavam esse trabalho, os recontos apresentam obviamente algumas características marcantes do estilo de Clarice, dos quais destaco o último conto, "Uma lenda verdadeira".

e saber. Ela nos proporciona uma narradora que hesita e que quer se deixar afetar pelo narrado. Procedimento que, aliás, aproxima criança e adulto, que também contribui como efeito de suavização de saber-poder do adulto. Outros procedimentos modernos utilizados, além da participação do leitor-ouvinte, são a fragmentação e a diluição da narrativa, quebras de paradigmas do gênero e da historiografia literária infantojuvenil. A figura de adulto é grifada pela presença da narradora, mulher (mãe ou não), adulta, que precisa do animal e da criança leitora (ou ouvinte).

A narradora arquiteta com o leitor-ouvinte um jogo de interlocuções, que se transformou em uma convenção de leitura ou uma cena de leitura explícita no notável prefácio[2] de *O mistério do coelho pensante*, com envolvimento e entrega de leitores e da narradora, em uma moldura familiar, combinando oralidade e contato:

> Esta história só serve para criança que simpatiza com coelho. Foi escrita a pedido-ordem de Paulo, quando ele era menor e ainda não tinha descoberto simpatias mais fortes. O mistério do coelho pensante é também minha discreta homenagem a dois coelhos que pertenceram a Pedro e Paulo, meus filhos. Coelhos aqueles que nos deram muita dor de cabeça e muita surpresa de encantamento. Como a história foi escrita para exclusivo uso doméstico, deixei todas as entrelinhas para as explicações orais. Peço desculpas a pais e mães, tios e tias, e avós, pela contribuição forçada que serão obrigados a dar. Mas pelo menos posso garantir, por experiência própria, que a parte oral desta história é o melhor dela. Conversar sobre coelho é muito bom. Aliás, esse "mistério" é mais uma conversa íntima do que uma história. Daí ser muito mais extensa que o seu aparente número de páginas. Na verdade, só acaba quando a criança descobre outros mistérios.

Possivelmente, este constitua um traço de suas obras infantis: buscar a concretização desse acordo de escrita e leitura, através de uma narradora que cria espaços de interlocução ampliados, sem que se estabeleçam limites ou impedimentos para a presença do leitor perambulando pela narrativa, e mesmo para a contribuição externa de "pais, mães, tios, tias e avós". Do ponto de vista narrativo, Clarice incorpora procedimentos de um narrador rasurado, com certa incompletude dos fatos narrativos, com abertura ou criação de espaços

---

2. Considero esse prefácio um dos mais importantes textos que Clarice publicou em torno de suas obras infantojuvenis, já que ela mesma o edita novamente, em 1972, ao publicar *O mistério do coelho pensante* em sua coluna no jornal (Sinder, 2018: 113-114).

para a participação de um leitor-ouvinte e/ou de um leitor-adulto, que também pode participar da narrativa, propor alterações, narrar junto. Clarice talvez não tenha tocado nem na infância nem na criança. Buscava-as pelos textos. Queria ouvir a voz da criança ainda que bem baixinho. Embora as crianças bem pequenas não falem, há tão intensa energia empregada em se performatizar presença e diálogo constantes com leitores, que não parece constituir mero recurso narrativo, mas autêntica busca estético-poética.

A fala – a conversa que não está escrita ("a melhor parte da história") – é algo que assume papel indispensável em sua literatura infantil. O leitor construído na narrativa, interlocutor que não dialoga, a criança imaginada, talvez até mesmo a criança diante dos olhos da escritora, sejam vozes que atravessam todas as narrativas. Percebe-se isto, porque, embora não estejam escritas em forma de resposta a essa narradora de *A mulher que matou os peixes*, por exemplo, figuram como pergunta, como busca ("E vocês, como se chamam? Digam baixinho o nome de vocês e meu coração vai ouvir."); e isso talvez tenha se configurado como essencial para a concretização do pacto de leitura; até mesmo enquanto ficção da própria infância.

Em suas narrativas infantis, Clarice sugere exercícios de ficcionalizar o mundo: transfigurando papel e tinta em palavras e imagens. Nesses movimentos, surge a história de uma transformação da narradora que quer se converter na própria escrita. No fim, restam variadas possibilidades: adiando-se ou deixando em suspenso a narratividade, restaria a escrita? Retirado o enredo, resta a conversa? O som da voz da narradora-adulta? A conversa íntima?

Enfim, Clarice nos conduz a uma literatura como coisa viva, encarnada, que confere à cena de leitura, ao texto, à criança, à escrita e à ficção esse traço de coisa material em movimento, coisa que existe. Literatura como algo que acontece e que se experimenta. Encarnação do texto literário como processo, mas também encarnação como acontecimento e como algo que escapa, que escapa ao leitor, que escapa a um completo entendimento. Suas obras infantis estão na diferença de buscar criar uma coisa viva ("Laura é bem vivinha.").

LITERATURA EM FUGA

Clarice Lispector instaurou narrativas que oscilam e intercalam sensações, rudimentos, impressões, fragmentos, com trechos de "a história" ("a história já vai começar"), a qual, ao mesmo tempo, reforça alguns lugares tradicionais de criança, seus elementos, associados ou não à imaginação. É preciso destacar que não existem personagens crianças nessas obras, apenas (supostos) narratários a quem a narradora se dirige.

Em certos trechos de seu primeiro livro, a narradora se dirige algumas vezes a "Paulo, Paulinho", a uma criança: "Se você quiser adivinhar o mistério, Paulinho, experimente você mesmo". Entretanto, não é o que predomina nas suas obras infantis. De qualquer modo, é preciso considerar que esse gesto de acentuado endereçamento cria tom de íntima conversa com essa criança à qual se dedica incessantemente neste e no enredo de seu segundo livro. Ao mesmo tempo, é usado como dispositivo de manter o leitor-ouvinte conectado, mesmo que não esteja ali no texto. É criação de atmosfera essencial, confortável, mas aprofundada nessa relação mulher-mãe-escrita-narradora-criança-animal. Quanto a essa criança leitora a quem a narradora se dirige de modo amiudado, há a possibilidade de se tratar tão somente de uso de um recurso literário de que muitos textos podem se valer, ou algo mais próximo de um vocativo (Nascimento, 2012: 26), enquanto vocalização, de voz que chama, reforçando a oralidade que quer encenar como presença; de palavra que precisa afetar e ser afetada, que precisa da criança tanto quanto a criança precisa do texto. Não são ouvidas vozes[3] das crianças nas narrativas, elas não participam, não falam, mas são incessantemente buscadas no enredo. Há duas exceções para o que afirmo, em dois trechos, de seus dois primeiros livros, que menciono apenas para me referir a uma exceção. O silêncio das crianças na ficção pode corresponder, enfim, à proliferação de oportunidades de falas e interações na cena de leitura.

O maior desafio de escrever para um público infantil talvez seja o de conseguir desligar-se da ideia de um público e o de manter-se em movimentos próprios e possivelmente inovadores. Um escrever para crianças é sempre atravessado pelas perguntas de endereçamento, armadilhas de gêneros, de escolhas vocabulares, do que se entende por criança e infância – questões que prosseguem nos campos de estudos de literaturas infanto-juvenis. Clarice, muito embora não se desvencilhe das questões específicas do campo, parece, ao contrário, se valer disso para fazer uso como recurso mesmo; ora jogando com

---

3. Ainda que a possibilidade de estabelecer essas relações só se dê na diferença e constitua tensão entre a visão do adulto e a compreensão da criança, Clarice parte de um paradigma que rege a atuação do adulto, particularmente na família, na incorporação ao texto do universo afetivo e emocional da criança, não apenas da leitura, mas da possibilidade de dar voz a quem não a possui. Desprovidas de fala, desprovidas de uma voz (de que fala? que voz? a humana?). Se algo como uma voz humana não existisse, em que sentido o homem poderia ainda definir o humano (Agamben, 2005)? O que se produz de humano quando não há linguagem? É a linguagem capaz de definir humano e não humano?

o infantil, ora com a literatura, ora com a ficção, ora consigo mesma. E, como não podia ser diferente, deixa espaços para fugas, para um "não entender".

Sua escrita ensaia essa presença da conversa entre adulto e criança, não importando quem lê, ou quem ouve, ou mesmo se está fisicamente sozinho. É uma escrita cotejada de inscrições em significados culturais, que são retomadas, com assinaturas lúdicas. Há cintilantes piscadelas; há convites sem o dizer. Joãozinho foge e fugimos juntos, mesmo sem o saber. Clarice também lança mão de uma perspicaz simbiose entre o extraordinário e o ordinário, o comum do cotidiano com a brincadeira narrativa quase mágica, sinalizando para um amplo alcance da experiência estética através do trabalho narrativo. Sinalizando igualmente uma investigação do que é tão incerto, do que escapole pelas grades, do que escapa nas relações entre crianças, adultos, escrita e animais.

LITERATURA MORTE

A mulher que matou os peixes enceta com os vermelhinhos mortos e com a narradora assumindo a culpa pelo ato. Poder-se-ia pensar que a história começa pelo fim, mas não parece ser essa a proposta da narradora. Os peixes morreram de fome: isso é um fato. A proposta é ler/ouvir várias micronarrativas animais e decidir ou não pela salvação da narradora, por um perdão. Ela não pede absolvição a princípio; foi de fato negligente, mas argumenta, através de histórias afetivas com outros animais e pede compreensão, para se mitigarem essas mortes, ao longo da narrativa e ao final. Foi muito engenhoso: não se trata exclusivamente de uma narrativa sobre morte, embora esse motivo poético também seja o motor da obra, assim como a fome, mas de uma narrativa também sobre salvação. A crítica da época (como ainda hoje) se dividia entre os que, de um lado, consideravam o livro de "mau gosto" para crianças, devido principalmente ao tabu que cerca a ideia de morte numa literatura voltada para crianças; de outro, os que o valorizavam e enalteciam. O fluxo narrativo propôs abalos nos sentidos tradicionais de causalidade espaço-temporal, quer pelos enigmas que sugere em tantas lacunas, quer pelas experiências agudas que envolvem o leitor-ouvinte. Há fluxos e há camadas animais, emocionais associadas, interdependentes. O processo de montagem, ou seja, o estabelecimento das relações entre diferentes planos, constitui a própria escrita enquanto figuração – e é mais uma camada. A montagem quer fundir os planos, para que se alcance uma figuração máxima, fazendo com que a confluência de planos e histórias leve a um ápice narrativo que talvez já configure aí uma salvação pela escrita.

A narradora investe, então, em um narratário que se comprometa, que se envolva a ponto de fazer a leitura extrapolar as bordas do papel; pode ser uma criança que escreva *com* ela; que fale baixinho; que escreva para ela (*Fui absolvida!*) (Sinder, 2018: 113-114); uma criança que seja capaz de compreender a fome e a morte e que possa perdoá-la, absolvê-la de seu crime: "Estou com esperança de que, no fim do livro, vocês já me conheçam melhor e me deem o perdão que eu peço a propósito da morte de dois 'vermelhinhos' (...)".

Nas narrativas de Clarice, estamos lidando com morte e fome nuas: a galinha é morta e é servida ao molho pardo no jantar. E é uma delícia! O inapreensível, o impensável se dá em uma linha: "É engraçado gostar de galinha viva, mas ao mesmo tempo também gostar de comer galinha ao molho pardo." É no abrupto, surpreendente, no que (nos) escapa que Clarice nos apanha, colocando seu leitor em uma situação insólita: gostar de comer galinha e não querer que Zeferina ou Laura morram, de se compadecer da morte e ao mesmo tempo ficarmos felizes que "Laura é bem vivinha". Zeferina não é, e é deliciosa. Laura nos envolve nesse oxímoro. É também isso que a morte causa: captura-nos no indefinível, na mudez de uma espécie de dor em suspensão, como na micronarrativa da morte de Bruno Barberini de Monteverdi ou na morte da macaquinha Lisete ("Comer, quase não comia, e ficava parada num cantinho só dela. (...) No sexto dia quase dei um grito quando adivinhei: "Lisete está morrendo!").

O tratamento dado à ideia de fome nas narrativas infantis é complexo. Enquanto tratava de fome por comida, Clarice também abordou outras fomes, como acontece com as "fomes" de seu Joãozinho. No percurso de fuga, outras fomes surgiram e algumas desapareceram. Foi a possibilidade de fugir que alterou o curso dessa vida: "nas fugidas também descobriu que há coisas que é bom cheirar, mas que não são de comer. E foi aí que ele descobriu que gostar é quase tão bom quanto comer". Já não era mais fugir para aplacar a fome de cenouras, passou a fugir por (e para) descobrir que sentia outras fomes também. Comer também é a ânsia da vida por si mesma. Este impulso de viver, de existir: "Tendo fugido algumas vezes tomou gosto."

LITERATURA FAMINTA[4]

A fome também emerge decisivamente associada à morte e ao gesto da narradora-mulher-adulta-(mãe) de esquecer os peixes e de esquecer o pedido feito pelo filho antes da viagem. É por observar que a fome em *A mulher que ma-*

---

4. *C'est pour te manger* (Perrault; Garnier, 1967: 115).

tou os peixes difere tanto da abordada em *O mistério do coelho pensante*, que sublinho essa força, ao mesmo tempo, e paradoxalmente, criadora e destruidora. É a fome que gera a morte e igualmente gera a narrativa. A fome é um motivo poético que aparece em todos os livros infantis de Clarice, em maior ou menor grau, ora como tema e motivo, ora quase circunstancial ("Mas a fome veio. E cadê o que comer? Pois bem. Ovidio e Odissea se lembraram de uma bruxa muito da boa chamada Oxalá."). A fome em *A mulher que matou os peixes* não promove fugas ou outros caminhos narrativos, não promove aventuras e mais vidas ("Acho também que Joãozinho fugia porque cada vez ele tinha mais filhinhos e gostava de ir fazer carinho nos filhinhos. Os filhinhos eram todos gordos, pequenos e bobos, e todos eles tinham natureza de coelho."). Ainda assim, indiretamente, gera mais e mais narrativas, acabando por fazer com que, nas variadas histórias, vida e morte convivam. Joãozinho foge porque está com fome de cenouras e de vida. Os vermelhinhos morrem de fome. Laura não quer virar jantar como Zeferina. Os pensamentos de uma árvore que não dá frutos apodrecem e ela quer muitos ovos para ficar rica. Há incorporação de vida na morte.

A fome é motor de desejo, de vida e de morte, de mais fome ou mesmo de autodevoração para tentar dar lugar a algo que poderia permanecer ou simplesmente restar. A narrativa é faminta? A fome criada deixa o leitor esfomeado. A fome come, devora e sempre fareja mais o que comer. Esse motivo poético aproxima e afasta a narrativa tanto do animal quanto do humano como numa gangorra. Oscila e vacila. Por vezes, é a fome da própria narrativa, da própria escrita. *A mulher que matou os peixes* é palco de fome e de morte, mas é também cenário ímpar da inter-relação figurativa, elástica, entre humano e não humano, aquilo que também une todos os viventes.

Em "um gato comeu ela com a rapidez com que comemos um sanduíche", o paralelo traçado entre a velocidade com que um gato come a rata Maria de Fátima e nós comemos um sanduíche, na verdade, não contribui para reforçar a repulsa, mas para uma compreensão, quase suavização, da ideia de morte e de um apagamento ou ao menos uma suspensão dos limites entre humano e animal. Nesse ponto, animais e humanos se identificam. Morte e devoração também. A violenta devoração do gato migra para a experiência a princípio banal de morder o sanduíche, injetando ali forças bárbaras. O que chama mais atenção é mesmo o humor que vem da equiparação inusitada de alhos com bugalhos. Pensamento analógico que cria similitudes entre ações disparatadas.

Há uma crueza constitutiva que é muito divertida em comparações desse tipo (rato e sanduíche). Os movimentos entre as várias formas de pensar e entender fome, vida e morte impulsionam as narrativas. Morte e fome, ao contrário da forma como geralmente são abordadas na literatura infantil, como tabus, são motores da narrativa, e não são tratadas *a priori* como elementos exatamente negativos; ao contrário, podem ser associados a prazer, aos sabores e aos cheiros que despertam.

Esse universo de Clarice que aborda a mesa de jantar é decisivo em sua ficção: a galinha morta sobre a mesa, ovos, muitos ovos e fome. Em sua correspondência pessoal, o tema aparece de forma recorrente; às vezes como algo tocante, às vezes como algo apenas natural, parte de um universo feminino, de deliciosa conversa entre irmãs que se cuidam e que se preocupam, antes de tudo, se estão todas comendo bem. Pinço uma carta que Clarice escreve para Andréa Azulay, que contava então com 9 anos, que destaco por se tratar de texto em que a questão do comer surge ao lado daquilo que é preciso para ser uma escritora (!):

A Andrea Azulay
Rio, 7 de julho de 1974
Andréa de Azulay que é minha filha espiritual:
Você sabe muita coisa, minha colega. Mas de qualquer jeito vou lhe dar umas dicas para a vida e outras para escrever. Sugestões de vida:
- Você sabe se espreguiçar? É tão bom. Quando você se sentir cansadinha (você nunca se sente cansada porque é uma borboleta alegre) ou quando quiser sentir uma coisa boa para o seu corpinho, então espreguice-se. É assim: espiche os braços e as pernas ao último máximo, tanto quanto puder. Fique assim um momento. Em seguida largue-se de repente, relaxe o corpo como se este fosse um trapo. Você vai ver como é gostoso. A gente ganha um corpo novo.
– Você gosta de comer coisa boa? Então experimente fios de ovos com creme de leite Nestlé. A gente não tem vontade de acabar nunca.
– Pergunte ao seu pai e a sua mãe se eles deixam o seguinte: esquente uma colher de sobremesa de vinho tinto, esquente uma xícara de café com açúcar, misture tudo e beba devagarzinho. Dá um gosto bom no coração.
– Experimente mocotó. Demora a cozinhar e leva tempero. Mande fazer um pirão com o caldo. É forte, é potente, dá força humana. É capaz de você odiar!!!
Sugestões para escrever:
– Você não precisa de nada, já sabe quase tudo. Mas vou lhe dar umas ideias:
– Não descuide da pontuação. Pontuação é a respiração da frase. Uma vírgula pode cortar o fôlego. É melhor não abusar de vírgulas. O ponto de interroga-

ção e o de exclamação use-os quando precisar: são válidos. Cuidado com reticências: só as empregue em caso raro. Como depois de um suspiro. Quanto ao ponto e vírgula, ele é um osso atravessado na garganta da frase. Uma minha amiga, com quem falei a respeito da pontuação, acrescentou que o ponto e vírgula é o soluço da frase. O travessão é muito bom para a gente se apoiar nele. Agora esqueça tudo que eu disse.

– Cuidado com o "que", muitos quês numa mesma frase atropela a gente. Você pode tomar a liberdade que eu já tomei, isto é: começar uma frase com "que". Mas esse recurso já foi por demais imitado, eu já não uso mais, só às vezes. Quando você fizer sucesso fique contentinha mas não contentona. É preciso ter sempre uma simples humildade tanto na vida quanto na literatura. Afago os seus cabelos.

Clarice

A devoração ou uma simples fome emergem em diversas passagens associadas às imagens do que é destruição e (im)permanência nas narrativas. Fome e morte podem ser consideradas propulsoras das máquinas narrativas, operando nos textos, contribuindo para que personagens e narradores assumam lugares e papéis diferentes, ainda que momentaneamente, de modo decisivo para gerar efeitos estéticos intempestivos. Em alguns de seus livros infantis, não há apenas fome, mas um impulso à devoração, sempre multifacetada. A figueira encontra-se insaciável de ovos. Joãozinho não se contenta com o que possa ser colocado em sua gaiola ou com o que consegue nas primeiras fugas; quer mais, foge, para comer muito mais, para devorar, insaciável, alimento e vida. Encontra uma coelha e tem muitos filhinhos. São várias as fomes de vida: entreveem-se, interpolam-se, proliferam. Trata-se de um devorar, por uma compulsão? por uma pulsão de vida?, ou por simplesmente, de repente, concretizar, de algum modo criação, ou, ao menos, a promessa de criação.

LITERATURA CRIANÇA

Infância e criança não emergem como temas imediatos, mas envolvem (para depois capturarem?) os livros infantis de Clarice como fundamentação para uma poética engendrada pelo infantil. A infância não se fixa em uma figura específica nas narrativas, mas se monta (ou dispersa) como uma coleção de índices e afetos que ora se alojam no enredo; ora em emoções sensoriais; no uso de algumas expressões; na forma de nomear; na forma de endereçamento; num tempo verbal, na escolha de certos substantivos ou de certos campos semânticos que se aproximam (ou se afastam) do que comumente está associado a crianças. Elas podem ser coleções, mapas literários nessas narrativas claricianas.

Clarice investe numa tentativa de se recriar um mundo (também) afetado pelo olhar infantil. Há uma tensão que posiciona a infância como um significante relacionado a múltiplos significados, desde os mais tradicionais, até algumas tentativas que são consideradas mais contemporâneas, como colocar as crianças diante de finais abertos e tomadas de decisões que possam levá-las à ação. Há uma poética infantil que está além da criança também – jogo que se dá nas inter-relações entre criança, animal, literatura e mulher.

Escrever para crianças não escapa ora à criação de uma ficção da própria escrita, ora à espécie de tradução poética, de um "através" das crianças com quem os textos querem conversar. Ela escreve, nesse espaço "entre", o que se passa com as personagens e a própria narração. Ocorre que escrever "entre" é criar, ampliar espaços, e, de algum modo, gerar mais ficções da própria escrita, até mesmo da própria infância. A galinha sobre a mesa... ah... estávamos todas ali sobre a mesa. Um estudante uma vez me confidenciou, muito baixinho: "Livro estranho, professora, parecia que era eu ali em cima daquela mesa!". Incerteza, complexidade, imprecisões, estranhamentos – se não houver hesitação, dúvida e pergunta, você que leu Clarice ainda não entendeu. É se deixar atravessar por algo estranho e acolher, não só como fantasia, mas como acontecimento: deslumbrar-se e dar sentido ao que lhe acontece com "Essa mulher que matou os peixes fui eu"; "Era uma vez eu". Há toda uma gama incongruente de experiências sensoriais, afetivas e estéticas que podem se oferecer ao faro infantil. Cheirar, ouvir, comer, imaginar, morder, experimentar, ver, sentir, dizer, escrever: possibilidades de figurações de infância que emergem junto com as alteridades animais e com a imprecisão que advém desses processos.

A escrita para crianças em Clarice adquire contornos orgânicos, não problematiza a linguagem usual com crianças e as imagens de que se pode lançar mão na criação literária. Oscila. Ora explica ora deixa as explicações para a parte oral da história. Uma escrita que vai se arriscando nos processos da própria escrita, ainda que em conversa ou em conflito com certas visões de infância e de criança; ora sustentando visões vigentes, como as explicações que julga necessárias, ora valendo-se de ícones culturais deíticos vastos e complexos como as personagens Odissea, Oniria, Ovidio, Oquequê, Oxalá; ou seu quase manifesto de crítica ao sistema capitalista em *Quase de Verdade*.

Clarice mantém ativa relação com crianças diversas, como filhos de amigos; algumas mais próximas como as que abrem este capítulo; recebe e responde cartas; conversa com algumas para falar de suas narrativas; faz conferências em escolas, como forma de divulgação de seus lançamentos e faz tarde de autógrafos para crianças. O espaço que a literatura infantil de Clarice ocupa em sua carreira deve ser colocado em perspectiva, certamente, não só porque constitui uma pequena produção em termos numéricos, mas porque Clarice ocupou uma cena literária que estava se constituindo no Brasil no *boom* da literatura latino-americana e no *boom* da literatura brasileira [infanto-juvenil] entre as décadas de 1960 e 1980.

De sua movimentada agenda[5], entre tardes de autógrafos para crianças, algo bastante inovador naquele período, conferências em escolas, respostas a correspondências enviadas para a editora e o jornal onde atuava, com cartas de crianças inclusive, destaco que seu coelho pensante chegou a dividir página com Segall e anúncio da Semana de Artes no MAM. Seus livros infantis causaram imenso interesse e sucesso entre o público leitor da época (que conseguia ter acesso a seus livros), bem como de seus pares, como Drummond, por exemplo, que também escreveu sobre seu coelho pensante.

Desse universo jornalístico, destaco, sobre suas obras infantis, matéria que ilumina uma ação de Clarice sobre seu livro *O mistério do coelho pensante*. Nessa matéria, afirma-se que Clarice testou a reação de quatro crianças, de idades diferentes, sobre o mistério que o livro não revela e que adultos não conseguem entender. "A primeira criança, com 5 anos, disse que o coelho tinha patas tanto fortes que levantava o tampo do engradado e saía. A segunda, com 7 anos, (...) afirmou que o coelho era de papel e usava óculos. A terceira, com seus 9 anos de idade, (...) – se é que o coelho se explica – admitindo que o próprio filho de Clarice ajudava o coelho a fugir quando queria, sem que ninguém soubesse." Essa parceria de menino e coelho na literatura e na vida é ótima mesmo. Por fim, um menino de doze tem minha reação favorita ao desfecho de Clarice: ele "contentou-se em lançar olhares fortuitos e a sorrir em cumplicidade, como se tivesse realmente desvendado o mistério do coelho pensante." "Tão pouca literatura"? Outro fato que gostaria de destacar também do universo jornalístico e da relação com suas obras infantis e as crianças

---

5. Nos jornais da época, pululavam notícias sobre Clarice e seu trabalho e, portanto, também sobre seus livros infantis. Clarice foi uma das primeiras escritoras a participarem de sessão de autógrafos para crianças, era bastante convidada a dar conferências em escolas ou espaços ou eventos centrados na criança.

é que Clarice volta à sua história policial para crianças no *Jornal do Brasil* (Sinder, 2018: 84). Publica novamente o texto, sem ilustrações e com amplo destaque para uma história policial para crianças na edição do dia 11/03/1972. O título do livro aparece no primeiro parágrafo da publicação. Já na publicação de 25/03/1972, o título aparece destacado em maiúsculas e, ao lado, a palavra "conclusão". Por que voltar a esse texto, reproduzindo-o no jornal? Em matéria de outro jornal, afirmava-se que seu livro era bastante caro e, embora fosse um sucesso editorial, seu preço tornava-o quase inacessível. A mesma matéria afirmava que muitos dos que gostariam de adquiri-lo não o encontravam para comprar e chegavam a telefonar ou escrever para Clarice informando-a do problema nas livrarias. Fato é que publicar a história no jornal tornou-a certamente mais acessível, mais popular, mais conhecida.

E isso faz retomar para a criança uma pergunta em seus máximos contornos, que também insinua uma pulsão infantil: quem é essa narradora adulta? Como é sua relação com a criança? A criança não fala, mas ela nunca fala pela criança, não emula falas infantis artificiais. Simplesmente não há fala infantil. Há nos livros a marca dessa falta e, assim, esse silêncio poderia falar mais do que o oposto seria capaz de fazer? Muito do que cria em suas narrativas, suas brincadeiras com as palavras, seus experimentos narrativos, pausas, digressões nos enredos, o não compromisso exclusivo em narrar ou em ser linear, mantém diversificados fluxos em movimento, atravessando a escritora, por questões de infância. Isso reforça modos próprios de infância em que há mais risco, mais espaço para o aberto, em que ela investe em certos trechos de suas obras.

Em seus trabalhos para crianças, oscila entre abordar a criança sociológica, a da família, suas questões tangenciais e a infância um pouco mais indefinida. Em passagens poéticas como "o mundo cheira muito mais para um coelho do que para nós", "Outra coisa que o nariz dele descobriu é que as nuvens se mexem devagar e às vezes formam coelhões no céu", há essa tentativa máxima de farejar infância.

LITERATURA ANIMAL – DE LATIR E CACAREJAR

Clarice não hesita em tratar de nossa animalidade, embora pareça estar todo o tempo em busca de nossa humanidade ("E o que o ser humano mais aspira é tornar-se humano."). Nossa animalidade é dada, mas nossa humanidade precisa ser conquistada. Clarice afirmou certa vez que "Mágico é como eu e meu cachorro nos entendemos sem palavras". Essa relação que também se dá sem fala, sem palavras, e que não indica uma artimanha da domesticação, ao contrário se aproxima mais da tentativa de um mergulho nesse animal. Não é simples abordar a ideia de domesticação animal, porque ainda há muito a compreender sobre esse processo, principalmente com o cão. Se o animal humanizado permite à criança, na maioria das vezes, libertar-se, a abordagem de Clarice privilegia um animal de estimação num papel que também busca liberdade por excelência (em suas mordidas), ainda que compartilhe do humano, de seu colo, de seu sofá, de seus cigarros. Ao explorar ludicamente sua convivência com o humano em diferentes graus, suas fugas, suas fomes, suas mortes, o que mais reforça são seus modos de ser de animal de estimação, mas também de coisa viva. Apesar da riquíssima fauna brasileira, são geralmente os mesmos animais que a perseguem. Laura é esse ícone da vida das galinhas que causou grande impressão na escritora desde criança: "Quando eu era pequena, eu olhava muito para uma galinha, por muito tempo, e sabia imitar o bicar do milho, imitar quando ela estava com doença e isso sempre me impressionou tremendamente." São várias as formas de tentar unir-se ao animal. Enaltecer Laura, apesar da morte de Zeferina, é ainda fazer viver algum feminino, valorizando o que é possível ou o que resta; ferida e dor também restam.

É preciso lidar com certo espaço de experimentação, de abertura, para pensar os animais literários de Clarice: coelho, cachorro, galinha, peixes, baratas, ratos, pássaro, planta – sua icônica figueira, e uma potência animal: *ovo*. A associação entre animal e infância nos livros infantojuvenis é tão recorrente que, de fato, se pode esquecer a potência da natureza figurativa dessa aliança (Rudd, 2009: 242). O que há de comum nessa aliança que acaba por conferir certo suporte à ordem dominante no campo de literatura infanto-juvenil, mas também compreender se há elementos que a subvertem. A força estética de textos que lidam com infância talvez resida nas inter-relações entre humano e não humano (Grusin, 2015).

É possível considerar que as narrativas infantis de Clarice não clamam por afinidades banais entre humano e não humano; ao contrário, testam seus limites, numa pesquisa sensório-estética que privilegia animais. Em suas narrativas infantis, as figuras humanas mais óbvias quase se restringem à narradora. O texto de Clarice procura trajetórias narrativas paralelas, simultâneas, em que criança e animais podem construir ali subjetividades entrecortadas, ora atravessadas pelo humano ora pelo não humano inteligível.

A narrativa que se quer narrar em *A mulher que matou os peixes*, por exemplo, é a história de muitos animais da vida íntima da narradora, não só a dos vermelhinhos. A animografia proposta por Clarice é intensa e prolífera: animais de estimação, animais-animais, animais escritos e até mesmo animais prescritos. É desses animais literários que emerge o potencial das experiências geradas na obra infantil clariciana. As crianças não falam, mas os animais falam, pensam, desejam, agem, vivem, morrem. São animografias tecidas em torno de uma narradora humana, mas que não se limitam a ela. Os animais parecem matizados: ora atuam pelos adultos, ora pelas crianças, ora por outros animais, ora pelas famílias, pela sociedade, pela escrita, pela literatura, como é o caso do cachorro Ulisses.

Os animais literários de Clarice têm esse traço familiar, íntimo, caseiro quando estão ali por perto, no quintal, por exemplo, ou dentro de casa, convidados ou não, mas também há outros que se diferenciam como a macaca Lisete, animal-animal, e como o pássaro místico em *Quase de Verdade*, que fica entre presságio e anunciação no enredo ("É um passarinho que parece de ouro, tem bico vermelho vivo e está muito feliz da vida. (...) Canta assim: pirilim-pim-pim, pirilimpim-pim, pirilim-pim-pim. Esse é um pássaro de alegria. Quando eu contar a minha história vou interrompê-la às vezes quando ouvir o passarinho.").

A escritora não costuma recorrer a elementos fantásticos: tudo é o mais ordinário possível, o mais simples possível ("patati patatá"[6]). Em *A mulher que matou os peixes*, é a história de uma anti-heroína (e, se puder haver algum heroísmo, está nas mãos do leitor o feito) que compõe texto com jogos lúdicos com os animais; de adivinhar, por exemplo: "Outro bicho natural da minha casa é... adivinhem! Adivinharam? Se não adivinharam não faz mal, eu digo a vocês." O que faz da própria natureza, através dessa narrativa, um pequeno brinquedo.

A proliferação de "Os" em Ovidio, Odissea, Oniria, Onofre, Oxelia, Oquequê, Oxalá brinca com a grafia e a proliferação de ovos pela narrativa (pelo chão, perto das raízes do texto também) e, ao mesmo tempo, sugere uma função dêitica desses nomes, apontando para uma profusão de sentidos, origens, desde os que indicam aspectos fundantes da cultura ocidental, até amplas questões culturais, filosóficas e literárias.

Ter em seu livro um coelho branco é outro fato que, igualmente, gera diversos desdobramentos. É impossível desconsiderar a potência que as experiências literárias procuram promover entre crianças e coelhos na literatura

---

6. Expressão que denota conversa sem importância ou uma tagarelice cujo teor não é preciso especificar, equivale a um "e assim por diante".

infantil. Há sem dúvida imenso repertório que a associação da ficção infantil e do animal ordinário promovem e a que Clarice outrossim recorre. Privilegia uma esfera sinestésica mais voltada ao animal que ao humano, como é o caso do campo semântico que envolve nariz, cheirar, farejar; sentir o gosto:

> "Foi olhando as coisas que seu nariz adivinhou, por exemplo, que a terra era redonda."

> "Outra coisa que o nariz dele descobriu é que as nuvens se mexem devagar e às vezes formam coelhões no céu. Nas fugidas também descobriu que há coisas que é bom cheirar, mas que não são de comer. E foi aí que ele descobriu que gostar é quase tão bom como comer."

Nesse ponto, a narradora afirma que "(...) o mundo cheira muito mais para um coelho do que para nós". E isso é mesmo fascinante. João pensa. João é um coelho e pensa com seu nariz: "(...) João fugia só para ficar olhando as coisas (...). Nessa hora é que virava mesmo um coelho pensante." "Joãozinho fugia mesmo." E esse é o mistério dessa envolvente narrativa policial. Ao final, a narradora de *O mistério do coelho pensante* insinua uma espécie de metamorfose pela qual ela mesma procurava passar, movendo seu nariz, tentando tornar-se coelho, para descobrir o mistério: "Tenho tentado descobrir do seguinte modo: fico franzindo meu nariz bem depressa. (...) Quando franzo o nariz, em vez de ter uma ideia, fico é com uma vontade enorme de comer cenoura. (...) já estou cansada de só comer cenoura."

Uma partilha sensível, já que animal humano e animal não humano se mantêm destarte. Não se transformam um no outro; ao mesmo tempo, se t(r)ocam levemente enquanto híbridos e, ao se manterem híbridos, em breves suspensões no enredo, talvez consigam estabelecer um potencial criador diferente: não é inumano, não é a infância inumana, mas também não se trata apenas de humanos e animais isolados, incapazes de se t(r)ocarem, ainda que muito brevemente. Podem variar, podem figurar em suspensões narrativas, sem que se estabeleçam metamorfoses nem de humano nem de animal. Ulisses continua latindo "Au-au-au. Au-au-au" ao longo de toda obra escrita e gostando "muito de (se) deitar de costas para coçarem (sua) barriga" e de fazer "xixi na sala de Clarice". De qualquer modo, "admitir o animal como sujeito é também reconhecer que ele é dotado de saberes sobre o mundo, haja vista a inquietante complexidade da existência dos viventes nano humanos" (Maciel, 2016: 120). Clarice trata, em suas narrativas infantis, de animais da casa

CONVERSAR COM C. • 61

sobremaneira e de uma possibilidade de afetos entre humano e nano humano, para tentar falar ao menos de uma convergência afetiva: *pethood, childhood, familyhood, motherhood*. Longe de querer criar distâncias entre esses afetos, desejo pensá-los de maneira realmente próxima, me acercando do que Clarice realizou em suas narrativas. Um animal de estimação tem mais coragem de atravessar o humano que um animal selvagem e tem mais razões para isso. Um animal de estimação é um incrível viajante entre natureza e cultura, entre floresta e casa, entre rua e casa. Um animal carnívoro selvagem não deixará de comer carne e um animal carnívoro de estimação não deixará de buscá-la, ainda que esteja no alto de apartamento de cimento e tinta. Ulisses não se torna humano, não é um animal selvagem, é da casa; e um animal que pode criar, narrar suas aventuras. Esses dois fenômenos podem ser promessas de possibilidades de criação, através de transfigurações, de outro possível, nem humano nem animal nem árvore nem vida nem morte, talvez apenas esforço de "trânsito entre", em variáveis extensões, em fome, morte e vida – atribuições de todos os viventes.

Talvez resida nesse ponto a potência de infância na literatura: um investimento decisivo do humano lançar-se ao não humano, a f(r)icção da narradora em/com coelho, não uma solução prática do humano que domina o animal, que o "toma", mas, ao contrário, a predominância do animal, capaz de abrir espaços para o que não se pode compreender, para fugir. Para tanto, é preciso se aderir à perspectiva do coelho, a partir dos elementos narrativos de que se dispõe em exercício (in)comum, de tentar tratar de uma personagem de dentro dela mesma, a partir dela mesma, daquilo que instaura na narrativa. Ouso afirmar que esse coelho não nos obriga a decidir entre humano e não humano, porque permanece no entre; é criação humana, mas não pode ser nem humano nem animal. É imagem. Foi desenhado pelo humano para ser animal. Não é claro o jogo, mas permanecer nesse entre pode evocar o que propõe (Agamben, 2013: 127): "A humanização integral do animal coincide com uma animalização integral do homem." O que se pode afirmar é que as narrativas de Clarice em torno de animais não parecem – conseguir – se é que esse é o desejo – hierarquizar, privilegiando o humano: "Os homens homenzavam, as mulheres mulherizavam, os meninos e meninas meninizavam, os ventos ventavam, a chuva chuvava, as galinhas galinhavam, os galos galavam, a figueira figueira, os ovos ovavam. E assim por diante." Em seus textos, nunca se é só um coelho, um peixe, uma galinha, um cachorro, um rato, uma barata, uma macaquinha, uma narradora, um era uma vez.

POLÍTICAS DA ESCRITA, DA LITERATURA?

O mistério do coelho pensante e *A mulher que matou os peixes* são obras que apresentam afinidades marcantes, com destaque acentuado para o agudo tom feminino, mas principalmente para o maternal, quando dois meninos, dois filhos da narradora, Paulo e Pedro, chegam a falar quando da morte de Lisete – passagem ímpar em suas obras infantis. Há concentração espacial no ambiente caseiro ou pessoal, íntimo, e nos traços da narradora mãe (ou não)-adulta-escritora-mulher. Clarice mantinha um caderno onde anotava diálogos com seus filhos pequenos e frases esparsas, com a visão dos meninos sobre o mundo e a vida. Neste caderno, *Conversas com P.*, havia trechos escritos tanto em inglês quanto em português. Clarice colocava a máquina de escrever sobre o colo e se mantinha nesse lugar poético, político e social de mãe e escritora, o que demonstra que muito do que produziu nasceu também numa casa, no colo de uma mulher. A própria imagem de que sua escrita surgia em seu colo é intensamente sugestiva. Em *A vida íntima de Laura* e *Quase de verdade*, o tom feminino se sustenta, agudíssimo, e o maternal esmaece. Predomina o ambiente caseiro, mas sem que se lance tanta ênfase sobre o familiar. O tom agudo do feminino permanece não só porque há a galinha ou há uma Dona Luísa, ou uma figueira, mas também porque há bruxas, figuras femininas marcantes no imaginário ocidental. Há, principalmente, enredos em torno da figura feminina da galinha e do ovo (igualmente associado ao feminino e à vida) nas obras. É preciso destacar também que, em *Quase de verdade*, sua última obra infantil, ainda que o feminino permaneça na figura da escritora, é Ulisses quem late-narra a história. O feminino encontra-se disseminado no quintal entre galinhas, figueira, Oniria, Oxalá e bruxas.

Outro aspecto recorrente em suas obras infantis é o estabelecimento essencial de se buscar afirmar uma (quase) verdade ou uma não mentira ("Nada do que escrevo é mentira. Eu não minto para crianças."). Em *O mistério do coelho pensante*, a narradora afirma de modo recorrente: "O que posso lhe garantir é que não estou mentindo: Joãozinho fugia mesmo" e "Mas acontece que esta história é uma história real." A presença dessa narradora é, ao mesmo tempo, lúdica e impositiva. É uma narradora que busca credibilidade como em *A mulher que matou os peixes* e em outras nem tanto como em *A vida íntima de Laura* e *Quase de verdade*. A literatura moderna inaugura um narrador não confiável que, através de expedientes vários, incita leitores a suspeitarem, hesitarem diante do narrado. Clarice chega a afirmar que quer um "mínimo de truques" na escrita. E isso já não configuraria um "truque"? Em seu último livro infantil, embora persistam traços de uma literatura que se explica e precisa se fazer entender em alguns pontos, em outros cria espaços para o aberto, para algo que ultrapassa entendimentos. Talvez se tenha uma pista de que o que a escrita almeja é mais uma política da literatura do que uma política da própria escrita (para crianças):

> Pois não é que vou latir uma história que até parece de mentira e até parece de verdade? Só é verdade no mundo de quem gosta de inventar, como você e eu. O que vou contar também parece coisa de gente, embora se passe no reino em que bichos falam. falam à moda deles, é claro.

Clarice justapõe, de modo fragmentário, diversos trechos que ora parecem se contradizer ora se complementar, quebrando padrões dos gêneros convencionais para crianças, confrontando tabus como morte, o namoro com posterior nascimento de muitos filhotes de seu coelho pensante, questões emocionais, "o pensamento da figueira apodreceu e virou inveja. Apodreceu ainda mais e virou vingança" e trazendo até mesmo questões políticas, históricas, culturais e socioeconômicas mais complexas em *Quase de verdade*, questões que nos atravessam até hoje:

> "A figueira, que não dava frutas e não cantava, resolveu enriquecer à custa dos outros. Queria se aproveitar dos filhos de Ovidio, Odissea e outras aves."
> "Enquanto isso, a figueira juntava ovos que não era vida e tudo para vender e virar milionária. E nada pagava às galinhas, nem com milho, nem com minhoca, nem com água. Era só aquela escravidão."
> "Eles iam contra figueira ditadora, iam exigir seus direitos, por ovos para eles mesmo, reclamar comida, água, dormida e descanso."
> "Queremos a liberdade de cantar só de dia!"

Ainda que não houvesse uma ênfase explícita em dimensões políticas e econômicas mais diretas como tal na sua história infantil, estão ali alguns índices, alguns dos caroços poéticos, históricos, culturais e políticos a que o leitor é levado e em que precisa investir. Especial destaque para uma das raras vezes em que seu texto literário infantil fez menção especial ao Brasil (e a suas questões) está no trecho em que os animais precisam partir em busca de comida e pedem ajuda a Oxalá em sua jornada:

– Vamos deixar que eles visitem outras terras porque pode ser que encontrem uma comida nova que não precisa ser mastigada! Dito e feito. (...)

Mas a fome veio. E cadê o que comer? Pois bem. Ovidio e Odissea se lembraram de uma bruxa muito da boa chamada Oxalá – o O' do ovo, 'xalá' por vaidade. Ela era mágica e atendeu ao pedido. Guiou-os pela mata afora e mostrou-lhes um pé de jabuticaba.

Você sabe o que é jabuticaba?

É uma fruta redonda e preta que só existe no Brasil.

Clarice parece ter rasurado a posição funcional convencional de alguns elementos da narrativa, delegando não apenas diferentes funções ao leitor, inclusive, mas diferentes necessidades. "– Até logo, criança! Engole-se ou não se engole o caroço? Eis a questão." Aposta-se em uma poética infantil que pode emergir do animal, da árvore, do ovo, o que poderia transformar a narrativa em criança, em humano ou em não humano – figurações de infâncias. Suas narrativas parecem sugerir também a conversa íntima que a criança leitora decide ter com a escritor. Criança que "conversaria" com essa narradora ou com a autora, mulher, mãe e perguntaria: quem é você? o que é você?

Em entrevistas, Clarice retoma, de modo variável, essa percepção de um nascimento da literatura para ela, dessa coisa que é escrita por alguém, que não nasce espontaneamente, coisa-escrita-literatura-livro-autora. Esse motivo também é recorrente em seus livros infantis e marcante em *Quase de verdade*. As f(r)icções de infância escritas por Clarice que perturbam as fronteiras narrativas ("E a história?"), não só pelo flerte constante e insinuado com o fora e o outro, mas por não abrir mão da ficção também, deixando o leitor-ouvinte desafiado a concretizar a criação literária ou não – esse entre, de espaços que procura criar, para não se fixar – narrativas fragmentárias de sensações, impressões, "pensamentozinhos" animais e acontecimentos: seus maiores truques de mágica talvez.

A imagem de sua escrita nascendo em seu colo cintila, sugestiva, como pássaro dourado.

Em seu colo, criança, cachorro, livro e máquina.

Clarice. "Apenas escrever."[7] ●

---

7. Trecho de Clarice Lispector em sua última entrevista, gravada para o programa *Panorama*, da TV Cultura, em 1977.

REFERÊNCIAS BIBLIOGRÁFICAS

AGAMBEN, G. *Infância e história: destruição da experiência e origem da história*. Belo Horizonte: UFMG, 2005.

_____. *Profanações*. Lisboa: Ed. Cotovia, 2006.

_____. *O aberto*. Rio de Janeiro: Civilização Brasileira, 2013.

BUTLER, C. (ed.); REYNOLDS, K. (ed.). *Modern Children's Literature: An Introduction*. Londres: Palgrave, 2014.

DELEUZE, Gilles; GUATTARI, Félix. *Mil platôs*. Vol.1. São Paulo: Ed. 34, 1995.

DERRIDA, J. *O animal que logo sou*. Fábio Landa (trad.) São Paulo: Ed.UNESP, 2011.

GELY, Véronique. (org.) *Enfance et littérature*. Paris: SFLG, 2012.

GOTLIB, Nádia B. *Clarice: fotobiografia*. São Paulo: EDUSP, 2009.

_____. *Clarice: uma vida que se conta*. São Paulo: EDUSP, 2009.

GRENBY, M. O., IMMEL, A. *The Cambridge Companion to Children's Literature*. Cambridge Univer. Press: 2009.

GRUSIN, R. (ed.) *The Non Human Turn*. The University of Minnesota Press: 2015.

GUMBRECHT, Hans Ulrich. *Produção de presença: o que o sentido não consegue transmitir*. Rio de Janeiro: Contraponto/Ed. PUC-Rio, 2010.

HOLLINDALE, P. *Signs of childless in children's books*. Thimble Press: 2005.

HUNT, Peter. *Crítica, teoria e literatura infantil*. São Paulo: Cosac Naif, 2010.

LISPECTOR, Clarice. *O mistério do coelho pensante*. Rio de Janeiro: Rocco, 1999.

_____. *A mulher que matou os peixes*. Rio de Janeiro: Rocco, 1999.

_____. *Quase de verdade*. Rio de Janeiro: Rocco, 1999.

_____. *A vida íntima de Laura*. Rio de Janeiro: Francisco Alves, 1991.

_____. *Como nasceram as estrelas*. Doze lendas brasileiras. Rio de Janeiro: Rocco, 1999.

_____. *Minhas queridas*. Tereza Montero (org.). Rio de Janeiro: Rocco, 2007.

_____. *Correspondências*. Teresa Montero (org.) Rio de Janeiro: Rocco, 2002.

MACIEL, Maria Esther. *Literatura e animalidade*. Rio de Janeiro: Civilização Brasileira, 2016.

NASCIMENTO, Evando. *Clarice Lispector: uma literatura pensante*. Rio de Janeiro: Civilização Brasileira, 2012.

NUNES, Benedito. *O dorso do tigre*. São Paulo: Ed.34, 2009.

SINDER, Antoneli Matos Belli. *Ficções de Infância. Clarice Lispector*. Rio de Janeiro: Ed. Puc-Rio/Numa Editora, 2018.

Beatriz Damasceno
Clarice Lispector e Lúcio Cardoso –
Para além da paixão

Beatriz Damasceno

Doutora em Letras pela PUC-Rio com pós-doutorado pela UFMG, professora e pesquisadora na área de literatura brasileira. Desenvolve estudos sobre temas ligados à leitura e à escrita de experiências, direcionando as investigações para os acervos literários e a memória cultural brasileira. É professora do Departamento de Letras da PUC-Rio, atuando na graduação e na pós-graduação, especificamente nos cursos de especialização lato sensu de Literatura, Arte e Pensamento Contemporâneo e Formação do Escritor. É autora do livro *Lúcio Cardoso em corpo e escrita* (2012).

Não sabia que, somando as incompreensões,
é que se ama verdadeiramente.

Clarice Lispector

Quando Clarice Lispector, com apenas 20 anos, conheceu Lúcio Cardoso, na redação da Agência Nacional, apaixonou-se pelo escritor: oito anos mais velho, já enturmado nas rodas literárias, livros publicados, e, acima de tudo, um leitor que não só reconheceu como entendeu o "método Clarice de escrever"[1]. Nada mais natural e previsível de acontecer, e até de se pensar na possibilidade de um romance, se não fosse a declarada homossexualidade do escritor mineiro. Esse fato ficou marcado nas biografias de Lúcio Cardoso e Clarice Lispector, mas, para além desta paixão unilateral, um amor se realizou na intensa proximidade entre vida e escrita.

Poucos meses depois da morte do escritor, Clarice escreve a crônica "Lúcio Cardoso", publicada em 11 de janeiro de 1969, no *Jornal do Brasil*[2]. Por meio de comovente texto, a escritora revela, em cada parágrafo, momentos e aprendizados vividos. Confessa sofrer sempre de saudade, mas, de Lúcio, confessa

---

1. O modo de escrever de Clarice Lispector por meio de fragmentos e notas foi encorajado por Lúcio Cardoso. O primeiro romance, *Perto do coração selvagem,* recebe elogios do escritor no *Diário Carioca* justamente por romper com a estrutura do gênero romance.
2. Esta crônica faz parte do livro *A descoberta do mundo,* que reúne crônicas de Clarice Lispector publicadas no *Jornal do Brasil* de 1967 a 1973.

duas saudades tristíssimas. Lembra-se de que a primeira veio com o acidente vascular cerebral sofrido pelo amigo seis anos antes e que roubara dele a fala e a escrita, *"ele que já me dissera das coisas mais inspiradas que ouvidos humanos poderiam ouvir"*[3]; a segunda saudade, já perto do fim, quando o viu em coma, no hospital, *"como um personagem de El Greco"*, nos últimos instantes de vida. E declara: *"E agora não ouviria nem que eu gritasse que ele fora a pessoa mais importante de minha vida durante minha adolescência. Naquela época ele me ensinava como se conhecem as pessoas atrás das máscaras, ensinava o melhor modo de olhar a Lua."*

Os primeiros passos da trajetória literária daquela jovem escritora foram fortemente marcados pela presença de Lúcio Cardoso. O verbo "ensinar", no trecho acima, sugere essa importância, pois, no auge de seu encantamento pelo escritor, Clarice o ouvia atentamente, influenciava-se pela sua obra e pelos escritores lidos por Lúcio, recebia com entusiasmo a rede de amigos que ele começou a dividir com ela: Adonias Filho, Octávio de Faria, Lêdo Ivo... Além disso, Lúcio Cardoso também se aproximou muito do trabalho de Clarice, pelo qual ficou cada vez mais admirado. Com o tempo, sentimentos expostos e ditos, conversas, segredos e confissões, a vida seguiu seu curso, mas a forte cumplicidade permaneceu. Na carta de 13 de julho de 1941, e de um entendimento só deles, ela o escreve de um hotel de Belo Horizonte:

> Pretendia chorar na viagem, porque fico sempre com saudade de mim. Mas felizmente sou um bom animal sadio e dormi muito bem, obrigada. 'Deus' me chama a si, quando eu dele preciso. Quanto ao teu fantasma, procuro-o inutilmente pela cidade. (...) Sabe Lúcio, toda a efervescência que eu causei só veio me dar uma vontade enorme de provar a mim e aos outros que eu sou + do que uma mulher. Eu sei que você não o crê. Mas eu também não o acreditava, julgando o q. tenho feito até hoje. É que eu não sou senão um estado potencial, sentindo que há em mim água fresca, mas sem descobrir onde é a sua fonte.

E, por fim, sentencia: "P.S. – Esta carta você não precisa 'rasgar'..." (Lispector, 2020: 33-4).

Lúcio, pelo jeito, atendia os pedidos da amiga; esta é a primeira das 15 cartas conhecidas pelos leitores escritas para ele; cartas que corroboram o quanto seguiram juntos por um caminho de escrita e parceria com muita intimidade.

---

3. As lembranças de Clarice Lispector descritas na crônica "Lúcio Cardoso" serão retomadas em todo o artigo por trechos, em itálico, e servirão de base para reflexão a respeito da amizade entre os escritores.

Foi Lúcio quem leu, por exemplo, os originais de *Perto do coração selvagem* e sugeriu o título depois de Clarice dizer a ele em uma conversa que havia gostado da frase: "Ele estava só. Estava abandonado, feliz, perto do selvagem coração da vida", do romance *Portrait of the artist*, de James Joyce. Inclusive, ela lembra a Lúcio, em uma carta[4], o quanto ele era testemunha de que ela só leu o livro após os originais estarem prontos, contrariando a impressão dos críticos que afirmavam que ela havia "adotado" o estilo do escritor irlandês.

Lúcio Cardoso também intercedeu pela publicação do livro à editora do jornal *A Noite*, após duas frustradas tentativas em outras editoras, e escreveu uma importante crítica para o jornal *Diário Carioca*, no dia 12 de março de 1944[5], em que comenta a capacidade da autora de construir uma imagem poderosa e viva em seu texto: "não há dúvida de que estamos diante de uma singular personalidade, que sabe captar o mundo exterior e interior e muitas vezes da sua fusão, uma visão perfeita." E refuta as objeções feitas ao livro por fugir à estrutura do gênero romance: "mas que importância tem isso? Por mim, gosto do ar mal-arranjado, até mesmo displicente em que está armado. Parece-me uma das qualidades do livro, este ar espontâneo e vivo" (Cardoso, 1944: 3).

A ligação entre os escritores torna-se ainda mais importante depois que Clarice se casa com o diplomata Maury Gurgel Valente. A necessidade de morar em outro estado, e, logo depois, em outros países, pela exigência do trabalho do marido, fez com que ela contasse com os amigos mais íntimos e dispostos a estar por ela na luta para a publicação e divulgação dos seus livros aqui no Brasil. Em nenhum momento abriu mão de seu trabalho de escrita, e, nesse tempo, era necessária uma mediação de contatos. É possível perceber o quanto Lúcio Cardoso participou dessa empreitada. Clarice tinha nele uma confiança plena e irrestrita não só como leitor de seus textos, mas como um amigo empenhado em buscas por editoras, correções de textos enviados, intercessões a amigos. Lúcio se dedicava às pretensões de Clarice porque além da amizade conhecia a potência da sua escrita. Em carta de maio de 1944, ela pede para Lúcio mudar a vírgula de lugar em trecho do romance inédito *O lustre*, que havia mandado para ser publicado na *Revista Atlântico*:

> É o seguinte: o final do trecho, se não me engano, tem uma vírgula que me incomoda horrivelmente: eu gostaria que você a retirasse em nome de nossa

---

4. Carta escrita em Belém, março de 1944, p. 72.
5. Crítica de Lúcio Cardoso, em *Diário Carioca*, 12/03/1944. Consulta realizada ao site da Hemeroteca Digital Brasileira, Biblioteca Nacional Digital em 13/01/2021.

amizade... Se você acha que não serve para publicar, o caso é outro. O fim do trecho: "E às vezes, numa queda, como se tudo purificasse – ela se contentava em fazer uma superfície lisa, serena, unida, numa simplicidade fina e tranquila." É a vírgula de depois do 'às vezes'. Gostaria que ficasse assim: "E às vezes numa queda, como se tudo se purificasse – etc.". Perdoe a tolice. Mas prefiro mesmo sem vírgula.. (p. 75)

Em outra carta, de Nápoles, em 1945, preocupada com o tempo para edição de seu novo livro e sabendo que Lúcio Cardoso havia lançado a novela *Inácio* pela Editora Ocidente, ela pergunta: "Lúcio, essa Editora Ocidente é a de Adonias Filho? Ele não quererá editar meu livro *O lustre?* Porque decididamente não posso esperar dois anos para vê-lo publicado pela José Olympio" (Lispector, 2020: 146). O romance *O lustre* e a novela *O Anfiteatro*, de Lúcio Cardoso, foram lançados no mesmo ano, em 1946, pela Editora Agir. E os dois trocaram as divergências, as expectativas e as alegrias referentes aos livros. Em uma das cartas, Lúcio diz que não apreciava muito o título *O lustre* dado por Clarice por achá-lo pobre para uma pessoa tão rica, mas ela retruca dizendo que era por isso que gostava, por ser pobre. "Exatamente pelo que você não gostou, é que eu gosto. Nunca consegui convencer você de que sou pobre" (Lispector, 2020: 109). O escritor, entretanto, depois da leitura, encanta-se pelo romance, e escreve:

> Por falar em *O lustre*, continuo achando-o uma autêntica obra-prima. Que livro, que personalidade, que escritora! Mas isso é velho, não? Eu continuo velho e abandonado. Estou enviando junto o *Anfiteatro* para distraí-la dessas paisagens brancas onde deve viver agora. No que se refere ao resto... não há. (Lispector, 2002: 133)

Em seguida, Clarice escreve com alegria as suas impressões a respeito de *O Anfiteatro*:

> Li o livro imediatamente, e você bem sabe que alegria me dá ler coisas suas. Acho o livro lindo, e as mulheres de seus livros são as pecadoras mais violentas e inocentes... Durante toda a leitura espera-se que alguma coisa mortal suceda e que ele de repente, fique tranquilo, pastoral, e ainda assim perigoso – gosto tanto disso. A cena no anfiteatro é tão plástica e visível, na minha opinião um dos pedaços melhores do livro. Vejo, Lúcio, que você está cada vez melhor, e isso me alegra tanto na admiração e na amizade. Estou esperando *A professora Hilda*. (Lispector, 2020: 328)

Em outras terras, as cartas e os livros de Lúcio Cardoso são motivo de prazer para Clarice, e do que ela retribui a ele sempre emerge alegria contagiante e muita jovialidade. Em carta de fevereiro de 1945, em Nápoles, ela descreve o sentimento ao receber a novela *Inácio*: "Que felicidade receber seu livro! Li logo a primeira página de seu livro porque não podia esperar, tanta curiosidade, tanta alegria. Estou tão contente. Vou ler, vou ler, vou ler, vou ler, vou ler..." (Lispector, 2020: 145). Os escritores não dividiam somente as leituras, mas também os projetos em que se envolviam, como se pode perceber na satisfação de Lúcio ao contar sobre o Teatro de Câmera[6], fundado em 1947. O projeto ambicioso – como outros tantos ousados e frustrantes na vida do escritor – foi saudado e bem recebido pelos intelectuais na época.

> Clarice: Fundei um teatro para nós. Chama-se "Teatro de Câmera", foi subvencionado pelo governo e se apresentará ao público, numa temporada de apresentação, nos primeiros dias de outubro, no "teatro Glória". O repertório é o seguinte: *A corda de prata*, deste seu amigo e criado, *O jardim*, de Cecília Meireles, *Mensagem sem rumo*, de Agostinho Olavo, *Para além da vida*, do poeta português, atualmente entre nós, Rebelo de Almeida, e finalmente um clássico *O anfitrião*, de Antonio José, o judeu, modernizado por Marques Rebelo. Há grandes cenaristas: Santa Rosa, Burle Marx etc. (Lispector, 2002: 144)

Clarice vibra com o Teatro de Câmera e apoia Lúcio Cardoso na decisão de desenvolver seu trabalho no Brasil, afirmando o quanto é difícil estar longe da terra em que cresceu.

> Realmente tem muita gente envelhecendo, isso me assusta. Contando que isso nunca suceda a você, caro Lúcio. E nunca sucederá. Mesmo o Teatro de Câmera mostra que você está jovem do mesmo jeito. E você tem razão de não querer sair do Brasil. Se sair, que seja por pouco tempo, só pra dar uma espiada e voltar. É ruim estar fora de onde a gente se criou, é horrível ouvir ao redor da gente línguas estrangeiras, tudo parece sem raiz. (...)
>
> Não sei se compreendi bem a intenção do Teatro de Câmera, mas como compreendi achei ótimo. Eu queria tanto saber como é *A corda de prata*. O que é Lúcio, conte, por favor, um pouco ao menos. (...) Como é *O jardim*, de Cecília

---

6. No dia 28 de novembro de 1947, o Suplemento de Letras e Artes, do *A manhã*, traz uma matéria sobre a importância do Teatro de Câmera para a cultura do Rio de Janeiro, com depoimentos de vários artistas como Otto Maria Carpeaux, Lêdo Ivo, Rosário Fusco, Nelson Rodrigues e a própria Clarice Lispector. Consulta realizada ao site da Hemeroteca Digital Brasileira, Biblioteca Nacional Digital em 13/01/2021.

Meireles? Deve ser uma maravilha, e eu tinha tanta vontade de conhecer a peça e a autora. (Lispector, 2020: 341)

É importante ressaltar que as cartas enviadas a Lúcio são em número bem maior do que as escritas por ele. Dessa forma, as cartas escritas por Clarice traziam as recorrentes reclamações da preguiça de Lúcio; ao mesmo tempo que as cartas dele retrucavam que isso não significava falta de amizade. E faziam desse dilema um jogo de implicâncias, Clarice sempre o provocava, reivindicando correspondências e reclamando das poucas linhas; ele respondia que provava amor de outra forma.

Provavelmente, Lúcio não tinha a dimensão da ansiedade de Clarice por cartas, não era fácil estar longe dos amigos, da família e, principalmente, das projeções de seu próprio trabalho. Às vezes, até mesmo as críticas lhe chegavam de maneira apressada e ela queria mais detalhes. A escritora não respirava o ambiente em que circulavam suas obras, as obras dos amigos, recebia muito pouco de uma vida que ela desejava. As cartas de Berna são ainda mais tristes, e Clarice se ressentia de ter tão pouco, como escreve em 1947:

> Mas não pense que tenho saudade de você apenas porque tantas vezes preciso mesmo da ajuda de uma amizade. Tenho saudade de ouvir você contar coisas, de acompanhar de perto o trabalho que você faz e que me entusiasma sempre tanto. Sei que Octávio está em Paris, mas não tenho nenhuma notícia mais. Eu gostaria tanto de vê-lo. E você com Portugal? Escreva contando, se escrever... Recebo poucas notícias do Brasil, e quase nada de livros, nem sei o que se publica. Me mandaram *Sagarana*, Água funda e *A busca*, os três ótimos. Quanto ao livro do Adonias, nada. Soube do romance do Lêdo Ivo por um artigo seu que me mandaram, onde você me chama de 'lembrada', que é o nome mais amigo que se pode dar a um amigo. (Lispector, 2020: 329)

Por isso, ela reforçava sempre que precisava de notícias, como nesta carta, de Nápoles: "Lúcio, me escreva, não seja preguiçoso" (Lispector, 2020: 146); ou sempre deixava registrada a iminência de estar esperando respostas, como em: "Imagine que eu estava junto da mesa, pronta para escrever para você e contar coisas, quando bateram à porta e trouxeram-me, vindo do Rio, o que você publicou no *Diário Carioca*. Isso valeu como se você tivesse respondido à minha primeira carta... Gostei tanto" (Lispector, 2020: 69). Em outra, pode-se notar que com a alegria do recebimento está nítida uma escassez, a carta parecia não satisfazer a sede de contato e de troca: "Que alegria receber sua carta, tão curta e tão apressada. Mesmo assim, *grazie tante* pela lembrança. Me faz bem receber qualquer palavra sua" (Lispector, 2020: 109).

De Berna, em 1946, Clarice ironiza e brinca com a saudade e a necessidade de afetos em uma das cartas mais interessantes e provocativas em relação à displicência de Lúcio, ao escrever as perguntas e as respostas a tudo o que ele como amigo deveria, segundo ela, se preocupar e estar atento:

> Que eu vou morrer de frio? Ah, sim você talvez tenha razão. Que você tem me escrito muito? Sim, recebo sempre suas cartas; até ia lhe dizer que não me escrevesse tanto porque você pode se cansar. O quê? Que você fez isso por amizade? É claro, foi o que pensei. Que você me mandou seus livros? Realmente, todos os dias recebo um. (Lispector, 2020: 275)

Lúcio Cardoso, na outra via, reconhecia sua preguiça e fazia promessas de envio, mas retrucava, colocando em primeiro lugar o seu empenho nas leituras e nas projeções dos trabalhos, defendendo-se de que escrever cartas não seria prova de amizade, apesar de, ao mesmo tempo, valorizar essa troca e apelar em todas as correspondências para que Clarice não parasse de escrever:

> Não há nenhuma pequena tragédia: sou realmente muito seu amigo e sentiria muito se você não acreditasse nisto. E se nem sempre tenho escrito cartas, acho que tenho por outros meios provar em tudo, não? (...) Clarice, não deixe de me escrever. Juro como seu amigo. Só que sou muito preguiçoso. Mas sob palavra que outra carta que receber sua responderei com um testamento de vinte páginas. E você escreve cartas tão lindas, tão naturais! (...) Adeus, lembranças ao Maury, grande abraço. Sou muito, muito seu amigo e de Tania. (Lispector, 2002: 60-1) Clarice, acredite que não me esqueço de amigos exilados em terras frias. (...) Despeço-me com recomendações ao Maury. E escreva, Clarice, que suas notícias são recebidas aqui como autênticos presentes. Seu amigo de sempre. (Lispector, 2002: 133)

Uma estratégia de Clarice para as escassas cartas de Lúcio era mandar os textos e os recados pela sua irmã Tânia Kaufman, com quem trocava muitas correspondências. Isso pareceu funcionar muito bem porque Lúcio tornou-se próximo pela irmã e essa mediação foi muito produtiva. Em relação ao seu terceiro romance *A cidade sitiada*, por exemplo, há uma sequência de cartas entre ela e a irmã em que discorrem sobre a atmosfera, o espaço, as personagens do livro, entretanto Clarice não deixa de expressar a importância da leitura de Lúcio naquele momento, e é recorrente o pedido para que Tânia passe para ele o texto. Nesta época, Clarice morava em Berna, e acabara de realizar seu outro sonho e projeto de vida: ser mãe. Em 07 de outubro de 1948, ela escreve: "Berna é triste, extremamente silenciosa, tem apenas cinema. Tânia querida, acho melhor você dar o livro pra Lúcio ler. Você não suportará a atmosfera pesada dele, a leitura cansará você. Me avise quando você tiver dado o livro a ele, preciso saber" (Lispector, 2020: 389-90). Logo em seguida, em 22 de outubro de 1948: "Passe depois o livro para Lúcio" (Lispector, 2020: 395).

A carta de 5 de novembro de 1948 é uma das mais importantes a respeito da criação do romance, Clarice está atenta à leitura e às observações de Tânia, mas ansiosa também pelas observações de Lúcio:

> Ainda vou estudar todos os pontos dos quais você fala, querida, e lhe escreverei o mais depressa possível, para você dar o livro a Lúcio – estou curiosa pela opinião dele também. Como lhe escrevi na outra carta, Pedrinho vai bem, pesando hoje 5k170, sorrindo muito; é um amor. (Lispector, 2020: 399)

A inquietude provocada nessas trocas em relação aos textos não era só pela criação em si, mas também pelo tempo de ida e chegada das cartas, por toda dificuldade gerada pela distância. Além de ter de contar pacientemente com os retornos de leitura, todas as mudanças ou ajustes davam muito trabalho. Clarice teve de conviver com essa situação angustiante:

> Tenho pensado no que posso fazer pelo livro. Acontece que se fosse para mudar alguma coisa, eu teria que fazê-lo eu mesma – porque as mudanças seriam complicadas e a paginação da cópia que tenho é inteiramente diferente da que você tem. Que devo fazer? Nem sei. A história de subúrbio é a que me parece + importante. Mas também é difícil de transformar, e sobretudo sem ter o original comigo. Que se deixe o livro assim pelo momento. Que Lúcio leia. Que se arranje editor (ainda não sei como). E que as provas do livro me sejam mandadas, quando estiverem prontas. (Lispector, 2020: 347)

De qualquer forma, as cartas trocadas por eles, por via direta ou por intermédio de Tânia, nos anos 1940, demonstram o acompanhamento do trabalho um do outro e, principalmente, a participação de Lúcio Cardoso como leitor e colaborador até a publicação dos três primeiros romances da escritora. E o interesse de Lúcio era genuíno, ele admirava profundamente o modo de Clarice escrever e entendia a relação dela com a escrita porque na verdade era muito semelhante à dele.

A vida para ambos era vivida na intensidade, mergulhavam fundo, olhavam e perscrutavam o interior, buscavam extremos, não foi por acaso que a primeira frase da crônica dedicada ao amigo é: "*Lúcio, estou com saudade de você, corcel de fogo que você era, sem limite para o seu galope.*" Mais adiante, completa: "*Ouço ele me garantir que não tivesse medo do futuro porque eu era um ser com a chama da vida.*" Lúcio Cardoso reconhecia em Clarice a chama da vida porque também era chama. A forma visceral com que devoravam a existência fazia com que se reconhecessem e a escrita era uma busca para dar conta do risco que é viver.

Clarice ainda afirma a respeito do amigo: "*Foi homem de se arriscar e de pagar o alto preço do jogo.*" Existe sempre um alto preço para seres do dispêndio e da paixão, e eles tinham a folha do papel branco para aparar arestas, entender ou suportar esse jogo. Lúcio que, segundo ela, "*escrevera por uma compulsão eterna gloriosa*"; e ela que confessava que escrever é "como um vício penoso do qual é quase impossível se livrar, pois nada o substitui. E é uma salvação" (1984: 191).

Nessa tarefa incansável e compulsiva, eles sabiam que poderiam sucumbir ao desespero de viver. Lúcio Cardoso deixava isso bem claro nos seus diários; ser diarista foi sua estratégia de saúde; Clarice, nas crônicas, muito autobiográficas, deixava registradas a dor e a salvação de viver e escrever. Clarice tinha a certeza de que o ato criador é perigoso porque pode-se ir e não voltar mais. É interessante perceber esse movimento nos excertos dos textos de um (LC) e de outro (CL):

LC – "De que adoecemos nós, todos que estamos doentes? De impaciência de viver." (Cardoso, 2012: 510)

LC – "Quanto a mim, por exemplo, vou cantando e pisando em brasas, que este é o preço do que não tem preço." (Cardoso, 2012: 511)

CL – "Eu disse uma vez que escrever é uma maldição. Não me lembro por que exatamente eu o disse, e com sinceridade. (...) Escrever é procurar entender, é procurar reproduzir o irreproduzível, sentir até o último fim o sentimento que permaneceria apenas vago e sufocador". (Lispector, 1984: 191)

LC – "...a imaginação que me foi dada é para criar um universo que não me fira com suas arestas, uma cidade prisioneira do papel branco, feita de palavras. A sabedoria é fazer calar este sangue selvagem, que arde nas minhas veias. Se puder, no entanto." (Cardoso, 2012: 226)

CL – "Todo prazer intenso toca no limiar da dor. Isso é bom." (Lispector, 1984: 205)

LC – "O que me faz escrever é a espantosa melancolia da vida." (Cardoso, 2012: 488)

Em 1961, após o lançamento de *A maçã no escuro*, Lúcio Cardoso dedica à Clarice duas páginas do seu diário, e esse texto é uma das mais belas leituras sobre a obra da escritora: ele consegue apresentar a potência do trabalho da amiga por meio de metáforas, com precisão na escolha dos verbos e dos substantivos. A literatura de Clarice incendeia, queima, devora, esburaca, faísca, arrola. Seu texto tem luzes, incêndio, fogo... observa-se que para se chegar a uma descrição do trabalho, Lúcio Cardoso precisa recorrer às palavras que designam intensidade. Quem conhece a obra e a vida do escritor sabe que há clara identificação dele com aquela escrita: a de sensações. Fica difícil selecionar o melhor trecho da leitura de Lúcio, segue uma boa parte:

> s/d – Como tudo o que se forma, e nós nos formamos como podemos, ao deus – dará ou não dará de Deus (não é trocadilho), não temos ainda a ciência certa de admirar. Admiramos o admirável, e isto é extraordinário, mas não respeitamos o que não se parece com o admirável que admiramos na hora. Isto me vem à margem do capítulo de Clarice Lispector, *A maçã no escuro* – que é admirável como tudo que Clarice constrói e incendeia. Em toda a obra dessa grande escritora alguma coisa íntima está sempre queimando: suas luzes nos chegam variadas e exatas, mas são luzes de um incêndio que está sendo continuamente elaborado por trás de sua contenção. Esse fogo é o segredo íntimo e derradeiro de Clarice: é o seu segredo de mulher e escritora. (...) Toda a obra de Clarice Lispector até o momento – digo "até o momento" porque ela própria já sabe disto e sua obra futura ruma por um caminho onde se destruirá ou se fará tão precisa quanto a sua extraordinária ambição – toda a sua obra repito, é um longo, exaustivo e minucioso arrolamento de sensações. Seria ocioso discutir aqui o grau de sua sensibilidade: estou falando para alguns que me entendem. Clarice devora-se a si mesma, procurando incorporar ao seu dom de descoberta, essa novidade na sensação. Não situa seres: arrola máquinas de sentir. Não há personagens: há maneiras de Clarice inventar. Suas sensações, todas de alto talento, repousam numa mecânica única – a da surpresa. Ela nos atinge por esse novo, que faísca à base de seu engenho. Clarice não delata, não conta, não narra e nem desenha – ela esburaca um túnel onde de repente repõe o objeto perseguido em sua essência inesperada "e passaram-se muitos anos", diz na *A Galinha*, e a história toda foi escrita para nos envolver nesta sensação de projeção sobre o infinito, depois de termos lutado durante o conto inteiro com o mais prosaico dos animais. (Cardoso, 2012: 498-99)

Lúcio e Clarice têm uma consonante ambição de escrita porque buscam o indizível, querem alcançar o máximo da força da palavra e, ao mesmo tempo, sabem que não haverá a satisfação de ter chegado. Ele afirma acima que a obra da escritora "ruma por um caminho onde se destruirá ou se fará tão precisa quanto a sua extraordinária ambição" porque essa procura é dispendiosa e cansativa. Não foi por acaso que, na marcante entrevista, concedida em 1977, ao repórter Júlio Lerner, Clarice afirma que naquele momento falava do seu próprio túmulo; ela acabara de escrever *A hora da estrela*. Nesse sentido, eles eram muito próximos, diversas vezes Lúcio Cardoso se colocava nessa paradoxal aspiração destruidora:

> LC – Sei que para se escrever, para se escrever romances – os romances que eu escrevo – é necessário não uma simples imaginação, mas uma imaginação em profundidade, uma imaginação plantada nas raízes do existido. Não invento as paixões que invento – elas existem latentes no meu modo de existir. Dez anos – ou mais – me são necessários para, como diz Augusto Rocha, cortejar o desastre. O perigo seria o de me destruir nessas viagens – mas escrevo – e o que escrevo liberta-me da morte. Mas haverá um instante em que eu serei destruído pelo meu furor de inventar – será a hora exata em que minhas paixões não conseguirão se transformar em obras. (Cardoso, 2012: 475)

A ausência de saciedade e acabamento está presente nos textos de Lúcio e Clarice, a sede é uma constante. Em relação ao romance *Perto do coração selvagem*, referindo-se ao artigo de Lúcio Cardoso, no *Diário Carioca*, em que ele elogia a potência do livro, Clarice escreve numa carta: "Fiquei assustada com o que você diz – que é possível que meu livro seja o meu mais importante. Tenho vontade de rasgá-lo e ficar livre de novo: é horrível a gente já estar completa" (Lispector, 2020: 69). Na mesma linha, Lúcio afirma no *Diário* quando o indagam sobre o longo tempo que leva para escrever seus livros: Não se tem o direito de escrever, quando sabemos que ainda não nos achamos prontos, e perfeitos, para a aventura. Que um livro fracasse, é possível – mas é desonesto que fracasse por nossa culpa reconhecida e consciente (Cardoso, 2012: 474).

Essa exigência fazia com que Lúcio Cardoso tivesse dificuldade de se desvencilhar dos seus textos, ele estava sempre às voltas com romances por concluir, o que provocava nele mesmo, um grande incômodo. Em 2/2/1958, escreveu no Diário: "Luto, em vão, com o terceiro capítulo de *O viajante* (...). Tenho de refazê-lo todo, e fico imaginado o tempo que me sobra, até julho, data que marquei para concluir este romance. (Segunda versão, pois *O viajante* já teve uma primeira versão...)". Quanto à Clarice, oscilava na intensidade e no silêncio, como afirmou a Júlio Lerner: "Tenho períodos de produzir intensamente e tenho períodos-hiatos em que a vida fica intolerável", e a vida tornava-se intolerável porque tinha a necessidade da escrita.

Os dois escritores deixaram livros por organizar para publicação. Lúcio Cardoso escrevia *O viajante* quando sofreu o acidente vascular cerebral e passou os últimos anos tentando retomar a escrita com a intenção de terminá-lo; Clarice Lispector deixou *Um sopro de vida (Pulsações)* ainda em manuscritos, e o texto estava esparso e em folhas soltas.

O Viajante foi organizado pelo amigo e escritor Octávio de Faria a pedido de Maria Helena Cardoso, irmã de Lúcio, e lançado em 1973. Octávio acompanhava há anos os planos e versões da obra. E, como afirma o escritor na introdução, o livro, apesar da falta dos contornos finais, estava pronto e era um símbolo do fruto de resistência e luta contra a morte, "os que assistiram à batalha que precedeu seu falecimento, aqueles seis anos de agonia, ativa e cruenta, sabem bem até que ponto o destino de *O viajante* significou como inarredável eixo de suas preocupações diárias de doente lúcido na tentativa de recuperação total" (1973: xiii). Octávio faz a organização com a certeza da importância da obra pelo profundo mergulho nas questões humanas com a presença do bem e do mal.

> Lúcio Cardoso – estou certo disso – estaria totalmente de acordo com essa publicação póstuma. Era homem que sabia diferenciar o essencial do acessório. (...) Não haveriam de ser três ou quatro incorreções de expressão, ou o involuntário inacabado de certos movimentos dos capítulos do romance que o iriam iludir quanto à importância invulgar da obra em si e à necessidade de não subtraí-la ao conhecimento e à apreciação do público. (1973: Int. xv)

Quando Clarice morreu e deixou os manuscritos de *Um sopro de vida (Pulsações)* quem assumiu a responsabilidade da organização foi a amiga Olga Borelli, que a acompanhou nos últimos momentos. Olga apresenta o livro e lembra o processo doloroso imposto pela escrita:

> Iniciado em 1974 e concluído em 1977, às vésperas de sua morte, este livro, de criação difícil, foi, no dizer de Clarice, "escrito em agonia", pois nasceu de um impulso doloroso que ela não podia deter. (...) Durante oito anos convivi com Clarice Lispector participando de seu processo de criação. (...) Por isso, me foi confiada, por ela e por seu filho, a ordenação dos manuscritos de *Um sopro de vida*.

PARA ALÉM DA PAIXÃO • 81

Octávio de Faria e Olga Borelli tiveram papel fundamental na chegada dessas obras ao público, como arcontes, ou seja, como guardiães dos documentos oficiais e com autoridade para essa organização, eles possibilitaram, pois, a passagem do privado ao público, do segredo ao exposto desses livros. O papel do arconte é o do cuidado, e foi o que ambos tiveram. Olga Borelli sentiu-se na liberdade até de suprimir o que acreditava ser forte demais para a leitura dos familiares. Os livros foram marcados pela profunda agonia na concepção – agonia foi a palavra usada pelos dois organizadores na apresentação – e estavam em processo no momento de doença e no limiar da morte; a organização póstuma feita pelos amigos deu a alegria da continuidade e o sabor da resistência da escrita.

O protagonista de *O viajante* era Rafael, um caixeiro-viajante que como um anjo exterminador chega à cidade de Vila Velha – o mesmo espaço do romance *Crônica da casa assassinada* – e faz emergir as hipocrisias e as dissimulações dos moradores daquele pacato local. Lúcio Cardoso fala sobre essa personagem no *Diário*: "Não é à toa que à profissão de vendedor ambulante deu-se o título de 'cometa'; como tudo o que passa sem pousar, deslumbra e cintila (...). Creio ser este, em linhas gerais, o significado desse romance que já tanto me cansa pela sua longa conexão à minha vida." (Cardoso, 2012: 500). *Um sopro de vida (Pulsações)* traz o angustiante e necessário perigo da escrita, traz a relação entre autor e personagem. Nesse livro composto de fragmentos em que o autor perde o controle da personagem, Clarice escreve a partir de uma subversão da narrativa que mostra a relação de proximidade e aversão entre o criador e sua criatura. Essa relação que também se percebe em *A hora da estrela*, quando há essa repulsa e atração de Rodrigo pela nordestina Macabéa. Coincidentemente, Lúcio Cardoso e Clarice Lispector provaram a proximidade e o distanciamento em relação à escrita e contaram com dois amigos muito próximos e presentes para trazer a público suas últimas obras.

Em outro momento da crônica para o amigo, Clarice Lispector lembra da relação de Lúcio com a pintura: "*Passou a transportar para as telas com a mão esquerda transparências e luzes e levezas que antes ele parecia não ter conhecido e ter sido iluminado por elas: tenho um quadro, de antes da doença, que é totalmente negro. A luz lhe viera depois das trevas da doença.*" (Lispector, 1984: 243). Lúcio realmente adorava pintar, mas foi depois do AVC que se dedicou de maneira compulsiva a esta arte; pintou muitas telas e realizou três exposições. A irmã e escritora Maria Helena Cardoso, no seu livro *Vida-vida*, em que conta as histórias de Nonô, como chamava carinhosamente o irmão, fala a respeito dessa relação com a pintura, que revela muito a maneira como Lúcio lidava com a escrita: de forma voraz. O livro de Maria Helena sobre Lúcio, lançado em 1973, foi também um pedido de Clarice na crônica: *"Helena Cardoso, você que é uma escritora fina e que sabe pegar numa asa de borboleta sem quebrá-la, você que é irmã de Lúcio para todo o sempre, por que não escreve um livro sobre Lúcio?"*. Maria Helena descreve dessa forma a postura de Lúcio diante das telas:

> (...) observo Nonô no atelier, as mãos mergulhadas na tinta, misturadas várias cores sobre um pedaço de vidro grosso, funcionando como palheta, um pouco de mistura colorida que vinha de fazer, escorrendo por sobre a mesa. A tela que começava a pintar naquele momento já deixa entrever alguns contornos daquilo que mais tarde seria um jardim tropical na sua maior exuberância. Elsa, que também o acompanha de longe, levanta-se, vai até sua mesa de trabalho e volta dizendo: – Meu Deus, não sei como Lúcio consegue tirar alguma coisa de belo daquela lambuzação toda.

Clarice diz perceber mais leveza e transparências na pintura após a doença, pode ser que tenha uma certa razão, pois Lúcio Cardoso em seus exercícios de escrita com a mão esquerda deixou registrado que havia procurado a doença na sua forma de viver, mas é mais provável que a escritora tenha associado o ato de pintar de Lúcio Cardoso à sua própria maneira de lidar com a pintura. Coincidentemente, Clarice também deixou suas telas. E essa arte, segundo ela, trazia tranquilidade, proporcionava prazer. Diferentemente da escrita, ela afirmava que a pintura era uma forma de relaxamento e colaborava para uma boa escrita. O professor e crítico Carlos Mendes de Sousa, em seu livro *Clarice Lispector, figuras da escrita*, chama atenção para a dimensão plástica nos textos de Clarice:

LUTA SANGRENTA PELA PAZ (1975)
CLARICE LISPECTOR

> Olga de Sá chama mesmo a atenção para "uma espécie de talento visual e plástico" (Sá, 1979: 114) que caracterizaria um estilo Lispector. A manifestação desse talento revelar-se-ia através de um uso próximo das técnicas impressionistas (utilização de comparações e repetições) e das técnicas expressionistas na tentativa de captar o mundo das sensações. (Sousa, 2000: 274)

Em uma leitura das expressões artísticas de Lúcio Cardoso para a exposição na Galeria Goeldi, no Rio de Janeiro, em 1965, Clarival do Prado Valladares retrata a presença da sensibilidade de um poeta nas telas.

> Embora escassa de meios e carregada de expressividade, não se identifica a nenhuma intenção de participar de qualquer movimento. E, pode-se dizer, desprovida de estilo de época. Traz em si todas as datas, até o abstracionismo lírico. É profundamente subjetiva (...). É toda feita da alma do poeta querendo expressar-se por seu derradeiro verbo. (Valladares, 1965, apud Damasceno, 2012: 128).

Próprias dos estilos dos escritores, as telas de Clarice Lispector assim como as de Lúcio Cardoso trazem o intimismo, a abstração e o subjetivismo.

Embora tivessem esse entendimento na forma de viver, escrever e expressar suas artes, eles tinham temperamentos muito diferentes. Segundo os amigos, Lúcio Cardoso era extrovertido, falante e gostava muito de festas e encontros; Clarice era tímida, mais calada e reservada. Mas isso não impedia que Lúcio a defendesse quando a acusavam de quaisquer esquisitices. Certa vez, Lúcio Cardoso expulsou o amigo Ronald de Chevalier de uma festa em sua casa por causa da escritora. O intelectual controverso de Ipanema quando

SEM TÍTULO – S/D; COLEÇÃO DA FAMÍLIA ADAUTO LÚCIO CARDOSO
LÚCIO CARDOSO

bebia não tinha papas na língua, todos conheciam os destemperos do "Roniquito", mas, naquele dia, começou a importunar e falar as sinceridades que lhe vinham à cabeça a respeito de Clarice. Esse caso está no livro *Dr. Roni e Mr. Quito – A vida do amado e temido boêmio de Ipanema*, escrito pela sua irmã, a jornalista Scarlet Moon:

> (...) certa noite, na casa de Lúcio Cardoso, começou a implicar com a tímida Clarice Lispector. O dono da casa, avisado da implicância, chamou Roniquito à parte e pediu que parasse com aquilo.
> – Parar por quê? – retrucou ele – Só porque ela pensa que é Virgínia Woolf?
> Lúcio perdeu a paciência e o obrigou a se retirar. Roniquito saiu berrando

84 • BEATRIZ DAMASCENO

agressões e, ao chegar à rua, postou-se debaixo da janela do Lúcio e passou a gritar:

– Lúcio Cardoso, Faulkner do Méier! (Chevalier, 2006: 220)

Provocações e implicâncias de Roniquito à parte, Lúcio Cardoso reflete muito sobre o ser escritor em seu *Diário*. Para ele, um ser com uma falta de paz provocada pela consciência de sua própria condição. E, coincidentemente, em uma das considerações sobre o tema, no seu entendimento sobre o ofício de escrever, ele traz os nomes de Faulkner e Virgínia Woolf.

Viria a encontrar a resposta mais tarde, nas páginas do Diário de Virgínia Woolf, outra grande intranquila do nosso tempo. Dizia: "Todos os escritores são desgraçados. A pintura do universo refletida nos livros é, por isso mesmo, sombria demais. As pessoas sem palavras é que são felizes. " A falta de paz de Faulkner vinha da permanente consciência de sua condição de escritor e de ser humano crucificado à febre agônica de seu tempo. (Cardoso, 2012: 488)

Com as proximidades e diferenças, eles experimentaram décadas de uma relação amorosa profunda, uma relação que suplanta as frases clichês tão ouvidas nas rodas literárias, como: "Não foi ele o amor impossível da Clarice Lispector?". Na crônica da saudade, pela qual se pauta todo esse texto, Clarice descreve o momento em que os dois se encontram na Associação Brasileira Beneficente de Reabilitação, no Rio de Janeiro, era o ano de 1966: *ora vejo-nos alegres na rua comendo pipocas. Ora vejo-o encontrando-se comigo na ABBR, onde eu recuperava os movimentos de minha mão queimada e onde Lúcio, Pedro e Míriam Bloch chamavam-no à vida. Na ABBR caímos um nos braços do outro.* Esse gesto momentâneo, provavelmente, reviveu toda a trajetória que foi lida até aqui.

Quando caíram nos braços um do outro, Lúcio Cardoso estava com o lado direito paralisado, Clarice Lispector quase perdera a mão direita em um acidente doméstico. As potentes mãos da escrita num mesmo tempo estavam em busca da retomada. É necessário parar neste momento do abraço...

Ninguém se lança nos braços de quem não confia ou de quem não tem uma história. Esse abraço tão caro acolheu os gestos, os carinhos, a admiração, a falta, os desejos de uma amizade inteira. Eles se admitiram, assim ela diz na crônica: *"Lúcio e eu sempre nos admitimos: ele com sua vida misteriosa e secreta, eu com o que ele chamava, 'vida apaixonante.'* (Lispector, 1984: 244). Amor não é completude, é incessante busca e descoberta, e dessa forma não morre, como afirma Clarice no final do texto: "(...) *contemplo a caixinha de música an-*

tiga que Lúcio me deu de presente: tocava como em cravo a Pour Élise. Tanto ouvi que a mola partiu. A caixinha de música está muda? Não. Assim como Lúcio não está morto dentro de mim." (Lispector, 1984: 244).

No centenário de Clarice Lispector reverenciar essa perene amizade é também dizer que Clarice vibra e continuará vibrando pelo tanto e pelo mais que é lida; mesmo que a mola parta, o som e a palavra continuam, por dentro, no íntimo, para quem quiser sentir e ouvir. ●

REFERÊNCIAS BIBLIOGRÁFICAS

CARDOSO, Lúcio. *Crônica da casa assassinada*. Rio de Janeiro: Editora Letras e Artes, 1963.

_____. *Diário completo*. Rio de Janeiro: José Olympio Editora, 1970.

_____. *Diários*. Organização, apresentação, cronologia, estabelecimento de texto e notas por Ésio Macedo Ribeiro. Rio de Janeiro: Civilização Brasileira, 2012.

_____. *O viajante*: romance (obra póstuma). Nota de Adauto Lúcio Cardoso. Introdução de Octavio de Faria. Rio de Janeiro: José Olympio, 1973.

_____. Perto do coração selvagem. *Diário Carioca*, 12/03/1944. Disponível no link: http://memoria.bn.br/DocReader/DocReader.aspx?bib=093092_03&pesq=perto%20do%20cora%C3%A7%C3%A30%20selvagem&pasta=ano%20194&pagfis=16075. Acessado em 13 de janeiro de 2021.

CARDOSO, Maria Helena. *Vida-Vida*. Rio de Janeiro: Editora José Olympio; Brasília, INL, 1973.

CHEVALIER, Scarlet Moon de. *Dr. Roni &Mr. Quito: A vida do amado e temido boêmio de Ipanema*. Rio de Janeiro: Ediouro, 2006.

DAMASCENO, Beatriz. *Lúcio Cardoso em corpo e escrita*. Rio de Janeiro: EdUERJ, 2012.

LISPECTOR, Clarice. *A descoberta do mundo*. Rio de Janeiro: Nova Fronteira, 1984.

_____. *Cadernos de literatura brasileira*. Rio de Janeiro: Instituto Moreira Sales, dez./2004, p. 14.

_____. *Correspondências*. Org. Teresa Montero. Rio de Janeiro: Rocco, 2002.

_____. "Perdoando Deus." In: *Felicidade clandestina*. Rio de Janeiro: Rocco, 1998.

_____. *Todas as cartas*. Prefácio e notas bibliográficas de Teresa Montero. Posfácio de Pedro Karp Vasquez. Pesquisa textual e transcrição das cartas de Larissa Vaz. 1.ed. Rio de Janeiro: Rocco, 2020.

_____. *Um sopro de vida (Pulsações)*. Rio de Janeiro: Nova Fronteira, 1978.

_____. "Lúcio Cardoso". *Jornal do Brasil*. Rio de Janeiro, 11/01/1969. Disponível no link: http://memoria.bn.br/DocReader/docreader.aspx?bib=030015_08&pasta=ano%20196&pesq=l%C3%BAcio%20cardoso&pagfis=127863. Acessado em 13 de janeiro de 2021

SOUSA, Carlos Mendes de. Clarice Lispector. *Figuras da Escrita*. 1.ed. Braga, Universidade do Minho/Centro de Estudos Humanísticos, 2000.

Elizama Almeida
"Terminei rasgando e jogando fora":
perdas e pedaços de *A hora da estrela*
no arquivo Clarice Lispector

Elizama Almeida

Doutoranda do Programa Materialidades da Literatura (Faculdade de Letras/Universidade de Coimbra) e mestre em Letras pelo Programa de Pós-Graduação em Literatura, Cultura e Contemporaneidade da PUC-Rio com o projeto de pesquisa "Um museu que não nasceu: Lygia Fagundes Telles e a criação do Museu da Literatura Brasileira na década de 1970". Atua como assistente cultural no Instituto Moreira Salles – IMS / Rio de Janeiro, e coordena o Lacuna, grupo de estudos sobre arquivos literários.

Bem no meio de *A hora da estrela* há duas frases quase gêmeas que não são lá da maior importância: "Maio, mês dos véus de noiva flutuando em branco" e "Maio, mês das borboletas noivas flutuando em brancos véus".

A diferença é banal até: à segunda sentença são acrescentadas borboletas, no plural, para qualificar as mulheres que escolhem maio para casar, enquanto branco ganha a companhia de véus já no final. Mas se são *quase* semelhantes, é este quase o que nos interessa porque o parágrafo que as une é um tempo. Um buraco.

O narrador-personagem Rodrigo S.M. se dedica a escrever a vida de Macabéa, moça alagoana em uma cidade toda feita contra ela, o Rio de Janeiro; é uma história difícil que só seria terminada quando *ele* estivesse exausto da (vã) luta. Deixa, para isso, a barba crescer, anda nu ou, quando muito, se veste com roupa velha rasgada. Também abre mão de termos suculentos e de adjetivos esplendorosos: a palavra tem que se parecer com a palavra.

Se levaria até aqui — cerca de quarenta páginas, isto é, metade da novela — para nos apresentar suas circunstâncias e sua criatura, que é inteira ao deus-dará, de vida murcha e café frio, Rodrigo S.M. escolhe um 7 de maio para narrar uma dessas fracas aventuras de Macabéa. Num gesto inédito, ela mente para o patrão a fim de "descansar as costas" no quarto sem ninguém e experimenta um "êxtase inesperado para o seu tamanho pequeno corpo. A luz aberta e rebrilhante das ruas atravessava a sua opacidade". "Ah mês de maio, não me largues nunca mais!", exclama aquela que nunca exclamava.

A translucidez dos termos *maio, véu, noiva, flutuar, branco* funciona como um argumento capcioso que nos guia a uma mesma intuição: Macabéa está à beira de viver algo bom. Aliviados, suspiramos por ela, talvez amparados pela tradição. É que Camões cantara em verso "só para meu amor é sempre maio", e Drummond reforçou o sentimento em prosa – "Em maio, o peso de uma carga suave – uma andorinha não pesaria menos"; e em poesia – "Eu nada te peço a ti, tarde de maio, / senão que continues, no tempo e fora dele, irreversível". Explosão: Macabéa encontra naquele dia a primeira espécie de namorado da sua vida, coração batendo, passarinho no peito esvoaçante.

No entanto, o que acessamos de seu encontro com Olímpico de Jesus Moreira Chaves, debaixo da chuva, em frente à loja de parafusos, ele que se tornaria de imediato sua goiabada-com-queijo, não passa de uma "repetição artificial do que originalmente [foi] escrito" por Rodrigo S.M. O narrador conta que o encontro, o verdadeiro, estava em três páginas que a cozinheira, "vendo--as soltas, jogou no lixo". Se não está dito como se deu o desespero desse autor-personagem, podemos imaginá-lo, mãos na cabeça, vasculhando a lata do escritório, da cozinha, da área de serviço. Busca a narrativa que começava sua linha ascendente: Macabéa e Olímpico se reconhecem como bichos da mesma espécie. Rodrigo abre todos os papéis que encontra, folhas de jornais, encartes de mercado, notas fiscais. Nada acha. Desespero assentado, aceita, enfim, o que se perdeu: "É com humildade que contarei agora a história da história. Portanto se me perguntarem como foi direi: não sei, perdi o encontro: Maio, mês das borboletas noivas flutuando em brancos véus" (Lispector, 1998: 42).

$$***$$

Clarice Lispector menciona *O lobo da estepe*, de Hermann Hesse, como uma das suas primeiras referências literárias. O romance foi "um choque" e disparou nela a escrita de um conto que não acabava nunca mais. "Terminei rasgando e jogando fora", afirma ao jornalista Júlio Lerner na entrevista à TV Cultura feita em 1977. Ele atualiza o ato: "Isso ainda acontece de você produzir alguma coisa e rasgar?". Enquanto Lispector tenta tirar um cigarro do pacote de marlboro vermelho, franze a testa, dá uma primeira resposta para logo mudar de ideia: "Eu deixo de lado... Não, eu rasgo, sim".

Rasgar é o gesto que parece dizer não quero mais isto; rasgar por um pouco de raiva, se justificará ela a Lerner em seguida. E o que se rasga, a princípio, não se guarda, mas o destino dos rasgados pode bem se duplicar sendo arquivo e lixo. "O que não pode entrar no arquivo cai no aterro sanitário (...), porém muito do que se guarda hoje no arquivo teve *status* de lixo", provoca Aleida Assmann (2011: 411), historiadora alemã. Mais que uma analogia imagética, esses dois espaços indicam uma afinidade que pode ser transposta pelos mesmos objetos em ambas as direções.

Em um arquivo, seja institucional ou pessoal, há um instante de abrir caixas e gavetas cuja atenção é devotada ao antigo: cartas, cadernos, provas escolares. Ali estão o primeiro amor que passou, o segundo que não veio, fotos de um destino já distante, o rascunho de um romance. Estar diante desses papéis equivale a estar diante de um recorte temporal: é preciso decidir entre aquilo que fica – e que obedecerá, portanto, a uma lógica de conservação e lembrança – e aquilo que sai, cuja economia será outra, de descarte e esquecimento.

Não é difícil supor a natureza do ímpeto clariciano em relação aos seus manuscritos.

***

Rasgar, queimar, perder, jogar fora: por que esses verbos, quando justapostos aos documentos portadores do processo de criação[1], geram uma estranheza que faz fronteira com a aflição? Um passo atrás para tentar compreender: na raia dos séculos XVIII e XIX, há um interesse mais explícito nesses itens que comportam o processo de criação literária. O texto escrito à mão sai das sombras do privado, se qualifica como objeto de coleção (Artières, 1998: 12), e agora, visto como um produto de desejo, entra na roda dentada do mercado:

---

1. Consideram-se objetos da crítica genética os "documentos de processo", mas que não se limitam a manuscritos autógrafos, isto é, do próprio punho do autor (conferir *Crítica genética: uma (nova) introdução*, de Cecília Almeida Salles). Segundo Pina e Zular, para que um manuscrito tenha valor é preciso que haja nele alguma marca de trabalho de criação diferente da versão publicada. Podem ser considerados, então, desde sua correspondência (se nela há discussões sobre a criação de suas obras), os datiloscritos (versões datilografadas diferentes do texto publicado) ou mesmo as gravações de voz com ideias sobre uma obra. (Pino; Zular, 2007: 18-19)

> Cobiçam-se, procuram-se, adquirem-se *a peso de ouro* ou a custa de esperteza algumas folhas de papel cujo branco um personagem qualquer cobriu de preto, sobre o qual ele expôs, com uma tinta mais ou menos bela, com caracteres mais ou menos finos, suas ideias, suas opiniões, seus sentimentos, suas paixões, suas afeições, suas ambições, suas cóleras. (Lescure, 1965, apud Artières, 1998)

A história da atração pelo manuscrito terá, pelo menos, três endereços diferentes – França, Alemanha e Brasil –, mas o chão é muito semelhante: "o desejo dos escritores de entrar no ateliê da escritura, a constituição de acervos e a interpretação dos autores e dos críticos dando uma dimensão sociopolítica aos acervos e à história literária" (Willemart, 2001: 173). Se a valorização documental foi, a princípio, comercial, por outro lado, abriu igualmente espaço para uma reconfiguração a respeito do manuscrito também nos estudos acadêmicos, cujos aparatos crítico-teóricos, tanto da museologia quanto da literatura, foram profundamente balançados.

Na Alemanha romântica de Novalis, Goethe e Schlegel, há um movimento que antecede os acervos literários baseado no interesse dos autores pela elaboração dos gêneros, reconstituição do porvir e composição das obras. Na metade do século XIX, o país contava mais de cem coleção importantes, e o manuscrito moderno era, assim, alçado à categoria de monumento nacional, segundo Louis Hay (1979: 22).

Tanto o surgimento de museus quanto o desenvolvimento de estudos a partir desses documentos de trabalho estão vinculados a dois episódios decisivos na França: a revolução do século XVIII e a de 1968. Na primeira, há uma espécie de ambição pedagógica e construção simbólica de *nação* por meio de posses de ordem material (Julião, 2006: 19), enquanto na segunda surge a crítica genética como uma vertente de pesquisa que se ocupa desses "documentos de processo" e se inscreve simultaneamente em continuidade e em ruptura com o estruturalismo (Pino; Zular, 2007: 11). Curiosamente, a Biblioteca Nacional *francesa* convocará um grupo de *germanistas* para organizar os manuscritos do poeta Heinrich Heine, o "último dos românticos". A historiografia literária, assim, dá a volta em si mesma.

No Brasil, Mário de Andrade é o nome que primeiro se liga à discussão técnica sobre o *métier* do artista. Se o autor de *Macunaíma* não chegaria a ver a efetiva institucionalização de arquivos literários – que, se comparado aos países anteriores, aqui aconteceria tardiamente, a partir da década de 1960, com o amadurecimento de políticas federais de preservação –, Mário se antecipou

"TERMINEI RASGANDO E JOGANDO FORA" • **93**

e elegeu sua correspondência como a principal plataforma para registrar, testar, rascunhar o processo de suas obras.

Apesar de intelectuais alemães, franceses e brasileiros estarem enlaçados no desejo de manter em acervo essa documentação criativa ainda que fragmentária, o muro que separa os escritos privados (manuscritos modernos) dos escritos públicos (livros e jornais) é consistente e vem de longa data[2], o que pode ser encarado como impasse ético para os pesquisadores. A mão que escreve nem sempre é vista como amiga da máquina que imprime, daí, por vezes, o estudo da produção autógrafa ser considerado menos interessante, mais especulativo e movediço, já que seria o exemplar publicado o que carregaria a palavra final do autor, aquilo que ele *desejou* que fosse: "Considero que [os manuscritos] são uma forma intermediária", diz Sartre, "e entendo muito bem que desapareçam, uma vez produzido o objeto impresso" (Artières, 1998: 12).

A análise do acervo de Mário de Andrade, no Instituto de Estudos Brasileiros (IEB), reforça essa divisão: obra na livraria, papéis no cesto. Ele teria conservado apenas os trabalhos inacabados ao passo que descartaria os manuscritos dos livros já publicados[3], fincando sua criação em dois tempos, presente e futuro. O passado, expresso no documento inicial, que pode trazer o personagem ainda magro de características, o risco, o erro, o vacilo, é regulado pelo próprio escritor; e o processo da obra só nos será possível recompor pelas esparsas pistas deixadas em cartas ou depoimentos[4]. Que fim terá dado Mário aos rascunhos de *Pauliceia desvairada*? Onde estão as versões de *Amar, verbo intransitivo*?

Rasgar, queimar, perder, jogar fora: o autor pode prevenir, assim, que seja flagrado um pensamento ainda se fazendo, denunciado até pela própria caligrafia na folha limpa[5]. A letra como uma parte do corpo, como uma extensão do braço:

---

2. Recomendo o livro *Historia de la lectura en el mundo occidental*, organizado por Guglielmo Cavallo e Roger Chartier, publicado pela editora Taurus Minor (2001).

3. Agradeço a Aline Novais de Almeida, doutora em Literatura Brasileira pela USP, as informações obtidas a partir de sua dissertação *Edição genética d'A gramatiquinha da fala brasileira, de Mário de Andrade* (2013).

4. Sobre este tema, é fundamental conferir os estudos desenvolvidos pelos professores Telê Ancona Lopez e Marco Antônio de Moraes (USP) a respeito da correspondência mariodeandradina como "arquivo da criação" literária.

5. O pesquisador brasileiro Phillipe Willemart, professor de literatura francesa da USP, aproxima os estudos do manuscrito ao funcionamento do inconsciente, muito interessado na psicanálise e na literatura.

Isso corria o mês de abril. Peguei um resto de caderno em branco, e na letrinha penteada dos calmos começos de livro principiei escrevendo. Mas logo a letra ficou afobada, rapidíssima ilegível para os outros, frases parando no meio com ortografias mágicas em que tanto eu botava um ípsilon na palavra "caderno", como um hífen em "jardim", *eu escrevia com fogo*. (Andrade apud Lopez, 1983: 31, grifo meu.)

Voltemos à entrevista de Clarice Lispector, em 1 de fevereiro de 1977, quando ela mesma destaca seus dois métodos de trabalho: a inspiração e a concatenação.

Quando eu estou escrevendo alguma coisa, eu anoto, a qualquer hora do dia ou da noite, coisas que me vêm. O que se chama inspiração, né? Agora, quando eu estou no ato de concatenar as inspirações, aí eu sou obrigada a trabalhar diariamente.

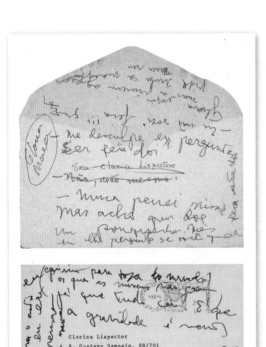

O *escrever com fogo* de que fala Mário de Andrade ressoa na categoria clariciana "inspiração", em que a escrita obedece a ordem da urgência, das "coisas que vêm" e, impetuosas, não respeitam programação. Na premência de registrar o pensamento, a autora escolhe a superfície mais próxima de si e esse *escrito com fogo* (ou, de forma mais prosaica, *no calor da hora*) está materializado nos manuscritos inquietos de *A hora da estrela*, sob a guarda do Instituto Moreira Salles (Rio de Janeiro). A ardência, no caso de Clarice, é até menos figurativa e mais literal: faz parte da sua biografia o incêndio que tomou seu quarto no apartamento em que vivia no Leme em abril de 1966. O episódio comprometeria o braço direito e, naturalmente, sua caligrafia.

Para acompanhar os desordenados documentos da fase "inspiração", o pesquisador precisa abandonar o conforto da linearidade e entregar-se a um outro tipo de corpo a corpo com a leitura. Não se pode ler de maneira tranquila um texto escrito por um pulso em desassossego: pegar o papel, girar o papel, identificar o início, refazer o percurso. Ao tentar se localizar dentro do pensamento do outro, sobretudo quando esse outro é Clarice Lispector, o manuscrito se torna um mapa.

Cabe comentar que, do ponto de vista da classificação arquivística tradicional, os triviais envelopes constariam na série Diversos, uma espécie de miscelânea que, nessa cadeia de organização de acervos, não é exatamente prestigiosa. Mas "desde que o pensamento ou a imaginação os tocaram, todos, do documento inerte até a página inspirada, [os manuscritos] encontram-se dotados de vida e [são] convocados a desempenhar seu papel num projeto de escritura" (Hay, 2007: 17). Assim, ao receber a anotação clariciana, os envelopes deixam de ser um invólucro de correspondência, ganham "peso de ouro" e são promovidos à série Produção Intelectual, adquirindo estatuto de documento de processo.

Esses soltos pedaços de escrita da categoria "inspiração" se juntarão a outros dando cintura à *Hora da estrela* que já começa a parar em pé, iniciando a segunda fase de trabalho a que Clarice se referiu como "concatenação". No entanto, o bloco de texto, mais inteiriço que os fragmentos anteriores, traz evidentes indicadores de uma narrativa em gestação: setas, inserções, rabiscos e substituições.

Na boca de Rodrigo S.M. parece se encaixar a prática escritural de Clarice Lispector: "Que ninguém se engane, só consigo a simplicidade através de *muito* trabalho" (1998, p. 11). Destaco daí o advérbio *muito* para recuperar, no acervo de CL, como se materializa, pela escrita, aquele maio em que Macabéa e Olímpico se viram pela primeira vez.

Nesta versão, não aparecem *borboletas, branco, véu, flutuar*. A datilógrafa volta do trabalho, em uma segunda-feira, e o ponto de ônibus será o ponto de encontro entre o casal de personagens.

— Ah mês de maio, não me largues mais! foi a sua íntima e muda exclamação lancinante quando numa segunda-feira saiu para o trabalho, ela que nunca se exclamava. (Pequena explosão.) Maio, mês das noivas.

Um seco "Maio, mês das noivas" é tudo o que o narrador nos diz. Este narrador que ainda não pode ser Rodrigo S.M considerando que algumas linhas antes há um legível artigo – a –, marcando o gênero feminino: "Escrevo esta história também porque preciso sair de minha vida de pequen*a* burgues*a*". O diálogo entre os bichos da mesma espécie, ou aqui descritos como "frutos murchos de uma mesma figueira amaldiçoada pela cólera de Cristo", se estenderá também nos fólios 13 e 14.

No mesmo dossiê relativo à novela, mas em papel pautado e amarelado, como a personagem alagoana, há uma outra versão do episódio de maio. O texto dessa folha filha única do acervo parece pertencer a uma fase de escrita mais avançada do método concatenação e, por uma substituição aqui e ali, se assemelha bastante ao texto publicado. Essa estabilidade, entretanto, é aparente: a página já começa com Macabéa e Olímpico em frente à loja de "parafusos grandes e pregos". Vasculhamos, em uma análise atenta, a frente e o verso dos 72 fólios que compõem *A hora da estrela*,

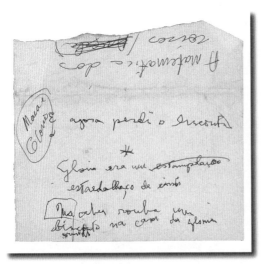

buscando o que teria vindo antes, o que teria vindo depois, experimentando um desespero semelhante ao de Rodrigo S.M. quando perde os originais. Não se acha muito, exceto um pedaço de folha da qual salta a frase "E agora perdi o encontro".

"Aprendi a não rasgar nada. Minha empregada, por exemplo, tem ordem de deixar qualquer pedacinho de papel com alguma coisa escrita lá como está", afirma Clarice em depoimento dado ao Museu da Imagem e do Som, em 1975. Essa figura da "empregada" pode bem ressoar na personagem "cozinheira" presente na novela – é que, em certa medida, ambas são responsáveis por mediar a interação autor, manuscrito, descarte. Mas a aprendizagem de que fala Lispector – não rasgar – parece uma lição que dura pouco, já que na entrevista à TV Cultura, apenas dois anos depois, assume nova postura: "Eu rasgo, sim".

Abre-se, então, margem para arriscar uma hipótese: será que a ausência material sentida pelo pesquisador é a mesma das páginas que, segundo Rodrigo, foram parar no lixo?

A hora da estrela, ao lado de *Um sopro de vida*, são os únicos manuscritos de que se tem notícia, apesar do acervo de Clarice Lispector estar tanto no Arquivo-Museu de Literatura Brasileira (AMLB), na Fundação Casa de Rui Barbosa, que abriu a coleção da autora à consulta em 1987, quanto no Instituto Moreira Salles, desde 2004. Até aquele ano, quando o IMS recebeu dos herdeiros os originais desses dois títulos, os datiloscritos eram o contato mais próximo do pesquisador com a gênese das obras claricianas.

Mas essa lacuna no acervo de Lispector – assim como no de Mário de Andrade – seria menos em relação aos agentes envolvidos (autores, herdeiros, colecio-

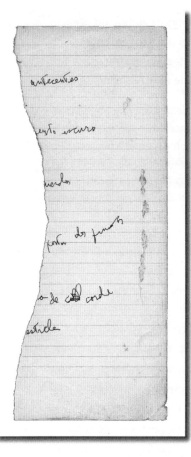

nadores, instituições de guarda) e mais à natureza do próprio arquivo, cuja estabilidade se dá no incompleto, no precário, na hipomnésia (Derrida, 2001: 22).

Essa falta, que pode soar um tanto metafórica, logo se revela como uma falta também material. Há originais de *A hora da estrela* que parecem ser a visualização exata do gesto de Clarice quando responde a Júlio Lerner: "eu rasgo, sim". Ao pesquisador, cabe reagir com um exercício de suposição: é necessário um enxerto intelectual na pele do papel.

Convocando madame Carlota, adivinhamos que *-antecentes* [sic], *-ento escuro*, [não identificado], *porta dos fundos*, *-a de cordel*, *-estrela* são, na verdade, os finais da lista de títulos da novela, respectivamente, *Registro dos fatos antecedentes*, *Assovio no vento escuro*, [não identificado], *Saída discreta pela porta dos fundos*, *História lacrimogênica de cordel* e, enfim, *A hora da estrela*.

Do total de 72 itens manuscritos da novela em seu acervo, outros 21 estão lacerados, uns mais, outros menos. Se essas folhas sobrevivem teria sido porque Clarice os rasgou *e ainda assim* os manteve, arrependida talvez? Ou teriam sido resgatados do cesto de detritos por terceiros?

Damos a volta à redondeza do mundo: o que se rasga, a princípio, não se guarda, mas o destino dos rasgados pode bem se duplicar sendo arquivo e lixo.

***

Uma possível resposta a esse estranho e ambíguo movimento pode estar sob o guarda-chuva da memória cultural que serve a dois senhores conhecidos como lembrança (*remembering*) e esquecimento (*forgetting*), em que cada um tem sua versão ativa e passiva, gerando, portanto, espaços diferentes.

No lado ativo da lembrança, os gestos de seleção e coleta trabalham em uma memória funcional (*working memory*), enquanto o passivo reside pelo acúmulo na memória de armazenamento (*reference memory*). Lembrando que não há arquivo sem uma certa exterioridade e não há poder político sem controle do arquivo (Derrida, 2001: 16), os mesmos itens documentais podem transitar entre essas memórias a depender do que acontece do lado de fora. Assmann diz que:

> Nos estados totalitários que exercem um controle central sobre a memória social e cultural ou nos lugares em que os critérios de aceitação são muito restritivos, nesses lugares o arquivo vai assumir a forma de uma memória funcional. Porém o mesmo inventário de informações pode ser transferido da memória funcional para a de armazenamento, quando – como ocorreu na Revolução Francesa – certificados de legitimação são classificados como fontes históricas. (Assmann, 2011: 368)

Trocando em miúdos: uma ficha do Departamento de Ordem Política e Social (DOPS), durante a ditadura militar brasileira, tem um valor funcional por ser um documento que, naquele período, naquele presente, está em circulação dentro do seu projeto de ação. Com a redemocratização, a ficha perde este valor, torna-se memória de armazenamento e franqueia espaço para sua interpretação crítica.

Já no gesto passivo da chave do esquecimento, estão os materiais negligenciados, desconsiderados, dispersos, que sobraram ou sobreviveram (*material relicts*) enquanto no gesto ativo estão aqueles documentos *intencionalmente* negados e destruídos. Neste caso, tabu, censura e lixo se unem.

Cultura Material			
Lembrança		**Esquecimento**	
ativa	passiva	ativo	passivo
selecionar, coletar	acumular	destruir, negar	negligenciar, desconsiderar
memória funcional	memória de armazenamento	destruição material	material sobrevivente
museu/ monumento	arquivo	tabu, ditadura, lixo	dispersos em depósitos

A estranheza ética-metodológica dos manuscritos rasgados e mantidos no arquivo de Clarice Lispector vem precisamente do intercâmbio entre a lembrança passiva e o esquecimento ativo. Mas os mecanismos, se são inversos, são, ao mesmo tempo, dialógicos. "'Arquivo' e 'pilha de lixo' podem ser compreendidos acima de tudo como emblemas e sintomas da lembrança e do esquecimento culturais", complementa Assmann (2011: 412).

Uma palavra possível para traduzir lixo, em alemão, é *abfall*, que pode designar tanto aqueles objetos que perderam seu valor de uso tornando-se, portanto, inúteis, quanto aqueles que caíram da mesa ou da mão e esquecidos ficaram no chão. Essa queda estaria colada em um sentido também metafísico: a do homem primitivo no paraíso que, pelo pecado, foi separado do Criador Divino.

O teor religioso atravessa certo aparato teórico ligado ao arquivo em que a morte consagra tanto o documento quanto seu autor, se estabelecendo como uma figura mediadora (Mbembe, 2002). Em uma dimensão, a morte destrói o corpo físico, mas "não ataca de maneira bem-sucedida todas as propriedades dos falecidos", isto é, mata, mas não de todo: sobram os fragmentos de vida que atestam aquela existência. Uma segunda dimensão é a imagem do cemitério pelo que lembra de ritualístico e de sagrado, "de uma natureza quase mágica" (Mbembe, 2002: 19). Arquivar, seguirá o intelectual camaronês, "é um tipo de sepultamento, colocar algo em um caixão, se não para descansar, ao menos para entregar elementos daquela vida que não poderiam ser destruídos pura e simplesmente" (Mbembe, 2002: 13).

Esse arquivamento, que prevê o sigilo, a clausura, a separação do material de seu contexto de uso (*abfall*, aí, nos dois sentidos, o metafísico e o ordinário), é produto de um julgamento que privilegia certos documentos em detrimento de outros. Emblema da recordação e do esquecimento, o arquivo torna-se, portanto, uma montanha de dados positivos – os materiais que se veem – e de dados negativos – materiais invisíveis (Assmann, 2011: 429), como as folhas rasgadas no acervo de Clarice Lispector ou as páginas que a cozinheira de Rodrigo S.M. atirou no cesto de lixo.

A convivência entre esses dois espaços também pode ser apanhada a partir de algumas interessantes derivações etimológicas. Os sintagmas *The letter! The litter!* Ou *A letra! O lixo!* Ou ainda *A carta! O descarte!*, que aparecem no capítulo 4 de *Finnegan's Wake* (1939), romance de James Joyce, acomodam bastante bem o confronto e o desconforto desses lugares. A condição dialética entre eles vai interessar aos estudos de Jacques Lacan, especialmente quando o psicanalista francês desenvolve o conceito de *Lituraterre*, mantendo, da raiz latina -litura, a ideia de um escrito marcado, rasurado, apagado, em associação com a terra[6]. Uma *litura* que está tanto no campo da página como no campo do corpo e do intelecto: as mãos seguram a enxada, revolvem o solo, criam sulcos na linguagem. É neste trabalho – entre *litter* e *letter*, entre carta e descarte, entre pedaço de terra fértil e a erva daninha – que se desenvolve a *lituraterre*, a literatura.

***

No ensaio "Arquivar a própria vida", Phillipe Artières (1998:12) dirá que, do ponto de vista da injunção social, "para existir é preciso inscrever-se nos registros civis, nas fichas médicas, escolares, bancárias". Clarice Lispector coloca essa lógica do avesso: existir, para ela, é um gesto menos de inscrição e mais de escritura. "Se você não pudesse mais escrever", pergunta Júlio Lerner, ressoando Rilke em *Cartas a um jovem poeta*, "você morreria?". Assertiva, ela responde: "Eu acho que quando eu não escrevo eu tô morta".

A autora não parece obcecada em *ter e manter* seus manuscritos, nem os que, consolidados, foram publicados, como aqueles em fase de processo. A prática de se desfazer dos seus itens, aliás, era antiga. Conta-se um episódio em que, aos 9 anos, ela, empolgada, teria redigido uma peça em três atos em duas folhas de caderno escolar. Rasgou tudo com medo de que descobrissem o texto baseado no espetáculo *Pobre menina rica*, que assistira no teatro Santa Isabel, em Recife (Frohwein, 2011). Tempos depois, a autora consagrada em 1966 admite o receio de ler traduções que fazem de seus livros: "Além de ter bastante enjoo de reler coisas minhas, fico também com medo do que o tradutor possa ter feito com um texto meu". Na sua rotina, então, a inscrição e a escritura aparecem juntas em um movimento: o pronto, publicado e acabado já não lhe interessa mais ou talvez interesse menos.

Enquanto o arquivamento do eu, apontado por Artières, seria uma prática íntima visando a uma função pública, o arquivamento clariciano é uma prática pública com função íntima que a própria autora faz acontecer à luz

---

6. Derivo do conceito lacaniano "lituraterre" para pensar uma aproximação entre lixo e arquivo, mas sugiro a consulta aos artigos do próprio autor "O seminário sobre 'A carta roubada'", recolhido em *Escritos*, em 1998, pela Jorge Zahar, e de "Joyce, o Sintoma", publicado em *Outros escritos*, em 2003. Outra indicação é o livro *Efeitos da Letra - Lacan leitor de Joyce*, de Ran Mandil, lançado pela Contra Capa Livraria/Faculdade de Letras UFMG, em 2003.

do dia, no ambiente dos jornais e revistas enquanto escreve seus textos. Em "Ser cronista", dirige a Rubem Braga algumas de suas aflições quando passou a produzir crônicas semanalmente para o *Jornal do Brasil* em 1967 a convite de Alberto Dines.

> E também sem perceber, à medida que escrevia para aqui, ia me tornando pessoal demais, correndo o risco daqui em breve de publicar minha vida passada e presente, o que não pretendo.

Em "Viajando por mar", permanece a agonia clariciana de mostrar intimidade em um espaço público, como a imprensa:

> (...) um dia telefonei para Rubem Braga, o criador da crônica, e disse-lhe desesperada: "Rubem, não sou cronista, e o que escrevo está se tornando excessivamente pessoal. O que é que eu faço?" Ele disse: "É impossível, na crônica, deixar de ser pessoal."

Mas se a autora afirma que não pretende publicar a vida nas crônicas, assume o contrário no texto "A máquina de escrever". Sua coluna passa a acolher, indistinta, o amor aos bichos, passeios pela cidade, cartas que recebe, telefonemas que faz ou trechos inteiros de romances que está escrevendo. Já não pode separar o que escreve do que vive – se inscreve, portanto, sendo uma só. Admite que está presa à terra – e aí regressamos à literatura como um canteiro de obras, à *lituraterra*.

> Vamos falar a verdade: isto aqui não é crônica coisa nenhuma. Isto é apenas. Não entra em gênero. Gêneros não me interessam mais. (...) No entanto, *já estou de algum modo presa à terra*: sou uma filha da natureza: quero pegar, sentir, tocar, ser. (...) Sou uma só. Antes havia uma diferença entre mim e o escrever (ou não havia? não sei). Agora mais não. Sou um ser. E deixo que você seja. Isso o assusta? Creio que sim. Mas vale a pena. Mesmo que doa. Dói só no começo.

Aceitar que está presa à terra nos faz regressar para a ideia da literatura como um canteiro de obras; regressar, portanto, à *lituraterra*.

O desafio da ordem das coisas estará precisamente nesse gesto clariciano de não arquivar a própria vida, mas integrá-la ou diluí-la até que desapareça a diferença entre o produzido/publicado (e que pode se tornar, *a posteriori*, arquivo) e o vivido.

"TERMINEI RASGANDO E JOGANDO FORA" • 103

A partir da análise dos mutilados manuscritos de *A hora da estrela* e dos papéis desviados de sua função original (como os envelopes da correspondência), o acervo de Clarice Lispector torna-se menos uma fonte e mais uma ponte – assim é que sua obra resiste ao dente do tempo.

Neste caso, caberá ao pesquisador assumir a posição do *chiffonier*, o catador de farrapos, de sucatas, figura peculiar que surge nas ruas parisienses do *XIXè siècle*, cobertas de máquinas, vapores, luzes e bulevares. Walter Benjamin afirma que o trapeiro fascinava a sua época e recorda Charles Baudelaire que considera o *chiffonier* o herói moderno que

> tem de recolher na capital o lixo do dia que passou. Tudo o que a cidade grande jogou fora, tudo o que ela perdeu, tudo o que desprezou, *tudo o que destruiu, é reunido e registrado por ele*. Compila os anais da devassidão, o cafarnaum da escória; separa as coisas, faz uma seleção inteligente; procede como um avarento com seu tesouro e se detém no entulho que, entre as maxilas da deusa indústria, vai adotar a forma de objetos úteis ou agradáveis. (Benjamin, 1991: 78)

Aí estaria, portanto, a contraimagem de um arquivista "que escolhe, coleta, seleciona, ordena e protege seu inventário como um tesouro no reino do lixo" (Assmann, 2011: 413).

Provavelmente o espaço de maior ganho para o pesquisador de *A hora da estrela* seja se transformar em um catador de pequenas histórias e apostar no capim vagabundo (Lispector, 1998: 28). De cabeça baixa, esse leitor-*chiffonier* pode até, quem sabe, no fim do dia ou da leitura, recolher do cesto as três páginas do encontro de Macabéa e Olímpico que Rodrigo S.M. perdeu: "Maio, mês dos véus de noiva flutuando em branco". •

REFERÊNCIAS BIBLIOGRÁFICAS

ARTIÈRES, Philippe. "Arquivar a própria vida". *Estudos Históricos*, v. 11, n. 21, 1998.

ASSMANN, Aleida. *Espaços da recordação: formas e transformações da memória cultural*. Campinas, SP: Editora Unicamp, 2011.

BENJAMIN, Walter. *Obras escolhidas III*. Charles Baudelaire: um lírico no auge do capitalismo. 2.ed. São Paulo: Brasiliense, 1991.

DERRIDA, Jacques. *Mal de arquivo: uma impressão freudiana*. Rio de Janeiro: Relume Dumará, 2001.

FROHWEIN, Fábio. "Os manuscritos de Clarice Lispector: alquimia da escrita". Disponível em: <https://blogdoims.com.br/os-manuscritos-de-clarice-lispector-alquimia-da-escrita-por-fabio-frohwein/>, 24/8/2011. Acesso em 10/01/2021.

HAY, Louis. *A literatura dos escritores*: *questões de crítica genética*. Belo Horizonte: UFMG, 2007.

JULIÃO, Letícia. "Apontamentos sobre a história do museu". Disponível em: http://www.cultura.mg.gov.br/arquivos/Museus/File/caderno-diretrizes/cadernodir etrizes_segundaparte.pdf. Acesso em 10/10/2019.

LISPECTOR, Clarice. *A hora da estrela*. Rio de Janeiro: Rocco, 1998.

_____. *Todas as crônicas*. Rio de Janeiro: Rocco, 2018.

LERNER, Júlio. "Panorama com Clarice Lispector". Disponível em: <https://tvcultura.com.br/videos/5101_panorama-com-clarice-lispector.html>. Acesso em: 16/01/2021.

MBEMBE, Achille. "The Power of the Archive and its Limits". In: HAMILTON, Carolyn et. al. (org). *Refiguring the Archive*. Cape Town: New Africa Books, 2002. Tradução de Camila Matos.

PINO, C.A.; ZULAR, R. *Escrever sobre escrever*: *uma introdução crítica à crítica genética*. São Paulo: Martins Fontes, 2007.

WILLEMART, Philippe. "Crítica Genética e História Literária". *Revista Manuscrítica*, n. 10, 2001.

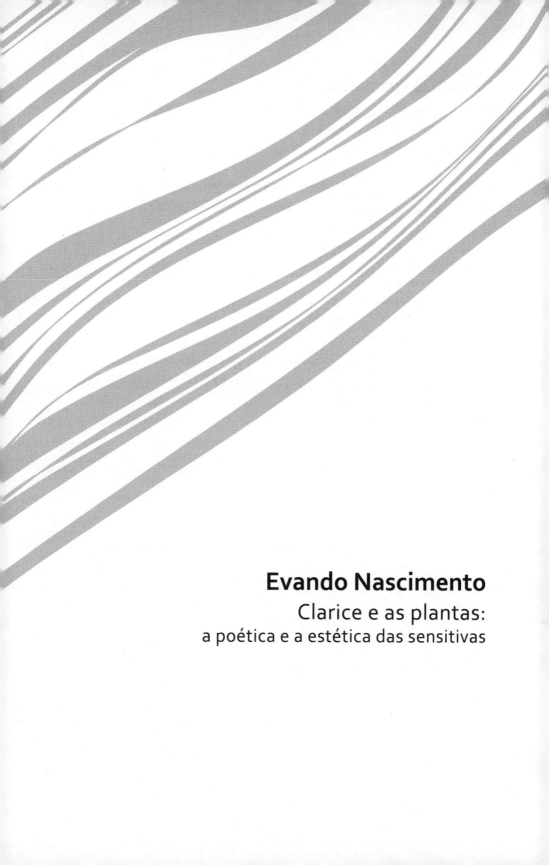

Evando Nascimento
Clarice e as plantas:
a poética e a estética das sensitivas

Evando Nascimento

Ensaísta, professor universitário e escritor. Ensinou na Universidade Federal de Juiz de Fora e na Université Stendhal de Grenoble, França. Fez o pós-doutorado em Filosofia na Universidade Livre de Berlim. Realizou cursos e palestras em instituições nacionais e internacionais, como USP, Manchester University e PUC de Valparaiso. Foi aluno de Jacques Derrida na E.H.E.S.S., nos anos 1990. Autor de *Derrida e a literatura* (1999) e de *Clarice Lispector: uma literatura pensante* (2021), bem como de diversos outros livros e ensaios no Brasil e no exterior. Publicou os livros de ficção *Retrato desnatural* (2008), *Cantos do mundo* (2011, finalista do Prêmio Portugal Telecom), *Cantos profanos* (2014) e *A desordem das inscrições* (2019). Desde 2015, desenvolve trabalhos de artes visuais.

(...) – e as flores e as abelhas já me chamam – o pior é que não sei como não ir – o apelo é para que eu vá – e na verdade profundamente eu quero ir – é o encontro meu com meu destino esse encontro temerário com a flor.
Clarice Lispector, *A descoberta do mundo*

CLARICE, OS ANIMAIS E AS PLANTAS

O intertítulo acima alinha três formas de existência na obra de Clarice Lispector: a humana, a animal e a vegetal. Poderia ser acrescentada uma quarta forma: as coisas. Aqui, todavia, me limitarei aos viventes, em particular as plantas. Ou melhor, interessa sobremodo a relação do humano com os outros viventes, os assim nomeados não humanos na obra da autora. Não se trata de descrever exaustivamente, como faria a crítica tradicional, o modo como as imagens de bichos e plantas comparecem na literatura clariciana, relacionando-os ao universo humano. O importante é perceber como essa *ficção* só acontece exatamente por *dar corpo* ("encarnar", como veremos) às outras formas de vida em sua escrita. Mais do que símbolos, analogias, figuras, alegorias, símiles, imagens e fábulas, há um modo de *pensamento* singular que se articula na reinterpretação dos diversos viventes, os quais comparecem em todos os livros publicados sob essa assinatura. E é dessa maneira justamente que se perfaz o que chamo de *literatura ou escrita pensante* de Clarice Lispector[1], ou seja, aque-

---

1. Este ensaio retoma e desenvolve alguns temas do livro *Clarice Lispector: uma literatura pensante* (Nascimento, 2012).

la que permite pensar o impensado e até mesmo o impensável nas culturas ocidentais, indo muito além do pensamento humano em sentido corriqueiro: "Estou atrás do que fica *atrás do pensamento*" (Lispector, 2019: 30, grifos meus). E o que fica *atrás do pensamento* são as sensações ("é uma sensação atrás do pensamento", p. 57), que não se opõem simplesmente ao raciocínio humano relacionado à linguagem verbal, mas o antecedem, com ele estabelecendo mais de uma relação. Daí a necessidade de desdobrar uma poética e uma estética das sensitivas nessa escrita.

Porém, não intentarei propor *uma* poética e *uma* estética das sensitivas acabadas, como se tratasse de um compêndio de botânica ou então um volume de história da arte. Diante da ficção *assinada Lispector*, todo saber competente precisa ceder, a fim de que outro modo de investigar e descobrir o mundo se instale e germine. Serei guiado por duas hipóteses interpretativas. Por um lado, é impossível abordar a ficção clariciana somente do ponto de vista de sua produção. Claro que há uma *poética clariciana*, cujas marcas podem ser reconhecidas como funções de estilo, embora se deva advertir que não há como repertoriar o conjunto completo de tais marcas, pois são por definição inexauríveis e mutantes. Cada crítico que se acerca da obra de algum modo procura fazer esse levantamento estilístico, segundo seus critérios de leitor ou leitora.

O maior risco em relação à textualidade nomeada C.L. seria o de fixá-la numa imagem, fosse ela a mais refinada de todas. Esse texto, esse tecido se elabora por meio de múltiplos enxertos e combinações, fazendo com que o território da escrita seja, por natureza, instável, sedicioso, como descobrirá uma famosa personagem de que falarei adiante. E o território da leitura é, por outro lado, a contraface da poética clariciana, o lugar onde nós, leitoras e leitores, nos instalamos a fim de passar por uma experiência singular. Sem essa singularidade estética, não há poética que se sustente, perdendo-se numa floresta de signos, sem deixar sinais. Detectar essa *outra estética*, que é sem dúvida uma *estética da outra e do outro*, equivale a expor como, na ficção pensante de Clarice Lispector, uma *erótica da leitura* corresponde a uma erótica da própria vida, envolvendo humanos, animais e plantas numa mesma relação de amor.

Esse seria o movimento mais geral da invenção clariciana: o encontro entre as alteridades humanas e não humanas, que ocorre como verdadeira forma de *acontecimento* ou *crise*, palavra que comparece em "Amor", história que faz parte da coletânea *Laços de família* (Lispector, 1982b). Alguns críticos nomearam esse acontecimento como "epifania". Embora a questão do divino sem dúvida faça parte do funcionamento da escrita, prefiro renomear isso como "a descoberta dos outros viventes", que nada mais é do que *a descoberta do mundo*, como está no título da coletânea de crônicas organizada pelo filho Paulo Gurgel Valente (Lispector, 1984). Descoberta não como se entendeu a descoberta do chamado Novo Mundo, que deu origem à violência colonial. Ao contrário, o pensamento que se elabora por meio da obra de Clarice é fortemente *descolonizador*, visando desnaturalizar as relações entre masculino e feminino, por exemplo; bem como entre humanos, de um lado, plantas, animais e coisas, do outro. É, sobretudo, uma experiência de *arrebatamento*, que se inicia por meio da feitura da obra, sua poética, para atingir e mobilizar os diversos leitores e leitoras, numa realização de sua estética.

Se os grandes intérpretes da obra perceberam e descreveram, cada um em sua perspectiva, a importância do animal, praticamente ninguém se deu conta da igual relevância dos vegetais na ficção clariciana. É claro que textos como o citado "Amor" e "A imitação da Rosa" foram objetos de análise, não se ignorando a força vegetal dessas histórias. No entanto, nenhum discurso, pelo que saiba, apontou integralmente a potência das plantas nessa literatura. Um de meus objetivos é justamente colocar no mesmo patamar, por assim dizer, existencial todos os viventes humanos, vegetais e animais, não para reduzi-los a uma homogeneidade anódina, mas para vê-los em sua *rutilante diferença* não opositiva. Não cabe tampouco, num espaço reduzido, analisar e descrever todas as formas de vida que comparecem nas sucessivas publicações da autora, mas sim escolher alguns desses momentos para interpretar como se dá a relação entre os humanos e as espécies viventes, em especial as plantas.

Os exemplos abordados funcionarão de forma metonímica mas não exaustiva. A parte valerá pelo todo, sem esgotá-lo todavia, pois o Todo fechado da Obra completa inexiste. As histórias escolhidas ajudam a expor como se conectam as potências vitais que sustentam o tecido textual.

Não por acaso, a crítica literária ignorou, em grande medida, o papel fundamental dos vegetais na literatura clariciana. Esse fato não é aleatório, mas estrutural. Na história das culturas ocidentais, à diferença das culturas ameríndias e africanas, as plantas seriam viventes inferiores em relação aos animais, e sobretudo em relação ao animal humano. Sintomaticamente, o verbo *vegetar* que, em sua origem latina, significava "animar, vivificar; dar movimento a; aumentar, fortalecer, fazer crescer", passou a ter o sentido negativo de "viver sem consciência, passivamente". Essa significação depreciativa comparece em português, francês, inglês, espanhol e provavelmente noutras línguas, sendo sintomática da ignorância e do desprezo sistemáticos em relação ao universo vegetal. Apenas recentemente um grupo de cientistas e filósofos passou a valorizar a vida das plantas em sua autonomia específica. Autores como Stefano Mancuso, Michael Marder, Francis Hallé, Emanuele Coccia e Anthony Trewavas, entre diversos outros, têm desenvolvido pesquisas no sentido de expor a sensibilidade e a inteligência vegetal. O mesmo ocorre na literatura e nas artes, sobretudo a partir do século XX: ficcionistas, poetas e artistas têm dado destaque a esse universo silencioso que nos cerca, mas que ignoramos completamente. Todo um mundo, portanto, a ser redescoberto via Clarice Lispector, por exemplo. Algumas crônicas-contos darão logo uma ideia dessa riqueza temática.

"Cem anos de perdão" foi publicado originalmente em 25 de julho de 1970, no *Jornal do Brasil* (Lispector, 1984: 462-464), e retomado em *Felicidade clandestina* (Lispector, 1998: 60-62). A narrativa reproduz as lembranças de uma mulher que, quando pequena, criou o hábito de roubar rosas. De maneira similar ao que ocorre noutras histórias infantis de Clarice, como "Os desastres de Sofia", "A legião estrangeira" e "Felicidade clandestina", a vivência da criança é marcada pela sexualidade. De modo que os limites entre vida adulta e vida infantil se veem problematizados. É como se a adulta, revendo sua própria história anos depois, percebesse os gérmens da mulher que ela se tornaria. E o que move a infante tanto quanto a outra, a mais velha, não é nada menos do que a *paixão*. Esta, como se sabe, é um grau a mais de afeto, por vezes desmesurado. A paixão é sustentada por forças que a psicanálise nomeia como *pulsões*.

A primeira vez que a personagem cometeu um roubo foi ao se deparar com uma linda rosa atrás dos portões de uma mansão em Recife, o que evidencia o aspecto autobiográfico da narrativa: "Bem, mas isolada no seu canteiro estava *uma rosa apenas entreaberta cor-de-rosa-vivo*. Fiquei feito boba, olhando com admiração aquela rosa altaneira *que nem mulher feita ainda não era*. E então aconteceu: do fundo de meu coração, eu queria aquela rosa para mim. Eu queria, ah como eu queria. E não havia jeito de obtê-la" (Lispector, 1998: 60, grifos meus).

A descrição do furto é minuciosa, "O plano se formou em mim instantaneamente, *cheio de paixão*" (Lispector, 1998: 61, grifos meus). Com a cumplicidade de uma amiguinha, que ficou de vigia, ela entreabriu o portão e

CLARICE E AS PLANTAS • **113**

penetrou no jardim proibido com o coração batendo de pura excitação. Viu-se então diante do objeto de seu fascínio, qualificado como "perigoso", e quebrou-lhe o talo, arranhando-se nos espinhos e chupando o sangue dos dedos. Depois levou a rosa para casa e a pôs num copo d'água. A descrição da flor é plena de sensualidade, tecendo analogias evidentes com o sexo feminino: "pétalas grossas e aveludadas, com vários entretons de rosa-chá. No centro dela a cor se concentrava mais e seu coração quase parecia vermelho" (Lispector, 1998: 61-62). Em seguida, ela conta que se tornou uma verdadeira ladra de rosas, mas que também costumava roubar pitangas: "eu esmagava uma pitanga madura demais com *os dedos que ficavam como ensanguentados*" (Lispector, 1998: 62, grifos meus).

A relação entre rosa / pitanga / sexo feminino (com uma forte homologia entre a forma-cor da flor e a cor da fruta, a vulva e a vagina, a perda do hímen e a menstruação) é magistralmente resumida na última linha da história: "As pitangas, por exemplo, *são elas mesmas que pedem para ser colhidas, em vez de amadurecer e morrer no galho, virgens*" (Lispector, 1998: 62, grifos meus). A equação analógica se expressa tanto no papel da mulher que a menina se tornou, quanto no do homem que pôde tê-la sexualmente pela primeira vez, tal como se colhem flores e frutos. A narradora-autora mescla em si mesma todos os papéis, rompendo com o binarismo opositivo entre masculino e feminino, bem como entre menina e adulta, e mostrando como a sexualidade brota já na infância, para mais tarde amadurecer e frutificar, tal como acontece com os vegetais.

A paixão pelas rosas comparece em mais duas histórias curtas. Em "Rosas silvestres" (Lispector, 1984: 142-143) a declaração de amor é enfática, com o detalhe de que, depois de fenecerem, é que as florezinhas, recebidas de presente oferecidas por uma amiga, como um *dom*, se revelam mais apaixonantes: "quando estão mortas, mortas – aí então, como uma flor renascida no berço da terra, é que o perfume que se exala delas me embriaga" (Lispector, 1984: 142). Disso advém a identificação floral, anunciada para os próprios filhos: "– Era assim que eu queria morrer: *perfumando de amor*. Morta e exalando a alma viva" (Lispector, 1984: 142). As rosas silvestres aparecem também, de forma fulcral, no conto "A imitação da rosa", que comentarei sucintamente após a história de "Amor". Já "A rosa branca" é um delicado poema em prosa, que torna o objeto do desejo quase inatingível embora ao alcance da mão: "Alço-me em direção de tua superfície que já é perfume" (Lispector, 1984: 674).

Expõe-se, desse modo, a arte de "roubar" flores e frutos ficcionalmente, que Clarice desenvolveu à perfeição, *imitando-os* e encarnando-se neles furtivamente; tal como no final de uma outra história, em que o desejo sustenta o gesto de apanhar a maçã: "Porque eu, meu filho, eu só tenho fome. E esse modo instável de pegar no escuro uma maçã – sem que ela caia" (Lispector, 1998: 334). O fruto máximo do desejo, em nossas culturas judaico-cristãs, o sexo, gera culpa, pois é considerado pecado. Todavia, parodiando o dito popular, a narradora-menina-mulher se autoatribui cem anos de perdão por não resistir à tentação de roubar rosas e pitangas, afirmando seu apaixonado desejo.

Um dos textos mais delicados de Clarice é a crônica-conto "Restos do carnaval", de 16 de março de 1968 (Lispector, 1984: 105-108; republicado em Lispector, 1998: 25-28), em que narra mais um episódio de sua infância. Ela conta que, devido à pobreza de sua família, a única coisa que recebia durante os três dias de folia momesca no Recife era um lança-perfume e um saco de confete. Mas houve um carnaval especial, em que a mãe de uma amiguinha resolveu fantasiar a filha como uma *rosa*, termo que a narradora sublinha diversas vezes, para enfatizar a relação entre a fantasia, a flor, a cor e a menina-mulher.

Como o papel crepom cor de rosa utilizado para fazer a vestimenta carnavalesca era abundante, sobrou material para que fosse feito um traje semelhante para a Clarice menina. Só que, no momento de desfrutar da festa com o inédito paramento feito de restos, sua mãe, que estava doente, piorou, e lhe pediram que buscasse um remédio na farmácia. O estado de graça em que a menina-rosa se encontrava se desfez diante da brutalidade da dor: "Fui correndo vestida de *rosa* – mas o rosto ainda nu não tinha a máscara de moça que cobriria minha tão exposta vida infantil –, fui correndo, correndo, perplexa, atônita, entre serpentinas, confetes e gritos de carnaval" (Lispector, 1998: 28, grifo da autora). O tornar-se-*rosa* da garotinha vira na narrativa a sinédoque da mascarada social que encenamos ao longo da existência. Ao se ver frustrada em sua *fantasia* pessoal, ela não dispõe ainda da outra máscara (a *persona* social) que os adultos portam e que a protegeria do pior. O rosto nu a expõe ao mal sem remédio, como um trauma incoercível.

No entanto, como dito em relação a outras histórias envolvendo a infância de Clarice narradora e autora empírica, o componente erótico, já implícito na metáfora da rosa (um dos símbolos do sexo feminino), não deixa de se manifestar. Para seu consolo, um garoto mais velho do que ela, "numa mistura de carinho, grossura, brincadeira e sensualidade" (Lispector, 1998: 28), cobre seus cabelos de confete. Ela se converte então na "mulherzinha de oito anos", confirmando-se afinal em sua *rósea fantasia* (ambiguamente carnavalesca e sexual): "eu era, sim, uma rosa" (Lispector, 1998: 28). É o mesmo tipo de conversão da criança em mulher, por um acontecimento súbito e inesperado, que acontece no final da crônica-conto "Felicidade clandestina", na qual se diz: "Não era mais uma menina com um livro: era uma mulher com o seu amante" (Lispector, 1998: 12). A própria imagem que a narradora utiliza no início do relato para descrever o período momesco na cidade de sua infância remete para a ambiguidade da flor como um dos avatares da sexualidade feminina: "Como se enfim o mundo se abrisse de botão que era em grande rosa escarlate" (Lispector, 1998: 25).

ANA, O AMOR E A VIDA VEGETAL

Ana, protagonista de "Amor", é uma dona de casa típica, como tantas que ainda hoje existem, embora sejam cada vez mais raras (sobretudo nos países ocidentais). Sua vida é cuidar da casa, dos filhos e do marido, eventualmente também de algum bicho de estimação, tal como aparece noutros contos. Todavia, há um instante da jornada em que esse mundo familiar não depende mais dela, e se torna uma hora perigosa, na qual cai no vácuo de sua própria existência.

Um belo dia, quando regressa a casa com as compras, Ana vê no ponto do bonde um cego mascando chicles, o que fisga sua atenção. Eis o evento. Em seguida, o veículo dá uma arrancada, suas compras vão ao chão, ela fica desnorteada, e acaba por perder o ponto onde deveria saltar (que provavelmente ficava no bairro do Humaitá), indo parar no Jardim Botânico. Lá, como é fácil imaginar, se encontra um farto mundo vegetal. No entanto, as plantas já tinham brotado muito antes em "Amor". Logo no segundo parágrafo, a floração rebenta, embora ainda de modo organizado, ao contrário do descontrole que se instalará no Jardim Botânico.

> Os filhos de Ana eram bons, uma coisa verdadeira e *sumarenta. Cresciam*, tomavam banho, exigiam para si, malcriados, instantes cada vez mais completos. A cozinha era enfim espaçosa, o fogão enguiçado dava estouros. O calor era forte no apartamento que estavam aos poucos pagando. *Mas o vento batendo nas cortinas que ela mesma cortara lembrava-lhe que se quisesse podia parar e enxugar a testa, olhando o calmo horizonte. Como um lavrador. Ela plantara as sementes que tinha na mão, não outras, mas essas apenas. E cresciam árvores.*

Crescia sua rápida conversa com o cobrador de luz, *crescia* a água enchendo o tanque, *cresciam seus filhos, crescia* a mesa com comidas, o marido chegando com os jornais e sorrindo de fome, o canto importuno das empregadas do edifício. Ana dava a tudo, tranquilamente, sua mão pequena e forte, *sua corrente de vida*. (Lispector, 1982b: 17-18, grifos meus)

Seu amor. E é a oscilação entre a *metáfora vegetal* (ou seja, a linguagem figurada que "imita" o mundo real das plantas, como nesse trecho que acabei de citar) e a *descrição vívida* do que seria o próprio reino vegetal (configurando aquilo que os gregos chamavam de écfrase), no Jardim Botânico, por exemplo, que caracteriza a força amorosa da ficção de Ana e de Clarice em geral. É algo da ordem do indecidível: ora parece uma simples metáfora (se é que uma metáfora jamais é simples, coisa de que duvido), ora parece uma descrição da realidade, embora seja uma realidade por assim dizer ficcional, a qual se relaciona com a realidade dita concreta de forma complexa. Diria, como hipótese de leitura, que em Clarice a *linguagem das plantas*, ou seja, a poética e a estética das sensitivas, oscila entre *metáfora* e *descrição*, linguagem figurada e sentido próprio, sem decisão possível por um dos polos (e por isso é uma ficção, e não um tratado de botânica).

Voltemos a nossa protagonista. O perigo de certa hora da tarde vem justamente do fato de que então "as árvores que plantara riam dela" (Lispector, 1982b: 18). Noutras palavras, seu próprio universo familiar se afigura autônomo e independente, de certo modo desprezando seu esforço. (Como, aliás, muitas vezes ocorre no final da vida de uma simples dona de casa, quando poucos reconhecem sua dedicação, a grande tarefa de toda uma existência "lavradora".) Apesar disso, segundo a *voz narrativa*, para Ana sua missão é uma arte, a arte de lavrar o campo, como resume: "a vida podia ser feita pela mão do *homem*" (Lispector, 1982b: 18). Sublinho o recurso ao masculino, como se lavrar fosse antes de mais nada atividade viril, e só por metáfora fosse adequado relacioná-la às tarefas tradicionais realizadas por mulheres. Mas é justamente a força e a fragilidade da tradição subalterna feminil, tão bem corporificada por Ana, o que a narrativa pretende abalar. Logo em seguida à última citação, a metáfora vegetal se consolida. "No fundo, Ana sempre tivera a necessidade de sentir *a raiz firme das coisas*" (Lispector, 1982b: 18, grifos meus). Lavrar, semear, crescer, enraizar & verbos afins configuram o que, em discurso estruturalista, se chamava de *campo semântico*, no caso, um campo da lavra de Clarice, ainda no âmbito da vegetação que se cultiva.

CLARICE E AS PLANTAS • **117**

O vazio é, portanto, o momento da ausência de "lides", o vácuo que ela procura preencher, indo às compras ou levando objetos para conserto. E é justamente nessa hora perigosa que se dá o evento desencadeador da *crise* (termo do conto), com a visão do cego mascando chicles no ponto do bonde. Antes disso, advém mais uma licença poética para consolidar aquilo que ela *"quisera e escolhera"*, fechando seu campo de visão: "Quanto a ela mesma, *fazia obscuramente parte das raízes negras e suaves do mundo. E alimentava anonimamente a vida"* (Lispector, 1982b: 19, grifos meus).

Há no conto um contraste muito forte entre essa *lavoura arcaica*, bem laborada, e a luxúria desordenada do Jardim Botânico, que está mais para um inferno sensual (e sensitivo) do que para um éden, como veremos. Trata-se do inferno do desejo, pois em certa mitologia bíblica, inferno e desejo coincidem. Não por acaso, popularmente se diz que ambos "ardem" ou "fazem arder": arder de desejo e arder no inferno são, em certos contextos, expressões sinônimas. Leiamos também uma frase que para mim sintetiza o que outrora se chamava de *"condição feminina"*, uma atmosfera que mesclava subserviência, melancolia e denodo: "Ana respirou profundamente e uma grande aceitação *deu a seu rosto um ar de mulher"* (Lispector, 1982b: 19, grifos meus). Como se o tornar-se mulher, dentro do código da lavoura arcaica, só fosse possível por uma aceitação "submissa". (O adjetivo é meu, enxertado no tecido clariciano, a propósito da "crise" por que passa a personagem. *Ler é enxertar, não esqueçamos, leitura é cultivo – escrita é colheita.* Não existe verdadeira leitura sem alguma forma de interpretação, que vá mais além da análise literal.)

O disparador do evento ficcional é, portanto, um homem cego parado no ponto, mascando chicles. Talvez a cegueira do homem revele a Ana sua própria cegueira existencial, e o ato mecânico de abrir e fechar a boca reforçaria o automatismo diário que é sua vida. Talvez. Mas parece também que o cego sinaliza e antecipa um universo distinto daquele que ela "quisera e escolhera", o da família e seus laços, suas armadilhas. A cegueira aponta para uma escuridão dita e repetida pela voz narrativa, que vai culminar na sentença "Mas o mal estava feito" (Lispector, 1982b: 21), como se fosse o veredicto de uma pena capital. Na hora vazia da tarde, o cego mascando chicles, e em seguida o solavanco do bonde, que leva ao chão as compras salvadoras em relação ao perigo – tudo isso resume o *incidente* que a lançará mais adiante no espaço abissal do Jardim. "O mal estava feito", como os ovos que se partiram, e cujas gemas "amarelas e viscosas" escorriam por entre os fios da rede de compras. *Rede* que significa ao mesmo tempo amparo e prisão, conforto e cilada, segurança e vacuidade. Agora ela se torna uma mulher desamparada, sem anteparos, sem nada que a socorra, pois seu universo subitamente ruiu. De repente, as coisas antes familiares ganham um aspecto "hostil, perecível". Isso obviamente tem a ver com o forte sentimento de ódio que ela experimenta pelo homem cego. Um ódio semelhante à mulher que contempla o olhar do "Búfalo", no zoo, noutra história animal, encerrando essa mesma coletânea dos *Laços de família*: "'Mas isso é amor, é amor de novo', revoltou-se a mulher tentando encontrar-se com o próprio ódio mas era primavera e dois leões se tinham amado" (Lispector, 1982b: 149).

Cabe a nós, leitores e leitoras, entender de que lado realmente está o ódio e, portanto, também o amor: no aconchego do lar de onde ela saiu na hora perigosa da tarde ou no tormentoso jardim, aonde ela vai parar depois de descer completamente perturbada do bonde? De qualquer modo, o mal estava feito, e ela percebia agora as pessoas à beira da escuridão, imersas numa repentina "ausência de lei". Mundo familiar e universo estranho, obscuro, caótico parecem se opor. Mas eu diria que, diferentemente, a confusão da personagem agora vem de que as duas esferas se mostram entrelaçadas, inseparáveis. Como as trevas que reforçam a intensidade da luz, por contraste, ambas levando ao enceguecimento e simultaneamente ao descortínio de outra realidade, antes imperceptível. Como se fosse preciso fechar os olhos, cegar-se momentaneamente, colocar-se no lugar do cego mascador de chicles, para ver e sentir de outra forma, redescobrindo o mundo em intensidade. Mesmo em casa, ela sentia que, como citei, "fazia obscuramente parte das raízes negras e suaves do mundo". O risco já existe dentro do lar, só que não é percebido, a não ser justamente na hora vazia, quando não resta tarefa doméstica a fazer.

O forno enguiçado, que dava estouros, indica por antecipação a imbricação de ambas as perspectivas supostamente polares. Senão vejamos: "O que chamava de crise viera afinal", e "Um cego mascando chicles mergulhara o mundo em escura sofreguidão", e assim emergiu a "náusea doce" (Lispector, 1982b: 22). Ela então perde o ponto (situado provavelmente no bairro do Humaitá) e salta do bonde desorientada (já no bairro do Jardim Botânico): "Parecia ter saltado no meio da noite", "a vida que descobrira continuava a pulsar" (Lispector, 1982b: 23). Até que inadvertidamente atravessa os portões do Jardim Botânico[2].

---

2. Quem conhece minimamente a geografia urbana do Rio de Janeiro percebe que a desorientação de Ana é enorme, pois ela deixa de saltar no ponto do Humaitá, atravessa o bairro do Jardim Botânico inteiro, e só vai descer do bonde no final deste último, num ponto próximo ao Jardim Botânico (não mais apenas o bairro, mas a instituição pública homônima).

CLARICE E AS PLANTAS • **119**

Lá dentro, a personagem mergulha num mundo ao mesmo tempo real e muito onírico, que vai se concluir como um pesadelo, quando a lembrança dos filhos a trará de volta a sua apatia cotidiana. Curiosamente, quando ela penetra no Jardim ainda brilha a luz da tarde, mas logo se vê tomada pelas sombras e penumbras. Como se a vivência que experimenta fosse de outra natureza, não coincidente nem com o tempo, nem com o espaço habituais. A vida rotineira se encontra suspensa, a partir de um evento banal: ver um cego mastigando numa via pública. Chamaria isso de *experiência do emaranhamento*, que a lança para o desconhecido. No entanto, aí ela reconhece suas raízes, como uma planta que fora desenraizada do local onde estava arraigada para ser replantada noutro solo, quiçá enxertada num outro tronco, onde paradoxalmente se reencontra e se desconhece. Daí que a vivência no Jardim, esse éden às avessas, vai ser multissensorial, fazendo eclodir de vez a estética das sensitivas: uma combinação de plantas selvagens e de feras, mundo vegetal e animal, como também mundo mineral, inelutavelmente entrelaçados. Tudo isso a leva a outra percepção da existência, mais radical, encipoada, sumarenta, vertiginosa. O ideal para dar conta dessa écfrase clariciana, dessa *descrição vívida*, é citar todo o trecho no Jardim, que em muitos aspectos lembra a travessia no deserto, por que passa Martim, personagem de *A maçã no escuro*. Eis um longo recorte, a fim de expor aquilo diante do que todo discurso crítico fracassa, por impossibilidade de metalinguagem, razão pela qual não grifarei nada:

> Ao seu redor havia ruídos serenos, cheiro de árvores, pequenas surpresas entre os cipós. Todo o Jardim triturado pelos instantes já mais apressados da tarde. De onde vinha o meio sonho pelo qual estava rodeada? Como por um zunido de abelhas e aves. Tudo era estranho, suave demais, grande demais.

> Um movimento leve e íntimo a sobressaltou – voltou-se rápida. Nada parecia se ter movido. Mas na aleia central estava imóvel um poderoso gato. Seus pelos eram macios. Em novo andar silencioso, desapareceu.

> Inquieta, olhou em torno. Os ramos se balançavam, as sombras vacilavam no chão. Um pardal ciscava na terra. E de repente, com mal-estar, pareceu-lhe ter caído numa emboscada. Fazia-se no Jardim um trabalho secreto do qual ela começava a se aperceber.

> Nas árvores as frutas eram pretas, doces como mel [*sumarentas*, portanto]. Havia no chão caroços secos cheios de circunvoluções, como pequenos cérebros apodrecidos. O banco estava manchado de sucos roxos. Com suavidade

intensa rumorejavam as águas. No tronco da árvore pregavam-se as luxuosas patas de uma aranha. A crueza do mundo era tranquila. O assassinato era profundo. E a morte não era o que pensávamos.

Ao mesmo tempo que imaginário – era um mundo de se comer com os dentes, um mundo de volumosas dálias e tulipas. Os troncos eram percorridos por parasitas folhudas, o abraço era macio, colado. Como a repulsa que precedesse uma entrega – era fascinante, a mulher tinha nojo, e era fascinante.

As árvores estavam carregadas, o mundo era tão rico que apodrecia. Quando Ana pensou que havia crianças e homens grandes com fome, a náusea subiu-lhe à garganta, como se ela estivesse grávida e abandonada. A moral do Jardim era outra. Agora que o cego a guiara até ele, estremecia nos primeiros passos de um mundo faiscante, sombrio, onde vitórias-régias boiavam monstruosas. As pequenas flores espalhadas na relva não lhe pareciam amarelas ou rosadas, mas cor de mau ouro e escarlates. A decomposição era profunda, perfumada... Mas todas as pesadas coisas, ela via com a cabeça rodeada por um enxame de insetos enviados pela vida mais fina do mundo. A brisa se insinuava entre as flores. Ana mais adivinhava que sentia o seu cheiro adocicado... O Jardim era tão bonito que ela teve medo do Inferno.

Era quase noite agora e tudo parecia cheio, pesado, um esquilo voou na sombra. Sob os pés a terra estava fofa, Ana aspirava-a com delícia. Era fascinante, e ela sentia nojo. (Lispector, 1982b: 23-25)

É em dois lugares nos quais a natureza se encontra institucionalizada que duas personagens de Clarice passam por experiências de *crise arrebatadora*. O jardim zoológico, no conto "O búfalo", e o jardim botânico, em "Amor". Como se, apesar de estarem aprisionadas, ou por isso mesmo, a natureza animal e a vegetal aí concentrassem suas forças a fim de liberar a mulher de sua prisão doméstica, de seu ódio habitual, mal disfarçado, pelos homens e por si mesma, desse modo confuso com que se vivencia a *diferença sexual*. Por assim dizer, detrás das grades, animais e plantas provocam o feminino a sair de sua própria e arcaica condição aprisionada, de sua gaiola ancestral, lançando-se como a menina de "Os desastres de Sofia" (LISPECTOR, 1998, p. 98-116), no vasto vão do parque. O parque, que é outro mundo da domesticidade, cheio de árvores, gramas e canteiros *podados*, se converte em terreno sedicioso e abissal. Como diz a adulta Sofia, narrando sua experiência infantil de amor e ódio em relação ao professor de escola primária, numa provocação contínua que resultou em corrida sôfrega e desabalada pelo parque: "Eu ainda tinha mais corrida dentro de mim, forcei a garganta seca a recuperar o fôlego, e *empurran-do com raiva* o tronco da árvore recomecei a correr *em direção ao fim do mundo*" (LISPECTOR, 1998, p. 114, grifos meus).[3] Parques, zoos e jardins botânicos se convertem em zonas de alto risco, onde o pior pode acontecer, uma vez que o mal está feito, qual seja, o abalo do lugar-comum da rainha do lar.

A INTERTROCA, A ENCARNAÇÃO E A MÍMESIS FLORAL

Se, como fica evidente na história de Ana, não por acaso intitulada "Amor", amar não é um ato narcísico, em que o eu se vê espelhado no outro, o que torna então possível, segundo C. L., o ato de amar? Como posso amar o outro ou a outra em sua mais radical diferença? A resposta se encontra num singelo termo de *A hora da estrela*: o verbo *intertrocar*: "Vejo a nordestina se olhando ao espelho e – um ruflar de tambor – no espelho aparece meu rosto cansado e barbudo. *Tanto nós nos intertrocamos*" (Lispector, 1978a: 28, grifos meus). A intertroca entre o narrador-escritor Rodrigo S.M. e sua personagem Macabéa não é um simples intercâmbio, ou seja, não é dar algo de si à outra e receber algo de volta. Essa seria a troca normal das re-lações humanas, popularmente chamada de toma-lá-dá-cá. A intertroca é um mecanismo ficcional: é ser ou estar *como* outro ou outra momentanea-mente. Quando no espelho aparece o rosto de Rodrigo em vez de Macabéa (e também podemos imaginar o contrário), isso não quer dizer que ela se metamorfoseou integralmente nele.

A metamorfose, se há, é apenas parcial e efêmera. O *devir* ou *tornar--se outro* (para recorrer até certo ponto a uma categoria de Gilles Deleuze) não é nem mera identificação, nem transformação absoluta mas provisó-ria. Seria mais um colocar-se no lugar do outro, assumindo por instantes a persona alheia, sem jamais se converter de fato. É uma experiência da al-teridade que somente os momentos mais fortes de uma ficção conseguem encenar. Como bem ilustra a seguinte micronarrativa encrustada em *Água viva*: "Uma vez olhei bem nos olhos de uma pantera e ela me olhou bem nos meus olhos. *Transmutamo-nos*" (Lispector, 2019: 82, grifo meu). Radicali-zo essa hipótese: o *como se* que estrutura o ficcional em Clarice, por meio do recurso à sensibilidade e à imaginação, à imaginação sensível, funciona para tornar possível uma experiência quase impossível: o sentir-se outro,

---

3. Um ensaio sobre esse conto foi publicado como posfácio a uma tradução argentina da coletânea, cf. NASCIMENTO (2011).

ou melhor, o sentir-se *como* o outro ou a outra se sentiriam em tais ou quais circunstâncias. É essa passagem transitória pelo ser-e-estar do outro que a literatura clariciana em diversos momentos encena, dando vez a uma vivência rara, que também é uma forma de liberdade: o outro ou a outra não me aprisionam em seu "ser" ou "estar", mas, ao contrário, me deixam livre para retornar a meu estado, porém alterado. Não se sai isento dessas experiências, por isso "amor é a grande desilusão de tudo o mais" ("O ovo e a galinha", Lispector, 1998: 55).

Há em *Felicidade clandestina* mais uma história genial que dramatiza bem essa passagem instantânea pela alteridade como forma de amar, "Encarnação involuntária" (Lispector, 1998: 151-153), publicada originalmente em 4 de julho de 1970, no *Jornal do Brasil* (Lispector, 1984: 457-459). Logo na abertura, explica-se como funciona o mecanismo de "encarnação":

> Às vezes, quando vejo uma pessoa que nunca vi, e tenho algum tempo para observá-la, eu me encarno nela e assim dou um grande passo para conhecê-la. E essa intrusão numa pessoa, qualquer que seja ela, nunca termina pela sua própria autoacusação: ao nela me encarnar, compreendo-lhe os motivos e perdoo. Preciso é prestar atenção para não me encarnar numa vida perigosa e atraente, e que por isso mesmo eu não queira o retorno a mim mesma. (Lispector, 1998: 151)

Passa então a descrever a encarnação que sofreu ao ver uma missionária no avião. No princípio, a narradora oferece resistência, depois inevitavelmente se entrega ao processo com uma espécie de prazer involuntário, porém revestido de ironia. A questão subjacente no episódio seria: como encarnar a pureza da religiosa, quando se é tão impura?...

Encarnação, nesse contexto, é praticamente sinônimo de *intertroca*, ambos os procedimentos são *atos de fingir* que sustentam a ficção clariciana. Como ficará bem claro ao final de "Encarnação involuntária", os corpos são habitados por "fantasmas". O problema é que essas "casas vazias" corporais não têm uma identidade própria. Cada fantasma lhe dá uma persona diferente. Claro, ao longo da vida humana, imaginamos que somos um único fantasma para cada casa-corpo. Isso para alguns pode até ser verdade, mas não é o caso da narradora que encarna à maravilha o papel de "ficcionista" – em sentido literal, ficcionista é aquela ou aquele que "finge" ser o que não é, colocando-se momentaneamente no lugar do outro ou da outra. É um fingidor nato, como Fernando Pessoa bem definiu o poeta, mas isso serve para qualquer escritor imaginativo. Importa entender que, na origem, não há identidade. Daí o risco de não retornar "a si mesma", por parte dessa protagonista narradora que vive transgredindo limites entre si e os outros ou as outras: "Já sei que só daí a dias conseguirei recomeçar enfim integralmente *a minha própria vida. Que, quem sabe, talvez nunca tenha sido própria, senão no momento de nascer, e o resto tenha sido encarnações*" (Lispector, 1998: 152, grifos meus). Na maior parte da existência, encarnamos e desencarnamos papéis, que constituem personas existenciais.

O que há de jocoso nessa curtíssima história é o fato de ela começar falando da encarnação numa santa (a missionária) e no final acabar lembrando do dia em que quis encarnar uma prostituta, sem êxito. O amor da intertroca e da encarnação confunde contrários, sem gerar identidade definitiva. Chamo a atenção para o fato de que as metáforas implicadas em intertrocar e em encanar não são a mesma, porém os modos como Clarice agencia os dois verbos em sua textualidade são inteiramente convergentes. Quem *intertroca* lugares acaba *encarnando* provisoriamente o papel da outra ou do outro.

"A imitação da rosa" se conecta perfeitamente a "Amor", como um duplo narrativo dentro da mesma coletânea, *Laços de família* (Lispector, 1982b: 35-58), compondo e descompondo um verdadeiro "álbum de família". É a história de uma dona de casa, sobre a qual se depreende que ela passou por uma "crise", termo que dessa vez não aparece no plano da enunciação, embora esteja sugerido todo o tempo. O momento atual é narrado em terceira pessoa e fala da personagem Laura, a qual aguarda o retorno do marido Armando, que se encontra no trabalho, para poderem ir à casa de Carlota e João, um casal de amigos.

A banalidade de um ritual de classe média é, todavia, posta em suspenso por referências inequívocas a perturbações mentais da personagem. Aparentemente, ela tinha passado por uma crise, sido internada e depois liberada por um médico. Este lhe recomendara um autêntico *double bind*, ou seja, o dilema de duas ordens contraditórias: primeira, ela deveria prestar muita atenção e evitar situações que a levassem a nova crise. Tomar um copo de leite entre as refeições, para não deixar o estômago vazio e assim eliminar a ansiedade, a qual desencadearia novamente o mal-estar, é uma prescrição que ela segue à risca. Segunda, ela deveria relaxar e não dar muita atenção às coisas, "'Abandone-se, tente tudo suavemente, não se esforce por conseguir'" (Lispector,

1982b: 38), lhe recomendou o doutor. Ocorre uma dupla injunção praticamente impossível de atender: ela precisava ficar muito atenta a situações de risco e, ao mesmo tempo, relaxar, evitando um excesso de atenção preocupada. E é esse delicado equilíbrio que Laura precisa buscar para poder continuar levando uma vida normal, "como antigamente" (Lispector, 1982b: 35).

Há inúmeras referências à vida conjugal pré-revolução sexual, informando uma espécie de manual irônico de como a mulher deveria se comportar para ser uma dona de casa perfeita. A cor marrom da roupa e os olhos e cabelos castanhos da protagonista sinalizam uma mediania pela qual sua vida deverá sempre se balizar. Ora, toda essa atenção para evitar o vazio (a hora vazia da tarde de Ana) dentro e fora de si, vindo a cair numa nova crise, será atrapalhada por rosas silvestres, que ela comprara na feira e que subitamente resplandecem lindas, perfeitas, a seus olhos antes desatentos. Pressentindo o risco daquele excesso de beleza, que poderia lançá-la para fora da mediania "saudável", tão difícil de conquistar, ela resolve se desfazer o mais rápido possível das rosas.

A solução encontrada é dá-las à amiga Carlota por antecipação. Em vez de entregá-las pessoalmente na hora do jantar, decide enviá-las por meio da empregada. O problema é que, nesse meio tempo, a beleza das rosas de algum modo roubara sua atenção. Como no caso de Ana, o mal estava feito e se tornara irreversível. O excesso que o médico recomendara que evitasse veio por meio da perfeição das rosas que, de tão belas, pareciam *artificiais*: "Parecem até artificiais! disse em surpresa" (Lispector, 1982b: 46, o mesmo será declarado em *Água viva*, sobre as orquídeas).

A força dessas pequenas rosas está sem dúvida no fato de serem *silvestres*. Como não estavam ainda inteiramente desabrochadas, a cor branca das pétalas continha no centro um rubor circular (contraste entre a alvura das pétalas e o avermelhado que se insinua). E toda a aflição dilemática de Laura consiste em não conseguir decidir se deve ou não dar as rosas a sua amiga. Chega mesmo a pensar em "roubar" (palavra do conto) uma para si, mas finalmente acaba cedendo e entregando todas as rosas à impaciente Maria, para que as leve à outra (Carlota é uma mulher em tudo contrastante com Laura, a imagem da mulher decidida e a sua maneira "moderna"). Sobra então o vazio dentro dela, como quando se retira um vaso de uma mesa e se percebe que ao redor havia poeira. E esse vazio tende a crescer até a chegada de Armando. Então ocorre o que ela fez tudo para impedir: em vez de se manter em sua mediania de mulher "normal", ela acabou por *imitar* o excesso das rosas, tornando-se "super-humana", quer dizer, fora da ordem dos humanos ditos normais (referência sem dúvida irônica ao *Übermensch* de Nietzsche). Imitar as rosas silvestres significou misturar-se com elas, intertrocando os papéis. O verbo *fingir* aparece em dois momentos da narrativa. E todo o seu esforço era para não se transmutar na beleza: "Sobretudo nunca se deveria ser a coisa bonita" (Lispector, 1982b: 51). Ela faz tudo para resistir à "perfeição tentadora" das rosas, porém não consegue deixar de admirá-las, acabando por encarná--las: "Olhou-as tão mudas na sua mão. Impessoais na sua extrema beleza. Na sua extrema tranquilidade perfeita de rosas. Aquela última instância: a flor. Aquele último aperfeiçoamento: a luminosa tranquilidade" (Lispector, 1982b: 52). Assim, o mal estava feito, e só lhe restou entregar-se resignadamente à tentação: "com os lábios secos, procurou um instante *imitar por dentro de si as rosas*" (Lispector, 1982b: 55, grifos meus). Ao encarnar as ou nas rosas, Laura, "desabrochada e serena" (Lispector, 1982b: 58), deixou de ser a esposa perfeita, como tão bem ensaiara depois da crise, para atingir a bela perfeição do vivente silvestre, fazendo malograr seu projeto de felicidade familiar. Lembro que o adjetivo "silvestre" se conecta com o "selvagem" no título do primeiro livro de Clarice, ambos remetendo ao campo do não familiar, do estranho, do não domesticado e não pertencente à casa, nem à família.

No entanto, dentro de uma reviravolta interpretativa, que a própria história sugere, esse "descarrilamento" (a metáfora do trem "Que já partira", inelutavelmente, encerra o conto) da personagem feminina não deixa de sinalizar uma saída para as mulheres em relação à "normalidade" patriarcal. Se todo o sofrimento de Laura está na paixão das rosas como imitação do próprio Cristo[4], vista de fora e à distância, essa queda no vazio e essa entrada numa "anormalidade" fora dos padrões tradicionais da dona de casa feliz, aponta para uma saída da ordem normativa. O que para Laura representou a recaída no mal, para a maioria das mulheres significa a libertação. Afinal, não se descobriu ainda forma mais imediata de se experimentar a liberdade e a emancipação social, do que com a "impostura da beleza", que ainda se nomeia nas culturas ocidentais como "Arte", a qual não se opõe de forma simplista à Natureza.

---

4. Desde o título, a história estabelece uma intertextualidade com o livro *A imitação de Cristo*, de Kempis (2015). O fato de Laura ter estudado no colégio Sacré Cœur reforça o diálogo irônico com o cristianismo, que muitas vezes oscila entre o paródico e o parafrástico, também noutros textos como "A legião estrangeira" e *A paixão segundo G.H.*

Não se deve esquecer que "Amor" e "A imitação da rosa" foram escritos nos anos de 1950 e publicados na coletânea definitiva *Laços de família*, em 1960. Algumas das melhores histórias da autora são tributárias desse universo pré-revolução feminina, embora sempre numa visada desconstrutora, ou antes, como prefiro dizer atualmente, "disseminadora". Desde aqueles agora longínquos anos 1950 e 1960, as mulheres, e muitos homens também, puseram o mundo patriarcal de ponta-cabeça. Enfatizo, pois, certa impiedade clariciana em relação ao sexismo tradicional, com a divisão clássica dos papéis entre mulher e homem, de esposa e marido. Desfazer esses laços amargos hoje é uma tarefa de todos os matizes sexuais: masculino, feminino e muito mais além.

Em síntese, e para concluir esta parte, jardim zoológico, jardim botânico e parque são três lugares de domesticação da fauna e da flora, como também do humano, mas que na ficção clariciana, paradoxalmente, despertam sentimentos "primitivos", "selvagens", inumanos, sendo instrumentalizados para lançar as personagens fora de si mesmas e fazê-las reencarnar e intertrocar seus lugares com as alteridades. Longe da prisão domiciliar, que as encarcera cotidianamente. Dissemina-se, desse modo, uma *natureza desnatural* (em parques, jardins e zoos), nem puramente natural, nem artificial, tal como se definem as orquídeas, que "Já nascem artificiais, já nascem arte" (Lispector, 2019: 65)[5]. Tudo isso propicia uma experiência da *alteridade radical*, desarraigada, muito além do cosmos doméstico, caindo no abismo do caos exterior refletido no interior, e vice-versa. O "cosmético caótico", de que fala Caetano Veloso. Ao final de "Amor", a pequenina "Ana" retorna ao lar, mas a experiência vital do Jardim imprimiu de forma indelével sua marca de desconforto e dúvida, seu impulso em direção ao *pensamento*, no sentido que intentarei cada vez mais expor.

ÁGUA VIVA E A FLORESTA ESCRITA

É em *Água viva* que os planos humanos, animais e vegetais se misturam inapelavelmente. Essa obra configura *um não livro*, um livro que se assemelha mais a plantas, bichos e coisas sensitivas do que ao objeto-livro tradicional:

---

5. A partir de uma leitura "floral' de textos de Jean Genet, eis como Derrida in-define a flor: "A flor não é nada, nunca tem lugar porque jamais é natural, nem artificial. Ela não tem nenhuma borda que se lhe possa atribuir, nenhum perianto fixo, nenhum ser/estar-cingido" (Cf. Derrida, 1974: 99).

"Este não é um livro porque não é assim que se escreve" (Lispector, 2019: 29)[6]. Trata-se de um volume transbordante, cheio de múltiplas ramificações, um pouco como a própria forma da água-viva dá a perceber. Cheio de filamentos, o corpo da água-viva é feito de 95% de água; deve ser o animal mais aquoso na face da terra.

Esse não livro não tem propriamente história, transcrevendo apenas as impressões e reflexões de uma artista que escreve, sem que se configure um enredo. É um volume sem dúvida experimental, entre os mais potentes que se escreveram no século XX. Em suas páginas, plenas de devires e mutações parciais, brotam flores e animais de papel. Uma fauna e uma flora exuberantemente verbais, dentro de uma selva selvagemente luxuriante, pois "Todos os seres vivos, que não o homem, são um escândalo de maravilhamento: fomos modelados e sobrou muita matéria-prima – it – e formaram-se então os bichos" (Lispector, 2019: 63); e formaram-se também as plantas, acrescento. A diferença floral é expressa desde logo como diferença sexual, mas sem oposição simples, antes como lugares móveis do discurso, muito além das dicotomias tradicionais:

> Agora vou falar da dolência das flores para sentir mais a ordem do que existe. Antes te dou com prazer o néctar, suco doce que muitas flores contêm e que os insetos buscam com avidez. Pistilo é órgão feminino da flor que geralmente ocupa o centro e contém o rudimento da semente. Pólen é pó fecundante produzido nos estames e contido nas anteras. Estame é o órgão masculino da flor. É composto por estilete e pela antera na parte inferior contornando o pistilo. Fecundação é a união de dois elementos de geração – masculino e feminino – da qual resulta o fruto fértil[7]. (Lispector, 2019: 63-64)

Nesse éden, reinventado pelo "sexo vegetal", que é o texto ramificado de *Água viva*, *pintam-se* rosas, cravos, girassóis, violetas, sempre-vivas, mar-

---

6. Vale lembrar que esse (não) livro conheceu recebeu dois títulos antes de se tornar *Água viva*: "Atrás do pensamento: monólogo com a vida" e "Objeto gritante", que correspondem a um texto ainda mais experimental do que o finalmente publicado.

7. Todo o trecho em que a personagem-narradora-escritora-pintora de *Água viva* explora de forma hipersensível o universo vegetal é um remanejamento estético do texto "De natura florum", publicado em 3 de abril de 1971, *no Jornal do Brasil* (Lispector, 1984: 525-528).
Não resisto a comparar um trecho de tom semelhante que se inscreve no livro *Glas*, de Jacques Derrida: "Quando uma flor se abre, 'eclode', as pétalas se afastam e então se ergue o que se chama de *estilo*. O estigma designa a parte mais alta, o ápice do estilo" (1974: 29, tradução minha). Em morfologia botânica, segundo o *Houaiss*, o estigma é a "parte terminal do gineceu, de forma e aspecto variados, [geralmente] provida de células produtoras de substância açucarada e pegajosa, com a função de captar os grãos de pólen, que nele germinam".

garidas, orquídeas, tulipas, flores do trigo, angélicas, jasmins, estrelícias, da-mas-da-noite, edelvais, gerânios, vitórias-régias, crisântemos, e por fim tajá, "uma planta que fala", da Amazônia. Utilizei propositalmente o verbo "pintar" em vez de "descrever", pois a narradora-autora é de fato pintora, e o aspec-to visual das imagens é fortemente explorado no texto. O leitor ou a leitora, "você", "tu", é convidado/a explicitamente a "mudar-se para reino novo", onde tudo vem ao modo de quadros: "Quero pintar uma rosa" (Lispector, 2019: 64-66). Será preciso um dia comparar essas duas pintoras: C. L., pintora de pala-vras mas também de tintas e telas nas horas vagas, e a anônima de *Água viva*, que exclama (feito gente), ruge (feito bicho) e farfalha (feito planta), intertro-cando as esferas do humano e do não humano[8].

A rosa e o cravo, as primeiras flores a serem nomeadas e pintadas, confi-guram as marcas do feminino e do masculino: "Rosa é a flor feminina que se dá toda e tanto que para ela só resta a alegria de se ter dado"; "Já o cravo tem uma agressividade que vem de certa irritação". Enquanto o girassol suscita a dúvida, "Será o girassol flor feminina ou masculina? Acho que masculina" (Lispector, 2019: 64).

Ressalta a leveza da violeta, "Não grita nunca o seu perfume. Violeta diz levezas que não se podem dizer". Seguem-se outras in-definições, que brin-cam com o nome próprio e comum das flores: "A sempre-viva é sempre mor-ta". Já "A formosa orquídea é exquise e antipática. Não é espontânea. Requer redoma", significando o artifício da natureza: "Adoro orquídeas. Já nascem artificiais, já nascem arte". "Uma única tulipa simplesmente não é. Precisa de campo aberto para ser". "Flor dos trigais só dá no meio do trigo". "Mas an-gélica é perigosa. Tem perfume de capela. Traz êxtase. Lembra a hóstia". "O jasmim é dos namorados. Dá vontade de pôr reticências agora"... "Estrelícia é masculina por excelência. Tem uma agressividade de amor e de sadio or-gulho". "Dama-da-noite tem perfume de lua cheia. É fantasmagórica e um pouco assustadora e é para quem ama o perigo". "Estou com preguiça de falar de edelvais. É que se encontra à altura de três mil e quatrocentos metros de altitude. É branca e lanosa. Raramente alcançável: é a aspiração". "Gerânio é flor de canteiro de janela"; cosmopolita, "Encontra-se em S. Paulo, no bairro de Grajaú e na Suíça". "Vitória-régia está no Jardim Botânico do Rio de Janeiro. Enorme e até quase dois metros de diâmetro. Aquáticas, é de se morrer delas.

---

8. Essa relação é abordada, com grande maestria, por Sousa (2013: 101-106). Outros desdobramentos interpretativos podem ainda ser explorados relativamente a esse tema na obra da autora.

CLARICE E AS PLANTAS • **129**

Elas são o amazônico: o dinossauro das flores. Espalham grande tranquilidade. A um tempo majestosas e simples". "O crisântemo é de alegria profunda. Fala através da cor e do despenteado. É flor que descabeladamente controla a própria selvageria" (Lispector, 2019: 65-68). Por fim, a personagem narra a história de um homem chamado João que lhe contou ter uma planta falante, originária da Amazônia, a referida tajá; certa noite, chegando em casa, a planta o chamou pelo nome. Eis uma forma inaudita de chamado... vegetal.

Essas foram algumas pinceladas da *natureza floral*, que se pinta como paisagem a um só tempo natural e artificial. Trata-se de uma quase paródia de um manual de botânica. Na verdade, é uma *antologia* clariciana, remetendo-nos à etimologia do nome: *ánthos* é "rebento, broto; flor" e, daí, "erupção", em grego; a própria palavra *anthología* era a "ação de colher flores, coleção de trechos literários". Assim, uma antologia poética como essa de *Água viva*, que acabei de coligir, é um buquê de poemas em prosa. Tudo é uma questão de colher, recolher e colheita: flores e textos, textos que se oferecem como um ramalhete de flores. Água viva afigura erupções florais, espargindo cores, aromas e texturas para todos os lados, num corpo a corpo com a natureza que se faz cultura, e vice-versa. Essa suspensão provisória dos limites entre universo natural e cultural é o efeito mais poderoso da poética e da estética das sensitivas, ofertando-se como um buquê de sensações.

Se a linguagem verbal é um dos traços fundamentais que nos constitui como espécie, dentro da tradição logocêntrica ocidental (como explica e dissemina Derrida), a literatura pensante de Clarice propõe outras formas de comunicação mais além da humana. Há um *comungar* com bichos, vegetais e coisas, remetendo ao sentido etimológico do *comunicar*, que é o "pôr em comum, partilhar, [compartilhar,] dividir, ter relações com", para viver junto. O conviver que interessa e apaixona. Tal é a verdadeira força da *cultura*, em seu mais refinado sentido: viabilizar ao máximo a convivência e a solidariedade das espécies, em vez de fomentar o conflito destrutivo[9]. Em português, como noutras línguas neolatinas, a palavra *cultura* remete a duas ordens distintas, porém complementares. Em um de seus sentidos correntes, o termo se refere ao cultivar a terra, ao lavrar, bem como ao biológico em geral ("cultura bacteriana", por exemplo); noutro de seus semas, liga-se às produções da chamada civilização. Em ambas as significações subjaz a ideia do *cuidado de si e do outro*,

---

9. Esse é um dos temas fundamentais de uma entrevista que Derrida me concedeu em 2001 (Derrida; Nascimento, 2016: 121-140).

de si como outro, do outro como intimamente vinculado a si mesmo, de forma quase indeslindável, por causa da força do *amor*.

É nessa perspectiva que numa de suas crônicas, publicada no *Jornal do Brasil*, em 11 de maio de 1968 (Lispector, 1984: 134-137), quer dizer, o mês histórico de grandes revoluções no mundo, Clarice declara seu amor desmesurado pelos outros. No segundo fragmento publicado nessa data, intitulado "As três experiências", ela começa falando das três coisas para as quais nasceu, suas três vocações ou "chamados", nesta ordem: amar os outros, escrever e criar os filhos. É curioso que, embora ela não estabeleça hierarquia, de fato é o "amor dos outros" que ocupa mais espaço na reflexão; certamente porque "amor" é o termo mais abrangente, que engloba o escrever e o criar os filhos. O primeiro fragmento da mesma crônica se chama "Declaração de amor", e se refere na verdade a seu quarto amor: o da língua portuguesa, que, para ela, ainda não foi suficientemente trabalhada e por isso demanda um esforço especial das escritoras e dos escritores. Eis o que ela diz em "As três experiências": "O 'amar os outros' é tão vasto que inclui até perdão para mim mesma, com o que sobra. (...) Amar os outros é a única salvação individual que conheço: *ninguém estará perdido se der amor e às vezes receber amor em troca*" (Lispector, 1984: 135, grifos meus).

Como ela mesma explica, as duas outras tarefas (chamemos assim) são exauríveis: um dia os filhos crescem e seguem seu próprio caminho, sem depender mais da mãe; a verdadeira herança é o nome a ser legado para a prole, como realmente aconteceu, "e para eles eu preparo meu nome dia a dia" (Lispector, 1984: 136). Já a escrita pode também vir a se esgotar, por perda do vigor ou porque não há nada mais a dizer. Já o amor dos outros é inesgotável:

> Sempre me restará amar. (...) Em escrever eu não tenho nenhuma garantia.
>
> Ao passo que amar eu posso até a hora de morrer. *Amar não acaba. É como se o mundo estivesse à minha espera. E eu vou ao encontro do que me espera* (Lispector, 1984: 136, grifos meus).

Não por acaso, esse fragmento termina com uma especulação em torno do desejo de reencarnação, num sentido ficcional bem próximo do que referi anteriormente: "Se é verdade que existe uma reencarnação, a vida que levo agora não é propriamente minha: uma alma me foi dada ao corpo. Eu quero renascer sempre" (Lispector, 1984: 137). Sonha até com que, na próxima encarnação, lerá os livros por ela mesma escritos...

CLARICE E AS PLANTAS • 131

Embora a vida e os viventes sejam um tema fundamental da obra clariciana, não há um vitalismo fantasioso, na medida em que qualquer idealização da vida é pontuada e limitada por algo bem diverso: a morte. Esta é vista como um verdadeiro *gran finale* para o teatro da existência (um dos *leitmotiven* de *A hora da estrela*): "*morrer vai ser o final de alguma coisa fulgurante: morrer será um dos atos mais importantes da minha vida* (Lispector, 1984: 136, grifos meus). E ela conclui, marcando como a vida em sua ficção jamais compareceu em estado puro, pois nunca ignorou seu contraponto: "*Quero morrer dando ênfase à vida e à morte*" (LISPECTOR, 1984: 136, grifos meus).

Grifei toda a frase para redobrar sua ênfase, sinalizando um pensamento ficcional dos viventes indissociável do inanimado. O orgânico e o inorgânico não se opõem de forma simplista no pensamento em ação da obra clariciana; são articulados de forma enfática em sua íntima relação. Em dois fragmentos de uma crônica publicada em 22 de maior de 1971, essas duas potências são dispostas sucessivamente. No primeiro fragmento, a cronista alinha uma série de mortes mais ou menos recentes, entre elas a do grande Guimarães Rosa", ocorrida em 1967; e ela conclui com a frase que dá título à evocação: "Desculpem, mas se morre". Logo em seguida, o outro fragmento faz um contraponto explícito já no título, "Mas há a vida". E não há dúvida quanto à aposta existencial e literária: "Mas há a vida que é para ser intensamente vivida, há o amor. Há o amor. Que tem que ser vivido até a última gota. Sem nenhum medo. Não mata" (Lispector, 1984: 539). Amor não mata, ao contrário, vivifica, tal como a convivência com vegetais e bichos. Mas não se esquece que o poder mortífero atua subliminarmente em meio ao teatro da vida.

A ESTÉTICA DAS SENSITIVAS

A escrita, a um só tempo delirante e lúcida – bem próxima do selvagem coração da vida –, do não livro *Água viva* se revela uma floresta de signos, ou uma *floresta escrita*, levando a convergir num mesmo espaço letras, folhas, raízes e seivas. Isso se relaciona ao que nomeio como a poética e a estética das sensitivas: "Entro lentamente na escrita como já entrei na pintura. É um mundo emaranhado de cipós, sílabas, madressilvas, cores e palavras" (Lispector, 2019: 31). Um mundo hipersensorial, no qual pululam inúmeras formas de vida, sobretudo a das "Plantas, plantas" (p. 33). Num lampejo, se esclarece a dificuldade de entender esse mundo novo, que de pronto se subtrai à própria linguagem verbal: "estou entrando sorrateiramente em contato com uma realidade nova para mim que ainda não tem pensamentos correspondentes e muito menos ainda alguma palavra que a signifique: *é uma sensação atrás do pensamento*" (Lispector, 2019: 57, grifos meus). Esse atrás do pensamento é nomeado em *Um sopro de vida* como *pré-pensamento*: "O pré-pensamento é o pré-instante. O pré-pensamento é o passado imediato do instante. Pensar é a concretização, materialização do que se pré-pensou. Na verdade o pré-pensar é o que nos guia, pois está intimamente ligado à minha muda inconsciência. O pré-pensar não é racional. É quase virgem" (Lispector, 1978b: 17).

É nesse emaranhado que o corpo feminino da pintora-escritora e a vegetação formam um híbrido, "e para me enfeitar nascem entre os meus cabelos folhas e ramagens" (Lispector, 2019: 38). A *performance* da *obra*, esse trabalho ficcional que se oferece como um teatro verbal e corporal, se faz por meio da hibridação com os outros viventes, em particular as normalmente subestimadas plantas. Daí que nesse "âmago" advém "a estranha impressão de que não pertenço ao gênero humano" (p. 42), fazendo-se diversas vezes o registro da encarnação ou intertroca com o reino vegetal: "Sou uma árvore que arde com duro prazer" (p. 50) e "Meu impulso se liga ao das raízes das árvores" (p. 53). Finalmente, para não esquecer, como já testemunhava *A cidade sitiada*, é também no escuro e em segredo que as plantas vicejam: "Na fria escuridão entrelaçavam-se gerânios, alcachofras, girassóis, melancias, zínias duras, ananases, rosas" (Lispector, 1982a: 81).

A ficção clariciana emaranha plasticamente tudo: bichos, plantas, humanos e coisas, numa corrente vital em que se mesclam amor e ódio como forças primitivas, mas também civilizadas, todas muito *cultas*. Como vimos, cultura remete a plantio e vida e, ao mesmo tempo, a civilização. Abre-se, com isso, o campo minado dos afetos no selvagem coração da vida – da "vida oblíqua". Tal é o impensado ou o impensável das culturas ocidentais que a ficção de Clarice permite pensar: subjacente a este nosso mundo demasiado linear e hierarquizado, cheio de grades (como no Rio de Janeiro e em várias cidades mundo afora), há outras vidas, pulsando descontroladas, convidando ao vício, ao gozo e à alegria de viver. Sem álibi.

E por que então sensitiva(s)? Esse termo é um dos nomes que recebe aquela planta que se encolhe quando tem suas folhas tocadas pelo vento, por mão humana ou por outros animais[10]. Um de seus nomes científicos é justamente

---

10. Segundo o dicionário *Houaiss*, sensitiva é a "[designação] comum a algumas plantas da [família] das leguminosas, [especialmente do gênero] *Chamaecrista*, da [subfamília] cesalpinioídea, e *Mimosa*, da [subfamília] mimosoídea, com folhas penadas que [geralmente] se contraem quando tocadas".

Mimosa sensitiva, designando o "arbusto rasteiro (*Mimosa sensitiva*), nativo de regiões tropicais das Américas, [especialmente] do Brasil". Outros nomes populares são maria-fecha-a-porta, malícia, malícia-de-mulher e dormideira (*mimosa pudica*). E é com este último nome, *dormideira*, que ela comparece no conto "A legião estrangeira", no momento preciso em que a menina Ofélia inicia uma experiência de desejo, ou melhor, de voluptuosa cobiça, relacionada à enigmática alteridade que é um pequeno pinto na cozinha da narradora: "Do instante em que involuntariamente sua boca estremecendo quase pensara 'eu também quero', desse instante *a escuridão se adensara no fundo dos olhos num desejo retrátil que, se tocassem, mais se fecharia como folha de dormideira*. E que recuava *diante do impossível*, o impossível que se aproximara e, *em tentação*, fora quase dela: o escuro dos olhos vacilou como um ouro" (Lispector, 1998: 73, grifos meus).

Gostaria então de aproveitar todas essas referências, que, direta ou indiretamente, estão em Clarice, sublinhando a etimologia da palavra *mimosa*, a qual, diferente do que se possa pensar, não se refere de imediato ao fato de a planta ser graciosa. Isso ela também o é, com seu *estranho* comportamento, pois já sabemos que as plantas de um modo geral só se movem lentamente, a maior parte das vezes de forma imperceptível ao olhar humano. *Mimosa* tem a mesma raiz grega de mimo e de *mímesis*, e diz respeito ao fato de a sensitiva *imitar* um animal, encolhendo-se ao toque humano e não humano. Percebe-se, desse modo, como esses dois viventes se encontram entrelaçados, *as plantas e os bichos*, ambos os grupos se relacionando de forma complexa conosco, os humanos. E o teatro sutil dessas relações sustenta grande parte das ficções *assinadas C. L*. Não se deve esquecer, contudo, o reino das coisas, o inorgânico, que também faz parte dessa performance textual, em particular no volume publicado postumamente, sob a organização de Olga Borelli, *Um sopro de vida*, cuja protagonista Ângela Pralini planeja escrever um livro intitulado "História das coisas" (Lispector, 1978b: 98-124)[11].

Estética e sensitivas – enfatizando o dado feminino das duas palavras, sem contudo fetichizá-lo – são dois termos de que me sirvo como instrumento para tratar das *folhas* em que os textos claricianos se escrevem, enviando *estranhas* mensagens, numa espécie de código secreto das árvores[12]. A palavra

---

11. Em meu livro, desenvolvo uma reflexão sobre "As coisas segundo Clarice", a qual pretendo retomar e ampliar num estudo por vir (Cf. Nascimento, 2012: 52-780).
12. Em meu livro, já faço uma primeira abordagem da *estética das sensitivas*, categoria aqui retomada e ampliada. Cf. Nascimento (2012), especialmente "A estética das sensitivas" (p. 141-155) e "A desnatureza das flores" (p. 183-186).

poética se distingue da *estética* pelo fato de sinalizarem campos distintos porém convergentes de atuação. O primeiro, a poética, diz respeito ao *fazer* do escritor ou da escrita, do ou da artista. Em grego, a *poíēsis* era a "criação; fabricação, confecção; obra poética, poema, poesia", e o *poiētēs*, "autor, criador; compositor de versos, poeta"; o verbo *poiein* significava "fazer, criar, produzir, fabricar, executar, confeccionar; agir; compor um poema". Desse modo, o poeta e o artista eram, antes de mais nada, fazedores, fabricantes. Eles atuavam confeccionando algo; em nosso caso, poemas ou histórias. Essa era a sua atuação, a sua performance, que correspondia à "metade da arte". Ora, no século XVIII, surge um novo termo, forjado a partir do grego, que corresponde à outra metade da arte, a contraparte da fabricação poética: a estética. Esta se encontra relacionada ao termo grego *aisthētós*, que é por sua vez um cognato de *aísthēsis*, "percepção pelos sentidos", equivalente às nossas sensibilidades e sensorialidade modernas. Embora em sua origem o vocábulo *estética* esteja mais ligado à beleza e a sua racionalização metafísica por Baumgarten, Kant e Hegel, hoje é possível resgatar o sentido grego da *aísthēsis* como um fenômeno ligado à sensorialidade. E, como desenvolvi noutro ensaio, o elemento sensorial estaria ligado não apenas aos cinco órgãos de sentido, mas também a um "sexto sentido": o que chamamos de significação (cf. Nascimento, 2007).

Nessa perspectiva, poética e estética não se opõem, representando antes a face e a contraface do movimento inventivo, seja ele ficcional em sentido estrito, ou artístico em sentido amplo. A não posição reside em que o poeta-ficcionista é antes de tudo um esteta-receptor, ou seja, um leitor; em contrapartida, todo leitor é potencialmente um poeta-artista, ou seja, um fazedor. No caso da literatura de Clarice Lispector, isso é tanto mais relevante porque o leitor ou a leitora, é convidado/a a participar da obra em se fazendo. Porque uma *obra* é, por definição etimológica, um *trabalho*, e no caso de *Água viva* e de outros textos claricianos, uma obra em andamento, um verdadeiro *work in progress*. A verdadeira obra está sempre inacabada, pois somente se completará com a ação do leitor ou da leitora como participantes ativos do processo escritural. Motivo pelo qual a uma *poética das sensitivas* como os textos claricianos se apresentam é indispensável corresponder uma *estética das sensitivas*. Se *Água viva*, bem como *Perto do coração selvagem* e *Um sopro de vida*, entre outros, é um (não) livro hipersensorial, que faz conectar as plantas, os animais e as coisas ao humano, tal ação de intertroca e de encarnação só se efetiva se de algum modo quem recebe seja capaz também de se sensibilizar. E essa sensibilização é um ato de amor, configurando uma erótica afetiva da leitura e da escrita clariciana. •

REFERÊNCIAS BIBLIOGRÁFICAS

DERRIDA, Jacques. "Premier entretien avec Jacques Derrida". In: Derrida, Jacques; Nascimento, Evando. *La solidarité des vivants et le pardon*: Conferência e entrevistas, precedidos da Introdução de Evando Nascimento, "*Derrida au Brésil*". Paris: Hermann, 2016.

KEMPIS, Tomás de. *A imitação de Cristo*. Petrópolis: Vozes, 2015.

HOUAISS, Antônio. *Dicionário on-line UOL-Houaiss*. Disponível em: https://houaiss.uol.com.br/pub/apps/www/v3-0/html/index.htm#3 Acesso: 01/11/2020.

_____. *A hora da estrela*. 4.ed. Rio de Janeiro: José Olympio, 1978a.

_____. *Um sopro de vida*: (pulsações). 2.ed. Rio de Janeiro: Nova Fronteira, 1978b.

_____. *A cidade sitiada*. 5.ed. Rio de Janeiro: Nova Fronteira, 1982a.

_____. *Laços de família*. 12.ed. Rio de Janeiro: José Olympio, 1982b.

_____. *A descoberta do mundo*. Organização e notas de Paulo Gurgel Valente. Rio de Janeiro: Nova Fronteira, 1984.

_____. *A maçã no escuro*. Rio de Janeiro: Rocco, 1998.

NASCIMENTO, Evando. *Clarice Lispector*: uma literatura pensante. Rio de Janeiro: Civilização Brasileira, 2012.

LISPECTOR, Clarice. *Água viva*. Edição com manuscritos e ensaios inéditos. Rio de Janeiro: Rocco, 2019.

_____. "Desconstruyendo a Sofía (Apuntes de una clase imaginaria)". Tradução Mario Cámara. In: LISPECTOR, Clarice. *La legión extranjera*. Tradução Paloma Vidal. Buenos Aires: Corregidor, 2011, p. 125-147

_____. "The Senses of I-Materiality". In: MENDES, Victor K.; ROCHA, João Cezar de Castro (orgs.). *Producing Presences*: Branching Out From Gumbrecht's Work. Darmouth: University of Massachusetts Dartmouth Press, 2007, p. 267-286. [Os sentidos da I-materialidade. Disponível em: http://www.evandonascimento.net.br/ensaios/os_sentidos_da_i-materialidade.pdf Acesso: 14/10/2020.]

SEVERINO, Alexandre. "As duas versões de *Água viva*". *Remate de Males*, n. 9, 1989, p. 115-118.

SOUSA, Carlos Mendes de. "De 'Objeto gritante' a *Água viva*: um estado muito novo e verdadeiro". In:_____. *Clarice Lispector: pinturas*. Rio de Janeiro: Rocco, 2013.

Florencia Garramuño
Inauguração do futuro:
Clarice Lispector e a vida anônima

Florencia Garramuño

Doutora em Línguas e Literaturas Românicas pela Universidade de Princeton, realizou pós-doutorado no Programa Avançado de Cultura Contemporânea na UFRJ. Dirige o Departamento de Humanidades e o Doutorado em Literatura Latino-americana e Crítica Cultural da Universidade de San Andrés e é pesquisadora do CONICET. Recebeu a John Simon Guggenheim fellowship e a Tinker Visiting Fellow na Universidade de Stanford. Publicou *Genealogías culturales. Argentina, Brasil y Uruguay en la novela contemporánea, 1980-1990* (1997), *Modernidades primitivas: tango, samba y nación* (2007), *La experiencia opaca* (2009), *Mundos en común. Ensayos sobre la inespecifidad en el arte* (2015) e *Brasil caníbal. Entre la bossa nova y la extrema derecha* (2019). Tem traduzido textos de Silviano Santiago, Ana Cristina Cesar, João Guimarães Rosa e Clarice Lispector, entre outras e outros.

No centenário de seu nascimento, a literatura de Clarice Lispector atingiu uma enorme popularidade que contrasta dramaticamente com a recepção que sua obra recebeu no princípio, que se bem foi extensa e calorosa, sublinhou a estranheza de uma prosa que não se correspondia com nada do que a tradição literária brasileira tinha desenhado até o momento[1]. "A massa ainda comerá o meu biscoito fino", a predição que Oswald de Andrade lançou sobre sua própria literatura também se confirmou para a literatura de Clarice. Hoje, os livros de Lispector são traduzidos regularmente para diferentes línguas, e certo tom clariciano, poderíamos dizer, impregna uma sensibilidade contemporânea para a qual sua escrita aparece como muito menos exótica ou estranha do que foi percebida nos seus primórdios, quando surgia de um terreno fértil em textos regidos por um "instinto nacional" – segundo a famosa frase de Machado de Assis (Machado de Assis, 1873).

A que se deve essa diferença na recepção de sua literatura? São muitas as razões e há diversas linhas de pesquisa para analisar esse fenômeno.

---

1. Carlos Mendes de Sousa trabalhou em detalhe essa recepção do primeiro romance de Clarice Lispector (Mendes de Sousa, 2000: 60 e ss.).

Esquematicamente, o itinerário que mais me interessa explorar supõe interrogar uma transformação da própria literatura de Clarice Lispector, desde seus primeiros romances até seus últimos textos, que evidencia uma espécie de depuração da escrita, tornando os seus romances muito mais próximos à literatura contemporânea.

Contudo, além da transformação de sua escrita, ou melhor: em conjunto com ela, acho que essa maior receptividade à literatura de Clarice Lispector em relação à literatura contemporânea deve-se também a uma transformação no estatuto do literário que a própria Lispector acompanhou e, por sua vez, impulsionou, com esses textos singulares que começam a aparecer a partir de meados dos anos 1960. Entre os primeiros romances e os últimos textos de Clarice Lispector determinava-se um percurso significativo que acho interessante de se interrogar não tanto para compreender a evolução ou transformação da literatura de uma autora, ou a construção de uma obra com nome próprio, mas para observar esse percurso à luz dessa transformação do estatuto do literário que a obra de Lispector ilumina de modo particular; estatuto sobre o qual se acopla, ao que dá impulso, e que, por sua vez, insufla a escritura de Lispector de uma energia inusitada. Então, proponho observar o percurso da escritura de Lispector não como a construção de um nome próprio, mas, pelo contrário, como os meandros e complicações de uma obliteração, precisamente, desse nome próprio. Escrever para desvanecer o rosto, como queria Foucault.

Poderíamos pensar esse itinerário, para utilizar os termos de Lispector em uma crônica dos anos 1960, como uma "inauguração do futuro": como se a literatura de Clarice Lispector tivesse antecipado uma forma de escrever que só seria possível num futuro da literatura que ela própria ajudou a construir. Vários críticos têm apontado para a força da literatura de Clarice como antecipatória de várias linhas da literatura posterior. Carlos Mendes de Sousa, por exemplo, apontou:

> É esse lugar que aqui queremos relembrar: o da voz antecipadora que foi a de Clarice. Quer em relação a uma configuração que terá tido grande ressonância em diversas escritas, com uma prática literária próxima do nouveau roman – e Antonio Candido não deixou de o assinalar – quer como antecipadora das tendências pós-modernas da ficção dos anos 80 e 90. Earl Fitz chama a atenção para estes aspectos: "Vista no contexto mais amplo da tradição ocidental, a ficção de Lispector mostra-se compatível com as tendências internacionais como

o 'novo romance', pós-modernismo e fenomenologia". É sobretudo a partir do ano de 1969 que, com a publicação de *Uma Aprendizagem ou o livro dos Prazeres*, se torna muito visível um dos traços assinaláveis na literatura do chamado pós-modernismo: a prática da colagem, a partir da retoma de fragmentos publicados em outros lugares e incorporados num novo conjunto. Nos livros seguintes outros traços atribuídos à pós-modernidade e à sua "retórica pluralizante", passam a avultar com particular insistência, marcando a feição da última fase da escritora, como, por exemplo, a sobrevalorização do fragmentário (que atingirá um elevado grau no livro *Água Viva*, de 1973) ou o destaque concedido à hibridação genológica (em textos de difícil classificação, como se pode ver particularmente em *Onde estivestes de Noite*, 1974) e ainda a "concessão" àquilo que é considerado inferior ou menos nobre (a propósito dos textos de *A Via Crucis do Corpo*, na "Explicação" que antecede os contos, Clarice reivindica também "a hora do lixo") (Mendes de Sousa, 2000: 105.[2])

Embora nos primeiros romances Clarice Lispector exercite uma indubitável experimentação formal, concentrada sobretudo no uso da linguagem e na atenuação do acontecimento, nos últimos textos de Clarice o enfraquecimento de uma trama narrativa e a incorporação de referências biográficas tendem a construir uma intriga que parece despir-se de suas constrições formais e ficcionais, como se escrevesse, como a própria Clarice o propôs, "com um mínimo de truques" (Lispector, 1998: 270-271)[3]. É claro que os primeiros romances atribuem-se mais claramente ao modelo romance – apesar da estranheza da matéria com que enche esses modelos –, mas esse modelo começa a deixar de funcionar timidamente em *A cidade sitiada*, ainda se mantém em *A paixão segundo G.H.*, mas se abandona definitivamente em *Água viva*. Em uma carta que permanece no arquivo de Clarice Lispector no Instituto Moreira Salles, se lê: "Eu queria fazer uma história cheia de todos os instantes, mas isso sufoca-

---

2. O texto é uma das crônicas que Clarice Lispector publica no *Caderno B* do *Jornal do Brasil*. Agradeço Guillermina Feudal pela transcrição deste texto.

3. A proposta aparece no texto titulado "Ficção ou não", publicado em 14 de fevereiro de 1970, recompilado em Lispector (1998: 270-271). Em uma carta de Pessanha datada de 5 de março de 1972 que faz parte do arquivo de Clarice Lispector que se encontra no Instituto Moreira Salles, aparecem sublinhadas – provavelmente pela mão da própria Clarice – as seguintes frases referidas a *Água viva*: "Tratei de localizar o livro; notas?, fragmentos autobiográficos? Cheguei à conclusão de tudo isso junto... Tive a impressão de que queria escrever espontânea e iliteratamente? É assim? Parece que, depois dos artifícios e truques da razão (melhor ainda as racionalizações), parece que quiseras rechaçar os artifícios da arte. E desnudar-se disfarçando menos para teus próprios olhos do que para os olhos do leitor" (Lispector apud Martha Peixoto, *Passionate Fictions*, op. cit., p. 67, tradução minha). Trabalho sobre esses problemas no contexto da literatura brasileira e argentina dos anos 1960 em *La experiencia opaca. Literatura y desencanto*, Buenos Aires, Fondo de Cultura Económica, 2009.

va o próprio personagem (sem data, provavelmente de 1945, porque já tinha escrito *O Lustre*)".

E em uma carta posterior, de 1945, quando está escrevendo *A cidade sitiada*, diz: "Estou tentando escrever qualquer coisa que me parece tão difícil para mim mesma que eu me contenho para não me desesperar. É alguma coisa que nunca será gostada por ninguém, mas não posso fazer nada" (Lispector, 2002: p. 66).

Essa coisa tão difícil que se deve conter para não se desesperar parece ter sido, pelo contrário, algo que vai seduzir muitos.

ENTRE A LÍNGUA E A AUSÊNCIA DE TRAMA

Em uma carta de 20 de junho de 1954 a Pierre de Lescure, diretor da editora francesa Plon, Clarice Lispector queixa-se da primeira tradução de *Perto do Coração Selvagem* – seu primeiro romance – ao francês, que lhe parece "*escandaleusement mauvais*". Diz Clarice:

> *J'admets, si vous voulez, que les phrases ne reflètent pas la façon habituelle de parler, mais je vous assure qu'en portugais il en serait de même: c'est moi qui ai pris de liberté de style, qu'on a le droit de critiquer mais pas d'empêche. Si en portugais j'ai écrit aussi, je ne vois pas de raison pour qu'en français le livre devienne un autre ouvrage*[4].

> Admito, se o senhor quiser, que as frases não reflitam a maneira habitual de falar, mas lhe asseguro que em português seria exatamente igual: sou eu quem empregou a liberdade de estilo, que se tem todo o direito de criticar, mas não de impedir. Se em português eu escrevi assim, não vejo razão para que em francês o livro se torne outra obra.

Tinham-se passado 10 anos desde a publicação do romance em português. Na carta a Lescure, Lispector é afável, mas forte em sua insistência em não transformar seu livro "em outra obra".

Quando o primeiro romance de Lispector foi publicado no Brasil, em 1943, seus leitores reconheceram, nos primeiros textos críticos e resenhas escritos sobre ele, a originalidade de uma escrita que, no panorama da literatura brasileira da época, destacava-se por colocar no primeiro plano a "invenção da linguagem" e a subjetividade dos personagens, deslocando, com eles, a primazia de uma trama narrativa articulada em torno de acontecimentos objeti-

---

4. Clarice Lispector, Carta a Pierre de Lescure, 20/6/54, Arquivo Casa Rui Barbosa, Rio de Janeiro.

vos, exteriores. Antonio Candido, na sua precoce e lúcida resenha do romance, tinha observado:

> A autora (ao que parece uma jovem estreante) colocou seriamente o problema do estilo e da expressão. Sobretudo desta. Sentiu que existe uma certa densidade afetiva e intelectual que não é possível exprimir se não procurarmos quebrar os quadros da rotina e criar imagens novas, novos torneios, associações diferentes das comuns e mais fundamente sentidas. (Candido, 1970: 128)

Lispector tinha inventado uma linguagem própria, uma linguagem rica em metáforas incomuns, mudanças metonímicas e efeitos de afastamento, produzidos por um fluxo narrativo caracterizado pela descrição alusiva e a atenção outorgada a detalhes sensoriais. A potência de sua invenção narrativa será reconhecida e aprofundada ao longo dos anos, mas esse desvio, essa intervenção radical na língua portuguesa, ainda que permaneça, vai se rarefazendo nos seus textos posteriores, como se ao atingir a radicalidade mais extrema que caracteriza sua ficção posterior – sobretudo aqueles textos escritos após os anos 1970 – tivesse de certa forma aplacado essa fúria primigênia de intervenção na língua. Nesses últimos textos, as tramas ralas, os jogos de perspectiva, a transformação absoluta em termos de construção de personagens, parecem deixar em um relativo segundo plano à língua, que se torna mais comum, mais banal, menos estranha em suas relações. Outra forma de compreender a escrita de Clarice Lispector se faz evidente a partir de *Água viva*, publicada em 1973[5]. Nela já é inegável o abandono do molde tradicional do romance em uma escrita que, sem ter deixado de se ocupar de estados interiores, conjuga essa preocupação pela interioridade dos personagens com algo definitivamente diferente e até oposto: a preocupação com uma certa exterioridade da escrita que se concentra tanto nas descrições de coisas e objetos quanto na incorporação de fragmentos sobre animais, flores e fatos, que não encontram justificação evidente para sua inclusão em uma trama que, além disso, já tinha deixado de existir desse modo, isto é, como articulação de uma história ao redor de uma proposta, um nó, um desenvolvimento e um fim.

Em *Perto do coração selvagem*, pelo contrário, a língua se expande e se torciona para dar-lhe intensidade aos momentos mínimos, aos objetos, ao som

---

5. Entre os críticos que tem apontado uma transformação da escritura de Clarice a partir desses anos, com argumentos diversos, ver Moriconi e Arêas.

de um relógio, à substância de uma "carne sangrenta – não morna e quieta, mas vivíssima, irônica, imoral", ou de uma tarde que pode ser "nua e límpida, sem começo nem fim" (Lispector, 1980: 9, 19). Uma montanha pode ser "estúpida, castanha e dura" e o fluxo narrativo pode serpentear nervoso entre um e outro personagem, entre um e outro momento cronológico da história. Com essa língua inovadora, Lispector constrói uma história em que cada detalhe de uma experiência vivida importa, muitas vezes, mais que o acontecimento mesmo que alinhava uma biografia. Lispector vai assim construindo uma narrativa que privilegia os estados interiores em cima dos acontecimentos de uma trama narrativa, dá vida a objetos e situações mínimas, irrelevantes para qualquer trama, mas fundamentais para a narração de uma vida. Assim, a história de Joana – a protagonista – vai se alinhavando a partir de fragmentos ordenados mais ao redor da construção de uma densidade psicológica do que em torno da organização dos fatos de sua vida. Contudo, além disso, dado que é essa vida a que importa e não a biografia de Joana, os outros personagens com os quais interage também têm protagonismo no romance; inclusive os personagens mais secundários e irrelevantes para a história central. Uma mulher que nem sequer tem nome, no entanto, tem toda uma vida narrada em um capítulo. Ou outra, que Joana sequer chega a conhecer, mas que apenas "escuta" e vê de longe, também ganha uma densidade inusitada para uma personagem tão secundária. Todos esses personagens têm direito à sua própria perspectiva, a seu próprio monólogo, e também a surgir em qualquer momento da narrativa. Assim, os acontecimentos – a morte, o casamento, a separação, o nascimento – são expulsos de uma narrativa que apenas se ocupa do que esses acontecimentos, fora da trama, provocam nas consciências dos personagens, em suas elucubrações, em seus desejos e em seus ódios mais íntimos. Um dos capítulos, intitulado precisamente "O casamento", narra só uma lembrança mínima desse episódio – Joana na parte superior de uma escada – da que a mesma personagem duvida:

> Joana lembrou-se de repente, sem aviso prévio, dela mesma em pé no topo da escadaria. Não sabia se alguma vez estivera no alto de uma escada, olhando para baixo, para muita gente ocupada, vestida de cetim, com grandes leques. Muito provável mesmo que nunca tivesse vivido aquilo. Os leques, por exemplo, não tinham consistência na sua memória. Se queria pensar neles não via na realidade leques, porém manchas brilhantes nadando de um lado para outro entre palavras em francês, sussurradas com cuidado por lábios juntos, pa-

INAUGURAÇÃO DO FUTURO • 145

ra frente assim como um beijo enviado de longe. O leque principiava como leque e terminava com as palavras em francês. Absurdo. Era pois mentira. (Lispector, 1980: 78)

Por outro lado, o capítulo vem, muito depois de ver o personagem, em uma desordem cronológica radical, já casado. É lógico então que *Perto do coração selvagem* emerja como um dos primeiros exercícios brasileiros da ficção subjetiva, concentrado "em registrar os pensamentos mais íntimos dos personagens"[6], como diz a própria Clarice. Mas é importante destacar que o romance é também, junto com essa concentração na subjetividade, talvez a tentativa mais audaz na ficção da época por dar-lhe consistência narrativa à matéria viscosa da vida pulsante, que palpita, além dos acontecimentos que, como em um rosário, organizam uma possível biografia ou história. Porque a história de Joana não se concentra só nesses pensamentos subjetivos; eles emergem, na maioria das vezes, de momentos comuns, reduzidos do fluir da vida: uma viagem, o encontro com uma mulher, um passeio. E até alguns fatos importantes, como uma relação com um homem, podem surgir de forma absolutamente casual e inesperada. Clarice, como disse Silviano Santiago, "inaugura a possibilidade de escrever ficção a partir da temporalização escalonada do quase nada cotidiano" (Santiago, 2013: 223).

O que procurava Clarice Lispector com essa "liberdade de estilo", que obra pretendia escrever? Que procurava com essa intervenção, primeiro na língua, posteriormente na estrutura narrativa?

Essa primeira intervenção parece ter sido a operação que Clarice Lispector encontrou para começar a fazer dizer à literatura, e à linguagem literária – e não só portuguesa – aquilo que não parecia poder ser narrado com as estruturas que tinha herdado. Não se trata de narrar o extremo ou o sublime; tampouco de narrar aquilo do que não se pode falar porque a língua se trava e se amarra em si mesma. Trata-se, pelo contrário, de narrar o mais banal e o mais cotidiano, aquilo que se aninha escondido nos recônditos de sensações e percepções, mas que não consegue se constituir em acontecimentos ou episódios narráveis em uma estrutura tradicional de desenvolvimento, nó e desenlace.

Em uma carta a suas irmãs, ela lhes diz: "Que contar a vocês quando o que eu desejo é ouvir? A vida é igual em toda parte e o que é necessário é a

---

6. Clarice Lispector, Carta a Pierre de Lescure, 20/6/1954. Arquivo Clarice Lispector, Rio de Janeiro, Casa de Rui Barbosa.

gente ser gente" (Mendes de Sousa, 2010: 27). Por trás de uma literatura que tenta *mais ouvir que contar*, Lispector consegue expandir as capacidades da língua e da narrativa, narrar até o mais insignificante e imprevisível, pequeno e banal, iluminando zonas do vivente – a audição de um som, por exemplo – e do mundo que tinham permanecido invisíveis por uma forma narrativa mais concentrada em acontecimentos que articulavam uma trama significativa dentro da qual se inseria o personagem[7]. Nesses primeiros romances de Clarice, essas tramas narrativas permanecem esquemáticas, como uma estrutura que segura toda a narração de fora, quando dentro delas pulsa uma vida que se expande e se concentra em movimentos mínimos, às vezes espasmódicos, que encontram uma densidade particular graças à invenção de uma linguagem capaz de lhe outorgar ao som, ao ambiente, aos animais ou à observação de um gesto, a consistência exata que eles têm no desenvolvimento de uma vida, mesmo quando não é apreendida talvez conscientemente por cada personagem.

O trabalho de Clarice Lispector dedicou-se precisamente a evitar reduzir a vida aos acontecimentos de uma biografia, tentando expandir a língua e ampliar com ela a literatura para poder dar conta de uma vida, mais que de uma biografia. Como diz em *Água viva*, "não vou ser biográfica, quero ser bio" (Lispector, 1973: 33).

A essa mesma noção de vida também apontam a epígrafe e o título do romance, tomados de outra intervenção na narrativa moderna, *Retrato do artista quando jovem* de James Joyce. Clarice assinalou inumeráveis vezes que a epígrafe lhe tinha sido indicada por seu amigo Lúcio Cardoso e que ela não tinha lido até esse momento o romance. Além da verdade ou não dessa afirmação, é claro que a epígrafe e o título, mais que uma pincelada literária, apontam a uma narrativa que aspira tocar o coração selvagem da vida. Selvagem, isto é: no seu estado natural.

Lispector definiu ali uma intervenção na literatura que teve uma potência muito forte para pensar a singularidade sem pertencimento, e a vida como instância impessoal. Precisamente porque esse projeto é levado até suas últimas consequências é que Clarice Lispector inaugura para a literatura brasileira uma escritura que atinge o osso nu da narração e se propõe como uma das

---

7. Em um sentido diferente, mas próximo, Marília Librandi Rocha (2019: 5) propôs "uma forma de escrita que tem como sua imagem fundacional a 'orelha à escuta, grande, cor de rosa e morta' que aparece no início de *Perto do Coração Selvagem*".

escrituras mais compromissadas com uma expansão da literatura que será fundamental na transformação do estatuto da literatura no Brasil durante as décadas de 1970 e 1980.

Esse percurso da escritura de Clarice Lispector encontra, nos anos 1960 e 1970, um contexto muito mais apropriado para a exploração de uma literatura menos concentrada em acontecimentos, tramas e estruturas narrativas mais estáveis e fixas que, se por um lado incide em seu próprio modo de escrever, por outro lado desenha um entorno cultural que será muito mais permeável a essa literatura de Clarice Lispector.

É nesses anos, com a publicação sobretudo de *Água viva* (1973), um dos textos que Clarice mais trabalhou e corrigiu, segundo os dois manuscritos que podem se consultar no Arquivo do Instituto Moreira Salles e na Casa Rui Barbosa, que Clarice faz uma elaboração poderosa do impessoal, do comum, construindo tramas e personagens despidos cada vez de um modo mais radical de dados individualizantes e distintos, e também, de suas prebendas e privilégios. Em *Objeto gritante*, o manuscrito guardado na Casa Rui Barbosa, o título está riscado e acima escrito *Água viva*. Esse manuscrito tem vários rabiscos de referências à vida de Clarice Lispector: o nome de seu cachorro, questões referidas ao trabalho de uma escritora. Estas últimas serão substituídas pelas atividades de uma pintora. Mas não só se apaga ou minimiza o autobiográfico, mas também aparecem claros exemplos de impessoalidade nas personagens. Por exemplo, num caso, uma personagem que conta uma história à narradora, notado como "o espanhol", aparece riscado e substituído por "o ele" (Lispector, ACRB). Em *Água viva*, claramente, estamos frente a uma narrativa radical, que, ao desprender da narração uma diversidade de núcleos sobre os quais responsavelmente se assume sua escrita, expande a possibilidade da narração para além do romance ou do conto, e além de seu pertencimento a uma única história. Temos que ver nesse relato que deprecia toda organização hierárquica um impulso claramente democrático – talvez precisamente por isso aprofundado por Clarice, como confrontação, em plena ditadura – e inclusive onde o exercício radical de escrita faz da impessoalidade narrativa sua grande conquista.

Durante esses anos, Clarice Lispector não só se tornou uma escritora consagrada, lida dentro e fora do Brasil e referência obrigatória quando se fala de literatura brasileira. O que mais chama a atenção é a constante presença que sua escrita tem na paisagem literária da década de 1970, a forte influência que sua literatura exerce nos escritores mais jovens que apenas estão estreando no âmbito da cultura brasileira por esses anos. Caio Fernando Abreu, entre muitas outras referências, utiliza como epígrafe de um de seus contos uma frase de *A hora da estrela*: "Quanto a escrever, mais vale um cachorro vivo"; Ana Cristina Cesar semeia seus poemas com referências cifradas e ocultas a Clarice Lispector, roubando-lhe títulos que se tornam versos – "a imitação da rosa", por exemplo – e lhe dedica um poema, embora não chegue a publicá-lo; e até a cantora de rock Cássia Eller canta, uns anos depois, uma canção composta por Cazuza e Frejat com versos tirados das obras de Clarice Lispector.

Em uma carta para Hilda Hilst, Caio Fernando Abreu relata o dia em que conheceu Clarice: "Ia indo embora quando (veja que glória) ela saiu na porta e me chamou. Fiquei. Conversamos um pouco. De repente ela me olhou e disse que me achava muito bonito, parecido com Cristo. Tive 33 orgasmos consecutivos" (Abreu, 2005: 299).

João Gilberto Noll, que começa a escrever também durante os anos 1970 e se tornará posteriormente em um dos escritores brasileiros contemporâneos mais traduzidos e famosos internacionalmente, também reconhece Clarice como uma de suas inspirações mais importantes[8].

E sem dúvida tem muito em comum entre entre esses jovens recém-iniciados na literatura e na cultura, participantes do desbunde que acompanhou a ditadura, e a senhora madura, burguesa e consagrada que já é Clarice – uma Clarice que ainda em uma entrevista realizada nessa época no programa *TV Cultura* diz "eu morri".

A escrita descentrada e impessoal, a prática da colagem e as desestruturações das intrigas são rasgos compartilhados entre essa última Clarice e grande parte da narrativa desses anos. Desde então, essa "inauguração do futuro" parece se afiançar em uma literatura contemporânea que erode as fronteiras entre gêneros e se define por uma forte indiferenciaçao entre o ficcional e o real.

Talvez a fascinação contemporânea pela literatura de Clarice Lispector possa ser vista como sintoma de uma insatisfação com a literatura atual de gêneros definidos e estruturados que se concentram em histórias individuais; como sintomas – se bem – de uma insatisfação da cultura contemporânea

---

8. Em uma entrevista, Noll aponta: "Acho que a minha principal interlocutora foi Clarice Lispector. Eu tinha vinte e poucos anos quando *A paixão segundo G.H.* foi lançado. Esse livro foi definidor e definitivo para mim. Lembro que eu pensei se ela fez isso, por que eu não posso tentar fazer também um romance abstrato?" (Noll, 2013).

pelas formas individualizantes e estáveis e um desejo – uma pulsão – por formas mais comuns e impessoais que consigam narrar, conter e imaginar, além do indivíduo, a noção de uma experiência alheia e ao mesmo tempo íntima às que o mundo contemporâneo nos confronta. Seja como for, o certo é que, tendo chegado ao âmago da narração, tendo levado a literatura a poder "dizê-lo tudo sobre o humano", como indicou Evando de Nascimento (2012), Clarice Lispector tornou-se uma inspiração fértil para que a cultura contemporânea fosse ensaiando e achando formas e dispositivos poderosos para expandir suas fronteiras. •

REFERÊNCIAS BIBLIOGRÁFICAS

ABREU, Caio Fernando. *Caio em 3 D. O essencial da década de 1990*. Rio de Janeiro: Agir, 2005.

ARÊAS, Vilma. *Clarice com a ponta dos dedos*. São Paulo: Companhia das letras, 2005.

ASSIS, Machado de. *Machado de Assis: crítica, notícia da atual literatura brasileira*. São Paulo: Agir, 1959. p. 28-34 (1ª ed. 1873).

CANDIDO, Antonio. "No raiar de Clarice Lispector". *Vários Escritos*. São Paulo: Duas Cidades, 1970.

CAMPOS, Haroldo de. "Uma poética da radicalidade". In: ANDRADE, Oswald de. *Obras completas, v. VII: Poesias reunidas*. Rio de Janeiro: Civilização Brasileira, 1971.

FOUCAULT, Michel. *La arqueología del saber*. Buenos Aires, Siglo XXI, 2013.

GARRAMUÑO, Florencia. *La experiencia opaca. Literatura y desencanto*. Buenos Aires: Fondo de Cultura Económica, 2009.

LIBRANDI ROCHA, Marília. *Writing by Ear: Clarice Lispector and the Aural Novel*. Toronto: University of Toronto Press, 2019.

LISPECTOR, Clarice. *Água viva*. Rio de Janeiro, Arte Nova, 1973.

_____. *Perto do Coração Selvagem*. Rio de Janeiro: Nova Fronteira, 1980.

_____. "Inauguração solene do futuro". *Caderno B. Jornal do Brasil*, 18 de abril de 1970, p. 2.

_____. *A descoberta do mundo*. Rio de Janeiro: Rocco, 1998.

_____ Arquivo Clarice Lispector, Rio de Janeiro, Casa de Rui Barbosa.

MENDES DE SOUSA, Carlos. *Clarice Lispector. Figuras da Escrita*. Braga: Universidade de Minho, 2000.

MORICONI, Ítalo. "La hora de la basura de Clarice Lispector". Clarice Lispector, *La hora de la estrella*. Gonzalo Aguilar, trad. Buenos Aires: Corregidor, 2010.

NASCIMENTO, Evando. *Clarice Lispector. Uma literatura pensante*. Rio de Janeiro: Civilização Brasileira, 2012.

NOLL, João Gilberto. "Um escritor na biblioteca com João Gilberto Noll". En http://www.candido.bpp.pr.gov.br/modules/noticias/article.php?storyid=25, 2013. Último acceso 12/9/2014.

SANTIAGO, Silviano. "La clase inaugural de Clarice Lispector". In: LISPECTOR, Clarice. *La ciudad sitiada*. Trad. Florencia Garramuño. Buenos Aires: Corregidor, 2013.

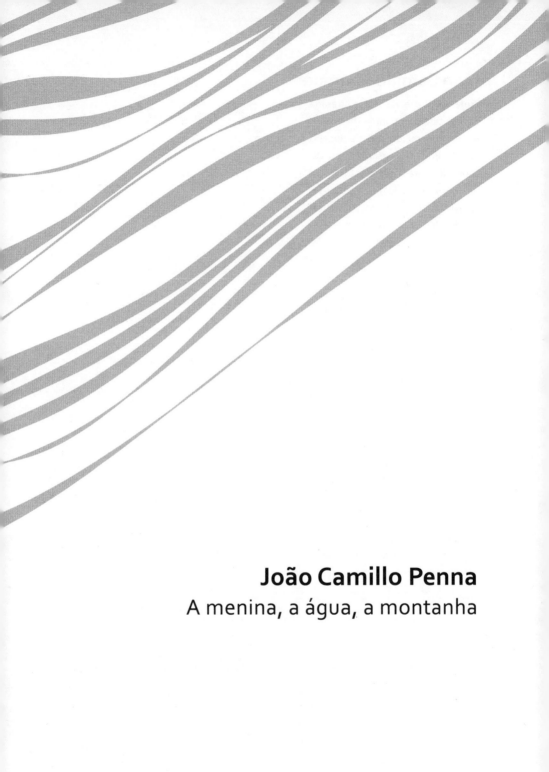

João Camillo Penna
A menina, a água, a montanha

João Camillo Penna

Professor titular de Teoria Literária e Literatura Comparada da Universidade Federal do Rio de Janeiro (UFRJ). Professor visitante em UC Santa Barbara (1997-1998) e em UC Berkeley (2007), e pesquisador visitante do LEGS (Laboratoire d'Études de Genre et Sexualité, 2018-2019). Co-organizou e cotraduziu, com Virginia de Figueiredo, *Imitação dos modernos de Philippe Lacoue-Labarthe* (2000); e *Homenagem a Philippe Lacoue-Labarthe. 1940-2007* (2007); cotraduziu, com Eclair Almeida, *Demanda. Literatura e filosofia de Jean-Luc Nancy* (2016); cotraduziu, com Marcelo Jacques de Moraes, *Georges Bataille: Documents* (2018). Co-organizou, com Paulo Patrocínio e Alexandre Faria, *Modos da margem, Figurações da marginalidade na literatura brasileira* (2015). É autor de um livro de poesia, *Parador* (2011), da coletânea de ensaios *Escritos da sobrevivência* (2013), e de *O tropo tropicalista* (2017), além de inúmeros ensaios em revistas especializadas.

O primeiro capítulo de *Perto do coração selvagem* de Clarice Lispector instala o tempo da memória da infância. É o tempo animista em que as coisas falam, a menina descobre o ciclo biológico das galinhas e das minhocas, e escreve pequenos poemas com esses mesmos seres como personagens, que são recitados ao pai. O romance se estrutura em torno de uma divisão rígida: no tempo ontológico do passado as coisas estão interligadas (o ser é comum, relação, liame, imanência), no presente prevalece o desligamento "realista" entre as coisas. É o tempo do casamento: "Com ele [com o marido, Otávio] a possibilidade mais próxima era a de ligar-se ao que já acontecera" (Lispector, 1980: 34). O presente com Otávio não permite relação. Por outro lado, no passado "mesmo sofrer era bom porque enquanto o mais baixo sofrimento se desenrolava também se existia – como um rio a parte" (Lispector, 1980: 50). Na cena clássica em que a menina Joana entoa a fórmula de Heráclito, a litania do "tudo é um", está explicitada a dúvida sobre se a visão ocorria "em pequena, diante do mar, ou depois relembrando"[1]. Ficando claro que

---

1. Trata-se do fragmento 50 de Heráclito: "dando ouvidos, não a mim, mas ao *lógos*, é sábio homologar, tudo é um (*hén pánta eînai*)" (apud Oliveira, 2020: 15).

a "confusão" está na superposição dos dois tempos. A confusão que reside no "entrelaçamento" do mar, dos olhos do boi, da "paz que vinha do corpo deitado do mar, do ventre profundo do mar, do gato endurecido sobre a calçada" com ela mesma (Lispector, 1980: 47-48). A lembrança é a "realidade mesma", a "graça", revelação do ser, na *confusão* da visão *da* infância, que ocorre nela tal qual vista da perspectiva do adulto. É o rio subterrâneo da existência única e infinita que une passado e presente e faz com que na lembrança até mesmo o sofrimento seja bom.

Os liames aparecem também no presente, por exemplo, na "mulher da voz" – a "voz da terra" (Lispector, 1980: 78), nas mulheres, grávidas ou não, deusas pelo fato de existirem, que tinham em sua base a poesia e sua essência era "tornar-se" (Lispector, 1980: 150-151), na visão de certas coisas que não eram milagres, mas que continham a "marca da existência", ou no rio à parte da música, como no estudo cromático de Bach[2]. "Abaixo de todas as realidades" há a realidade única e irredutível da "existência" (Lispector, 1980: 21). O estudo cromático mostra que tudo é perfeito, porque "seguiu de escala a escala o caminho fatal em relação a si mesmo". Assim, também o sono, sobre o qual podemos dormir, "nave inquieta e frágil flutuando sobre o mar", como sobre Deus. O presente, por outro lado, é o tempo do veredito moral contra a "víbora" Joana, e seu julgamento como o mal. Momento em que o "animal perfeito" do ser precisa ser interiorizado. O fundo das coisas, de onde deve surgir a enunciação de uma fala porvir, anunciada ao final do romance, é a substância da existência, que vez por outra se cristaliza nos "símbolos das coisas nas próprias coisas" (Lispector, 1980: 47, 150). O presente e o passado organizam, respectivamente, uma moral do veredito do mal e uma ética das ligações, um antídoto contra a moral. "Não acusar-me", escreve Joana. E sim buscar as coisas que se ligam a mim. "Aceito tudo o que vem de mim", é o princípio de uma ética imanente, sistematizada pelo seu "egoísmo", mas um egoísmo que dissolve o ego nas relações "de escala em escala" que o tomam por começo (Lispector, 1980: 18). É uma ética que estabelece a divisão entre dois infinitos: o infinito físico do corpo interno, e o infinito metafísico da memória especializada no espaço exterior. Dois corpos infinitos. Sentir e pensar o mundo infinito como relação imanente é o cerne da experiência de Joana, aonde repousa a sua ontologia, o segredo de sua ética, que se espraia pela obra de Clarice como um todo.

---

2. Joana se refere provavelmente à Fantasia e Fuga em Ré Menor (BWV 903) de Johann Sebastian Bach.

Ora, esse tempo ontológico, da memória e das ligações, é o tempo do pai. É possível relacioná-lo ao biografema de sua morte, ele que é a própria vida, entendida como relação, vista desde a sua morte. *Perto do coração selvagem* condensa o trabalho de luto pela morte do pai, que aparece vivo nos primeiros capítulos do livro, para ressurgir mais tarde, numa pequena vinheta da memória de Joana já adulta, com importância não menos fundamental. A dupla memória do pai vivo e do pai morto é nivelada pela narração memoriosa, como dois ângulos da mesma coisa, revelando duas faces distintas: a alegria da existência infinita incarnada no corpo vivo do mundo que o pai traz consigo e o sofrimento da existência finita do velho pai imigrante judeu que trouxera a família ao Brasil, e a menina Clarice ainda bebê de colo. Pinkas (Pedro) Lispector, pai de Clarice, morre em 26 de agosto de 1940; ali deve ter-se iniciado a escrita do livro. É próximo da data de sua morte que Clarice começa a publicar seus textos. Pinkas testemunhou em vida a publicação de pelo menos o primeiro conto publicado por ela, "Triunfo"[3]. Parece haver uma relação entre as duas coisas: a escrita e a morte de Pinkas.

Nesse sentido há um curioso paralelo na escrita das duas irmãs, Clarice e Elisa Lispector. A carreira fulgurante de Clarice parece ser acompanhada em surdina pela carreira literária da irmã, que poucos conhecem e leem, ou quando leem o fazem, frequentemente, por causa da irmã mais famosa. Elisa por outro lado fala o que Clarice silencia; por exemplo, Clarice era explicitamente contra o biografismo da irmã e se opôs à reedição de *No exílio*, romance autobiográfico de Elisa, em que relata a terrível fuga da família da Ucrânia para o Brasil (Gotlib, 2011). Elisa, nove anos mais velha, publica o seu primeiro romance (*Além da fronteira*) em 1945, dois anos depois da publicação de *Perto do coração selvagem*. *No exílio* (de 1948) consiste em grande medida num registro das falas do pai, e a leitura feita por ele das manchetes mundiais que relatam a perseguição aos judeus. O romance começa com a fundação do Estado de Israel, resolvendo um impasse do pai sobre o sionismo, e parece permitir a Elisa assumir pública e literariamente a herança judaica, contando a história da perseguição de sua família. O lugar que Clarice ocupa na literatura brasileira parece exigir que essa herança seja mantida oculta. Pelo menos é uma precaução desse tipo que ela parece tomar. Em *Retratos antigos*, Elisa lembra de uma noite em que depois de ler um de seus primeiros escritos em uma revista literária, o pai lhe diz: "Vou lhe sugerir um tema. Escreva sobre

---

3. Na Revista "Pan", em 25 de maio de 1940 (Lispector, 2005: 11).

um homem que se perdeu, um homem que perdeu o caminho" (Lispector, 2012: 125). A mesma frase aparece em *No exílio*: "às vezes olhava à sua volta com a turbação de *um homem que perdeu o caminho*. Cada vez entendia menos o que estava acontecendo no mundo, parecendo não compreender, sequer, o que estava sucedendo a ele mesmo" (Lispector, 2005a: 166, grifo meu). Elisa parece ter se dedicado a procurar o caminho perdido do pai, escrevendo inúmeras vezes e incansavelmente o livro dele, o livro que ele lhe pedira para escrever, sobre a vida dele, e quem sabe que ele próprio teria gostado de escrever se tivesse tido a oportunidade. Ela carrega a sua herança, transpondo-a em literatura, e tematizando o seu judaísmo. Clarice, por outro lado, cala sobre a sua biografia, transformando essa herança em herança silenciosa. O corpo do pai morto é sublimado em corpo marítimo, como fica evidente na cena da praia de *Perto do coração selvagem*, quando se revela a sua morte. "Papai morreu. Papai morreu. Respirou vagarosamente. Papai morreu". É essa morte que o romance transpõe. Cito aqui alguns trechos de uma longa cena.

> Desceu das rochas, caminhou fracamente pela praia solitária até receber a água nos pés. De cócoras, as pernas trêmulas, bebeu um pouco de mar. Às vezes entrefechava os olhos, bem ao nível do mar e vacilava, tão aguda era a visão – apenas a linha verde comprida, unindo seus olhos à água infinitamente. O sol rompeu as nuvens e os pequenos brilhos que cintilaram sobre as águas eram foguinhos acendendo e apagando. O mar, além das ondas, olhava de longe, calado, *sem chorar, sem seios. Grande, grande. Grande*, sorriu ela. E, de repente, assim, sem esperar, sentiu uma coisa forte dentro de si mesma, uma *coisa engraçada* que fazia com que ela tremesse um pouco. Mas não era frio, nem estava triste, era uma coisa grande que vinha do mar, que vinha do gosto de sal na boca, e dela, dela própria. Não era tristeza, uma *alegria quase horrível*... Cada vez que reparava no mar e no brilho quieto do mar, sentia aquele aperto e depois afrouxamento no corpo, na cintura, no peito. Não sabia mesmo se havia de rir porque nada era propriamente engraçado. Pelo contrário, oh pelo contrário, *atrás* daquilo estava o que acontecera ontem [a morte do pai]. (...) A água corria pelos seus pés agora descalços, rosnando entre seus dedos, escapulindo clara clara como um bicho transparente. Transparente e vivo... Tinha vontade de bebê-lo, de mordê-lo devagar. Pegou-o com as mãos em concha. (...) Devagar veio vindo o pensamento. Sem medo, não cinzento e choroso como viera até agora, mas nu e calado embaixo do sol como a areia branca. Papai morreu. Papai morreu. Respirou vagarosamente. Papai morreu. Agora sabia mesmo que o pai morrera. Agora, junto do mar onde o brilho era uma

chuva de peixe de água. O pai morrera como o mar era fundo! (...) O pai morrera como não se vê o fundo do mar, sentiu. (Lispector, 1980: 39-40, grifos meus)

A "linha verde comprida" do horizonte que passa pelo nível do mar une os olhos de Joana à água. O advérbio "infinitamente" qualifica a linha cuja força a faz entrefechar os olhos. O liame que une os olhos à água explode em luz do sol, em brilhos cintilantes, "foguinhos" sobre a água. A linha mineraliza e animaliza o sentimento da morte do pai, desumanizando-o e dessubjetivando-o. O ritmo do mar é o mesmo ritmo da respiração de Joana, corpo espacial e corpo orgânico em consonância a revigoram, e transportam o sentimento para a superfície da água. O trecho contém cifrada a fórmula do renascimento a partir da morte, a transformação da tristeza em "graça". Para isso é preciso que a morte difícil de aceitar do pai seja repassada através do mar, e como que engendrada de novo, de fora e não mais de dentro de Joana, a partir da visão e do sentimento do mar, de um lugar difuso, ao mesmo tempo interno e externo. Quando o pensamento da morte surge de novo "devagar", ele já vem "sem medo" e sem choro, convertido pelas metáforas em "areia branca", e em "fundo do mar". O puro espaço infinito modula o luto, transformando-o em "coisa forte" que traz uma estranha alegria. Não havia nada de "engraçado", ao contrário, no entanto, Joana ri. A condição para a metamorfose é que o espaço interior da casa burguesa da tia, que fornece um calor e um cuidado humanos que assujeitam Joana, tentando canhestramente substituir o amor do pai morto, seja devidamente disperso no frio sem bordas do oceano, de forma que é a própria familiaridade que se espacializa, infinitizando o luto do pai. Ao contrário, é o mar que se subjetiva, que olha "de longe, calado, sem chorar, sem seios". A proximidade asfixiante do calor familiar é duplamente dissolvida na lonjura do mar pela preposição "sem". O que na família é fala aqui se transforma em silêncio. O corpo humano metonimicamente designado pela falta de seios da tia na superfície infinita da água esfria o sentimento humanizante e a comparação nauseante dela com um cachorro é dissolvida na difusa animalidade do oceano, determinando o movimento geral de desumanização e dessubjetivação no "sem fundo" das águas. O mar é "bicho transparente", "deita-se", "rosna", é um "corpo vivo" antropomórfico, como Joana, tem as "pálpebras fechadas", a "palma das mãos abertas, o corpo solto" (Lispector, 1980: 41). São dois corpos que se encontram na cena: o mar "corre pelo seu corpo, por dentro do seu corpo" (Lispector, 1980: 39). A superfície exterior entra pelo corpo, o mar anímico e animal animaliza o eu que tem vontade de bebê-lo e de mordê-lo. Dois animais-sujeitos se encontram, a "mão em concha" transformada em lago, penetrando nas reentrâncias um do outro. O próprio corpo "sem forma" de Joana, que resistia à subjetivização familiar e moral, é mergulhado na imensa infinitude informe do mar. A profundidade humana hiperbólica dos seios da tia que "sepultam" é deslocada nas profundezas de um mar infinitamente fundo, amorfo e desfigurado.

Clarice incorpora aqui, parece, uma lição do sublime. Na "Analítica do sublime", Kant cita o oceano como exemplo de sublime. Trata-se de um "objeto sem forma", que pode assim apresentar a inadequação da imaginação, a faculdade da apresentação, a apresentar a ideia da razão moral. A impossível apresentação do infinito revela a destinação humana suprassensível, a lei moral. O sentimento do sublime não ocorre, diz Kant, se "pensamos" o oceano enriquecido pelo conhecimento, o que fornece um juízo teleológico. Ele só ocorre se pensamos o oceano "do modo como o vemos". Condição do "sem" para o sentimento sublime, que Clarice parece reter na passagem citada acima. Apenas dessa maneira o que sentimos diante do mar é sublime. Diz Kant: é preciso "poder considerar o oceano simplesmente, como o fazem os poetas, segundo o que a vista mostra, por assim dizer se ele é contemplado em repouso, como um claro espelho de água que é limitado apenas pelo céu, mas se ele está agitado, com um abismo que ameaça tragar tudo, e apesar disso como sublime" (Kant, 1995: 117). "Grande, grande. Grande", na passagem de *Perto do coração selvagem*, lembra o infinito matemático da *magnitude*, conforme reza o latim de Kant – "Denominamos *sublime* o que é *absolutamente grande*" (Kant, 1995: 93). Joana sente uma "alegria quase horrível", uma "alegria quase de chorar", o que resume o prazer misturado à dor da experiência do sublime.

Todas essas semelhanças, no entanto, não ocultam uma diferença fundamental: enquanto no sublime kantiano, essa experiência revela a limitação da imaginação humana para apresentar as ideias da razão moral, no sublime clariciano, ao contrário, se trata precisamente de apresentar o inapresentável infinito, isto é, de infinitizar a finitude ao espacializar o corpo morto do pai, dissolvendo o sujeito moral num espaço inumano e amoral. A "alegria quase de chorar" consiste em um excesso de alegria e de choro que se comunicam um com o outro. O sentimento equívoco se diferencia da tristeza, sinalizando, portanto, uma transfiguração do trabalho de luto. A "coisa" forte e "engraçada" que a faz tremer não era frio, nem tristeza, nem deveria fazê-la rir; ela tem uma gênese inexplicável e incerta, vem de múltiplos lugares, do mar, do sal em sua boca, e dela própria, todos eles atravessados pelo fio do liame que interliga e entrelaça. É isso que faz Joana, inexplicavelmente, rir. A alquimia de sentimentos que se dá aqui, que transforma o luto em alegria, em "graça" aonde não havia graça, consiste em não substituir o pai morto, mas em transformá-lo em espaço aquático, mineral, animal e solar.

O pai estava morto "como o mar era fundo", "o pai morrera como não se vê o fundo do mar". As frases peculiaríssimas são oriundas de uma lição de lógica. É a metáfora ("como") que realiza a metamorfose. A certeza ainda duvidosa da morte do pai deve ser comparada a um fato indubitável, algo comprovadamente verídico, que afere a verdade ainda trêmula da morte. Não há dúvida de que o mar é fundo e que não se vê o seu fundo. Trata-se da definição mesma do infinito, que não pode ser experimentado pelos sentidos. O pai morto também deixou de ser sentido pelos sentidos. O teor dessas verdades deve ser transferido por comparação a esta que Joana resiste a aceitar: a morte do pai. Mas ao invés de escrever: "o pai morrera como dois e dois são quatro", por exemplo – ela que era dada a fazer essa citação de Dostoiévski –, a morte do pai é comparada ao enunciado do infinito[4]. O corpo morto do pai é assim transformado no fundo invisível e intocável do mar. A preposição "atrás" tem um sentido equívoco, temporal e especial: atrás da superfície visível do mar está a morte acontecida no dia anterior, e atrás, ou antes, do sem razão para rir de agora está a tristeza e choro pela mesma morte. O mar visível funciona como uma espécie de anteparo aparente que oculta o infinito da morte. O fundo do mar não pode ser visto, como o corpo morto do pai não pode mais ser visto. Ambos, o mar e o morto são infinitos. O seu corpo se transforma em corpo cósmico, inapresentável. "Não estava abatida de chorar. Compreendia que o pai acabara. Só isso" (Lispector, 1980: 41). Ela caminha na companhia do pai "pela praia imensa". A vida segue, e Joana fala sobre os pensamentos que inventam coisas que não existiam antes de serem pensadas. O mote foi dado pela morte realocada no lugar de uma nova gênese da alegria.

---

4. A dúvida sobre se "dois e dois são quatro" está em "Brasília: esplendor": "Uma vez fiz uma palestra na PUC e Affonso Romano de Sant'Anna, não sei que diabo lhe deu a esse ótimo crítico, me fez uma pergunta: dois e dois são cinco? Por um segundo fiquei atônita. Mas me ocorreu logo uma anedota (...): É assim: o psicótico diz que dois e dois são cinco. O neurótico diz: dois e dois são quatro, mas eu simplesmente não aguento. Houve então sorrisos e relaxamento" (Lispector, 1978: 48). A citação é de *Memórias do subsolo*, aonde a operação aritmética de dois e dois são quatro é um exemplo das leis incontestáveis da natureza, contra as quais se trata de impossivelmente se rebelar (Dostoiévski, 2004: 25). Mas está em primeiro lugar em *A maçã no escuro*: "É tão ilógico, pensou ele [Martim] sabido, como dois-e-dois-são-quatro, que até o dia de hoje ninguém jamais provou" (Lispector, 1981: 254).

Talvez a matriz de todas essas apresentações do corpo marítimo infinito, que retratam o encontro da "mais ininteligível das existências não-humanas", o mar, com "o mais ininteligível dos seres vivos", a mulher, conforme aparece em *Uma aprendizagem ou o livro dos prazeres* (Lispector, 1980a: 83), seja a crônica autobiográfica "Banhos de mar". Seria essa quem sabe a matriz da articulação entre ontologia e biografia. A crônica relata as viagens de bonde antes do nascer do sol em Recife até a praia de Olinda. Ela trata do pai e da menina Clarice, e irradia por todos os lados a imensa presença paterna e seus desígnios de saúde e de vida. "Meu pai acreditava que todos os anos se devia fazer uma cura de banhos de mar. E nunca fui tão feliz quanto naquelas temporadas de banhos em Olinda, Recife" (Lispector, 2018: 194). É um dos textos mais fortes sobre ele, lê-lo é uma forma de cura pela escrita: a narrativa emocionada da experiência repetida diariamente ("essa viagem diária me tornava uma criança completa de alegria"), nunca repetida depois em sua vida, que a narradora adulta tem dificuldades de colocar em palavras, mas que ela repetirá insistentemente em sua obra literária. No centro do texto, a união com o mar: "Eu bebia diariamente o mar, de tal modo queria me unir a ele" (Lispector, 2018: 194).

Sabemos que no confronto entre Nádia Gotlib e Benjamin Moser, que ocorre na Fliporto de 2010 em Olinda, se explicitam as diferenças de projeto biográfico e de tratamento de documentos. Os empréstimos, autorizados ou não, feitos por Moser à biografia de sua antecessora não aparecem na conversa, mas subjazem ao que pode transparecer de irritação da parte de Nádia, por detrás de sua costumeira elegância. No meio do confronto surge, no entanto, um curioso liame entre o projeto dos dois biógrafos (Fliporto, 2010). Ambos são instados pela mediadora, Mona Dorf, a ler um trecho de suas respectivas biografias. No quadro da cena montada, cada biógrafo faz vir à tona uma Clarice distinta: uma Clarice múltipla, composta pelos seus diferentes perfis, "vestígios de uma identidade", de um "ser-quase"; e uma Clarice diferente porque judia, às voltas com a sua "ancestralidade" apagada e insistentemente deslocada. Uma Clarice hassídica e uma Clarice mais que brasileira, pernambucana. Antes de ler o trecho de sua biografia, seguindo o pedido de Mona Dorf, Nádia se refere justamente à crônica "Banhos de mar", sensível ao elemento indiciário na referência "iluminada" da crônica na obra de Clarice, que relata as viagens de madrugada da família de Clarice à praia de Olinda, local em que se dava o Festival. Moser, por outro lado, lê um documento que data aproximadamente da época do nascimento de Clarice, uma descrição do "pogrom básico" que sistematicamente dizimava a população judaica na Ucrânia, situando o pano de fundo da história da família de Clarice que chega ao Brasil como "refugiada de guerra".

O liame entre as duas visões repousa no fato de que possivelmente a crônica "Banhos de mar", em sua pureza de água limpa, relate uma *micve*, o periódico banho purificatório, ritual, dos judeus, como modo de renascimento para a vida[5]. Nádia Battella Gotlib e Benjamin Moser parecem apresentar os dois lados equívocos de uma mesma cena indecidível. Na crônica de Clarice, Pinkas dirige os trabalhos em seus detalhes precisos, seguindo disposições inexplicáveis aos olhos da menina, parecendo seguir uma receita secreta. O receituário da cura purificatória é remetido anaforicamente a uma sequência de crenças do pai: "Meu pai acreditava": "Meu pai acreditava que todos os anos se devia fazer uma cura de banhos de mar;" "Meu pai também acreditava que o banho de mar salutar era o tomado antes do sol nascer;" "Meu pai acreditava que não se devia tomar logo banho de água doce: o mar devia ficar na nossa pele por algumas horas". A *micve* utiliza obrigatoriamente água corrente, de rio, de chuva ou de mar, e não pode ser confundida com um banho higiênico. Na temporada anual dos banhos de mar, Pinkas e sua família iam à praia todos os dias, o que multiplicava a alegria da menina, ao saber cada dia do retorno no dia seguinte. Essas repetições em ciclos distintos ritualizam quem sabe a obediência a "velhas tradições" (Lispector, 2016: 262), não reveladas pelo pai. Ele, filho de talmudista, conhecia certamente a *micve*. Não sabemos se Clarice a conhecia. Possivelmente não. Em todo o caso, não existe nenhuma referência religiosa no relato, impossível conceber uma experiência mais longe da religião. Mas tudo indica que a judia esquecida do judaísmo reencontrava na imersão na imanência infinita e saudável da água algo do antigo ritual. As páginas emocionadas trazem a presença inteira da memória do pai, e são emblemáticas de uma relação equívoca com uma tradição, ao mesmo tempo, inteiramente apagada e inteiramente salva na experiência transposta nessas linhas da crônica. No ritual está ausente qualquer marca confessional; tudo o que havia ali de referência a um culto se transformou em uma espécie de religião natural de saúde e regeneração pela água e pelo sal. Os preceitos e regras da tradição religiosa inteiramente postos em um ritual que não guarda mais nenhuma lembrança delas, ao ponto de ser impossível saber se existe ali qualquer vestígio de tradição, a não ser a própria tradição constituída pelo ato

---

5. Agradeço a Belinda e Enrique Mandelbaum o insight da *micve*.

repetido. Ponto fundamental de uma experiência singular na qual o respeito a lei coincide absolutamente com a graça, experimentada como pura liberdade e saúde.

Na leitura do trecho da biografia, Moser resume talvez um dos únicos – mas este, significativo – insights de sua biografia: a relação "geográfica" de Clarice com a tradição hassídica que ela teria quem sabe recebido do pai. Este o movimento popular de renovação judaica que nasce na mesma região de onde veio a família de Clarice, a Podólia (a Galícia), de onde vieram tantos "santos-místicos", na expressão de Gershom Scholem, onde viveu e foi enterrado o fundador do movimento, Baal Shem Tov, no século XVIII. "O fundador do movimento, o Baal Shem Tov, morreu não muito longe de Techechelnik, em Medzhybyzh, e a tumba do apóstolo do hassidismo, Nahman de Braztizlav, fica mais perto ainda em Ulman" (Moser, 2009: 31). Clarice a seu modo faria parte dessa "galáxia de santos-místicos, cada um deles uma espantosa individualidade", é o que ele vai tentar provar em sua biografia[6]. Entendamos a hipótese: o hassidismo (*hasid* quer dizer piedoso em hebraico) de Clarice teria muito pouco a ver com a representação atual dos judeus hassídicos, sua "santidade" não tem nada a ver com um pietismo qualquer. A religião não-religiosa de Clarice, que sempre afirmou com a devida cautela não ter nenhuma religião, pode se coadunar perfeitamente com a proposição central do hassidismo de superar a separação entre sagrado e profano que define todas as religiões. Não havendo distinção, tudo então se torna sagrado, e deixa de existir a diferença entre a religião e não-religião. Porém, se tudo é sagrado, nada talvez o seja, já que sagrado (do latim *sacer*) significa literalmente "separado" do mundo profano e dedicado aos deuses[7]. O hassidismo toca assim no dogma constitutivo da religiosidade doutrinária, podendo ser pensado como uma espécie paradoxal de religião não-religiosa, uma forma de sabedoria encarnada nas sagas populares, que se distingue por exemplo da sabedoria erudita do estudo da Cabala. O hassidismo é "o cabalismo convertido em *ethos*", escreve Martim Buber. Ele gira em torno da "personalidade do santo hassídico"; nele a personalidade substituiu a doutrina; o estudo da Torá é substituído pela busca dos estados espirituais de comunhão com Deus, a *devekut*, que Clarice chama de "estado de graça", e a crítica clariciana, de epifania. Scholem conta

---

6. Moser cita Gershom Scholem, *Grandes correntes da mística judaica*.
7. Cf. o verbete de Émile Benveniste. E essa citação da monografia de Hubert e Mauss sobre o sacrifício: "Para tornar o animal 'sagrado', é preciso separá-lo do mundo dos vivos, é preciso que ele transponha esse limiar que divide os dois universos" (Benveniste, 1995: 190).

A MENINA, A ÁGUA, A MONTANHA • 163

de um desses santos: "Eu não fui ao Maguid de Mesritsch para aprender dele a Torá, mas para observar como ele amarra os cordões de seus sapatos". O chefe religioso hassídico "difere do ideal tradicional do judaísmo tradicional (...), o estudante da Torá (...) ele próprio 'se tornou Torá' (...), não é mais o seu conhecimento, mas é sua vida que empresta valor religioso à sua personalidade. Ele é a encarnação viva da Torá", escreve Scholem (1995: 380). Donde essa junção peculiar entre obediência à lei (o significado da Torá em hebraico) e a graça. Imagine-se as dificuldades para uma mulher se colocar no lugar de um desses santos, que eram líderes espirituais comunitários, uma prerrogativa exclusivamente masculina.

O apagamento de qualquer traço aparente de hassidismo convertido na forma pública da literatura parece repetir a conversão do mistério cabalístico e a dedicação aos estudos em ensino e prática comunitária, numa nova configuração ética. A religião, ao circunscrever o território fechado do sagrado, na verdade, amputa a vida diária de Deus, que é indissociável do mundo, e consiste de fato num perigo, o maior perigo, e uma das principais manifestações da crise espiritual por que passa o Ocidente (Buber, 1948: 103). Para o hassidismo, ao contrário, Deus está nas coisas, são elas que se tornam "sacramentais". A redenção do mundo se dá por um trabalho oculto dos "servos de Deus", que não deve se revelar, sob o risco de se destruir. Esse o risco do que Buber chama de "auto-messianismo", quando uma pessoa assume para si o privilégio messiânico, ferindo de morte o trato secreto do messianismo que redime as coisas do mundo por um trabalho silencioso.

Ao hassidismo deve se fundir uma segunda linhagem imanente, a fonte espinosana da escrita de Clarice, que atravessa a sua obra inteira, e que aparece referida explicitamente em *Perto do coração selvagem*, sob a pena de Otávio, mas sobretudo no que poderíamos chamar a "filosofia" de Joana. Aqui também suspeitamos a marca sutil da referência paterna. O Espinosa de Clarice vem em grande medida de um livrinho de divulgação em francês de autoria do romancista alemão, Arnold Zweig, *Les pages imortelles de Spinoza choisies et expliquées par Arnold Zweig*[8]. Na "filosofia" de Joana está a

---

8. O volume se encontra em sua biblioteca no IMS, com anotações do próprio punho de Clarice: a provável data de aquisição ou leitura, 14 de fevereiro de 1941. Na folha de rosto, algumas frases que aparecerão em *Perto do coração selvagem*, atribuídas a Otávio: "Dentro do mundo não há lugar para outras criações. Há apenas a oportunidade de reintegrações e de continuação. Tudo o que poderia existir, já existe certamente" (Lispector, 1980: 131). Cf. Gotlib (2009: 134). Variações dessa frase aparecem ao longo da obra. Por exemplo, ao final de "A repartição dos pães": "E não quero formar a vida porque a existência já existe" (Lispector, 2016: 283).

substância única espinosana, expressa por exemplo na litania heraclítica da pequena Joana do "tudo é um", como vimos. Uma variação dessa fórmula aparecerá em *A hora da estrela*, "todos somos um", maneira de Rodrigo S.M. explicar o que ele tem em comum com Macabéa (Lispector, 1981: 16). O Deus de Espinosa como o de Clarice se confunde com a natureza, conforme a fórmula célebre *"Deus sive natura"*, "Deus ou a natureza", contida na *Ética*. Lóri de *Uma aprendizagem* explica essa gramática do Deus: "Deus é um substantivo (...) um substantivo como substância. Não existe um único adjetivo para o Deus". E a narradora conclui: "'Vós sois deuses'. Mas éramos deuses com adjetivos" (Lispector, 1980a: 145). Lóri faz aqui uma tradução inventiva da fórmula espinosana. Deus ou a natureza é a substância única, nós somos em Deus, modos de Deus, o que Lóri formula como relação entre substantivo e adjetivo. "Tudo o que existe, existe ou em si mesmo ou em outra coisa", escreve Espinosa (Elax1). A substância única, divina, e infinita, existe em si mesma, enquanto os modos existem na substância. Como a substância divina se comunica com seus modos? Através da existência: nós somos. Enquanto seres por definição divinos nós somos, como Deus é, e é enquanto seres que são que somos parte d'o Deus. Observe-se esse trecho da meditação de pedra de Virgínia de *O lustre*, que repete literalmente a definição da causa imanente espinosana:

> para nascer as coisas precisam ter vida, pois nascer é um movimento – se disseram que o movimento é necessário apenas à coisa que faz nascer e não à nascida não é certo porque a coisa que faz nascer não pode fazer nascer algo fora de sua natureza e assim sempre dá nascimento a uma coisa de sua própria espécie e assim com movimentos também – desse modo nasceram as pedras que não têm força própria mas já foram vivas senão não teriam nascido e agora elas estão mortas porque não têm movimento para fazer nascer uma outra pedra. (Lispector, 1963: 43)

Traduzindo: a "coisa que faz nascer" é a *natura naturans*; a coisa "nascida" é a *natura naturata*. A "coisa que faz nascer não pode fazer nascer algo fora de sua natureza", ou seja: a *natura naturans* coincide com a *natura naturata*, o criador com a criatura, é este o significado da causa imanente. Segundo o raciocínio, as pedras, forma evidente de *natura naturata*, porque mortas, não podem ter nascido de fora de sua natureza, elas portanto já foram vivas um dia, dotadas de movimento, *natura naturans*. A personagem contradiz uma opinião corrente ("se disseram"), a que opõe a hipótese espinosana, lida por ela de maneira inventiva e original, que não se pretende ser fiel ao rigor filosófico de Espinosa, mas radicalizando o seu panteísmo. Em Espinosa encontramos o mesmo equívoco entre necessidade e liberdade, lei e graça, que fundamenta o hassidismo: "Diz-se livre a coisa que existe exclusivamente pela necessidade de sua natureza e que por si só é determinada a agir. E diz-se necessária, ou melhor, coagida, aquela coisa que é determinada por outra a existir e a operar de maneira definida e determinada" (ElDef7). É uma derivação hassídica e espinosana a tese de Clarice, que não está nesses termos, nem no hassidismo, nem em Espinosa, da absoluta igualdade entre os seres, humanos, animais, vegetais, minerais, e o direito à existência de todos eles.

"Banhos de mar" parece narrar algo como esse mundo divino duplamente imanente, hassídico e espinosano, ao mesmo tempo livre e necessário, aonde coincidem a graça e a lei, e não por acaso está centrado na realização da vontade do pai. Trata-se ali de um Deus infinito, igual à natureza, que se manifesta como saúde, e que através das águas salgadas do mar de Olinda cura das catástrofes do mundo. Ao mesmo tempo, o pacto hassídico exige o segredo que não deve revelar-se enquanto tal. Revelar essa religião das coisas, o seu hassidismo transformado, seria ferir de morte o messianismo em surdina que praticava. Esmiuçar a referência filosófica seria ferir o pacto com a literatura. Dupla recusa da metalinguagem religiosa ou filosófica, porque dois e dois não são quatro, e ela "não se aguenta".

Há muitos fios soltos de biografemas do pai perdidos na obra de Clarice. Muitos deles representam um homem ingênuo que exige da filha proteção em sua alegria. A experiência da existência infinita revelada na água mostra a sua outra face: a da lei do símbolo. O símbolo encarna o infinito num corpo delimitado e mortal. A mesma alegria que aparece como irradiação de saúde, sol e sal, na crônica, como repetição irrepetível de uma *micve* naturalizada, cobra, em diversas encruzilhadas disfarçadas de sua obra, um alto preço de responsabilidade da menina e depois da mulher. A diferença entre elas e a cena do banho diz respeito à responsabilidade que o pai toma em suas prescrições ritualizadas numa situação controlada por ele, enquanto nas outras cenas ele parece submetido a regras que não controla, ou a situações humilhantes, aonde cabe à filha o encargo de protegê-lo. Entre todas elas no entanto o que há de comum é a alegria e a saúde sem cálculo do pai, pura dádiva da vida. Os exemplos são vários. Cito três. Em "Os desastres de Sofia", a menina testemunha o nascimento do sorriso desprotegido do professor, o que a faz lembrar do pai: "Eu já me habituara a proteger a alegria dos outros, a de meu pai, por exemplo, que era mais desprevenido que eu" (Lispector, 2016: 275). Na cena central do conto, o parto metafórico do professor, a menina recebe precocemente a entrega total do "homem", o "rei da criação", sendo forçada a testemunhar o sorriso desprotegido, que ocorre em seu rosto, atestando o efeito da graça do "tesouro" que produzira no professor sofrido e trabalhador, ao fazê-lo literalmente nascer. Ser convocada a guardar a alegria do professor lembra à narradora adulta essa outra cena, parte de uma outra alegria, a do pai, "mais desprevenido que" ela. Ou esta cena solta, que parece vinda de outro lugar, em *Perto do coração selvagem*. Em meio à ruptura final do casamento com Otávio, surge o vestígio de uma cena infantil, uma tentativa de explicação para a sua incapacidade de se ligar ao marido, que diz respeito mais a Clarice do que a Joana.

> Num rápido momento Joana viu-se sentada junto ao pai, um laço no cabelo, numa sala de espera. O pai despenteado, um pouco sujo, suado, o ar alegre. Ela sentia o laço acima de todas as coisas. Estivera brincando com os pés na terra e calçara apressada os sapatos sem lavá-los e agora eles rangiam ásperos dentro do couro. Como podia o pai estar despreocupado, como não notava que os dois eram os mais miseráveis, que ninguém os olhava sequer? Mas ela queria provar a todos que continuaria assim, que o pai era dela, que o protegeria, que jamais lavaria os pés. Viu-se sentada junto do pai e não sabia o que sucedera um instante antes da cena e um instante depois. Só uma sombra e ela recolheu-se a ela ouvindo a música da confusão murmurar em suas profundezas, impalpável, cega. (Lispector, 1980: 192)

É uma cena de humilhação. O registro diferente da escrita sugere que seja a transposição direta de uma lembrança e deve ter se dado em Recife, na infância de Clarice. Pai e filha são percebidos pela menina como sujos e desalinhados, na avaliação comparativa com as pessoas na sala de espera. O pai está despenteado, um "pouco sujo", suado. Num outro ponto do texto, uma memória do abraço do pai que a carregava para o quarto, ela lembra do "cheiro forte que vinha dos braços" dele, maneira pudica de designar o cheiro das suas axilas (Lispector, 1980: 29). A menina estava com os pés sujos de terra, fato que se insinua escandalosamente na aspereza dos pés no couro do sapato. A miséria comparativa dos dois ("os mais miseráveis"), percebida pela menina, diferente dos outros, e sinal da desigualdade de classe, torna-os invisíveis. "Ninguém os olhava sequer" é uma condenação. É o status de imigrantes pobres, num mundo de brasileiros ricos, que se atesta naquele veredito. Atenta ao tratamento que é dispensado aos dois, a menina se espanta que o pai nada perceba. Sua ingenuidade, alegria e despreocupação, mostras de energia vital, envergonham a menina, que se preocupa, vê tudo, e antes de mais nada percebe como o estranho casal era visto, isto é, fingidamente, não visto. A humilhação a faz querer proteger o pai. A invisibilidade contrasta com a visão da cena infantil pela mulher adulta, enquadrando-a no início e no fim, como o laço de cabelo na cabeça da menina.

A cena é uma livre associação que ocorre durante a conversa do casal, que se conclui com a repetição do veredito de víbora, quando Joana revela que sabia que Otávio ia ter um filho com a sua amante. É essa humilhação que de certa maneira explica a sua solidão, resposta à queixa de Otávio de ela sempre tê-lo deixado só. É ela que a tornara um monstro de "piedade", sua maneira de entender o amor. O fragmento descontínuo não é precedido nem seguido por nada, surge das profundezas da música confusa da memória e volta para de onde veio. É nessas profundezas que as ligações se fazem, aonde ela se refugia, de forma que nada do que ocorria na superfície das coisas parecia realmente importar. Escutando os gritos histéricos de Otávio chamando-a de víbora, Joana "(...) tinha consciência, como de uma música longínqua, de que tudo continuava a existir e os gritos não eram setas isoladas, mas fundiam-se no que existia" (Lispector, 1980: 198).

Ou essa outra referência ao pai, muito semelhante, em *Uma aprendizagem ou o livro dos prazeres*, no momento anterior ao sexo com Ulisses, o medo de que Ulisses a decepcionasse.

> Como seu pai que a sobrecarregara de contraditórios: ele a transformara ela, sua filha, em sua protetora. E ela, na infância, não pudera olhar sequer para o pai quando este tinha uma alegria, porque ele, o forte, o sábio, nas alegrias ficava inteiramente inocente e tão desarmado. Oh Deus, o pai se esquecia por uns momentos que era mortal. E obrigava ela, uma menina, a arcar com o peso da responsabilidade de saber que os nossos prazeres mais ingênuos e mais animais também morriam. Nesses instantes em que esquecia que ia morrer, ele a transformava em Pietà, a mãe dos homens. (Lispector, 1980a: 161-162)

O trecho de "Os desastres de Sofia" fala do pai "desprevenido", o de *Perto do coração selvagem* do pai "despreocupado", este último do pai "desarmado". Em todos os trechos, a marca insistente de sua alegria literalmente imortal, que está na infinita alegria dos banhos de mar, que se metamorfoseara em infinito marítimo, e antídoto da morte. É a alegria inocente que o faz "esquecer por uns momentos que era mortal". Cabe à menina a função contraditória de lembrá-lo de sua mortalidade, da mortalidade dos prazeres mais ingênuos e animais, nosso método de alcançar o infinito. O pai é capaz de uma alegria infinita, ele é a origem da água e do mundo dos liames, mas cabe à filha encarnar a lei do limite e da morte. A imagem da Pietà coloca sub-repticiamente o pai na posição do Cristo, e ela na de Nossa Senhora. O Cristo é o símbolo dos "homens" e ela o da mulher, mãe dos homens, aquela que tem como destino a vocação da realidade. Como ela o diz em "Os desastres de Sofia": "a realidade era o meu destino, e era o que em mim doía nos outros" (Lispector, 2016: 277). O motivo da piedade também tão insistente e enigmático na obra de Clarice colocado no lugar do amor parece ser parcialmente resolvido aqui. Ela é desde sempre a Pietà e o pai, o filho morto, o Cristo, Deus imanente, o homem de todos os homens. A queixa de ser colocada por ele na posição contraditória de protegê-lo em sua alegria resume a função da lei, aquilo mesmo que ela chama de destino.

Ao final da crônica intitulada "Persona", sobre o filme homônimo de Ingmar Bergman, Clarice explica que aprendeu o sentido da palavra "pessoa" com o pai. Quando faziam muitos elogios a alguém o pai respondia "sóbrio e calmo: é, ele é uma pessoa" (Lispector, 2018, p. 81). Berta Waldman nos lembra que a frase em português oculta uma expressão idiomática do ídiche. "A designação 'pessoa' como qualificação superlativa é tradução direta do ídiche: *Er is a mentsch* (ele é uma pessoa)" (Waldman, 2004: 245). Elisa Lispector evoca essa sobriedade adjetiva do pai, aonde há recusa do servilismo da lisonja. "Tanto mais reconhecesse as qualidades nobres de alguém, mais sóbrio se mostrava no trato. Uma expressão que usava com alguma frequência era a *fainer mensh* (uma pessoa distinta), mas se a pessoa lhe merecia a admiração total, designava-a tão somente com a expressão *mensch* (mensh: pessoa, gente). Assim quando dizia fulano é 'um mensh', havia-lhe rendido a mais alta homenagem" (Lispector, 2012: 113). Trata-se da lição paterna da sobriedade das palavras, e da sobriedade da justiça humana. *Mentsch* (ou *mensh*, a grafia varia) vem do alemão, *Mensch*, ser humano, mas "o sentido superlativo é próprio do ídiche" (Waldman, 2002: xxv). Contido nesse emprego do ídiche está algo do humanismo ciceroniano, na tradução que o iluminismo alemão faz de *Humanitas*, quem sabe filtrado pela *Haskalah*, o iluminismo judaico, fundado por Moses Mendelsshon. "Pessoa" ecoa, portanto, em várias línguas, do grego, ao latim e ao português, mas em especial, no ídiche que Clarice oculta, e traduz para a sua outra primeira língua, o português. Nessa pequena intervenção do passado, através da interpolação da frase enunciada pelo pai traduzida em português, é todo o pano de fundo da história da guerra, dos pogroms antissemitas enfrentados pela família, da história familiar da longa viagem de imigração, que a irmã Elisa narra incansavelmente, mas que Clarice deixa latejando, mostrando apenas a ponta do iceberg sobre o significado biográfico não-metafórico da guerra da vida, ou da vida como guerra, que é condensada numa frase de absoluta justeza nominal. É contra esse pano de fundo sempre delicadamente ocultado por Clarice, mas sempre presente, que a sua literatura tem que se haver. "Até hoje digo, como se fosse o máximo que se pode dizer de alguém que venceu numa luta, e digo com o coração orgulhoso de pertencer a humanidade: ele, ele é um homem". Em seguida agradece ao pai: "Obrigada por ter desde cedo me ensinado a distinguir entre os que realmente nascem, vivem e morrem, daqueles que, como gente, não são pessoas" (Lispector, 2018: 81).

No resto do texto, Clarice desenvolve toda uma tese sobre a máscara (persona). Ao contrário do que se imagina, não se trata, como se esperaria, de uma crítica da sua artificialidade, que lucraríamos em ver substituída pela nudez natural do rosto. Somos atores de nós mesmos, diz Clarice, essa, a nossa natureza; esse, o paradoxo que nos mobiliza, de sermos uma natureza artificial, isto é, mascarada. Existe um momento particularmente grave, talvez na adolescência, em que escolhemos a nossa máscara de vida. A nudez não seria má, mas nos deixaria vulnerável. Máscaras são nossa medida de proteção. Uma vez a máscara afivelada ao rosto, nos sentimos mais seguros. É a cena da guerra dos imigrantes judeus que retorna. A conversão do rosto em máscara se deu: "A pessoa é", conclui ela (Lispector, 2018: 82), invertendo a frase do pai: "é uma pessoa". Se para o pai humanista "pessoa" é índice lacônico de virtude e excelência, para Clarice o relevante na máscara não é o que ela significa, ou qualquer conteúdo humano que ela pudesse expressar. A máscara equivale à mudez da personagem de Bergman, a representação não representa nada a não ser a própria representação, o fato de ser.

A parábola poderia terminar aqui. Mas não. Tudo precisa ser mais uma vez negado, tudo precisa ser submetido a uma nova reviravolta do sentido, a *metábole*, no léxico da tragédia ateniense. Às vezes um lance de olhar é capaz de desmontar o papel cristalizado na "máscara de guerra da vida" depois de anos. É humilhante contar isso. A máscara cai então no chão, espatifa-se em pedaços e podemos ver o que não deveria ser visto, o rosto nu. A pessoa chora, querendo adiar a morte, que, no entanto, anuncia Clarice, virá de maneira implacável. A sugestão da morte, devido à quebra da máscara, é talvez excessiva dentro dos termos da parábola que Clarice conta. Mas mostra, quem sabe, mais uma vez o pano de fundo da guerra, trazida pela lembrança do pai. A crônica nesse ponto parece truncada. Chegamos talvez ao limite de linhas admitidas no espaço do jornal, ou Clarice simplesmente se cansou. A "guerra" é também o acidente contingente da sobrevivência necessária pelo jornalismo. Deixa então, no lugar do final uma cifra taquigráfica, duas frases enigmáticas, que sugerem o caminho completo da questão para os que conhecem a sua obra, mas que jazem em fragmento na crônica, como a máscara que caíra oca no chão. De um lado, ela anuncia àquele que perdeu a máscara, o destinado à morte certa, a possibilidade de renascer, quando será de novo "uma pessoa". E isso ocorrerá, acrescenta ainda, quando ela tiver passado "pelo caminho de Cristo" (Lispector, 2018: 82).

Recomponhamos a linha completa da questão de Clarice, que esse final truncado deixa no ar. A frase do pai, que foi quem lhe ensinou do que se trata com a pessoa, *mensch*, homem, no sentido de humano, "é uma pessoa", é transformada por Clarice em "a pessoa é". A modificação pode passar despercebida. A pessoa, a máscara que realiza por nós a escolha do papel na guerra da vida é a maneira de sermos. Ao vestir a máscara atingimos o ser que somos. O uso do verbo ser no sentido de existência que inverte a frase enunciada pelo pai inscreve o *existencialismo* de Clarice, que tem muito pouco a ver com a filosofia que reivindicou esse nome. A via crucis de Cristo, que será bastante elaborada na sua obra, aqui associada discretamente ao pai, comparece por exemplo em "O ovo e a galinha": "Uma vez um homem foi acusado de ser o que ele era, e foi chamado de Aquele Homem. Não tinham mentido: Ele era. Mas até hoje ainda não nos recuperamos, uns após os outros (Lispector, 2016: 305).

"Aquele homem" é a tradução clariciana do *ecce homo* crístico da Vulgata, "Eis o homem", a frase com a qual Pôncio Pilatos entrega Jesus à multidão hostil. Uma arqueologia da expressão utilizada por Clarice contém, portanto, as camadas superpostas das duas memórias, o *mensch* paterno, e o *homo*, Jesus Cristo, de São Jerônimo. Por detrás da "pessoa" se desenha a história da perseguição aos judeus na Ucrânia, a imigração para o Brasil, cristalizada na figura do pai e no cuidado dele para com as filhas em especial com a caçula, Clarice, vestido com a máscara da tradução de Cristo. É algo da história da família que Clarice deixa cifrada, que transparece aqui, o pai, como o Deus-filho-Cristo deitado nos braços da *pietà*. Aparece ainda um novo sentido até então insuspeitado do mascaramento que traduz a própria operação da tradução. O pai é, a pessoa é, como aquele homem, ou seja, Jesus Cristo, é. O verbo ser no sentido de existência não fixa um modo de ser como télos, como a espécie não consiste em uma forma fixa, mas um constante "tornar-se", como diz Joana a respeito das mães, essas humanas que "exist[em] mais do que os outros", e são "o símbolo da coisa na própria coisa" (Lispector, 1980: 150).

A operação modifica radicalmente o sentido do *symballein* grego. "Símbolo" vem do grego, *symballesthai* (*sym-*, com, e *ballein*, lançar, jogar), "pôr junto", "juntar", e nomeia a ligação (*sym*) natural com o todo (ser, terra, base). Ele originalmente designa o jogo de encaixe de duas metades, que os latinos chamavam de tessera. No jogo das duas metades então, uma é o símbolo e a outra o que ele simboliza, ou seja, a coisa. O símbolo é a própria junção, ligação ou liame. Num primeiro nível, o "símbolo da coisa na própria coisa" designa um símbolo peculiar que quer ser coisa, que quer virtualmente apagar a diferença entre ele e a coisa simbolizada. O "símbolo da coisa na própria coisa" seria um símbolo imanente que se anulasse, deixando permanecer apenas a coisa. Mas olhando com mais cuidado, vemos que o símbolo clariciano é o liame entre as coisas, unidas no ritual, que transcende a coisa, mantendo-se no interior de sua imanência.

A nominação sóbria da pessoa designa, portanto, o ser das coisas, ou simplesmente o fato de serem. Eles são e nisso realizam a sóbria possibilidade humana de viver. Eles em suma realizam o presente do "gênio da vida", de que não soubemos nos apossar ao nascer, que nos é dado, a todos, humanos, animais, coisas, ao nascer: existirmos. É contra a pessoa e o pessoal, o indivíduo e o individual adjetivos, que se instaura a escrita de Clarice que se quer impessoal e anônima. O itinerário narrado em seus textos maiores, como *A maçã no escuro* consiste em tornar-se impessoal, ou destruir em si toda a pessoalidade. Em *A Paixão* trata-se de se despersonalizar, desbastando o ser do "individual inútil" (Lispector, 1964: 176), visando o ser "despessoal" (Lispector, 1964: 178). "Despessoal" é o ser substantivo, liame entre as coisas, essa a ontologia de Clarice.

A segunda parte de *A maçã no escuro* instala o primeiro "símbolo" do itinerário de Martim. Subindo no alto da encosta a cavalo com Vitória, ele tem a visão da fazenda de cima. O mesmo local de onde ele vira a fazenda pela primeira vez, antes de se estabelecer nisso que se tornaria depois um laboratório da existência. Mas naquele primeiro momento, ela ainda não estava maduro para o símbolo. Agora, passada toda a experimentação das imitações em sequência: imitar as pedras, as vacas..., ele finalmente o alcançava:

> (...) com a incerta determinação de uma geleia viva, ir de novo à encosta para retomar cada dia o instante de sua formação do dia anterior. Onde ficava de pé, bastando-lhe estar de pé, sem saber o que fazer. Essa necessidade que uma pessoa tem de subir uma montanha – e olhar. Esse era *o primeiro símbolo* que ele tocara desde que saíra de casa: "subir uma montanha". E neste obscuro ato ele se fecundava. Aquele lugar era um velho pensamento jamais formulado. Como se o pai de seu pai o tivesse aspirado. E como se da invenção de uma lenda antiga tivesse nascido aquela realidade. Aquele lugar já lhe tinha acontecido antes, não importava quando, talvez apenas em promessa e em invenção. (Lispector, 1978: 98, grifo meu)

O símbolo é a repetição de uma lenda, mas uma lenda paradoxal, ao mesmo tempo velha e inventada. Trata-se de um "velho pensamento jamais formulado", e da "invenção de uma lenda antiga". Antiga de fato ela parece ser, aspirada pelo pai de seu pai. O símbolo consiste em *subir uma montanha*, e se cristaliza na fórmula. Ali Martim finalmente se tornava o "símbolo dele mesmo", *mártus* em grego, "testemunha" e depois "mártir", ele se "encarna em si próprio". Nada, no entanto, acontecia na encosta, pois ali "existir já era uma ênfase". Os símbolos são imitações, segundo a leitura peculiaríssima que faz Clarice da *Imitatio Christi*, de Tomás Kempis, e que é o tema de "A imitação da rosa"[9].

Como em "Banhos de mar" trata-se da repetição de uma lenda que tem uma origem remota, desconhecida, vem do "pai de seu pai", mas paradoxalmente inventada, que faz coincidir a lei e a graça. A obediência a "velhas tradições" e a graça do que é livre. A montanha é um símbolo ultracodificado, em todas as tradições religiosas e mitológicas. Quantas montanhas só na Bíblia? o monte Sinai, Aratate, Tabor, das Oliveiras, para ficar nos mais conhecidos. Está em *Assim falou Zaratustra*, e no romantismo alemão como signo sublime nacionalista na pintura de Caspar David Friedrich. Como o oceano

---

9. Clarice resposta a Fernando Sabino a sua leitura o livro de Kempis, na carta de 5 de outubro de 1953: "Quanto às leituras, variadas, provavelmente erradas, a mais certa é a *Imitação de Cristo*, mas é muito difícil imitá-Lo, e isso é menos óbvio do que parece" (Lispector, 2001: 112).

é codificado como exemplo do sublime, inclusive no próprio nome, *sublimi-nis*, "que se eleva", "que se sustenta no ar", remetendo a uma longa tradição codificada pelo tratado de autoria do pseudo-Longino, um obscuro retórico helenista do século I A.D., o *Peri Hypsous*, mal traduzido como "Do sublime". Uma tradução melhor seria: "Do elevado", "Do altíssimo". O tratado versa basicamente sobre o "grande dizer", a "grandeza", "o falar sobre o que é alto" (Deguy, 1988: 9). Na montanha se justifica o tom elevado do romance.

No entanto, mais uma vez, chama a atenção o uso singular que Clarice faz da tópica. O símbolo é precisamente a tessera e o liame que faz agora a "união das plantas, das vacas e do homem que ele [Martim] começara a ser" (Lispector, 1978: 99). A imitação de cada "estágio" da existência: o "terreno terciário" dos ratos e das plantas, o curral das vacas", inclui agora o patamar humano, que se materializa em um símbolo. É o acesso ao símbolo que o torna humano, atingindo a "própria grandeza – a grandeza com que se nascia", mas que tem de fato a exata dimensão do humano (Lispector, 1981: 105). A cristalização de cada estágio se dá pela repetição: a cada dia, depois do trabalho, Martim voltava à encosta, retornando ao momento em que se aproximara da fazenda pela primeira vez, e "de novo e de novo voltava". Não bastava mais reconstruir o mundo dentro de si, agora era preciso reconstruir a cidade, ultrapassando a abolição da linguagem no círculo das coisas silenciosas, mas ampliando o círculo da grandeza de forma a incluir a linguagem dos outros. A sequência de símbolos que se concluirá com o último elo do itinerário martirológico, a "mímica da ressureição", uma dessas coisas "que parecem não acontecer, mas acontecem". "A ressurreição como fora prometido se fizera". Ajoelhado diante de Vitória, invertendo as posições de gênero codificadas pelo evangelho, cumpre-se o prometido, realiza-se o ícone esculpido pela tradição. Pois "o essencial é destinado apena a se cumprir, glória a Deus, glória a Deus amém" (Lispector, 1981: 252). Mesmo que nem Martim, nem Vitória, nem nenhum dos presentes, entenda o que está acontecendo, o ritual se cumpre, a lei retorna ainda, uma vez mais, como graça.

É em *A maçã no escuro* que Clarice "entende" o esquema que será o mesmo doravante de todos os seus textos. Uma superposição de camadas de textos em palimpsesto, que repetem sempre a lei de um texto anterior esquecido, configurando um ritual vazio, não-confessional, imanente. Ainda ali pairará a sombra do pai, Pinkas, como matriz da repetição, ao mesmo tempo lei e graça. ●

REFERÊNCIAS BIBLIOGRÁFICAS

BENVENISTE, Émile. *O vocabulário das instituições indo-europeias. Vol. II Poder, Direito, Religião.* Trad. Denise e Eleonora Bottmann. Campinas: Editora Unicamp, 1995.

BUBER, Martin. Spinoza, "Sabbatai Zvi and the Baal Shem Tov". In: *Hasidism.* Nova York: The Philosophical Library, 1948. [documento digital].

DEGUY, Michel. Le grand-dire. "Pour contribuer à une relecture du pseudo-Longin". In: Courtine, Deguy, Escoubas et alii. *Du sublime.* Paris: Belin, 1988.

DOSTOIÉVSKI, Fiódor. *Memórias do subsolo.* 5.ed. Trad. Bóris Schnaiderman. São Paulo: Editora 34, 2004.

FLIPORTO. "2010: Benjamin Moser e Nádia Battella Gotlib com Mona Dorf, Fliporto, 2010". https://www.youtube.com/watch?v=yFFiAl5CC-8. (consultado em janeiro de 2021).

GOTLIB, Nádia Battella. 2.ed. *Clarice fotobiografia.* São Paulo: Edusp/Imprensa Oficial do Estado de São Paulo, 2009.

_____. "Elisa Lispector revisitada: entrevista com Nádia Battella Gotlib". *Blog Instituto Moreira Salles*, 2011. https://blogdoims.com.br/elisa-lispector-revisitada-por-marcela-isensee-e-cecilia-himmelseher/. (consultado em janeiro de 2021).

KANT, Immanuel. *Crítica da faculdade do juízo*. 2.ed. Trad. Valerio Rohden e António Marques. Rio de Janeiro: Forense Universitária, 1995.

LISPECTOR, Clarice. *A hora da estrela*. Rio de Janeiro: Livraria José Olympio Editora, 1981, 6ª edição.

_____. *A maçã no escuro*. 5.ed. Rio de Janeiro: Editora Paz e Terra, 1978.

_____. *A paixão segundo G.H.* Romance. Rio de Janeiro: Editora do Autor, 1964.

_____. *O lustre*. Romance. 2.ed. Rio de Janeiro: José Álvaro Editor s/a, 1963.

_____. *Outros escritos*. Orgs. Teresa Montero e Lícia Manzo. Rio de Janeiro: Rocco, 2005.

_____. *Para não esquecer*. São Paulo: editora Ática, 1978.

_____. *Perto do coração selvagem*. Rio de Janeiro: Editora Nova Fronteira, 1980.

_____. *Todas as crônicas*. Org. Pedro Karp Vasquez. Rio de Janeiro: Rocco, 2018.

_____. *Todos os contos*. Org. Benjamin Moser. Rio de Janeiro: Rocco, 2016.

_____. *Uma aprendizagem ou o livro dos prazeres*. 7.ed. Romance. Rio de Janeiro: Editora Nova Fronteira, 1980a.

LISPECTOR, Elisa. *No exílio*. Rio de Janeiro, José Olympio editora, 2005a, 3ª edição.

_____. *Retratos antigos*. Belo Horizonte: editora UFMG, 2012.

MOSER, Benjamin. *Clarice*, Trad. José Geraldo Couto. São Paulo: Cosac Naify, 2009.

OLIVEIRA, Cláudio. *Do poema de Parmênides aos documentários de Herzog: um percurso intelectual*. Tese de Titularidade. Instituto de Ciência Humanas e Filosofia da Universidade Federal Fluminense, 2020.

SABINO, Fernando; LISPECTOR, Clarice. *Cartas perto do coração*. 3.ed. Rio de Janeiro/ São Paulo: Record, 2001.

SCHOLEM, Gershom. *As grandes correntes da mística judaica*. 3.ed. Trad. Jacó Guinsburg e outros. São Paulo: Editora Perspectiva, 1995.

SPINOZA. *Ética*. Trad. Tomaz Tadeu. Belo Horizonte: Autêntica, 2008, 2ª edição.

WALDMAN, Berta. *Entre passos e rastros*. São Paulo: ed. Perspectiva, 2002.

_____. "Uma cadeira e duas maçãs: presença judaica no texto clariciano". In: *Cadernos de literatura brasileira de Clarice Lispector*, no. 17 e 18. Rio de Janeiro: Instituto Moreira Salles, 2004.

Lucia Helena
Clarice Lispector e o desafio
duma rapariga ao espelho

Lucia Helena

Doutora em Teoria da Literatura pela UFRJ, 1983, com pós-doutorado em Literatura Comparada pela Brown University, 1988-89. Professora aposentada de Teoria da Literatura do Departamento de Ciência da Literatura da Faculdade de Letras da UFRJ; professora titular aposentada do Departamento de Letras Clássicas do Instituto de Letras da UFF. Pesquisadora de Produtividade do CNPq. Autora, dentre outros, de *Totens e tabus da modernidade brasileira: símbolo e alegoria em Oswald de Andrade* (1985, Prêmio APCA de Ensaio), *Ficções do desassossego* (2010), *Náufragos da esperança: a literatura na época da incerteza* (2010), *Nem musa, nem medusa: itinerários da escrita em Clarice Lispector* (2012) e *Uma literatura inquieta* (2016). Pesquisadora visitante conferencista na Brown University em set/out. 2017; professora visitante em várias universidades do exterior e no Brasil. Coordenadora do Grupo de Estudos Nação e Narração, fundado em 1995, e certificado pelo GRPesq do CNPq. Atualmente em exercício na Pós--Graduação (Mestrado e Doutorado) em Estudos Literários da Universidade Federal Fluminense.

relicário
No baile da Corte
Foi o Conde d' Eu quem disse
Pra Dona Benvinda
Que farinha de Suruí
Pinga de Parati
Fumo de Baependi
É comê bebê pitá e caí

Senhor feudal
Se Pedro Segundo
Vier aqui
Com história
Eu boto ele na cadeia.

Oswald de Andrade (1974)

O contrato está todo certo, só não contém nenhuma clausula que me garanta que o livro não será modificado (refiro-me à troca de "crianças" por "miúdos", "meias" por "peúgas", "moça" por "rapariga"). Fiquei com o problema de considerar ou não a cláusula tácita. (...) envio a você a cópia assinada, descontarei o cheque, certa de que o livro se manterá dentro de sua língua 'brasileira'.

Clarice Lispector (carta a Thiers Martins Moreira, 1961)

A presença da cultura letrada portuguesa se expressa pela primeira vez em nossa terra na carta de Pero Vaz de Caminha ao rei de Portugal, em 1500. Nela, o escrivão da frota torna-se agente de uma narrativa entusiasmada em face de uma paisagem exótica por ele focalizada "de fora para dentro". Entusiasmado com a "descoberta" e com o território que o impressiona, hesita nomeá-lo como ilha ou como terra, em virtude da dimensão que ela aparenta possuir. Num documento de exaltação, afiança que "dar-se-á nela tudo". E, assim, o português nomeia quem somos sem, todavia, nos dar voz. O enviado do rei prossegue suas notícias dizendo "seguimos nosso caminho por este mar de longo/ até a oitava da Páscoa" e destacando que "topamos aves/ E houvemos 'vista de terra'" (Andrade, 1974: 80).

Nestas linhas têm início dois paradigmas ("terra à vista" e "mar à vista") que, por muitos séculos, nos acompanharam e ainda, muitas vezes, nos acompanham, no olhar de nossas elites: o da terra à vista, o de um Brasil olhado de fora, sob parâmetros estrangeiros, na demonstração de que um obstáculo etnográfico e etnocêntrico norteia o olhar para o outro, rasurando sua alteridade e espelhando nele seu próprio rosto e, não a face do ser a quem vê, por não conseguir conferir ao outro, nem lhe admitir, uma existência autônoma. A este obstáculo só o século XX, no texto, por exemplo, de um Oswald de Andrade, conseguirá responder e reagir à altura: "Aprendi com meu filho de dez anos/ Que a poesia é a descoberta/ Das coisas que eu nunca vi" (Andrade, 1974: 100).

Este ato de olhar, ver e nomear, com os olhos livres a terra e seus personagens, habitantes e visitantes, sem o cutelo da colonização, levará séculos para ser alcançado. Desde a famosa viagem da descoberta, no amanhecer do século XVI, até o século XIX, o português aqui se estabelece como língua, estilo e ideologia que para cá se transpôs, numa imposição que sufocou com autoritarismo manifestações autóctones, como é usual em processos de colonização.

Pensando com Antonio Candido, consideramos que uma literatura só se instala verdadeiramente quando se esboça o conceito de nacionalidade, tal como o conceberam os românticos, além de se estabelecer, no contexto social, a cooperação e a existência tripartite do conjunto autor, obra e público, o que apenas no século XVIII irá ocorrer entre nós, durante o arcadismo, quando podemos começar a pensar em uma literatura brasileira, que, de modo incipiente, vai se compondo. Ao contrário do que disse Haroldo de Campos, em *O sequestro do barroco* (Campos, 2011), o barroco, e nisto me situo na posição defendida por Antonio Candido (1975), é uma manifestação literária no Brasil, mas não do Brasil. E, ainda que entre nós tenha tido importância e vulto, não foi propriamente um fenômeno nacional. Naquele momento, não tínhamos ainda uma literatura nacional, mas uma manifestação literária aqui instalada, visto que o barroco é um estilo internacional, cuja poética tem na mímesis entendida como adaptação e cópia, uma licença para o pastiche e a adoção da modelagem de um ideário e de um estilo europeu para cá transplantado. Nele ainda persevera a dominância do estatuto de um imaginário eurocêntrico que orientou a Carta de Caminha.

Este primeiro paradigma de apropriação e de implantação cultural portuguesa no além-mar brasileiro podemos chamar de terra à vista.

São cartas, crônicas, relatos de viagem que, vindos de portugueses ou de outras bandeiras, descrevem a terra nova e a observam. Ela é tema e objeto, não o sujeito da ação do contar. Nele, a terra recém "achada" viveu como projeção de uma "lei" portuguesa, na qual cada uma das iniciais desta palavra corresponde ao L de latifúndio e linguagem, ao E do estamento português e ao I da Igreja de um catolicismo ibérico muito poderoso. Deste modo, vai se configurando a imagem de um novo país, que só terá o estatuto de nação no século XIX. No panorama árcade, o paradigma da "terra à vista" se vai adentrando para o interior a exemplo do que ocorre com uma, dentre a centena de liras de Tomás Antonio Gonzaga, compostas na sua maioria dentro do preceito do *locus amoeno* das águas e frescas águas de cristal, na qual se deixa transparecer o realismo da paisagem brasileira da mineração e da escravidão como em: "tu não verás, Marília, cem cativos tirarem o cascalho e a rica terra" (Gonzaga, 2005: 80). No mesmo período, começa a aparecer o "degelo do eu", no feliz achado de Antonio Candido, de Marília de Dirceu e de Dirceu de Marília, como um prenúncio ainda muito inicial, da subjetividade que será pujante no romantismo.

Com Alencar este primeiro paradigma se movimenta e desloca. No romance *Iracema*, Martim contempla, do rochedo, o mar que fita à distância, inaugurando um segundo paradigma, o do "mar à vista".

No entanto, se agora o Brasil é o ponto de observação de algo fora dele, o que lhe confere, de certo modo, identidade e autonomia, este olhar é, no entanto, um preito à saudade, uma vez que Martim fita o mar pensando na noiva distante, de quem se recorda e sente falta. Ao mesmo tempo, Iracema já engravidara de um filho seu. A terra brasileira, representada pela indígena, vive ainda o duplo estatuto de terra à vista e mar à vista.

Do século XIX ao XX foi-se intensificando um conjunto de imagens do Brasil, na literatura e na teoria sociológica produzida entre nós, e elas são marcantes na construção dos perfis de nossa nacionalidade e de uma literatura cada vez mais autônoma, à medida que chegávamos ao modernismo. Nestas imagens, o paradigma do mar à vista, com o qual denomino a concentração do foco na terra como ponto de observação de si mesma e do outro, se intensifica, diferindo-nos de um Portugal distante. Foi variada a paleta de cores deste imaginário do nacional, importantíssimo na construção, por exemplo, de nosso modernismo. Chamo atenção, em especial, para duas delas, antes de chegarmos, finalmente, a Clarice Lispector. Refiro-me a Mário de Andrade e a Oswald de Andrade, os pontas-de-lança do anseio ao direito permanente à pesquisa estética (como preconizava Mário de Andrade) e à ruptura com o ideário de um passado beletrista, a ser devorado (como preconizava Oswald de Andrade, inicialmente com seu manifesto e poesia *Pau-Brasil* e, a seguir, com o conhecido *Manifesto Antropófago*, de 1928. Tanto Mário, com sua Paulicéia desvairada (1921) e seu *Macunaíma* (1928), quanto Oswald, em 1924 e

1928 introduzem entre nós a dicção da vanguarda e, com esta, a procura de romper com a estética passadista e a criação de um discurso artístico e cultural cada vez mais independente do perfil colonial.

A presença da personagem portuguesa em *Macunaíma* surge quando se dá o confronto de Vei, a Sol, e o herói de nossa gente. O surgimento de Vei tem um duplo estatuto, como se observara na referência aos portugueses em Alencar, mas com sinais diferentes. Em *Iracema*, a terra de origem e o guerreiro de ascendência portuguesa são duas entidades juntas, mas, ao mesmo tempo, separadas. E convivem com uma ambiguidade, gerando o brasileiro a partir de uma genética à maneira do século XIX, pois Moacir é um mameluco, enquanto sua mãe, a terra, é a indígena e seu pai, um homem branco de origem lusitana. À maneira romântica, a fratura e o belicismo da implantação muitas vezes genocida do colonizador nesta terra são ocultados sob o símbolo do amor e da união entre os contrários, ainda que com final trágico, pela morte de Iracema.

Já em *Macunaíma* a gênese do nacional pela racionalidade do caldeamento das duas raças não é mais possível e essa "mistura" é cancelada. Macunaíma é um preto retinto, filho do medo da noite. Era uma criança feia, que uma índia tapanhumas pariu. Tem dois irmãos, um bem velhinho, Maanape, e outro, Jiguê, que está na força de homem. Gera um filho com Ci, mãe do mato e imperatriz das Icamiabas, mas seu filho morre. Estando tremendo de frio numa ilhota deserta da baía de Guanabara, Macunaíma é salvo por Vei, a Sol, que o aquece. Ela o quer casar com uma de suas filhas. Ele promete, mas mal Vei dá as costas, ele se amulhera com uma portuguesa. Adiante, já comido pela maleita, Vei o reencontra e decide vingar-se, sabendo de sua sedução pelo lastro europeu. Ao final do texto, como não aceitara Vei a sol como sogra, esta dele se vai vingar e o herói de nossa gente será por ela punido. "Vei sabe que, para puni-lo, tem que europeizar também os instrumentos do castigo" como diz Gilda de Mello e Souza (1979: 61), em *O tupi e o alaúde*. O debate sobre a identidade nacional se torna altamente complexo e a sedução pelo europeu custará caro ao herói de nossa gente, que representa um Brasil partido entre o progresso sem consciência de São Paulo, a possível integração com um ideário latino-americano amazônico e o Uraricoera subdesenvolvido e tomado de maleita. Naquele momento, não era mais possível a Mário de Andrade formular uma gênese como soma dos contrários e apresentar a identidade como síntese desses, numa brasilidade de fachada, que ocultasse, sem mais, a dissidência de seus fundamentos. Nem mais a "portuguesidade" formava conosco uma opção possível. Não é à toa que a personagem portuguesa vai minguando entre nós no Brasil do modernismo, eivado de problemas.

De um lado, *Macunaíma* representara um conglomerado de raízes fragmentadas e mais o lendário caxinauá, taulipangue e arecuná, pondo o Brasil em articulação com o alto Solimões em busca de realizar um sonho marioandradido de uma união latino-americana, com raiz indígena e uma homenagem ao negro como também formador da cultura e da identidade móvel e permanentemente em se fazendo por ele atribuída ao continente que se caracterizaria por este matiz cambiante.

Em Oswald a questão dessa identidade aberta e da rasura da lusitanidade é encaminhada por via da paródia, do humor e da contundência contra a transformação que se fizera da herança portuguesa em um ranço passadista e beletrista. Ele faz o desmonte disto em seus dois famosos manifestos, o *Pau Brasil* e o *Antropófago* e também na poesia *Pau-Brasil*, que tomamos como epígrafe.

Mas tanto em Mário como em Oswald, a identidade e o nacional ainda estão na pauta das grandes questões a serem discutidas, o que viabiliza a existência de alguns portugueses de papel entre seus personagens.

E com Clarice Lispector?

Com ela a coisa muda de figura.

Quando abro o livro *Laços de família*, de 1960, deparo com seu primeiro conto, "Devaneio e embriaguez duma rapariga", me espanto. Leio e releio o texto e sinto como que um bloqueio, e vejo que Clarice, ainda hoje e mesmo na releitura, muito me intriga e desconcerta. Não tenho a hipótese de não reler, mais uma vez, a terceira epígrafe desta conversa além de remeter meus ouvintes ao primeiro parágrafo do texto de Lispector, que lhes repasso neste momento, não sem antes me referir à terceira epígrafe (relendo-a) em suspenso.

Diz Lispector, na epígrafe citada:

"O contrato está todo certo, só não contém nenhuma clausula que me garanta que o livro não será modificado (refiro-me à troca de "crianças" por "miúdos", "meias" por "peúgas", "moça" por "rapariga"). Fiquei com o problema de considerar ou não a cláusula tácita. (...) envio a você a cópia assinada, descontarei o cheque, certa de que o livro se manterá dentro de sua língua "brasileira" (Lispector, 2020: 732). Sobre seu texto, em Legião estrangeira, de 1964, na sessão "fundo de gaveta", quatro anos depois de publicá-lo, Lispector assim se refere à sua "portuguesa de papel": "De 'Devaneio e embriaguez duma rapariga', sei que me diverti tanto que foi mesmo um prazer escrever. Enquanto durou o trabalho, estava sempre de um bom humor diferente do diário, apesar de os outros não chegarem a notar, eu falava à moda portuguesa, fazendo ao que me parece, experiência de linguagem. Foi ótimo escrever sobre a portuguesa" (Lispector, 2016: 644).

E assim Lispector começa seu conto "Devaneio e embriaguez duma rapariga": "Pelo quarto parecia-lhe estarem a se cruzar os elétricos, a estremecerem-lhe a imagem refletida. Estava a se pentear vagarosamente diante da penteadeira de três espelhos, os braços brancos e fortes arrepiavam-se à frescurazita da tarde. Os olhos não se abandonavam, os espelhos vibravam ora escuros, ora luminosos. Cá fora, duma janela mais alta, caiu à rua uma cousa pesada e fofa. Se os miúdos e o marido estivessem à casa, já lhe viria à ideia que seria descuido deles. Os olhos não se despregavam da imagem, o pente trabalhava meditativo, o roupão aberto deixava aparecerem nos espelhos os seios entrecortados de várias raparigas" (Lispector, 1965: 5).

De saída, alguns pontos me chamam a atenção.

Primeiramente, a linguagem é carregada de um sotaque português, inusual no restante do livro, onde não encontramos nem "frescurazita", nem "miúdos", nem infinitivos, nem "elétricos" e, se formos adiante no texto, neste conto de registro diferente aparece o resto de uma canção que fala de um "pardalzito que voou para o Minho", ainda que a moça morasse no Riachuelo, um bairro no centro da cidade do Rio de Janeiro. Desta primeira observação recolho, para mim mesma que, no texto, existe uma memória linguística que o escreve em português de Portugal, o que faz que o conto se destaque totalmente do linguajar restante do livro.

Um segundo aspecto a destacar é o fato de que este conto discute, de cabo a rabo, um flagrante da existência de uma mulher de classe média baixa, com seu marido e seus filhos, em sua casa num bairro popular do centro da cidade do Rio de Janeiro, sendo que ela, carente de pensar em si, num determinado momento em que se encontra em solidão, faz um mergulho para dentro de si mesma, num clima onírico de devaneio e embriaguez, em que a referência insistente a um espelho tripartite não deixa dúvida de que este mergulho não é só um tema, mas um movimento de interiorização da personagem, uma forma de especular, na discussão das questões da identidade, o ser daquele ente, a rapariga. Mas também não é só um movimento especular acerca da identidade "portuguesa" da personagem. Não. A "geografia" racial vai se evanescendo em prol de um mergulho mais profundo no âmbito da dimensão existencial deste ser, agora não principalmente uma portuguesa, ainda que também o seja. Em outro conto do livro tratará da menor mulher do mundo, abordando uma pigmeia africana. Guardemos este "detalhe" para mais adiante.

Do primeiro ponto abordado, retiro uma conclusão parcial. O uso do registro vocabular do português de Portugal mostra o português como língua que hospeda uma personagem estranha a nós. A língua se manifesta, neste sentido, como linguagem, como hospedeira de algo estranho, e neste caso, pode ser vista, ela mesma, como código que cria um estranhamento, ou podemos então aqui conceber a linguagem do conto como hospedeira de uma "língua estrangeira", i. é, o português de Portugal.

Retiro agora uma segunda conclusão parcial: a de que se percebe neste texto de Lispector que a questão da identidade cultural penetra no texto não mais como tema, mas como construção encarnada no corpo da linguagem e não algo externo. Neste sentido, a lição modernista da inadequação do caldeamento de raças ou de uma teoria da racionalidade para nos explicar como o Outro, não é mais possível. Ou não tem mais qualquer rendimento em Lispector. As identidades pessoal e cultural caminharão juntas, como um problema que vai ser examinado na configuração interna da personagem feminina, investigada num quadro em que o patriarcado ocidental é convocado como ponto de vista de focalização (isto ficará bem claro no conto que trata de pequena flor, a pigmeia).

Como terceiro ponto a destacar, destas conclusões preliminares, podemos ver que a questão da identidade é concebida em Lispector como uma categoria aberta, em se fazendo na reflexão, num gesto permanente de especulação com e na linguagem. E será esta forma aberta de conceber a identidade e os processos de identificação que vai permitir que o texto tome configuração histórica e literária.

A insistência em compor a personagem em um texto que soa de modo esquisito, no contexto linguístico dos demais contos do livro, se justifica pela configuração de uma nacionalidade na linguagem e não mais na referência a uma racialidade, já que em nenhum momento se diz que esta personagem é portuguesa.

O contexto geográfico do conto é todo carioca: rua do Riachuelo, bairro do Riachuelo, rua Mem de Sá, Praça Tiradentes (e tudo isto remete para o mundo urbano cosmopolita do centro da cidade do Rio de Janeiro), embora ainda apareça uma quinta no bairro de Jacarepaguá (zona muito distante do centro que, nos anos de 1950-60 contemporâneos à escrita do conto) serve à guisa de paisagem rural em contraste com o alarido dos elétricos do centro e do cosmopolitismo do pregão do vendedor do jornal *A noite*).

Indo além, é preciso dizer que, no entanto, no todo do conto, nem o contexto importa por si mesmo, nem a lusitanidade do estilo e do vocabulário será o foco da constituição da personagem, que vai oscilando entre o ser mulher e o ser da existência colhida em si mesma, na investigação do que é o existir, que resulta uma questão não a ser respondida com um sim ou não ou com um isto ou aquilo, mas a ser posta como questão, como algo a investigar porque é preciso ser, intransitivamente, numa linguagem em que o eu e as identidades são declinados, se isto faz sentido. Esclarecendo, para que não fiquemos num jogo de palavras, tomo aqui o "personagens declinadas" como a necessária "inclinação" do ser sobre si mesmo, num processo de reflexão, no mergulho a um espelhamento para dentro, a fim de que se possa empreender investigação mais plena, mas sempre insuficiente e sem fundo, da identidade como algo poroso e em metamorfose, uma conquista que Lispector inaugura desde suas primeiras obras e que a acompanhará até o texto que, ainda em vida, finalizou antes de morrer, *A hora da estrela*, em 1977.

Relembrando a epígrafe sobre o contrato, em carta escrita a Thiers Martins Moreira, (então diretor do Instituto de Estudos Lusófonos em Lisboa e também titular de Literatura Portuguesa da UFRJ, datada de 21 de abril de 1961, 460 anos depois de nossa "descoberta"), vemos que Clarice Lispector não emprega palavras em vão. E que as piruetas que dá no estilo, logrando por vezes contorcer a gramática, fazendo o leitor ficar desnorteado, tudo isso vem junto com uma enorme consciência linguística da língua portuguesa. E, lembrando um de seus melhores intérpretes, Roberto Corrêa dos Santos, sua frase é simples, é clara, embora suas constantes dobras levem o leitor a ter que refletir, num esforço que exige um determinado tipo de leitor, um leitor que goste de pensar e de ir e voltar na tarefa prazerosa, difícil e muitas vezes cansativa, da leitura e da releitura. Isto para dizer que "rapariga", "miúdos", "quinta", "elétricos" e outros elementos da norma diatópica portuguesa de Portugal são uma forma de narrar intencional e não de marcar regionalismo tão simplesmente. Tudo isto forma um sistema com outros elementos de que ainda vou tratar.

Esta "rapariga", do conto "Devaneio e embriaguez duma rapariga", texto com o qual Lispector abre a obra-prima *Laços de família* – esta "portuguesa de papel" é portuguesa na e da linguagem e se desnacionaliza nas mutações do texto e se transforma em alegoria do feminino no sentido de Walter Benjamin, em *O drama barroco alemão*, ou seja, a alegoria no sentido do que faz falar o outro reprimido pela história do vencedor. Esta portuguesa "da" e "na" linguagem é uma das alegorias do mulherio que habita *Laços de família*, em que encontramos as magistrais personagens Pequena flor, Laura e Ana, dos contos "A menor mulher do mundo", "A imitação da rosa" e "Amor".

Cada uma delas é a figuração de um feminino reprimido por centenas e milhares de anos de um horizonte patriarcal de violência e de opressão sobre a mulher, que as faz assentar no lugar cristalizado que restringe ao outro as possibilidades de ser no mundo fora do prescrito e consabido espaço da obediência, da submissão e do não-ser.

A "rapariga" é alguém que só pode se deslocar da alienação costumeira quando, livre dos filhos e do marido, e contemplando sua imagem no espelho tripartido, descobre que pode ser múltipla na mesma imagem de um espelho que faça refletir, como uma multiplicidade, os seios entrecortados dela, que pareciam "os seios de várias raparigas", como o texto diz. Os olhos da personagem, neste fitar em abandono e solidão, vibram nos espelhos ora escuros, ora luminosos, entre o clamor do dentro do quarto e do fora do quarto, na focalização embriagante do narrador que, muito de propósito e de modo falsamente inocente, desloca o olhar do leitor, construindo nele também a embriaguez da personagem.

Quando o marido entra, ela nem lhe dá importância e volta a dormir, nem vai preparar-lhe, na manhã seguinte, o "pequeno almoço" e, quando ele quer acarinhá-la, talvez desejando algo mais, ela o repreende e o recusa: "- Ai que não me maces! não me venhas a rondar como um galo velho!" (Lispector, 1965: 7).

Deste momento em diante, o conto se contamina do discurso indireto livre, fazendo o devaneio se infiltrar no texto por esta técnica tão cara a Lispector para nos dizer do jogo entre a consciência, o nível da pré-fala e as dimensões do inconsciente que, sem que a personagem nem o narrador possa controlá-los, vão surgindo de dentro dela. Assim como de dentro da rapariga, forças antes presas, até que, para ficarmos ao pé da letra do texto, nela se vejam liberadas "as capacidades que não lhe faltavam" (Lispector, 1965: 9).

Acompanhando um pouco mais a magia deste texto, a pré-fala da personagem lança no discurso do narrador a exclamação: "Ai, que esquisita estava", em que o estava pode ser uma expressão da terceira ou da primeira pessoa do discurso ou, mesmo, também das duas pessoas do discurso, até que, "No sábado à noite a alma diária perdida, e que bom perdê-la", a personagem, antes doméstica e domesticada surge com "os cotovelos sobre a toalha de xadrez vermelho e branco da mesa como sobre uma mesa de jogo, profundamente lançada numa vida baixa e revolucionante" (Lispector, 1965: 9).

Esta experiência de sua própria alteridade vai se extinguindo, fugidia, como nos outros contos da mesma série, num fatigante e belíssimo exercício de ser, fora da pauta prévia do lugar de gênero que não pode mais ser visto como um lugar cultural pronto e fixo. No final do conto, no entanto, ressurge, como projeto e memória, uma força que se abriga, ou pode se reinstalar, numa escrita em metamorfose e ou da metamorfose que se instalara na personagem. O conto se fecha com a personagem sentada no bordo da cama, agora metaforizada como se fora uma nau, quem sabe, mas a pestanejar resignada: "A lua. Que bem se via a lua alta a deslizar... Alta e amarela a deslizar pelo céu, a coitadita. A deslizar, a deslizar... Alta, alta. A lua. Então a grosseria explodiu-lhe em súbito amor; cadela, disse a rir" (Lispector, 1965: 9).

Quando o conto termina, a rapariga, a portuguesa de papel, a mulher como alegoria – ainda se sente ressoar sobre ela, num intertexto que eu talvez esteja querendo enxergar e não esteja ali, mas afianço que está, surge-me o eco de um texto de Fernando Pessoa, na versão do heterônimo Ricardo Reis, num poema, publicado na Revista Presença, no qual podemos ler: "Para ser grande, sê inteiro: nada/ Teu exagera, ou exclui/ Sê todo em cada coisa. Põe quanto és/ No mínimo que fazes/ Assim, em cada lago a lua toda/ Brilha, porque alta vive". (Ricardo Reis, Revista Presença, 1933, v. 37).

E a contaminação inevitável se dá, entre o brilho da lua do texto daquele poeta maior de Portugal, que brilha agora na lua deste texto de Lispector, na experiência intertextual da descoberta de ser mulher, mais uma vez reprimida, mas ainda ali, alta como a lua, talvez quase inalcançável, mas vivida na experiência enquanto texto, e nela vívida, sim, a mulher que antes se queria casta ressurge surge a rir com a imagem de si mesma como "cadela", no cio de um ser mulher que lhe era e lhe é ainda negado.

Tendo começado sua narrativa por um intertexto com o conto de Eça de Queiroz "Singularidades de uma rapariga loura" (datado de 1873 ou 4) publicado no volume *Contos*, de 1902, e examinado no estudo comparativo de Nádia Battella Gotlib, que o aborda em relação ao conto de Lispector, nossa autora termina seu texto com uma referência à memória de Fernando Pessoa, no heterônimo Ricardo Reis, e nada mais a propósito, pois Pessoa foi o poeta português que, mais do que qualquer outro, examinou, escreveu e viveu na carne o estilhaçar das identidades.

Entre dois grandes marcos da literatura lusitana, Eça de Queirós e Fernando Pessoa, se insere, com igual grandeza, a singularidade de Clarice Lispector e o prazer que dá com sua magnífica personagem, uma portuguesa de papel. •

REFERÊNCIAS BIBLIOGRÁFICAS

ANDRADE, Mario. *Macunaíma: o herói sem nenhum caráter*. Edição crítica de Telê Porto Ancona Lopez. Ilustrações de Pedro Nava. Rio de Janeiro: Livros Técnicos e Científicos: São Paulo: Secretaria de Cultura, Ciência e Tecnologia, 1978.

ANDRADE, Oswald de. *Poesias reunidas*. 4. ed. Rio de Janeiro: Civilização Brasileira, 1974. p. 95. (Obras completas, v. 7)

BENJAMIN, Walter. *Origem do drama barroco alemão*. Trad. apres. e notas de Paulo Sérgio Rouanet. São Paulo: Brasiliense, 1984.

CANDIDO, Antonio. *Formação da Literatura brasileira: momentos decisivos*. 5. ed. Belo Horizonte: Itatiaia; São Paulo: Editora da Universidade de São Paulo, 1975. v. 1 e 2.

CAMPOS, Haroldo. *O sequestro do barroco na formação da literatura brasileira: o caso Gregório de Matos*. São Paulo: Iluminuras, 2011.

GONZAGA, Tomás Antônio. "Tu não verás, Marília, cem cativos", In: Tomás Antônio Gonzaga/por Lucia Helena. Rio de Janeiro: Agir, 2005. p. 80. (Nossos Clássicos)

GOTLIB, Nádia Battella. "Eça de Clarice (Devaneios)". 150 Anos com Eça de Queirós. *Anais do III Encontro Internacional de Queirosianos*. Org. e edição: Elza Miné, Benilde Justo Caniato. São Paulo: Universidade de São Paulo/Centro de Estudos Portugueses/FFLCH, 1995. pp. 446-453.

LISPECTOR, Clarice. "Carta a Thiers Martins Moreira." In: *Todas as cartas*. Prefácio e notas bibliográficas Teresa Montero. Rio de Janeiro: Rocco, 2020.

_____. *Todos os contos*. Org. Benjamin Moser. Rio de Janeiro: Rocco, 2016. p. 644.

_____. "Devaneio e embriaguez duma rapariga". *Laços de família: contos*. 3. ed. Rio de Janeiro: Editora do Autor, 1965. pp. 5-14.

_____. *A hora da estrela*. Edição com manuscritos e ensaios inéditos. Concepção visual e projeto gráfico Izabel Barreto. 1. ed. Rio de Janeiro: Rocco, 2017.

REVISTA PRESENÇA, 1933, v. 37.

SANTOS, Roberto Corrêa. *Clarice Lispector*. São Paulo: Atual, 1986.

SOUZA, Gilda de Mello e. *O tupi e o alaúde: uma interpretação de Macunaíma*. São Paulo: Duas Cidades, 1979. p. 61.

TERRA, Ernani. "A enunciação em devaneio e embriaguez de uma rapariga" São Paulo, UPM-GES (USP), 2017, 7 p.

VIDAL, Paloma. "E agora – uma crônica do encontro com os manuscritos de A hora da estrela." In: *A hora da estrela*. Edição com manuscritos e ensaios inéditos. Concepção visual e projeto gráfico Izabel Barreto. 1. ed. Rio de Janeiro: Rocco, 2017. pp. 9-42.

Lúcia Peixoto Cherem
Empada de legume não tem tampa

Lúcia Peixoto Cherem

Graduada em Letras Português-Francês pela Universidade Federal do Paraná (1982) e doutora em Língua e Literatura Francesa pela Universidade de São Paulo (2003), com bolsa sanduíche na Universidade do Quebec em Montreal, Canadá, sobre a obra de Clarice Lispector. Aposentada da graduação de Letras da UFPR desde 2015, atuou na Pós-Graduação de Estudos Linguísticos desta mesma universidade até 2019, como professora colaboradora, onde trabalhou principalmente com ensino/aprendizagem da leitura e formas de letramento. Participou da fundação da Associação de Leitura e Escrita do Estado do Paraná, a Ler.com, em 2018, sendo ainda hoje responsável pela Coordenação de Leitura e Letramentos.

P ara conceber esse texto, tive que me dar a força de um cavalo que mal nasce e já sai andando. A escrita de Clarice Lispector sempre me propôs essa reação diante das dificuldades da vida que tento entender agora ao aceitar o desafio de escrever sobre a autora no aniversário dos seus cem anos... Esse texto será a tentativa de compreender também a ligação que tenho com seus textos de forma mais direta – não tão criada pelo discurso construído, ao longo do tempo, em torno da sua obra.

E falarei sobre listas. Por que falar de listas? Sim, sou uma autora de listas todas as manhãs. Faço listas pra sobreviver, para não desvirtuar, não me perder como fazia Laura no conto "A imitação da rosa". Laura não deu conta de conter o mergulho na beleza e na loucura, mas até agora tem funcionado para mim. Durante anos, os textos de Clarice, como esse conto, foram minha balaustrada, minha âncora para me manter num certo equilíbrio. Os textos dessa mulher que não conheci pessoalmente e que tinha idade para ser minha mãe me acompanharam por toda a vida. Eu, sempre, necessitada de mães. Na busca pela escrita, ela me ensinava a fazer a minha própria busca. O conhecimento e a fruição da sua linguagem foram, para mim, uma vitória sobre o desamparo.

E hoje, finda a fase mais difícil, pude aceitar a linguagem vinda de mim e de outros pela oralidade, recuperando fatos vividos e a poesia sentida no dia a dia. Por isso, continuo escrevendo sobre dores e perdas para seguir vivendo. Foi lendo e escrevendo que pude ter um pouco de paz. Diferentemente de Clarice que raramente conseguiu paz ao escrever. Mas, a minha pouca escrita é volátil, é precária, é reconquistada a cada dia em que, de repente, tudo se desorganiza. É com esse espírito de desorganização que inicio esse relato. Para depois tentar aplicar alguma habilidade minha de professora e de pesquisadora da sua obra.

Narrarei a seguir, num texto individual e também profissional, meu próprio percurso para fazer uma abordagem da sua obra, incluindo aí o contato com autoras, críticas e tradutoras estrangeiras de seus textos. Misturando tudo, como na vida.

A língua estrangeira para mim funcionou como uma terceira perna, aquela que G.H. perde ao encontrar a barata no quarto de Janair, em *A paixão segundo G.H.* Com apenas 18 anos, comecei a dar aulas de francês na minha cidade. Eu tinha começado a estudar a língua aos 13 e já falava bem e escrevia razoavelmente. Ser professora coincidiu com a estratégia de me esconder atrás de uma língua estrangeira, tamanha era a minha timidez e medo de me expor. Como escolhi, então, ser professora? Fingia ser uma outra pessoa, mas nem sempre conseguia. Às vezes, era tomada por muita angústia e muito medo de errar. Depois, através do meu trabalho, consegui uma bolsa de estudos para ir viver na França: aperfeiçoar o ofício de professora e fazer uma especialização em literatura infantojuvenil, uma outra paixão da época. Me senti uma Macabéa em Paris.

Quando entrava numa banquinha para comprar o jornal e levava uma invertida gratuita do atendente, pensava logo que a coisa era comigo, reação a meu *quase* sempre sorriso que chegava antes da palavra, numa tentativa de cumplicidade que se aprende no Brasil como estratégia de sobrevivência. Deviam me achar com cara de tonta, despreparada para viver ali naquela cidade dita civilizada, mas impaciente e, em alguns bairros, metida à besta. Fui entendendo, aos poucos, que, mesmo entre eles, uma certa agressividade era a regra e passei a reagir também. Era Macabéa aprendendo a se virar em Paris...

Estudante de Letras em Paris, na Sorbonne III e na Sorbonne XIII, entrei em contato também com algumas pessoas que seguiam o seminário de Hélène Cixous na Universidade de Vincennes Saint Denis, Paris VIII. Foi lá que

EMPADA DE LEGUME NÃO TEM TAMPA • 195

conheci Séverine Rosset. Ela queria ter aulas de português brasileiro comigo para poder ler os textos de Clarice no original. As aulas não deram muito certo, faltava-nos disciplina. Quando vi que não ia funcionar, propus que traduzíssemos um texto da autora juntas. Foi assim que traduzimos, Séverine Rosset e eu, no início dos anos 1980, *A mulher que matou os peixes*.

Um amigo francês me perguntou se eu havia optado pela "feia fiel" (*la laide fidèle*), lendo uma das páginas da Clarice já traduzidas por nós. Disse-me que os franceses preferem, em geral, em matéria de tradução, as "belas infiéis" (*les belles infidèles*). Tentei explicar que a própria Clarice se queixava das traduções que faziam de seus livros e que, de todas, até a sua morte, tinha preferido a tcheca, por não entender uma só palavra. E que seu modo de escrever poderia parecer "torto" até mesmo para os brasileiros, o que, ao invés de diminuir, deixava transparecer a força de seus textos. E justamente o que eu queria evitar eram as traduções enganosas, passando para o francês um jeito empolado, precioso de escrever, que Clarice nunca teve porque era direta e passava para o papel sua coragem e intuição.

Fizemos o trabalho a duas vozes, essa amiga francesa e eu, sem a menor perspectiva de publicação. Queríamos entrar mais em seus textos – ela, por ser estrangeira, eu, pelo prazer de permitir a uma outra pessoa um encontro mais íntimo com o texto de Clarice. Não havia ainda nenhum livro para crianças traduzido para o francês e gostávamos especialmente de *A mulher que matou os peixes (La femme qui a tué les poissons)*.

Meses depois, num encontro sobre a escritora em Paris, conhecemos um editor interessado pelo texto, Gérard de Cortanze. Tivemos que enfrentar o problema com o título: o editor dizia que seria mais vendável *A mulher que matava os peixes (La femme qui tuait les poissons)*. Depois de muita discussão, fomos vencidas e ele acabou publicando a obra, pela sua editora, a Ramsay, com o título assim mesmo mal traduzido em 1990. Ficamos, na época, com essa dívida para com Clarice, logo ela, que se confunde e sofre com a personagem da história por ter esquecido *uma única vez* de dar comida aos peixes das crianças, matando-os. *A mulher que matou os peixes* e não que *matava*. Eu chegava a perder o sono por termos feito aquela concessão. Só nos restava esperar a absolvição. E ela veio: em 1997, a Éditions du Seuil comprou os direitos autorais e o republicou com o título corrigido: *La femme qui a tué les poissons*. Esse fato nos deixou muito felizes porque foi como consertar um erro grave. Pudemos nos redimir, Séverine e eu.

No final dos anos 1990, já professora de língua e literatura francesa na UFPR desde 1992, decidi fazer minha tese de doutorado sobre a obra de Clarice Lispector. Meu escudo ainda era a língua francesa. E pensei que um diálogo com as leitoras, pesquisadoras e tradutoras francesas e canadenses poderia ser frutífero. Mesmo sendo professora de língua e literatura de expressão francesa, não queria fazer minha tese sobre uma autora estrangeira e, sim, sobre a obra que tinha marcado toda a minha existência até ali. Para aquele trabalho, selecionei alguns dos encontros que tive com os escritos dessas mulheres, ou mesmo com algumas delas presencialmente, para resumir as lições que elas me deram a partir da visão que tinham da obra de Clarice.

Com Hélène Cixous, o encontro tinha se dado no seu seminário que eu segui esporadicamente nas aulas de Saint Denis no início dos anos 1980. Pude sentir, já naquela época, que a descoberta da escritora por parte da professora e autora francesa não foi apenas um encontro intelectual, mas significou um arrebatamento. Trabalhava em uma universidade nada convencional, na época, onde ensinava literatura também de uma forma menos convencional ainda. Os textos de Clarice eram lidos e comentados em classe por ela e pelos estudantes, mas não de forma acadêmica. Ela solicitava àqueles mais sensíveis, até mesmo com dificuldade de expressão, que dissessem o que sentiam de maneira intuitiva ao ler os textos de Clarice, estimulando uma leitura, às vezes, emocionada, focando seu interesse nos efeitos que o texto clariciano despertava em seus leitores.

Hélène Cixous tem uma abordagem original e faz uma crítica que poderíamos chamar de *poética*. Para Cixous, o que Clarice faz é filosofia poética ou poesia filosófica, o que explicaria a dificuldade que muitos encontrariam ao ler sua obra. A densidade com que se depara diante de seus textos só seria comparada à dos textos de Kafka. Mas a grande diferença entre eles é que Kafka trabalha com alegorias, ao passo que Clarice trabalha diretamente o real, assim como fazem os filósofos. Porém, com uma liberdade muito maior, pelo fato de ser poeta. A descoberta dos textos de Clarice causa nela um grande espanto, como se pode ver no depoimento abaixo dado a Betty Milan:

> Li em uma antologia de textos de mulheres brasileiras publicada pelas Éditions *des femmes* um pequeno fragmento de *Água viva*, e fiquei abismada, achei aquilo sublime. Não acreditei no milagre e me disse que não ia acreditar sem mais nem menos que existia uma obra com a qualidade daquelas páginas. Depois saiu *A paixão segundo G.H.* e foi decisivo. Admiti que era para mim o maior

escritor contemporâneo. Para uma mulher que escreve, Clarice Lispector é uma iniciadora, abriu um território que eu sequer imaginava adentrar um dia. (Milan, 1996: 77)

Na conferência que Hélène Cixous dá em Montreal em 1979, a ensaísta coloca as duas lições fundamentais que Clarice Lispector nos oferece em sua obra: a lição da lentidão e a lição da feiura. Num mundo dominado pela mídia, em que as informações vêm rapidamente de todo lado, Clarice é capaz de lhe apresentar o avesso dessa vivência:

> Precisamos de tempo. Mas estamos submetidas à nossa época de pensamentos mediatizados, de pensamento-tela, de pensamentos imbecilizantes impostos pelo ritmo precipitado dos meios de comunicação. A armadilha é a precipitação. O engodo é a "notícia" que é sempre a mesma (...). Precisamos de tempo: todo o tempo de que necessitamos para a aproximação. (Cixous, 1979: 29)

A aproximação deve ser lenta para não se aniquilar aquilo que se observa, como as pequenas rosas de Laura ou o ovo equilibrando-se na mesa da cozinha. O feio, o mínimo e o insignificante também fazem parte de sua vivência diária que se transforma em literatura. Sobre a lição de feiura, a francesa nos coloca:

> Precisamos da força de certas mulheres para entender a lição de feiura, aque-la que dá, por exemplo, Clarice Lispector em *A paixão segundo G.H.* Lá tudo acontece entre a mulher e a barata. Quando a mulher diz que a barata lhe causa certo horror, não enquanto uma carniça, mas enquanto outro apenas. Quando Clarice Lispector diz: "Eu amo a feiura", o que ela nos comunica, é que a feiura é a história, é o real. Clarice não escolhe. (Cixous, 1979: 30)

Claire Varin descobre Clarice Lispector justamente em 1979 na Universi-dade do Quebec em Montreal quando pensava fazer sua tese de doutorado. Nesse mesmo ano, assiste à conferência de Hélène Cixous intitulada *Poésie e(s)t Politique*. O seu primeiro contato com a obra da autora se dá, logo depois, pela leitura da tradução para o francês do romance *A paixão segundo G.H.* que teve também um forte efeito sobre sua vida tanto pessoal como profissional. Decidiu, por isso, escrever seu trabalho sobre a obra da escritora brasileira. E cinco anos após a sua morte, em 1983, Claire desembarcou no Rio de Janeiro para tentar desvendar o enigma Clarice. O resultado da sua vinda ao Brasil foi a tese defendida no Quebec em 1986: *Clarice Lispector et l'esprit des langues (Clarice Lispector e o espírito das línguas)*. Um ano mais tarde, publicou um livro sobre sua estadia no Brasil e suas pesquisas sobre a autora, intitulado *Rencontres Brésiliennes (Encontros brasileiros)*.

Uma das grandes contribuições de Claire Varin, a meu ver, diz respeito principalmente às análises das traduções para o francês que nos revelam as dificuldades de se traduzir o texto clariciano. Como se sabe, a primeira tradução de *Perto do coração selvagem*, em 1954, mereceu severas críticas, já que a tradutora teria resolvido facilmente características da linguagem de Clarice, tornando seu texto fluente em francês e apagando o seu caráter insólito que, muitas vezes, encontramos no original. Destrói a estranheza da autora que reside, em certas passagens, nas imagens criadas que aproximam a sua prosa da poesia. Quando Lispector recebeu as provas da Editora Plon, reagiu imediatamente enviando uma carta ao editor e apontando sérios problemas no trabalho de tradução.

Claire Varin analisa, em sua tese, todas as correções feitas por Clarice. A canadense realiza um trabalho arguto e exaustivo: para cada uma das 26 correções enviadas à editora, Claire Varin organiza uma ficha em que coteja o original, a primeira tradução francesa (Ed. Plon), a correção de Clarice, a segunda tradução francesa (*des femmes*) e também a tradução para o espanhol de *Perto do coração selvagem*. Muitas vezes, a mudança proposta por Clarice não foi acatada e opções realmente absurdas permaneceram na primeira tradução francesa.

Como já disse, eu também tinha decidido fazer minha tese de doutorado na Universidade de São Paulo sobre a obra de Clarice Lispector: a leitura, a recepção e a tradução de alguns textos da autora na França e no Quebec, recuperando, assim, aquela minha experiência de estudante nos anos 1980, quando tinha conhecido leitoras, estudantes e tradutoras estrangeiras da sua obra no seminário de Hélène Cixous. Em 2001, já professora na UFPR, com dois filhos e meu companheiro, consegui uma bolsa sanduíche da Capes. Nunca tinha visto tanta neve. Uma semana depois, recebia, em nosso pequeno apartamento, Claire Varin. Conversamos umas três horas seguidas. Tomou muito chá e falou sobre o seu grande apreço à obra de Clarice Lispector.

Eu já havia lido seus dois livros, *Rencontres Brésiliennes* e *Langues de feu*. Falou-me que estava à procura de uma tradutora para publicar o segundo livro no Brasil. Disse a ela que talvez eu pudesse fazer o trabalho. Seus grandes olhos azuis ficaram ainda maiores. Começou ali um encontro real de pessoas que conversam, que não se escondem, que tentam desajeitadamente se revelar.

O que me animou a traduzir o seu livro é que ele dá uma visão geral da obra de Lispector, do despojamento que vai conquistando para sulcar seu próprio caminho. Clarice faz isso com tanta coragem, sendo tão fiel a si mesma que sucumbimos a essa força, às vezes, perturbadora. Claire Varin aceita essas características, sem querer esquadrinhá-la e nem desvendar os seus mistérios. Sem endeusá-la também e nem pedir socorro a uma única teoria. Não a reduziu e mergulhou em sua obra, oferecendo-nos, no seu livro, uma síntese de dois terços da sua tese de doutorado, realizada, segundo ela, com o coração, mas sem descuidar do rigor da pesquisa.

Outra contribuição de seu trabalho para o entendimento da obra é a ligação de Clarice com as línguas que ouviu na infância e com as que aprendeu mais tarde em viagens, quando morou fora do Brasil. Essa conexão com várias sintaxes marca muito a experiência dela com a escrita. Segundo Claire Varin, o espírito dessas línguas, além do iídiche ouvido em casa, foi captado por Clarice Lispector que ouvia, via e sentia demais. Por intermédio dela, sentimos, além do mundo das palavras, o da música e o da pintura. Toda linguagem lhe interessava, principalmente o silêncio, a entrelinha, o não-dito. A tradução de *Línguas de fogo* foi discutida e revisada em vários cafés de Montreal, principalmente no *Porté Disparu*, também conhecido como *Café des poètes*, nosso preferido, ou, em minha casa mesmo, onde os meninos um dia me perguntaram assustados, *Mãe, essa que é a Clarice Lispector?*, referindo-se à Claire...

Claire Varin veio ainda muitas vezes ao Brasil: para o lançamento da tradução do livro *Línguas de Fogo*, pela editora Limiar, em São Paulo, Rio e Curitiba em 2002. Para o ano da França no Brasil em 2009, para encontros, palestras e colóquios. Sempre demos um jeito de nos encontrar. Vinha falar sobre a obra de Clarice, abordando também a vida da escritora, principalmente a sua capacidade em captar o espírito das línguas, a ferida da orfandade e a vontade de fusão com o corpo da mãe, falecida quando ela tinha apenas nove anos de idade. O encontro com a barata e com a sua massa branca também fez parte desta busca pela fusão, segundo a canadense. Claire Varin também veio falar de seus próprios livros, já que virou escritora depois desse encontro transformador com a obra de Clarice. Marie-Ange Depierre e Louise Dupré, outras duas quebequenses, também reconhecem que a obra da autora brasileira lhes abriu uma nova perspectiva para o trabalho com suas próprias escritas.

Antoinette Fouque é uma figura extremamente importante que permitiu a Claire Varin e a Hélène Cixous conhecerem *A paixão segundo G.H* através da tradução francesa de Claude Farny, publicada pela *des femmes* em 1978. A editora foi criada e era dirigida por Fouque, editora e psicanalista muito ativa na França, que vem ao Brasil nos anos 1970:

> Fui ao Brasil em 1975 e ouvi falar muito dela (Clarice Lispector). Quis encontrá-la, mas não houve como. Um tempo depois, ela passou na livraria, pouco antes de morrer, eu não estava. Na verdade, a descoberta dessa autora foi um acaso no sentido dos surrealistas, ou seja, algo de improvável e absolutamente necessário (...). Publicamos um livro de entrevistas chamado *Brasileiras* e o depoimento dela me pareceu excepcional. Soube que *A Paixão segundo G.H.* esperava edição e publiquei. Clarice também aconteceu na nossa editora por causa da minha paixão pelo Brasil. (Milan, 1996: 81)

Antoinette Fouque faz ainda visitas ao Brasil no início dos anos 1980 e encontra Rose Marie Muraro e Ruth Escobar, figuras importantes da nossa luta feminista. Há referências à participação dela no jornal brasileiro *Mulherio*. É bom lembrar que seu feminismo não é o de Simone de Beauvoir e das feministas norte-americanas. O movimento do qual participa, *Psicanálise e política*, se contrapõe ao primeiro ao defender uma visão mais complexa da condição feminina, ultrapassando a *reinvindicação, o feminismo igualitário*. Segundo Fouque, essas também foram conquistas necessárias, mas o mais importante era tentar revelar, fazer existir os dois sexos na sua integridade. Seria fundamental possibilitar a existência de um mundo que não fosse centrado unicamente (e inconscientemente) em valores "masculinos". Não haveria — e talvez não haja ainda hoje — um simbólico feminino próprio, o "homem" não é o outro da "mulher". Um discurso para tratar do assunto deveria ser elaborado e essa vertente feminista francesa tentava fazer essa discussão na época.

Enquanto psicanalista, Antoinette Fouque percebe que Lispector é capaz de tocar o leitor de forma profunda. Sente os efeitos da sua escrita, como se pode perceber no excerto abaixo:

> Eu não sou somente editora, mas psicanalista e ela me trouxe o que o analista chega a compreender pela intuição, mas que não se ouve escutando somente seus pacientes: o delírio psicótico sublimado, transformado por uma extraordinária alquimia, pela elaboração de uma poética rigorosa, que é também da ordem da pesquisa científica. Lou Andréas-Salomé tratava frequentemente seus pacientes lendo poemas de Rilke para eles. Em outros termos, o poeta é o mais sublime dos terapeutas. Clarice me traz o que a loucura não me deixa ouvir e ela me oferece isso em forma de obra de arte. Da lama do inconsciente,

EMPADA DE LEGUME NÃO TEM TAMPA • 201

Clarice Lispector fez um diamante. Não existe, aliás, dentro de toda a literatura psicanalítica, uma análise tão rigorosa de um caso de loucura feminina como aquela que ela descreve em *Laços de Família*. (Cherem, 2014: 267).

Antoinette Fouque reconhece na obra clariciana uma busca semelhante à sua própria. Vê nas obras *A paixão segundo G.H.* e *Água viva* a evocação da função matricial, daquilo que é vivo, uterino, algo muito raro de se encontrar na escrita, vista aqui como uma gestação, que incorpora a experiência material de se estar no mundo, o real concreto que se pode tocar, a respiração dos seres vivos, a distância intransponível com o mundo mineral:

> Descobri nela a primeira escritora que conseguiu escapar da ficção narcisista e matricida, por uma escrita que não repele o oral, uma escrita da espera, da esperança e da angústia, articulada ao inconsciente, que eu pude qualificar de *uterina*. Sua obra me ajudou a teorizar essa possibilidade de simbolizar o matricial. (Cherem, 2014: 267)

Em 2003, com a tese de doutorado já defendida, continuei trabalhando também com muitas autoras mulheres em minhas aulas de literatura, entre outros autores. Em maio de 2011, nos dias 13, 14 e 15, aconteceu em Paris, na Casa do Brasil e em Saint Denis (Universidade de Vincennes), o primeiro colóquio internacional sobre a autora na França: *Lectures lispectoriennes: gênero não me pega mais*. Nesse encontro, do qual participei, vários professores e críticos brasileiros estiveram presentes junto a outros estrangeiros, como Maria Graciete Besse e Nádia Setti (França), Claire Varin (Canadá), Benjamin Moser (Estados Unidos), Luisa Muraro (Itália), Carlos Mendes Sousa (Portugal) e Rosi Braidotti (Países Baixos), o que mostra o interesse internacional por sua obra, apesar de ela ainda não ter o reconhecimento que, a meu ver, mereceria, assim como têm outras escritoras do século XX, Virgínia Woolf ou Marguerite Duras.

Somente em 2013, meu trabalho foi publicado, editado pela Editora UFPR, com prefácio da competente Teresa Montero, estudiosa das traduções de Clarice para a língua inglesa. Em 2014, fui chamada a revisar meu texto para uma reimpressão. Eu sabia que a editora *des femmes* tinha publicado, em 2012, a biografia de Clarice Lispector, de autoria de Benjamin Moser, com o seguinte título: *Clarice Lispector pourquoi ce monde, une biographie* (*Clarice Lispector por que esse mundo, uma biografia*). E como prefácio, Moser apresentava uma entrevista com Antoinette Fouque. Resolvi escrever a ela solicitando que a mesma entrevista fosse traduzida para o português e constasse como posfácio da minha segunda edição. Ela concordou e a única exigência era que eu enviasse dois exemplares do livro para a Livraria *des femmes* em Paris. Quando o livro ficou pronto, enviei os dois exemplares com um cartão de agradecimento. Christine Villeneuve me escreveu agradecendo e avisando que Antoinette Fouque tinha falecido havia um mês mais ou menos. Antoinette Fouque tinha representado para mim mais um grande encontro viabilizado pela obra de Clarice Lispector.

Finalmente, antes de concluir esse texto, vou resumir as contribuições que acredito ter dado ao estudo da obra da autora. A primeira delas foi facilitar a entrada para colegas, alunas, estudantes em geral, nesses ensaios, traduções e teses dessas mulheres estrangeiras com quem estabeleci um diálogo.

A segunda foi a abordagem do tema da espiritualidade na sua obra: seu misticismo, sua religiosidade sem regras tradicionais estabelecidas, tão particulares, tocam muito seus leitores. Sua personagem G.H. encarna essa busca espiritual que está revelada no romance *A paixão segundo G.H.* e que é vinculada à matéria e não ao desligamento dela. Clarice une espírito e matéria ao relatar o encontro da personagem com a barata. O olhar de G.H. encontra o olhar do inseto agonizante que a própria G.H. está vendo morrer. A massa branca que sai da barata é o *neutro*. Aquilo que é comum às duas, a todos os seres vivos, é a força vital. Mas este misticismo não está apenas nesse romance, está também em outros textos, como "A imitação da rosa" ou "Perdoando Deus".

Para muitos leitores, a espiritualidade desenvolvida por Clarice, em parte de sua obra, talvez represente um substitutivo para uma crença religiosa tradicional. Para muitos deles, entrar na obra de Clarice Lispector talvez tenha coincidido com a busca de uma espiritualidade secularizada. Essa busca, na modernidade, deixou, em muitos casos, de ser feita coletivamente por intermédio das religiões organizadas e passou a se concretizar na intimidade das relações familiares, amorosas (pense-se na poesia dos românticos) e também no encontro com outras artes ou na paixão pela política.

Há, na sua obra, uma forma de transcendência: Clarice, na busca de um sentido para si e para suas personagens, vê-se isolada no mundo. A linguagem literária torna-se insuficiente, sua tradição religiosa parece ter sido substituída por uma busca individual de um deus que ela não é capaz de inventar. Muitas vezes a própria narrativa cria um "tu" para que alguma espécie de comunicação se estabeleça, como em *Água viva* ou em *A paixão segundo G.H.* Ou ainda, a narradora fala diretamente com seus leitores, criando uma cumplicidade desesperada para que esses não a abandonem ou para que a perdoem de algum ato, como em *A mulher que matou os peixes*. O diálogo aí estabelecido substituiria de alguma forma o diálogo do ser humano com Deus? Pode ser que sim, com um deus que Lispector não sabe bem quem é. No entanto, sua busca mística segue sendo a busca pela linguagem, realizada já em séculos anteriores, em outros continentes, por outras místicas fervorosas, isoladas e perseguidas na Idade Média, como Marguerite Porete, como nos apresenta Luisa Muraro.

Unidos pela arte, cada um tentando compreender seu próprio isolamento, muitos leitores parecem encontrar no texto da autora um amparo espiritual. Partilhar com ela o drama da linguagem e a consciência de se estar só no mundo, talvez não seja suficiente para dar sentido à vida, mas se configura, ao menos, como uma espécie de consolo. Na vivência de sua paixão, G.H. talvez revele um pouco do percurso do *gênero humano*. E a narradora sente que está ousando quando toca o real, aquilo que é bruto, de forma inaugural, já que é um ser desarmado do ponto de vista das religiões formais: "(...) a barata e eu não estávamos diante de uma lei a que devíamos obediência: nós éramos a própria lei ignorada a que obedecíamos. O pecado renovadamente original é este: tenho que cumprir a minha lei que ignoro, e se eu não cumprir a minha ignorância, estarei pecando originalmente contra a vida" (Lispector, 1979: 93).

Como eu era também professora de literatura em expressão francesa na UFPR, procurava sempre aproximar autores brasileiros de autores estrangeiros. E quando falava das experiências de leitura dos próprios escritores, costumava citar uma pequena obra intitulada *Sur la lecture* (*Sobre a leitura*), de Marcel Proust. Nesse texto, Proust fala de como se tornou leitor, desde a sua infância, quando sua mãe lia para ele os romances campestres de George Sand. Num dado momento do seu relato, Proust nos revela algo que considero muito importante para quem trabalha com literatura e que sempre me fazia pensar no meu próprio percurso de leitora e na influência que a obra de Clarice Lispector teve nesse percurso. Ele fala sobre o legado que os autores nos deixam e dessa ânsia da falta, da busca espiritual que sempre estamos empreendendo:

> Ce qui est le terme de leur sagesse, ne nous apparaît que comme le commencement de la nôtre, de sorte que c'est au moment où il nous ont dit tout ce qu'ils pouvaient nous dire qu'ils font naître en nous le sentiment qu'ils ne nous ont encore rien dit.

(O que está no final da sua sabedoria nos aparece somente como o começo da nossa, de maneira que é no momento em que eles nos disseram tudo que eles poderiam nos dizer é que fazem nascer em nós o sentimento de que eles não nos disseram nada ainda. (Proust, 1993 : 40, tradução livre)

Mais adiante, ele ainda nos diz:

La lecture est au seuil de la vie spirituelle; elle peut nous y introduire: elle ne la constitue pas.

(A leitura está no limiar da vida espiritual; ela pode nos introduzir lá: ela não a constitui.) (Proust, 1993: 43, tradução livre)

Proust está nos alertando que não basta termos um vasto conhecimento dos textos literários, canônicos ou não, o mais importante é que a experiência de leitura desses textos seja tal que possamos partir deles para constituir a nossa própria busca. Cada um terá que construir a trajetória da sua *paixão*, da sua *via crucis do corpo* ao longo da vida, sozinho ou coletivamente, tendo conhecimento literário ou não. O acúmulo de conhecimento e as análises sem entusiasmo de pouco valem nessa busca que é sempre mesclada ao enfrentamento das nossas emoções e às aflições das perdas. No meu caso específico, a literatura foi de grande ajuda e me acompanhou sempre.

Ao pesquisar sobre a obra de Clarice, procurei também deixar transparecer meu entusiasmo, a vibração que senti ao ler os textos dela, a levar em conta os efeitos que sua escrita sempre causou em mim. Pensava que também a crítica deveria se nutrir dessas sensações, o que não era muito aceito no mundo acadêmico, com sua linguagem mais fria.

Por último, quero explicar o título que parece não ter nada a ver com o que escrevi até agora, tornando-se um pouco surreal. *Empada de legume não tem tampa* é uma fala de uma personagem de Clarice do conto "Legião estrangeira". Ofélia, a menina crescida às pressas, vizinha da mulher casada que trabalha na máquina de escrever e que é interrompida por essa criança muitas vezes. A menina sabia tudo e dava lições de toda ordem à mulher. E saiu-se com essa, *empada de legume não tem tampa*, e cada vez que a mulher chegava à padaria, via aquela fila de empadas de legumes sem tampa, Ofélia tinha sempre razão. Até que um dia Ofélia se torna criança outra vez em uma das visitas que faz à sua vizinha adulta. Os papéis se invertem e a narrativa de Clarice nos surpreende no final num dos contos que mais tocam na questão da incomunicabilidade humana. Cada vez que vejo uma menina imitando um adulto e com toda aquela falsa sabedoria adquirida, numa linguagem escorreita, sem dúvidas, lembro de Ofélia e de suas empadas, hoje transformadas em quiches em todo o canto do Brasil, sempre sem tampas... Deixei por último para lembrar o humor de Clarice, quase esquecido pela crítica em meio a todas as temáticas que são abordadas. Ela também me fez rir, além de todo o aprendizado vivido em seus textos, entrevistas, frases memoráveis. Com ela todos aprendemos, *gênero não nos pega mais.* ●

REFERÊNCIAS BIBLIOGRÁFICAS

CIXOUS, Hélène. "Poésie e(s)t politique? *Des femmes en mouvement"*, Paris, n. 4, 1979, p. 29-32,30nov-7dez.

CHEREM, Lúcia Peixoto. *As duas Clarices entre a Europa e América.* Curitiba: Editora UFPR , 2014.

FOUQUE, Antoinette. *Il y a deux sexes.* Paris: Éditions Gallimard, 2004.

MILAN, Betty. *A força da palavra.* Rio de Janeiro: Record,1996.

VARIN, Claire. *Clarice Lispector et l'esprit des langues.* Thèse, Unversité de Montréal. Montréal: 1986.

_____. *Línguas de Fogo. Ensaio sobre Clarice Lispector.* São Paulo: Limiar, 2002.

Internet

PROUST, Marcel. *Sur la lecture.* La Bibliothèque électronique du Québec, Collection À tous les vents. Volume 401: version 1.02. Disponível em www. beq. ebooksgratuits.com/auteurs/Proust/Sur la lecture, 1993.pdf Acesso, 06/12/2020.

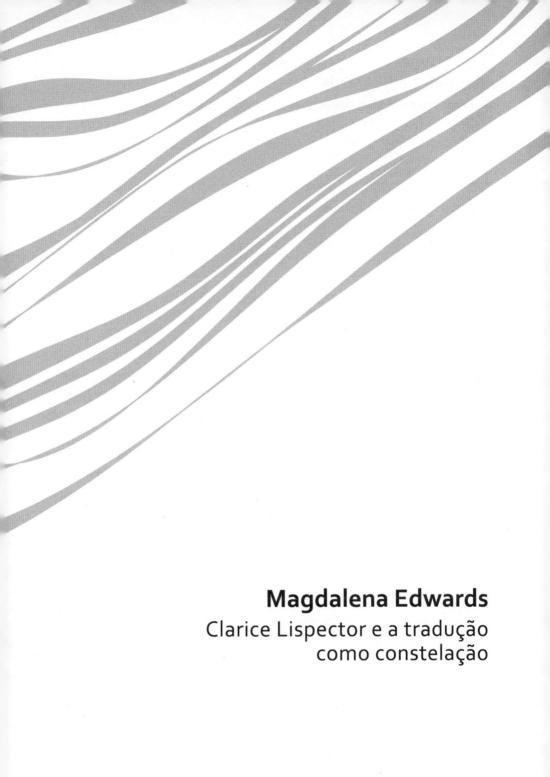

Magdalena Edwards
Clarice Lispector e a tradução
como constelação

Magdalena Edwards

Escritora, atriz e tradutora. Nasceu em Santiago, Chile, e mora em Los Angeles, Califórnia. Fez seus estudos em Harvard (BA Social Studies) e UCLA (PhD Comparative Literature). Traduz do português e espanhol para o inglês, incluindo obras de Clarice Lispector, Silviano Santiago, Márcia Tiburi, Raúl Zurita, Nicanor Parra e Óscar Contardo. Seus textos têm sido publicados em várias revistas e jornais incluindo: *Jornal Rascunho*, *Revista Transas*, *El Mercurio*, *The Paris Review*, *the Los Angeles Review of Books*, *London Review of Books*, *Full Stop*, *Boston Review*, *The Critical Flame*, *The Point Magazine*, *The Millions*, *Words Without Borders*. Como atriz, fez o papel de Annie no curta-metragem *A Short Story* (2019), escrito e dirigido por Lucia Senesi, um projeto exibido em 18 festivais de cinema, incluindo o Montreal International Indie Short Film Awards (2020) onde recebeu o prêmio de Best Lead Actress.

para Adrian Carpusor

Minhas experiências como tradutora têm sido íntimas e intensas. Sem dúvida minha experiência como tradutora de Clarice Lispector tem sido assim. Clarice é uma escritora muito intensa – intensamente íntima – e ela também era tradutora. Acho que esse detalhe me faz sentir, por um lado, uma responsabilidade maior e, por outro lado, a possibilidade de ter uma certa intimidade e compreensão com ela – um reconhecimento de que o trabalho da tradutora não é fácil. No mais formal e profissional dos sentidos, sou tradutora do seu segundo romance, *O lustre,* para o inglês e também protagonista dum conflito editorial que se deu com o editor da tradução que se tornou meu cotradutor na capa do livro[1]. No sentido mais livre e tocante, sou tradutora da Clarice nas minhas escritas líricas, em algumas peças e performances que eu fiz como atriz, e no sentido diário de viver a minha vida como a mãe que sou – uma mãe que muitas vezes está escrevendo coisas quando as minhas três crianças me interrompem com perguntas urgentes ou doidas ou

---

1. https://lareviewofbooks.org/article/benjamin-moser-and-the-smallest-woman-in-the-world/
https://rascunho.com.br/ensaios-e-resenhas/benjamin-moser-e-a-menor-mulher-do-mundo/

engraçadas. Clarice também era mãe e escrevia muito sobre as mães. Clarice escreveu a história da Pequena Flor, que na verdade não é a menor mulher do mundo porque está grávida duma coisa ainda mais pequena. E me pergunto: será que a figura da tradutora é mãe também? Mãe que incuba as palavras que logo nascem e, eventualmente, incubam outras palavras ainda mais pequenas? Mãe do ovo que se torna galinha e produz mais ovos?

Quando eu era pequena, meus pais ouviam discos de músicos brasileiros – João Gilberto, Tom Jobim, Vinícius de Moraes, Toquinho, Miúcha, Caetano Veloso, Carlinhos Brown, Maria Bethânia – e esses sons faziam parte do tecido de nosso lar. Aquela ligação visceral e emocional com a língua portuguesa existe em mim desde a infância. À medida que fui crescendo e começando a traçar o enredo – e os laços – da família, descobri que meus pais haviam passado a lua de mel no Rio de Janeiro no ano de 1976, um ano antes da morte da Clarice. Certamente isso não poderia ser uma coincidência. Quando comecei a minha aprendizagem do português em 2001 como estudante de doutorado na UCLA, fiquei completamente encantada. E quando viajei pela primeira vez ao Rio de Janeiro em julho de 2002 para investigar Clarice e Elizabeth Bishop – uma poeta e escritora norte-americana que foi uma das primeiras tradutoras da Clarice para o inglês – me senti em casa no instante que cheguei.

O primeiro romance da Clarice que eu li foi a tradução de *A hora da estrela*, feita por Giovanni Pontiero. Eu tinha acabado de me formar em Harvard e tinha partido de Cambridge, Massachusetts, para trabalhar como professora numa escola internacional em Santiago, no Chile, cidade onde nasci e que meus pais deixaram quando eu tinha um mês. Voltei ao Chile naquele momento – com quase 22 anos – para estar mais próxima de meus avós, tias, tios e primos e para ter minhas próprias experiências no meu país natal e na minha língua materna. Ao ler a história de Macabéa, a datilógrafa, e de Rodrigo S.M., o escritor – enquadrada por Clarice em sua "Dedicatória do Autor (na verdade Clarice Lispector)" – senti uma explosão interna no meu espírito, coração e mente. Eu não tinha ideia de que a linguagem poderia ser utilizada – não, melhor dito, manifestada – desse jeito. "Faltava-lhe o jeito de se ajeitar" (Lispector, 1999: 24). Claro. E quando comecei meu doutorado na UCLA, me imergi no português intensivo durante o outono e inverno, e logo depois na primavera eu fiz meu primeiro curso de literatura na língua portuguesa com a professora Elizabeth Marchant, que ministrava um seminário dedicado à Clarice e suas obras. Nessa primavera quente de 2002, para o seminário da dra.

CLARICE LISPECTOR E A TRADUÇÃO COMO CONSTELAÇÃO • 211

Marchant, li *A hora da estrela* no português original e novamente senti uma explosão na minha mente, espírito e coração. "Agora (explosão) em rapidíssimos traços desenharei a vida pregressa da moça até o momento do espelho do banheiro" (Lispector, 1999: 28).

A tradução é um esforço íntimo, uma das formas mais profundas de fazer leitura. A tradução é o momento do espelho do banheiro. O momento entre Macabéa, a datilógrafa que usa os dedos para criar palavras, e o escritor Rodrigo S.M. que se atormenta com as palavras que usa para criar a história da datilógrafa. Será que eu como tradutora sou mais datilógrafa ou mais escritora? De certa forma, Clarice me dá a resposta – sempre generosa porque a resposta existiu sempre, e bem antes do começo do meu processo de tradução – nas palavras de Rodrigo S.M. falando de Macabéa: "Vejo a nordestina se olhando ao espelho e – um rufar de tambor – no espelho aparece meu rosto cansado e barbudo. Tanto nós nos intertrocamos" (Lispector, 1999: 22). Aquela intertroca entre Rodrigo S.M., o escritor, e Macabéa, a datilógrafa, tem a ver com a intertroca entre a autora (na verdade Clarice Lispector) de *A hora da estrela* e sua tradutora, que traduz *O lustre* do português para o inglês, e que fica obcecada com todas as traduções de todos os textos claricianos. A tr|A|d|UTORA que vê a AUTORA no espelho do banheiro e vice-versa. Assim é.

Quando penso na tradução como constelação, penso na constelação de experiências de leitura que levam ao processo de tradução – lê-se e relê-se o texto que se está traduzindo – e penso na constelação de traduções do mesmo texto, sejam traduções diferentes para o mesmo idioma ou traduções de um idioma para vários outros. Penso também na constelação de tradutores do mesmo autor, como no caso da Clarice para o inglês. Somos muitos, incluindo William L. Grossman e José Roberto Vasconcellos, Elizabeth Bishop, Giovanni Pontiero, Elizabeth Lowe, Earl Fitz, Alexis Levitin, Suzanne Jill Levine, Benjamin Moser, Idra Novey, Alison Entrekin, Johnny Lorenz, Stefan Tobler, Katrina Dodson, Magdalena Edwards e Rachel Klein. E penso na constelação de escritores que dialogam com uma autora, como J.D. Daniels que escreveu um ensaio incrível sobre Clarice para a revista literária *The Paris Review*, onde diz: "in Lispector, the sentence is the story" – "em Lispector, a frase é a história"[2].

Há uma frase de *A hora da estrela* que começou a chamar minha atenção durante este período pandêmico. É uma frase que é toda uma trama. E também a tradução dessa frase desvenda toda uma história.

---

2. https://www.theparisreview.org/blog/2017/05/26/rules-for-consciousness-in-mammals/

Esta é a frase, no português original: "Mas que não se lamentem os mortos: eles sabem o que fazem" (Lispector, 1999: 85). A frase aparece nas últimas páginas de *A hora da estrela*, quando bem sabemos que Macabéa está morta. E é uma frase muito forte considerando que esse romance foi publicado em 1977, somente alguns meses antes da morte da autora. Também estou pensando na entrevista que Clarice deu a Júlio Lerner nesse mesmo ano, onde ela diz: "Eu acho que, quando não escrevo estou morta."[3] Quando Lerner lhe faz a última pergunta da entrevista – será que ela renasce e se renova a cada novo trabalho – ela faz outro comentário semelhante: "Bom, agora eu morri. Mas vamos ver se eu renasço de novo. Por enquanto eu estou morta. Estou falando do meu túmulo." No fundo, escrever é vida e não escrever é morte.

Voltando à frase em questão: "Mas que não se lamentem os mortos: eles sabem o que fazem." Acho que podemos traduzir esta frase no contexto da entrevista que Clarice concedeu a Lerner: "Mas que não se lamentem os que não escrevem: eles sabem o que fazem."

Eu fiquei obcecada com essa frase da Clarice sobre não lamentar os mortos quando ouvi a apresentação audiovisual de Johanna Hedva – feita em 14 de maio de 2020 – chamada "A Decade of Sleeping" ou "Uma década de sono".[4] Hedva começa a sua apresentação com essa frase da Clarice como a epígrafe. A apresentação está em inglês, portanto, a epígrafe também está em inglês. Hedva usa uma das duas traduções já publicadas. Hedva usa a tradução de Benjamin Moser, que é: "But do not mourn the dead: they know what they are doing" (Lispector, 2011: 76). Há também a tradução de Giovanni Pontiero: "But don't grieve for the dead: they know what they're doing" (Lispector, 1986: 85).

Moser traduz "lamentem" – do verbo "lamentar" – como "mourn" e Pontiero o traduz como "grieve" – e então me perguntei: por que eles não usaram o verbo "lament"? A minha proposta é: "But do not lament the dead: they know what they're doing." Este verbo, "lament", está relacionado com a palavra francesa "lamenter" e com o latim *lamentari* ou *lamenta* – que significa "choro" ou "lamento" e tem uma conexão com a seção da Bíblia "Lamentações" e com as mulheres que lamentam e com o Muro das Lamentações. A palavra "lament" ou "lamento" também faz parte dum dos treze títulos do

---

3. https://www.revistabula.com/503-a-ultima-entrevista-de-clarice-lispector/
4. https://www.youtube.com/watch?v=fs1wzw2ZdZk
https://healingartssymposium.wordpress.com/schedule-2/

romance *A hora da estrela*: "Lamento de um blue" . . . Em português a palavra "atropelamento" contém a palavra "lamento" – e um atropelamento é a causa da morte da Macabéa. "Não, não era morte pois não a quero para a moça: só um atropelamento que não significava sequer desastre" (Lispector, 1999: 84). Mas é um desastre sim, mesmo se não queremos aceitá-lo, como sabemos bem do poema de Elizabeth Bishop "One Art" ou "Uma arte": "The art of losing isn't hard to master" que rima com "...their loss is no disaster" (Bishop, 2011: 198). Paulo Henriques Britto oferece a seguinte tradução da Bishop: "A arte de perder não é nenhum mistério" que rima com "...perder não é nada sério" (Bishop, 2012: 363). A versão de Britto esconde o "desastre" ou "disaster" (que rima com "master" no inglês original) para preservar a rima que se torna "mistério" e "sério" na tradução dele para o português. Pensando no poema original da Bishop e na tradução excelente de Britto, acho que tem tudo a ver esconder o desastre. Rodrigo S.M. tenta fazer o mesmo.

Esta meditação sobre a frase em questão – "Mas que não se lamentem os mortos: eles sabem o que fazem" –, especialmente a discussão sobre as opções para a palavra "lamentem" em inglês – é o "mourn" de Moser, o "grieve" de Pontiero, e o "lament" que eu proponho –, é um exemplo de como minha cabeça funciona sendo eu uma tradutora que pratica a tradução como constelação. Não consigo mais ler os textos da Clarice ou os textos sobre Clarice sem entrar nesses detalhes constelatários que são fundamentais para mim.

E volto agora para J.D. Daniels: "in Lispector, the sentence is the story" – "em Lispector, a frase é a história." Já que Clarice tinha uma conexão especial com o inglês, sinto que a história da tradução para o inglês da frase sobre não lamentar os mortos é muito importante. Clarice reconhecia, e talvez possamos dizer se maravilhava de, como o acaso determinou sua relação com o português, língua em que escrevia suas obras. Ela era filha de imigrantes judeus ucranianos, ela mesma uma imigrante que veio para o Brasil ainda pequenininha com sua família. Ela escreveu:

> O que não será jamais elucidado é o meu destino. Se minha família tivesse optado pelos Estados Unidos, eu teria sido escritora? em inglês, naturalmente, se fosse. Teria casado provavelmente com um americano e teria filhos americanos. E minha vida seria inteiramente outra. Escreveria sobre o quê? O que é que amaria? Seria de que Partido? Que gênero de amigos teria? Mistério. (Lispector, 1999a: 320)

São perguntas impossíveis de responder, mas muito provocativas como indagações sobre a tradução.

Através do processo de tradução – como tradutora e leitora de traduções – comecei a aceitar que Clarice em português jamais seria Clarice em inglês ou espanhol ou francês ou chinês ou árabe ou hebraico ou... A tradução exige de mim que eu aceite tanto a perda quanto a diferença. A perda de jamais ser capaz de vivenciar plenamente os textos claricianos em todas as línguas que não conheço, além de sentir os sons (com meu corpo) se alguém lê uma passagem em voz alta para mim, e a perda de não ser capaz de ler a maior parte da escrita deste mundo em seu idioma original. Mas... com cada tradução um caminho novo e diferente emerge na direção do espírito do texto original. Isso é comovente e poderoso.

Durante esses tempos de coronavírus, penso muito sobre o que Clarice poderia me dizer. Como ela poderia – melhor dito, como pode agora – responder às minhas frustrações, em termos de tentar equilibrar minha vida diária entre meus projetos como escritora, tradutora e atriz; meu trabalho, ou vocação dependendo do instante, como mãe de meus três filhos de 12, 10 e 8 anos; e meu papel de mulher, já que tenho um marido que é médico e que teve o coronavírus em março do 2020, bem no começo da pandemia, onde moramos na Califórnia – um marido que passou muito mal durante o mês que esteve doente em casa, agonizante, e ultimamente tem dado sinais de exaustão física e esgotamento espiritual como todas as pessoas que trabalham em medicina e saúde pública em todo o mundo... E devo dizer aqui que este ensaio o estou escrevendo em dezembro do 2020, durante o período de celebrações do centenário da Clarice.

O que diria Clarice sobre tudo isso? E o que diria sobre as perdas que se acumularam neste golpe dum ano, para todos nós... O mais recente e terrível para mim tem sido o golpe da morte dum amigo queridíssimo, Adrian Carpusor, que faleceu inesperadamente aos 47 anos em outubro do 2020 dum ataque cardíaco... Adrian foi sempre muito mais do que meu amigo. Ele era meu parceiro e o padrinho das minhas três crianças. Ele adorava as obras da Clarice também. E ele acompanhava todas as minhas obsessões claricianas em todos os sentidos. Eu lhe mandava mensagens por email durante meu processo de tradução do romance *O lustre* – mensagens com trechos da tradução em pleno processo – e ele me respondia assim: "translation is so intense and beautiful and yes.... heart rate is up, brain is fragmented, the words hurt" – "a tradução é tão intensa e linda e sim... a frequência cardíaca está em alta, o cérebro fragmentado, as palavras doem". Que coisa, meu adorado Adi. Que desastre. Será que eu posso te lamentar? Será que você sabe bem o que você está fazendo? Agora eu tenho tua cópia do romance *A hora da estrela*, de Clarice Lispector, traduzido por Giovanni Pontiero, tua cópia de *Cien años de soledad*, de Gabriel García Márquez, no espanhol original, e tua cópia de *Les Liaisons dangereuses*, de Pierre Choderlos de Laclos, traduzido por Richard Aldington. E agora?

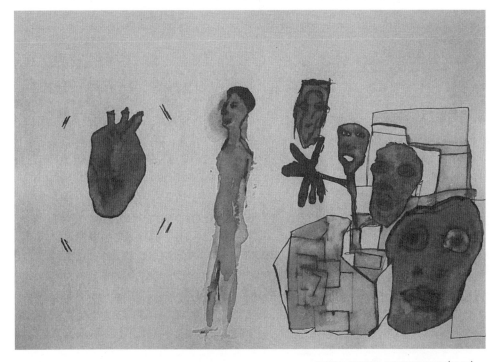

DANIEL ZARVOS, HELPING HAND (2009)

Rodrigo S.M. descreve Macabéa assim, quando ela está com madama Carlota ouvindo seu futuro: "Mas agora ouvia a madama como se ouvisse uma trombeta vinda dos céus – enquanto suportava uma forte taquicardia" (Lispector, 1999: 77). Será que foi a taquicardia ou o atropelamento o que acabou com Macabéa, meu amado Adi? Não podemos mais discutir isso na corporalidade das coisas – somente se eu tento traduzir do ar o que você teria dito. E fico com a última mensagem que eu te mandei, que você jamais recebeu, e que foi na verdade uma mensagem para mim. Um momento do espelho do banheiro – foi exatamente isso quando eu te mandei a imagem da aquarela do artista brasileiro Daniel Zarvos: uma imagem com três partes, 1. um coração anatômico livre flutuante à esquerda, 2. no centro, um homem vermelho solitário que olha para o coração, e 3. à direita, nas costas do homem, quatro máscaras ou caras ou rostos que emergem duma construção humana-urbana. Macabéa diz: "Não sei como se faz outra cara. Mas é só na cara que sou triste porque por dentro eu sou até alegre. É tão bom viver, não é?" (Lispector, 1999: 52).

Pensando em todas essas perguntas, essas obsessões, e essas constelações que nós tocamos aqui, quero terminar com uma frase (que também é uma história) de *A hora da estrela*: "Eu não sou um intelectual, escrevo com o corpo" (Lispector, 1999: 16). E quero agregar: "Eu faço minhas traduções com o corpo." É um processo físico. Como lamentar. ●

REFERÊNCIAS BIBLIOGRÁFICAS

BISHOP, Elizabeth. "One Art." In: . *Poems*. New York: Farrar Straus and Giroux, 2011.

_____. "Uma arte." In: _____. *Poemas escolhidos de Elizabeth Bishop*. São Paulo: Companhia das Letras, 2012.

DANIELS, J.D. "Rules for Consciousness in Mammals." *The Paris Review Daily*. Disponível em: https://www.theparisreview.org/blog/2017/05/26/rules-for-consciousness-in-mammals/, 26/05/2017. Acesso: 10/12/2020.

EDWARDS, Magdalena. "Benjamin Moser and the Smallest Woman in the World." *Los Angeles Review of Books*. Disponível em: website, 16/08/2019. Acesso: 10/12/2020.

_____. "Benjamin Moser e a menor mulher do mundo." *Jornal Rascunho*. Disponível em: https://rascunho.com.br/ensaios-e-resenhas/benjamin-moser-e-a-menor-mulher-do-mundo/, 25/08/2019. Acesso: 10/12/2020.

HEDVA, Johanna. "A Decade of Sleeping." Disponível em: https://www.youtube.com/watch?v=fs1wzw2ZdZk, 14/05/2020. Acesso 13/12/2020.

LISPECTOR, Clarice. *The Hour of the Star*. Translated by Giovanni Pontiero. New York: New Directions, 1986.

_____. *A hora da estrela*. Rio de Janeiro: Rocco, 1999.

_____. "Esclarecimentos – explicação de uma vez por todas." 14 de novembro, 1970. *A descoberta do mundo*. Rio de Janeiro: Rocco, 1999a.

_____. *O lustre*. Rio de Janeiro: Rocco, 1999b.

_____. *The Hour of the Star*. Translated by Benjamin Moser. New York: New Directions, 2011.

_____. "Entrevista com Júlio Lerner." Texto em *Revista Bula*. https://www.revistabula.com/503-a-ultima-entrevista-de-clarice-lispector/. Acesso 13/12/2020.

Marcela Lanius

O instante-já e o já-instante:
Clarice Lispector em tradução
ou um monólogo para muitas vozes[1]

Marcela Lanius

Doutora e mestre em Estudos da Linguagem e bacharel em Letras com habilitação em Tradução pela PUC-Rio. Sua dissertação de Mestrado, intitulada *Diálogos com a esfinge: as Clarices de língua inglesa*, analisa o contexto de recepção e as diferentes imagens de Clarice Lispector construídas pela via da tradução no sistema de língua inglesa. Também atua como tradutora e revisora. É membro da F. Scott Fitzgerald Society, assistente editorial do periódico *Tradução em Revista* e foi coeditora dos números 24 e 28 da *Revista Escrita* (PUC-Rio).

... o som macio como uma ausência de palavras
Clarice Lispector

*What others have called form has nothing to do
with our form – I want to create my own*
Georgia O'Keeffe

"OUVIR ATRAVÉS DO SILÊNCIO"

Publicado em *Onde estivestes de noite*, o conto "O relatório da coisa" traz uma espera e uma ânsia por Sveglia, relógio cujo som, segundo a dona do objeto, é "macio como uma ausência de palavras" (Lispector, 2016: 501). A melodia sem palavras de Sveglia, objeto que é utilizado ao longo do relatório para categorizar modos de existência, sensações e desejos, chega aos ouvidos da narradora não-nomeada apenas uma única vez, por telefone – e guarda, a seu modo, um eco com a sinfonia que Clarice Lispector havia publicado apenas um ano antes em *Água viva:* "Que música belíssima ouço no profundo de mim. É feita de traços geométricos se entrecruzando no ar. É música de câmara. Música de câmara é sem melodia. É modo de expressar o silêncio. O que te escrevo é de câmara" (Lispector, 2019: 56).[1]

Água viva, o livro que é um modo de expressar o silêncio, compõe o que se convencionou chamar de ficção tardia de Clarice Lispector, e passou por

---

1. Este texto contou com o apoio da bolsa de pesquisa FAPERJ Bolsa Nota 10. A autora agradece à Beatriz Regina Guimarães Barboza (UFSC) pela provocação do pensar uma escritora e uma escrita "e/m" tradução.

um processo extenso e demorado de composição, no qual percebe-se a "rejeição dos artifícios empregados anteriormente" na escrita da autora (Abrantes, 2016: 14). Rotulado de acordo com nomenclaturas das mais distintas ao longo das últimas décadas, o livro pode ser entendido como a representação mais evidente da "forma do informe" – esta, busca maior da escrita clariciana (Rosenbaum apud Hegenberg, 2018: 44) – de modo que ocuparia, então, um local de impossibilidade classificatória. Fragmentado e metafórico, *Água viva* é também o resultado de três anos de escrita e reformulação, tendo acumulado ao menos dois outros títulos e versões que antecederam sua forma em livro publicado: *Atrás do pensamento: Monólogo com a vida* e *Objeto gritante*. Curiosamente, o livro contabiliza também três traduções para a língua inglesa – ou melhor, um projeto de tradução nunca concretizado, solicitado pela própria Clarice em 1971 a Alexandrino Severino, e duas traduções publicadas: a primeira, de 1989, assinada por Elizabeth Lowe e Earl Fitz, e a mais recente, lançada em 2012, realizada por Stefan Tobler.

Lanço mão dessas traduções em inglês porque, apesar de *Água viva* expressar o silêncio e evadir as classificações, o livro também posiciona a palavra como objeto, aproximando o ato da escrita da feitura artesanal – e, no processo, estabelecendo um paralelo com o próprio ato da tradução. Se a voz que conta *Água viva* quer "poder pegar com a mão a palavra" (Lispector, 2019: 29), é precisamente isso que os tradutores e tradutoras de Clarice fizeram: transmutaram o silêncio da autora em silêncios legíveis em outras línguas, carregando nas mãos as palavras que Clarice tentou acessar e ultrapassar em *Água viva*. O presente texto, por sua vez, parte da temática da tradução para investigar as versões em inglês de *Água viva* e discutir as muitas Clarices presentes na língua inglesa.

TRADUZIR CLARICE, OU "TOMAR AS COISAS QUE HAVIAM NASCIDO BEM DENTRO DOS OUTROS E PENSÁ-LAS"

Em seu *Línguas de fogo*, Claire Varin posiciona as traduções como "provas de vida após a morte" (2002: 34); um posicionamento que reflete a proposição de Walter Benjamin em seu célebre ensaio "A tarefa do tradutor", onde o filósofo coloca a tradução como um ato capaz de garantir a sobrevivência da obra literária; um instrumento que "prolonga e continua" (2008: 27) a vida dos textos. Mais do que instrumentos e suportes vitalícios, as traduções carregam a possibilidade de confeccionar novas identidades autorais: uma vez traduzida, uma escritora consagrada em seu país e idioma de origem enquanto grande cronista da vida cotidiana pode ser levada para uma nova cultura dentro da condição de expoente de uma literatura de vanguarda, de uma escrita "outra" e exótica – porque o olhar estrangeiro possivelmente enxergará nas banalidades do cotidiano algo novo, singular e inédito.

Do mesmo modo, a tradução é também uma atividade de criação e recriação; um ato que funciona como aquilo que Kate Briggs identificara como uma

> condição de possibilidade para o surgimento de uma nova questão ou de novas questões, para o aparecimento de novas formas de frasear ou responder às formas que já existiam, ou mesmo para o princípio de outra coisa, como o nascimento de algo aparentemente ou completamente diferente. (Briggs, 2017: 361)[2]

E essa condição de possibilidade, que se faz sobretudo pelas mãos de tradutoras e tradutores, está intimamente atrelada a um conjunto de variáveis e agentes – afinal, é necessário destacar que não importa apenas *quem* traduz – mas também *quando* se traduz, para *quem* se traduz e *sob qual patronagem*: quem é o editor do livro, quem atua como revisor, por qual selo editorial o livro será lançado, quem assina as orelhas, a introdução, a apresentação ou mesmo o posfácio. Uma gama diversa de agentes está ativamente envolvida no processo de criação de uma nova identidade autoral para um escritor ou escritora – seja ela uma identidade que compactua com ou difere da posição predominante desse sujeito em seu país e língua de origem.

No entanto, para além dos tradicionais e já ultrapassados debates sobre fidelidade e traição que permeiam a imagem de tradutores e da atividade tradutória, é curioso notar que um outro espectro costuma habitar a discussão – sobretudo quando esta se concentra nos tópicos das traduções literária, poética e dramática. Nesses casos, a tradução costuma ser associada a ideias de desterritorialização, não-pertencimento, estranheza e familiaridade artificial: o tradutor ou a tradutora habitaria um espaço desconhecido, no qual é ao mesmo tempo estrangeiro(a) e nativo(a). E Clarice Lispector, nas suas identidades de autora traduzida, mulher tradutora e estrangeira-brasileira, parece se mesclar quase que imediatamente a essas noções.

---

2. A tradução desta citação, assim como as demais nas quais não houver indicação de tradutor(a), são de minha autoria. No original: "condition of possibility for a new question, a new set of questions to appear, for a new manner of phrasing or responding to the familiar ones to appear, or indeed for something else, for something apparently or entirely beside the point to appear".

À "condição estrangeira de Clarice" (Cherem, 2013: 51), que desde pequena teria convivido com mais de uma língua em seu núcleo familiar, soma-se uma outra experiência do não-pertencer: os sete anos vividos no exterior durante o casamento, que culminariam também no início de sua carreira como tradutora – atividade que exerceria até o final da vida e que se daria de maneira paralela ao seu período de maior criação literária e autoral. A mesma experiência de não-pertencimento acompanha o início da publicação de sua obra no exterior, que encontrou uma Clarice "cheia de medo de ler traduções" de seus escritos (Lispector, 2005: 117).

Os registros da escritora indicam que ela estava ciente de ao menos algumas traduções publicadas durante sua vida: dois projetos para o alemão (Lispector, 2005: 17) – um deles, como aponta Miroir (2016: 75), foi *A maçã no escuro*, traduzido em 1964 por Curt Meyer-Clason; a primeira tradução de *Perto do coração selvagem* para o francês, publicada em 1954 pela editora Plon – tradução esta que resultou na notória carta que a escritora enviou ao editor Pierre de Lescure em maio de 1954; os três contos traduzidos por Elizabeth Bishop para o inglês, publicados na *Kenyon Review* em 1964; e a tradução de *A maçã no escuro* para o mesmo idioma, assinada por Gregory Rabassa e publicada em 1967. É possível supor que Clarice tivesse também conhecimento de uma outra tradução: aquela que Miroir (2016: 63) classificou como "a primeira tradução em língua estrangeira de um trecho de uma obra de Lispector": o capítulo "Os primeiros desertores" de *A cidade sitiada*. Realizada pela diplomata brasileira Beata Vettori, a tradução foi publicada na revista literária francesa *Roman* no ano de 1952. Há também a primeira tradução de Clarice para o espanhol: o conto "Menino a bico de pena", traduzido por Pilar Goméz Bedat e publicado sob o nome "Dibujando um Niño" na *Revista de Cultura Brasileña* em junho de 1965 (ARF, 2015: 31).

Dos relatos de seus tradutores, espalhados por entre prefácios, introduções e cartas particulares, sabemos que Giovanni Pontiero agradece à autora pelo incentivo à tradução para o inglês de *Laços de família*, publicada em 1972 (Pontiero, 1972: 11); que Elizabeth Lowe, em 1973, escreveu para Clarice pedindo autorização para publicar a tradução de alguns contos de *A legião estrangeira* – e uma outra carta, em 1977, para informar que ela e Earl Fitz estavam traduzindo *Água viva* (Gomes 2004: 41). Em seu livro de memórias, Gregory Rabassa relembra que, ao aceitar o trabalho de tradução de *A maçã no escuro*, estava em vias de vir ao Brasil para aceitar uma bolsa de estudos, o que significava que estaria perto de Clarice caso precisasse consultá-la sobre o texto (2005: 71). É pelas mãos desses primeiros tradutores, então, que a escritora será entendida simultaneamente como ícone da crítica feminista francesa, filósofa da linguagem e, por fim, grande nome da literatura latino-americana.

Quanto mais distantes ficamos das décadas de 1950, 1960 e 1970, no entanto, mais a presença concreta de Clarice começa a se materializar como um fantasma silencioso, que convive com as novas gerações de tradutores e tradutoras não por correspondências epistolares e encontros reais, mas sim de formas das mais distintas: ela é visita silenciosa e perturbadora para a tradutora Idra Novey[3]; para Katrina Dodson, é uma jornada mística (2018) e quatro décadas de trabalho comprimidas em dois anos de tradução; para Magdalena Edwards, é uma experiência íntima e estopim criativo, do qual nasce também uma peça teatral, *I Wanna Be Robert De Niro*; na experiência de Johnny Lorenz, Clarice é a escritora que quebra e fragmenta a própria linguagem de tal modo que mesmo palavras à primeira vista simples em português – como "nada" – requerem cuidado máximo (2012).

As experiências e os relatos dessas novas tradutoras e novo tradutor de língua inglesa refletem, de algum modo, aquilo que Grace Paley identificara como um equilíbrio imperfeito entre paz e conflito em sua introdução à coleção de contos claricianos *Soulstorm*, traduzida por Alexis Levitin ao final da década de 1980. Desse modo, se a escrita de Clarice representa o ato de um idioma que tenta se fazer em casa dentro de um outro – de modo que "às vezes há hospitalidade, e outras vezes há brigas"[4] (Paley, 1989: ix), o mesmo parece acontecer quando esse idioma duplo é transposto para um outro via tradução.

Imagens de hospitalidade, desavenças, construção e convivência transbordam dos relatos e das experiências de tradutores e tradutoras – e estão, também, intrinsecamente conectadas a uma imagem maior: a da casa, seja ela uma casa concreta, de quatro paredes, ou a casa que é construída pela língua com a qual convivemos desde crianças. Em "The Translator's Bookshelf" (2019), Elisa Wouk Almino retoma essa imagem ao discutir a tradução para o inglês da obra *Looking at Pictures*, de Robert Walser – um livro que traz o escritor imaginando e descrevendo as vidas íntimas dos quadros. É ao ler as descrições do autor (em tradução para o inglês) que Almino indica: "conforme vou habitando as pinturas que Walser descreve, gosto de imaginar os

---

3. Da experiência de traduzir Clarice, Novey escreveria a coleção de poemas Clarice: The Visitor (2014) e o romance Ways To Disappear (2016). Para uma análise dessas duas obras autorais que vêm como desdobramentos da experiência de tradução, ver Lanius (2019).
4. "sometimes there's hospitality, sometimes a quarrel".

tradutores vivendo dentro das paredes daquelas palavras, descobrindo cada cantinho dos espaços criados pelo escritor"[5].

Mas como se dá essa experiência de residência e descoberta quando os alicerces da casa são movediços – quando as paredes que um escritor ou uma escritora levanta são tão instáveis que parecem pouco confiáveis? Ou quando, assim como *Água viva*, o próprio princípio regulador do livro é o ato de dividir-se, fragmentar-se, multiplicar-se (Gotlib, 2013: 511-512) – e a voz que narra e reconta o texto é uma que se "pluraliza em fragmentos de representações discursivas" (Helena, 1997: 84)?

ÁGUA-VIVA: ESBOÇO, BRICOLAGEM, SKETCH E COLAGEM

Água viva, além de evadir classificações – ou talvez por isso mesmo – parece à primeira vista um texto pouco convidativo. Sua "impressão de bricolagem" (Pessanha, 2019: 134-135), sua natureza de colagem e reprodução de fragmentos de textos outros, como crônicas e contos, além da presença de passagens que misturam ocorrências corriqueiras com revelações e epifanias divinas, corroboram para uma experiência de leitura que desorienta ao invés de acomodar; que confunde ao invés de guiar. As paredes do livro parecem um *patchwork*[6], registrando aquilo que Hélène Cixous identificara como o desejo de presentificar o ato da escrita e conservá-lo fresco como uma tinta recém--espalhada na tela (Cixous, 1989: xvi).

A aproximação entre escrita e pintura é uma das mais evidentes no livro de Clarice – não só porque o sujeito que narra o texto é uma pintora, mas também porque essa própria voz afirma querer misturar tinta e palavra (Gurgel, 2001: 47), buscando assim um acesso não-mediado ao que há "atrás do pensamento", ao "*it*" da coisa, à "quarta dimensão da palavra". Escrito "em signos que são mais um gesto que voz" (Lispector, 2019: 38), *Água viva* se distancia dos romances anteriores de Clarice, sobretudo de *A paixão segundo G.H.*; romance este que, com sua "barata cariátide" que sustenta a vida de G.H. e, ao desmoronar, anuncia sua jornada de descoberta, seus travessões rígidos que abrem e fecham o livro e sua repetição de frases ao final e início de cada capítulo, constrói aquilo que Mariana Bijotti identifica como uma "escrita escultórica" (2020a)[7]. Assim, enquanto os

---

5. "as I inhabit the paintings Walser describes, I love to imagine the translators living within the walls of his words, learning the twists and turns of the spaces he creates".

6. Uso o termo tendo em vista a observação de Abrantes, quando esta indica que a crônica "Um anticonto – Objeto" apresenta uma "composição nos moldes do *patchwork*" (2016: 58-59).

7. A ideia da "barata cariátide" também vem de Bijotti (2020b).

alicerces de *G.H* são sólidos e cimentados como os de uma escultura, os de *Água viva* parecem nos colocar em perigo justamente porque dão a impressão de estarem inacabados, incompletos – e, portanto, fragilizados. Como Lucia Helena lembra, enquanto prática textual, o livro "não se apresenta como algo pronto como um texto fechado, mas como um tecido se fazendo (ou corpo textual sendo escrito)" (Helena, 1997: 88). Quando aliada a elementos como a sólida presença da pintura dentro do texto, o caráter fragmentário, a natureza incompleta e o exterior de bricolagem e *patchwork* de *Água viva*, essa constatação de que o livro está sendo continuamente construído – e está, portanto, sempre inacabado – contribui, também, para que *Água viva* possa ser entendido como um *sketch* ou esboço literário, forma esta que surge como um desdobramento dos *sketches* e dos cadernos de artistas envolvidos com a pintura ao longo dos séculos XVIII e XIX.

Por natureza, o *sketch* é tido não como um produto final, mas sim como um registro que cataloga e desenvolve o progresso, as falhas, os retornos e os sucessos de um artista (Bromley, 2018: 26); um produto, também, que se ocupa unicamente do instante momentâneo e fragmentário, mesclando "conjunções entre simplicidade e sofisticação, entre o ver e o fazer, registrar e construir – e também entre a relatividade do ato de começar e o ato de concluir" (Bromley, 2018: 25)[8]. Dentro do registro literário, o *sketch* vai assumir uma forma múltipla, na qual seria possível mesclar não apenas formas e moldes provenientes das mais diversas tradições como a lírico, a sátira, o teatro e a prosa narrativa, mas também locais e personagens pouco detalhados, que funcionam como arquétipos ou representações fugidias do real. Nesse sentido, o *sketch* é antes de tudo um produto (e um processo) efêmero – e é justamente a sua qualidade de incompletude que faz dele um registro não-mediado da verdade (Sha apud Bromley, 2018: 27).

Pensar *Água viva* como um *sketch* literário-visual abstrato – como uma colagem de temas e textos que mobiliza tradições passadas para misturá-las e reformulá-las, como um "exercício de esboços antes de pintar" (Lispector, 2019: 34), "flash fotográfico" (p. 38) e escrita feita "na hora mesma em si própria" (p. 39) – pode ser produtivo na medida em que é a própria natureza efêmera e incompleta do *sketch* que se coloca como corpo textual do livro; é a forma do *sketch*, portanto, que permite à narradora buscar a "quarta dimensão da palavra" e o "instante-já". O posicionamento de *Água viva* como *sketch* literário-visual é

---

8. "conjunctions between simplicity and sophistication, between seeing and making, recording and constructing, as well as the relativity of beginning and completing".

produtivo também na medida em que, como Cixous afirma, o desejo primeiro do texto parece ser de trazer para o presente um ato que está, por definição, no passado: o da escrita (1989: xvi-xvii).

Além disso, o entendimento do texto como uma prática sempre incompleta e nunca concluída também potencializa a ideia de que os alicerces e as paredes do livro são um pouco escorregadios, pois ancorados em terras movediças como a "quarta dimensão da palavra", o *it* da coisa e o que há "atrás do pensamento". Não à toa, parece, a busca pelo fugidio "instante-já" tenha ganhado formatos tão distintos quando transposta para o inglês: elas registram, cada qual a sua maneira, o aparato crítico e filosófico que orientava o contexto de produção de traduções e a recepção de Clarice Lispector no sistema anglófono. Mais do que isso, essas traduções registram também a experiência de reconstrução dos alicerces do texto em um novo idioma – e o desbravar dos tradutores e tradutoras por entre as paredes instáveis do *sketch*.

A QUARTA DIMENSÃO DA PALAVRA E O INSTANTE FUGIDIO

Água viva traz, além do "instante-já", outros elementos que se repetem e multiplicam em pontos cruciais do texto, como a repetição de "atrás do pensamento", as muitas construções interligadas por hífen, como "é-se", "agora-já" e "pensar-sentir", e "o Deus" – este, seguido sempre de artigo definido. Curiosamente, algumas dessas construções transbordam para além do *sketch* literário-visual de Clarice: "o Deus", por exemplo, estava já em *A paixão segundo G.H.* e causara certa aflição à tradutora Idra Novey, que pontua a questão tanto em seu posfácio à tradução como em um de seus poemas em *Clarice: The Visitor* (2012: 191; 2014: 23); do mesmo modo, *A hora da estrela* traz logo na dedicatória da autora uma forma posterior de pluralização do sujeito; um desenvolvimento daquilo que, em *Água viva*, existira como "és--tu", "eis-me", "é-se", "sou-me", "tu te és": o "eu que é vós pois não aguento ser apenas mim" (Lispector, 2017: 45).

A maciça presença de construções hifenizadas parece apropriada para um texto que, nas palavras de Alberto Dines, funcionava simultaneamente como um "livro-carta" e um conjunto de "situações-pensamento" (Gotlib, 2013: 625): elas, afinal, parecem ser utilizadas como uma forma de expressar aquilo que está entre escrita e pintura; entre a voz que narra e os olhos que leem; e entre, também, o texto a ser traduzido e o tradutor ou tradutora que o encara diante de si. É porque são ocorrências tão centrais para o texto de *Água viva* que pode ser produtivo investigar de que forma esses termos foram traduzidos para o inglês em dois momentos tão distintos, e o que isso pode nos indicar sobre a recepção de Clarice Lispector no mundo anglófono.

***

A primeira tradução de *Água viva* – aquela que jamais aconteceu, pois depois de Clarice ter confiado o manuscrito a Alexandrino Severino em 1971 ela decidiu retrabalhá-lo – sobrevive apenas como possibilidade, guiada pela indicação que a autora parece ter dado a seu possível tradutor: "Gostaria ela [Clarice] que, ao traduzirmos o livro, não colocássemos nenhuma vírgula. Que encontrássemos a palavra precisa e que respeitássemos a pontuação" (Severino, 2019: 147); uma indicação que reflete os argumentos dos quais a autora havia lançado mão em sua correspondência com o editor francês da Plon na década de 1950 e deixa, também, transparecer o desejo de Clarice de que as traduções de suas obras conservassem aquilo que para ela era normal, mas que na crítica nacional e mesmo internacional se convencionou chamar de sua sintaxe pouco convencional. Tal posicionamento da crítica fora observado pela própria Clarice, quando esta relembra a tradução e o prefácio de Gregory Rabassa para sua tradução de *A maçã no escuro*: "[Rabassa] chegou à conclusão estranha de que eu era ainda mais difícil de traduzir que Guimarães Rosa, por causa de minha sintaxe" (apud Miroir, 2016: 80). Esse prefácio, escrito "a pedido da própria editora (...), com o intuito de introduzir o romance e 'facilitar' a recepção pelo leitor norte-americano deste que é considerado um livro de difícil entendimento" (2016: 80), acena para um esforço editorial maior que tentava explicar a escrita – e, de algum modo, justificar a própria escritora – em tradução[9].

A segunda tradução de *Água viva* – aquela que seria, portanto, a primeira a ser devidamente concluída e publicada – é lançada em 1989 sob o título *The Stream of Life* pela University of Minnesota Press[10]. Realizada por Elizabeth

---

9. Miroir também destaca que "retrospectivamente, o tradutor considera que a escritura clariciana não chega a um nível de dificuldade tão elevado, conforme a "fama" ou o "mito", pois "Clarice Lispector escreve uma prosa clara, fluida e evocativa. Um tradutor que segue suas palavras deveria ser conduzido por elas e não ter nenhum problema" (2016: 80).

10. A editora também lançaria, em 1988, a tradução de Ronald W. Sousa de *A paixão segundo G.H.* – e publicaria, respectivamente em 1990 e 1991, *Reading with Clarice Lispector* e *Readings: The Poetics of Blanchot, Joyce, Kakfa, Kleist, Lispector, and Tsvetayeva*, livros de Cixous nos quais a filósofa discute a obra de Clarice em detalhes. A editora, vale lembrar, também, é responsável por publicar em 1994 o livro *Passionate Fictions: Gender, Narrative, and Violence in Clarice Lispector*, de Marta Peixoto.

Lowe e Earl Fitz, a edição conta também com um prefácio de Hélène Cixous, traduzido para o inglês por Verena Conley. Essa pequena constelação de agentes envolvidos em *The Stream of Life* é bastante interessante, uma vez que consolida o forte trânsito de ideias entre a leitura que Cixous fizera de Clarice e a forma como a escritora será lida nos Estados Unidos.

É importante, afinal, lembrar que Clarice ganha proeminência na França e no Canadá no momento política e socialmente conturbado da década de 1970. É a partir dessa leitura, sobretudo feminista e literária, que a escritora será transportada para o mundo anglófono dos Estados Unidos e do Reino Unido, criando uma rede de diálogos que ocorre sobretudo via tradução. Num momento histórico em que a academia e a crítica literária enfrentavam, na França, uma forte crise de valores, a segunda onda do movimento feminista se articulava com força, e o pensamento lacaniano se disseminava com rapidez (Cherem, 2013: 26), Clarice será lida por Hélène Cixous, por Antoinette Fouque e por todo um núcleo de pensadoras e filósofas feministas, que se articulam e atuam majoritariamente no meio acadêmico. É na leitura de Cixous, sobretudo, que Clarice se transformará em expressão maior de uma chamada *écriture féminine* – e é dessa forma que será importada para os Estados Unidos, onde passará a ser lida e traduzida também como filósofa da linguagem; como pós-estruturalista *avant la lettre* (Fitz, 2001). Tal consagração vem pelas mãos de tradutores discípulos de Gregory Rabassa, eles próprios professores e pesquisadores inseridos na realidade acadêmica estadunidense, como Elizabeth Lowe[11] e Earl Fitz (Rabassa, 2005: 73).

Enquanto texto, *The Stream of Life* também fornece algumas pistas interessantes sobre como Lowe e Fitz desbravaram o terreno de *Água viva* – e que tipo de alicerces a dupla utilizou na hora de reconstruir o texto em inglês. O primeiro elemento que se destaca é o fato de que *Água viva* aparece em texto corrido, num molde tradicional bastante similar ao que fora realizado na primeira edição de 1973 publicada pela Artenova e conservado nas edições da Rocco até mesmo na edição mais recente da obra, de 2019 – que, por se tratar de uma edição comemorativa, apresenta também os datiloscritos de *Objeto gritante*, que viria a ser *Água viva*. A roupagem tradicional do texto é digna de nota, uma vez que a edição da Nova Fronteira, de 1978, usara um espaçamento maior entre os parágrafos do livro, criando assim a impressão visual de um texto com-

---

11. Nesse sentido, é importante destacar que *The Stream of Life* solidifica também laço entre Lowe e Clarice – a tradutora viria a cultivar uma duradoura amizade com a autora, como indicam Gomes (2004) e Edwards (2018).

posto por fragmentos[12]. Outro elemento gráfico que se destaca na tradução é a utilização de reticências ou como substituição dos travessões que Clarice havia empregado no português ou como adições que não existiam no original, o que parece contribuir para transformar em uma ruminação ou em uma suavização da voz narradora aquilo que, no original, funcionava mais como uma ruptura[13].

Água viva	*The Stream of Life*
E eu inteira rolo e à medida que rolo no chão vou me acrescentando em folhas, eu, obra anônima de uma realidade anônima só justificável enquanto dura a minha vida. E depois? Depois tudo o que vivi será de um pobre supérfluo. (2019: 37)	*And I, whole again, roll on the ground and as I roll I pick up leaves, I, anonymous creation of an anonymous reality justified only as long as my life lasts. And afterward? ... afterward, all I have lived will amount to the experiences of a poor, superfluous being.* (1989: 15)
Sei o que estou fazendo aqui: conto os instantes que pingam e são grossos de sangue. Sei o que estou fazendo aqui: estou improvisando. (2019: 37)	*I know what I'm doing here: I'm counting the instants that drip and are thick with blood. I know what I'm doing here ... I'm improvising.* (1989: 15)
De que cor é o infinito espacial? é da cor do ar. Nós — diante do escândalo da morte. (2019: 39)	*What color is the infinity of space? It's the color of air. Us... facing the scandal of death.* (1989: 17)

Esses ajustes parecem contribuir para a criação de um texto que é mais fluido e contínuo; que se coloca como o *stream of life* do título, funcionando como uma correnteza na qual "há apenas inícios, centenas deles. E neles seguimos, sem chegar ao fim" (Cixous, 1898: xxiii)[14].

Lowe e Fitz também ampliam a ideia de fluidez – e expandem os atos de divisão, fragmentação e multiplicação que haviam sido notados por Gotlib (2013) – na forma como traduzem e reformulam alguns dos já demarcados

---

12. Esta mudança é observada em parte por Hegenberg, que parece ter utilizado a edição de 1993 publicada pela Francisco Alves Editora – que segue o mesmo modelo de formatação adotado pela Editora Nova Fronteira. Diz o autor, ao afirmar que *Água viva* "é um texto de prosa poética cujos parágrafos se destacam em blocos soltos que lembram estrofes": "nesta, peculiaridade, a edição da Rocco prejudicou gravemente ao unir os parágrafos em bloco contínuo, retirando o efeito causado pelas linhas vazias" (2018, p. 34).

13. É importante destacar que Lowe e Fitz mantêm, em determinados momentos, a utilização dos travessões tal como ela fora empregada por Clarice.

14. "there are only beginnings, hundreds of them. We take off, without end".

termos-chave do texto. Enquanto Cixous indica em seu prefácio que a busca pelo instante-já colocada no texto de *Água viva* faz parte de um movimento maior da escrita clariciana – uma escrita permeada por "momentos de vir a ser, posicionados dentro do espaço que ainda não é e que já é"[15] (1989: xi) –, destacando que o que resiste a captura é a feminilidade presente no próprio ato da escrita (idem), os tradutores priorizam o *já*, aquilo que é imediato, ao *instante*, a formulação de tempo que delimita o acontecimento. O resultado é a transmutação do *instante-já* em *now-instant*: uma inversão da ordem que havia sido colocada no português, possivelmente num gesto que tenta acomodar o termo clariciano às regras da gramática inglesa. Aqui também há uma presença desestabilizadora que contribui para a espontaneidade e para o fluxo inconstante do texto em tradução, uma vez que a tradução de Conley ao prefácio de Cixous traz o *instante-já* traduzido como *instant-already*: uma releitura outra do termo clariciano. Dessa forma, o conceito central do livro ganha sentidos múltiplos não apenas nas formas como é empregado ao longo do texto, mas na sua própria organização e constituição como palavra. Também vale destacar que Lowe e Fitz optam por transformar o *agora-já*, termo que aparece apenas uma vez em todo o texto original (Lispector, 2019: 39), em mais uma ocorrência do *now-instant* (Lispector, 1989: 17) – do mesmo modo que, nas passagens finais do texto, a ocorrência final do "instante-já" é modificada não em *now-instant*, mas sim em *this very instant* (Lispector, 1989:77). Esses dois movimentos distintos, de transformar em já-instante um termo outro e depois desfazer o termo em uma explicação que se mescla ao texto, contribuem novamente para a construção de um texto que é fluido, instável – e, talvez por isso, vivo, como Cixous destacara em seu prefácio (1989: xxii).

✳✳✳

A tradução mais recente, publicada em 2012 pela New Directions e realizada por Stefan Tobler, integra uma segunda onda de retraduções e traduções de textos ainda inéditos em inglês, iniciada em 2011[16]. Ainda que essa nova leva de traduções componha aquilo que se convencionou chamar no mercado edi-

---

15. "moments of coming onto being, in the space of the not yet and the already".
16. Essa nova onda de traduções veio, como se sabe, após o lançamento da biografia *Why This World*, de Benjamin Moser, que também atua como editor das traduções. Este texto não pretende se alongar no assunto, mas destaca que muito já foi discutido sobre a relação problemática que Moser estabelece com a vida e a obra de Clarice, em que o biógrafo tenta por vezes utilizar a vida pessoal da biografada como interpretação definitiva para a vida da autora.

torial e na imprensa estadunidense de "redescoberta" de Clarice – ou mesmo uma *Lispectormania*, como Katrina Dodson identificara (2018) –, é importante destacar que, do ponto de vista da crítica de tradução, esse novo conjunto de obras parece evidenciar dois fatores bastante relevantes.

O primeiro deles é aquilo que Briggs identificara como "defasagens dentro do mundo editorial e da tradução, responsáveis por produzir novos leitores e leitoras"[17] (2017: 17). Ou seja: haveria, no sistema anglófono, um relativo descompasso entre novas gerações de leitores e as primeiras traduções das obras de Clarice para o inglês, publicadas sobretudo entre os anos 1960 e 1990[18]. O segundo fator a ser destacado está naquilo que se poderia identificar como os gostos, preferências ou simplesmente a estética aceita e difundida por esse mesmo público leitor: aquilo que esses leitores identificam como uma tradução *aceitável*. Como Katrina Dodson destacara em seu posfácio a *The Complete Stories*, há uma vantagem significativa em se traduzir uma autora como Clarice "quase quarenta anos após a morte [da escritora], em um momento no qual sua fama internacional e o número de leitores continua a crescer": a familiaridade que os leitores têm com o estilo de escrita – o que faz com que "as peculiaridades dessa escrita sejam entendidas como mais do que arbitrárias. Se por um lado meu primeiro instinto é o de explicar, uma segunda leitura quase sempre indica que as misteriosas decisões de Clarice mantêm sua potência em inglês" (2015: 631)[19]. É dentro desse contexto – mais acostumado, talvez, à Clarice; mais familiarizado com sua escrita e mesmo com sua imagem pública – que aparece a tradução de Tobler, que apresenta um caráter bem mais estrangeiro e estrangeirizador logo em seu título, idêntico ao título em português. Para além de chegar ao leitor comum com um título em português, essa nova tradução de *Água viva* torna visível o caráter fragmentário do livro, uma vez que o texto aparece com um espaçamento maior entre os parágrafos – retomando, assim, aquilo que fora feito aqui no Brasil pela Nova Fronteira e pela Francisco Alves Editora.

---

17. "lags in publishing and translating that produce new readerships".

18. Embora *The Stream of Life* e *The Passion According to G.H.*, publicados inicialmente em 1989 e 1988, respectivamente, tenham sido reeditados pela University of Minnesota Press até pelo menos 2010, há que se destacar que a editora está inserida dentro de um mercado universitário e, portanto, de nicho – o que reduz o alcance e a acessibilidade de suas publicações.

19. "(…) nearly forty years after [her] death, as her international fame and readership rise"; "a growing familiarity with her style enables its peculiarities to be understood as more than arbitrary. If my first instinct is to explain, rereading almost always reveals Clarice's mysterious decisions maintain their power in English".

A tradução de Tobler também parece mais rígida quando comparada a *The Stream of Life,* talvez porque tente conservar as repetições e as estranhezas dos termos hifenizados já discutidos. Enquanto Lowe e Fitz traduzem as ocorrências de "atrás do pensamento" de forma diversa – o termo aparece predominantemente como "behind thought"[20], mas existe também nas formas "behind the thought" (Lispector, 1989: 21, 32) e "behind thinking" (Lispector, 1989: 24, 53) – Tobler utiliza a construção "beyond thought"[21], abrindo apenas uma única exceção para "beyond the thought" quando o termo aparece embutido em "beyond the thought-feeling" (Lispector, 2012: 79)[22]. Do mesmo modo, Tobler identifica como "right-now" (p. 17) o "agora-já" do texto original (p. 39), que fora traduzido como sinônimo do "instante-já" por Lowe e Fitz (Lispector, 1989: 17); e como "are-you" (Lispector, 2012: 6) o "és-tu" (Lispector, 2019: 30) que havia sido anteriormente traduzido para "you-are" (Lispector, 1989: 6). A expressão maior desse movimento tradutório possivelmente está na tradução do "instante-já", que Tobler traduz como "instant-now" – revertendo para uma ordem mais próxima do original aquilo que havia sido invertido na tradução de Lowe e Fitz. Observa-se também um esforço, por parte do tradutor, em tentar criar na língua inglesa um texto que é menos fluido e menos contínuo do que aquele produzido por Lowe e Fitz; um texto que de alguma forma repele a experiência de leitura e transforma o fio narrativo em um que é frágil e ríspido, mas ainda assim conserva momentos de delicadeza e epifania.

Nesse sentido, enquanto *The Stream of Life* evoca o querer do fluxo identificado no livro (Lispector, 2019: 33), *Água viva* – em tradução – recupera a "severidade de uma linguagem tensa" (idem, p. 31), evidenciando uma diferença estética bastante relevante entre essas duas traduções da obra de Clarice para o inglês. Enquanto os primeiros tradutores fazem uso de construções e estratégias mais domesticadoras, as novas traduções constroem textos mais estrangeirizantes, que tentam conservar a escrita de Clarice sem tentar aclimatá-la ou ordená-la. Longe de ser uma prova de que uma tradução seria melhor do que a outra, esse fato parece corroborar com o cenário assinalado anteriormente: o surgimento de novas gerações de leitores, aliado a uma nova recepção crítica, acabam possibili-

---

20. Ver Lispector (1989: 7, 21, 34, 36, 37, 55, 58, 66, 76).
21. Ver Lispector (2012: 7, 22, 26, 35, 38, 59, 61, 64, 73, 84).
22. Lowe e Fitz traduziram o termo como "behind of the thought-feeling" (Lispector, 1989: 71).

tando novas formas de entender e consumir traduções – e, portanto, novas demandas por traduções.

UM MONÓLOGO DECLAMADO POR MUITAS MÁSCARAS

Uma das epígrafes que Clarice havia proposto para o texto de *Água viva* quando este ainda existia na qualidade do datiloscrito *Objeto gritante* vinha de Barthes: "(...) não há arte que não aponte sua máscara com o dedo". Segundo Abrantes (2016: 102), esta frase deixaria clara a "investida de demonstrar as teias que enredam as máscaras de uma construção literária", evidenciando aquilo que a pesquisadora indicara como uma arte que descortina e revela seu próprio processo criador (Abrantes, 2016: 103) – uma assertiva que corrobora, de algum modo, com a leitura aqui proposta de *Água viva* como um *sketch*; um esboço literário-visual que tem como objetivo tornar aparente a mecânica interna de criação e a busca por um estado de arte que ultrapasse a palavra e se assemelhe à pintura.

No entanto, a imagem da máscara presente na epígrafe que seria posteriormente descartada acena também para um tema que já foi amplamente discutido dentro da crítica clariciana: o teor autobiográfico que perpassaria *Água viva*, posto que uma parcela considerável do corpo do texto, sobretudo na versão do datiloscrito, teria vindo das crônicas já publicadas e remeteria também a acontecimentos pessoais da vida de Clarice. Dentro dessa leitura, a máscara seria aquela da qual a escritora se desnudaria ao escrever, fornecendo aos leitores uma confissão não-mediada de sua intimidade. Há um elemento complicador, no entanto: o fato de que já nas crônicas Clarice confeccionava suas próprias máscaras públicas, vestindo uma roupagem "autobiográfica" e "reveladora" que era artificial, pois manipulada para o olhar público:

> No *Jornal do Brasil*, a relação entre narrador e escritor se dava pela assinatura da cronista e no próprio caráter da crônica – gênero posicionado na interseção entre a ficção e o fato. A identidade entre autor e narrador apenas ocorre a partir da escrita, quando se estabelece o contrato de leitura, e não antes dela. (...) Presume-se que, de um lado, alguém proponha algo e, de outro, alguém acate. Assim, o leitor da crônica clariciana para o jornal era uma das partes que "assinava" o contrato autobiográfico, no momento em que o aceitava. Uma vez firmado o pacto, o leitor recebia a *imagem que a autora construía de si mesma*. Contudo, principalmente no caso da crônica clariciana, a cronista, *além de forjar sua imagem, moldava-a em relação às expectativas do consumidor do jornal, confirmando-as ou rejeitando-as.* (Abrantes, 2016: 42, grifos meus)

236 • MARCELA LANIUS

Nesse sentido, se nas crônicas, peças que haviam sido tão primordiais para a confecção do livro, colocam-se diversas máscaras de Clarice, pode ser mais produtivo pensar *Água viva* não como um monólogo íntimo e autobiográfico que revelaria uma Clarice verdadeira, mas sim um monólogo de muitas vozes – que cria, portanto, uma "dramaturgia do sujeito" por meio de um "*eu* que se pluraliza em fragmentos de representações discursivas" (Helena, 1997: 84).

A imagem das máscaras e a ideia de um monólogo que é feito por e para múltiplas vozes também são particularmente apropriadas para a prática da tradução e sobretudo para os tradutores e tradutoras de Clarice – que, cada qual à sua maneira, agregam novas vozes a novas Clarices; adicionam tijolos, novas camadas de cimento ou uma nova mão de tinta às paredes que erguem os livros e os escritos de Clarice em outras línguas. Se *Água viva* é uma bricolagem, como notado anteriormente, a tradução é por excelência uma bricolagem maior, composta a muitas mãos, olhos e ouvidos que se deparam, cada qual a seu modo, com aquilo que Elizabeth Lowe (1979: 35) descrevera ao entrar na sala de estar de Clarice em 1976:

> ela me conduziu até uma espaçosa e bem-iluminada sala de estar, repleta de livros e *objets d'art*. Fiquei impressionada com a grande quantidade de retratos e fotografias da Sra. Lispector que me examinavam de todas as paredes do cômodo – elas criavam um assustador efeito de fragmentar minha percepção da escritora quando ela estava bem ali na minha frente[23].

Construir essa bricolagem, no entanto, nem sempre é pacífica – pois, como lembra Katrina Dodson em seu "Understanding is The Proof of Error", a tradução e a retradução podem às vezes gerar um estado inquietante e aflitivo de coabitação:

> Deveria existir uma palavra para descrever a irmandade ambígua entre tradutoras e tradutores que compartilham um mesmo escritor. É um vínculo marcado por um afetuoso antagonismo ou então por uma leve rivalidade, com um toque de solidariedade que é tão singular e tão íntimo. Uma relação que está entre o familiar e o erótico (...). Somos como amantes que tiveram um mesmo

---

23. "(...) she ushered me into a spacious, well-lit living room lined with books and *objets d'art*. I was struck by the great number of portraits and photographs of Ms. Lispector that stared out from every wall of the room with the eerie effect of fragmenting my perception of the author as she stood in front of me".

parceiro romântico – ou, se adotarmos uma visão mais sinistra, como vampiros que se alimentaram de uma mesma essência (2018)[24].

Mas se mesmo esse ambiente ambíguo de competição e admiração pode se estabelecer entre tradutores e tradutoras de uma mesma escritora, há que se abrir espaço não apenas para uma discussão que aponte erros e defeitos em uma tradução e elogie os acertos de uma outra, mas sobretudo para uma apreciação mais sensível do estado geral da bricolagem – e admirar as etapas do processo de construção. O ato de traduzir, para além disso, também funciona enquanto instrumento que ajuda a ampliar leituras, interpretações e identidades, atuando como um espaço que permite a testagem de diversas opções e estratégias tradutórias. O "instante-já" de Clarice não era, por definição, único; era poroso, momentâneo, efêmero e metamórfico. Se um instante não é igual ao outro, então o fato de que suas versões em um outro idioma são tão distintas não deve ser entendido como um sinal de fraqueza, mas sim como um indicador de que os alicerces construídos são ainda mais sólidos, pois feitos ao longo de muitos anos e por diferentes mãos calejadas.●

---

24. "There should be a word for the ambiguous kinship between translators who share an author. It's a bond marked by tender antagonism or light rivalry, mixed with a uniquely intimate solidarity. This polygonal relationship lies somewhere between familial and erotic (...). We're like lovers who have lived with the same romantic partner – or, to take a more sinister view, vampires who feed off the same life essence."

REFERÊNCIAS BIBLIOGRÁFICAS

ABRANTES, Ana Claudia. *Objeto gritante: um manuscrito de Clarice Lispector.* Rio de Janeiro: Oficina Raquel, 2016.

ALMINO, Elisa Wouk. "The Translator's Bookshelf." *Words Without Borders*: February 13, 2019. Disponível em: https://www.wordswithoutborders.org/dispatches/article/the-translators-bookshelf-elisa-wouk-almino. Acesso em: 02 nov 2020.

ARF, Lucilene Machado Garcia. "Clarice Lispector y la difusion de su literatura en España." *Olho d'água*, São José do Rio Preto, v. 7, n. 2, p. 30-41, 2015.

BIJOTTI, Mariana Silva. *Moldar o inexpressivo: a formação do artista em Clarice Lispector e a escrita escultórica em A paixão segundo G.H.* 2020. Dissertação (Mestrado em Literatura Brasileira) — Faculdade de Filosofia, Letras e Ciências Humanas, Universidade de São Paulo, São Paulo, 2020a. doi:10.11606/D.8.2020.tde-11112020-192248. Acesso em: 2020-11-25.

BIJOTTI, Mariana Silva. *Mulheres, arte e sociedade em A paixão segundo G.H..* 03-21 de nov de 2020. Notas de aula. [2020b].

BENJAMIN, Walter. In: BRANCO, Lucia Castello (Org.). *A tarefa do tradutor, de Walter Benjamin: quatro traduções para o português.* Trad. Fernando Camacho, Karlheinz Barck e outros, Susana Kampff Lages e João Barrento. Belo Horizonte: Fale/UFMG, 2008.

BRIGGS, Kate. *This Little Art.* Londres: Fitzcarraldo Editions, 2017.

BROMLEY, Amy Nicole. *Virginia Woolf and the work of the literary sketch: scenes and characters, politics and printing in Monday or Tuesday (1921)* – PhD thesis. University of Glasgow, 2018. <https://theses.gla.ac.uk/8876/> Acesso em: 03 nov 2020.

CHEREM, Lúcia Peixoto. *As duas Clarices entre a Europa e a América: leituras e tradução da obra de Clarice Lispector na França e no Quebec.* Curitiba: Editora UFPR, 2013.

CIXOUS, Hélène. "Foreword" (translated by Verena Conley). In: LISPECTOR, Clarice. *The Stream of Life.* Translated by Elizabeth Lowe and Earl Fitz. Minneapolis: University of Minnesota Press, 1989.

DODSON, Katrina. "Translator's Note." In: LISPECTOR, Clarice. *Complete Stories.* Translated by Katrina Dodson. New York: New Directions. 2015.

_____. "Understanding is the Proof of Error." *The Believer:* July 11, 2018, issue 119. Disponível em: https://believermag.com/understanding-is-the-proof-of-error/. Acesso em 20 nov 2020.

EDWARDS, Magdalena. "The Real Clarice: A Conversation with Magdalena Edwards." Interview with David Shook. *Los Angeles Review of Books*, November 23, 2018. Disponível em: https://lareviewofbooks.org/article/the-real-clarice-a-conversation-with-magdalena-edwards/. Acesso em: 18 nov 2020.

FITZ, Earl E. *Sexuality and Being in the Poststructuralist Universe of Clarice Lispector*: *The Différance of Desire.* Austin: University of Texas Press, 2001.

GOMES, André Luís. "Entre espelhos e interferências: a problemática da tradução para Clarice Lispector." *Via Atlântica*, São Paulo, n. 7, p. 39 – 52, 2004.

GOTLIB, Nádia Batella. *Clarice: uma vida que se conta.* São Paulo: EDUSP, 2013.

GURGEL, Gabriela Lírio. *A procura da palavra no escuro: uma análise da criação de uma linguagem na obra de Clarice Lispector.* Rio de Janeiro: Editora 7Letras, 2001.

HEGENBERG, Ivan. *Clarice Lispector e as fronteiras da linguagem: uma leitura interdisciplinar do romance Água viva.* São Paulo: Benjamin Editorial, 2018.

HELENA, Lucia. *Nem musa, nem medusa: itinerários da escrita em Clarice Lispector.* Niterói: EDUFF, 1997.

Maria Clara Bingemer
Clarice às voltas com Deus
(algumas reflexões teoliterárias)

Maria Clara Bingemer

Tem graduação em Comunicação Social pela PUC-Rio (1975), mestrado em Teologia pela mesma Universidade (1985) e doutorado em Teologia Sistemática pela Pontifícia Universidade Gregoriana, em Roma (1989). É professora titular no Departamento de Teologia da PUC-Rio. Durante dez anos dirigiu o Centro Loyola de Fé e Cultura da mesma Universidade. Durante quatro anos foi avaliadora de programas de PG da CAPES. Durante seis anos foi decana do Centro de Teologia e Ciência Humanas da PUC-Rio. Tem experiência na área de Teologia, com ênfase em Teologia Sistemática. Tem pesquisado e publicado sobre o pensamento da filósofa francesa Simone Weil. Atualmente seus estudos e pesquisas vão primordialmente na direção do pensamento e escritos de místicos contemporâneos e da interface entre Teologia e Literatura. Recentemente organizou com Alex Vilas Boas, *Teopoética: mística e poesia* (2020). Publicou também: *Teologia e literatura. Afinidades e segredos compartilhados* (2015) *Simone Weil. Mística da paixão e da compaixão* (2014) e *O mistério e o mundo* (2013).

A relação de Clarice Lispector com a religião não é óbvia nem simples, e por isso mesmo não pode ser abordada com afirmações categóricas e definitivas. Reconhecemos, assim, ser uma ousadia dispormo-nos a refletir, nesta obra comemorativa do centenário de Clarice, sobre a relação da escritora com Deus. Não temos muitos elementos para isso. No entanto, temos, sim, algumas indicações em sua obra que revelam a nostalgia, a saudade e o desejo de Clarice por Deus. E como a presença desse desejo e dessa nostalgia é algo reconhecido inclusive por aqueles que lhe são mais próximos e amigos[1], sentimo-nos autorizados a incursionar não tanto pela religião, mas sobretudo pela fé e a mística de Clarice.

Sem dúvida, Clarice Lispector é uma mulher de fé, atormentada pela questão de Deus, de cuja pena jorra a palavra "Deus"– seja ou não diretamente nomeado – e deixando perceber uma sensibilidade espiritual imensa para qualquer manifestação da Transcendência que possa acontecer em todas as dimensões da existência. Apresentando quase sempre personagens femininas

---

1. Cf. o que diz sobre isso Nelida Piñon, sua grande amiga, no *Segundo Caderno* de *O Globo* de 5/12/2020.

que buscam ardentemente sua identidade e que muitas vezes monologam ou buscam ardentemente o diálogo com uma alteridade misteriosa, Clarice narra em seus romances verdadeiras experiências místicas[2]. Suas personagens não recuam diante de nada na ânsia de chegar ao mais profundo de sua condição humana e à comunhão com o outro.

Nesta peregrinação ao fundo de si mesma e ao encontro do outro, está latente o desejo do reconhecimento de Deus. E as experiências de Clarice vão acontecer em toda a sua pessoa, integrando corporeidade, inteligência e sensibilidade. Assim, sua escrita dará testemunho desta experiência vital ou mesmo da nostalgia da autora e, muito especialmente, da Alteridade maior que lhe permite experimentar e ser experimentada e afetada. Neste texto procuraremos aproximar-nos dessa experiência passando, primeiramente, por um elemento central da biografia da escritora: suas origens judaicas que trazem marcas poderosas em sua infância e juventude, sobretudo através da pessoa de sua mãe. Tais experiências afetam toda a sua existência e visão de mundo. Em segundo lugar, examinaremos a narrativa clariciana de uma experiência que definimos como mística, já que descreve um processo de total comunhão com o mistério da vida, embora não se possa entender como apropriável por parte de nenhuma religião institucionalizada. Trata-se de *A paixão segundo G.H.*, a nosso ver um dos maiores livros de Clarice. Um terceiro passo será o da experiência da compaixão, quando a escritora voltará seu olhar para a alteridade concreta de outra mulher que não é nem nunca será ela mesma, a Macabéa nordestina de *A hora da estrela*, seu último romance. Aqui procuraremos ver como, na narrativa, a teologia se sente autorizada a divisar ressonâncias da presença do Deus da Bíblia, do povo de Israel e, também, do Cristianismo na narrativa clariciana.

Nos romances que aqui estudamos veremos a experiência da dor da mãe na infância, sendo esta como uma fonte que gera a sensibilidade da escritora para a condição humana. E veremos igualmente suas personagens no curso de uma experiência mística, de união com o mistério, seja ao descer ao fundo da criação como condição de comunhão, seja na compaixão que olha o outro em sua dor, exercitando uma alteridade que só na morte encontrará sua libertação. A nosso ver, pode-se perceber a presença do mistério de Deus na

---

2. Entendemos por experiência mística aquela de relação íntima e intensa com o mistério divino, que leva ao conhecimento do mesmo por revelação. Os processos da experiência mística tendem à união de amor entre o místico/a e Deus. Desenvolvo sobre isso meu livro *O mistério e o mundo. Paixão por Deus em tempos de descrença*, RJ, Rocco, 2013.

experiência vital e na obra literária de Clarice, acenando para a condição constitutiva do ser humano como ser em contínua autotranscendência[3].

A MÃE E A FAMÍLIA JUDIAS[4]

A biografia de Clarice Lispector escrita por Benjamin Moser (2009) e recentemente publicada no Brasil (Moser, 2017) traz uma peculiaridade em relação a outras muitas que já foram escritas. No livro, o autor demonstra como a arte literária de Clarice está diretamente conectada a sua experiência de vida. Nascida em meio aos horrores da primeira guerra mundial e ao imediato pós-guerra, que afetou muitíssimo sua Ucrânia Natal, Clarice nasceu já marcada por uma família provada por várias circunstâncias dolorosas; posteriormente viveu algumas experiências que marcaram sobremaneira sua obra e também sua identidade.

Fome, privações, exílio, pobreza estão entre as incontáveis provações que marcaram a infância e juventude de Chaya Lispector e de sua família. O nome hebraico Chaya posteriormente se tornou Clarice. O autor da biografia que seguimos, Benjamin Moser, judeu ele mesmo, acentua fortemente a condição judaica da escritora, e procura demonstrar a influência que a tradição mística judaica teve sobre a visão de mundo que transborda em sua literatura. Ao fundo está a proposta de Moser de demonstrar como o gênio de Clarice transforma as lutas pessoais de uma mulher de origem judaica em uma brilhante obra da literatura universal.

Foi grande o impacto que a figura da mãe teve sobre a escritora. No lugar onde nascera e vivera, a maioria dos judeus era pobre, muito pobre (Moser, 2017: 25). Assim também era a família Lispector, formada pelo pai Pinkhas, a mãe Mania e as três filhas, Elisa, Tanya e Clarice. Segundo as narrativas de Elisa, Mania era uma mulher bela e bem-nascida. Seus pais possuíam propriedades, e sua avó, joias. Mania, a filha que se casou com Pinkhas contra a vontade do pai, era refinada e elegante. E a família conheceu períodos de paz e prosperidade. Elisa descreve, sobretudo, o deslumbramento das noites de sexta-feira com sua mãe ornada de pérolas acendendo as velas do *shabat* (Moser, 2017: 32).

---

3. Cf. esse conceito sobre o ser humano em Rahner (1989).
4. Nesta seção e nas que se seguem, acompanharemos de perto nosso texto *Via Crucis e gozo pascal (o corpo em três romances de Clarice Lispector)* (De Mori; Buarque, 2018: 105-122). Os dois textos que aqui tomamos para análise e a nota biográfica que os antecede são retomados com novos matizes e outra perspectiva.

Pelo fato de ser judeu, porém, seu pai não podia trabalhar com uma boa remuneração e teve que se contentar em ser pequeno comerciante. Grande leitor, homem feito para "as coisas do espírito", segundo sua filha Elisa (Moser, 2017: 33), encontrava por toda parte barreiras pelo fato de ser judeu. Enquanto toda a família de sua mulher emigrou antes da guerra, os Lispector permaneceram no Leste Europeu.

Embora não tenham sofrido de forma direta por parte das forças alemãs, os Lispector foram atingidos pela violência dos *pogroms*[5] que semeavam a violência nas diversas cidades dos países do leste. Com a revolução bolchevique, os parentes e avós das meninas Lispector perderam propriedades e bens. Os *pogroms* assaltavam as propriedades e atacavam as pessoas. Foi um desses *pogroms* o responsável pela mudança radical na vida de Mania e de toda a família. Em uma noite em que Pinkhas estava fora de casa, viajando, o Exército Branco invadiu a cidade onde moravam – Haysyn – com grande violência.

Mania estava sozinha em casa com as filhas Elisa e Tanya (Chaya ou Clarice ainda não tinham nascido), e ainda tinha a seus cuidados um grupo de refugiados amedrontados. Não havia recursos para a sobrevivência de todos. Em pânico por não saber o que fazer, Mania saiu de casa sozinha. Elisa narra o fato de uma maneira estranha. Diz que a mãe avistou dois milicianos e caiu-lhes aos pés, pedindo auxílio. Após esse momento do relato, há uma lacuna, onde Elisa só diz: "(...) por um tempo que lhe pareceu interminável, o mundo ficou deserto. Então encaminhou-se para casa(...). Sem saber a quem dirigir-se, Marim (Mania) deixou-se escorregar numa cadeira, e ali ficou quieta e mansa" (Moser, 2017: 43).

Elisa narra em suas memórias que "foi o trauma decorrente de um daqueles fatídicos *pogroms* que invalidou minha mãe". Mania adoeceu e a enfermidade a invalidou, fazendo-a morrer jovem de uma doença incurável. Bem no fim da vida, Clarice confidenciou a sua amiga mais íntima, Olga Borelli, que sua mãe fora violentada por um bando de soldados russos[6]. Deles, contraiu sífilis e devido à guerra, não pôde tratar-se. A doença a paralisou e a deixou prisioneira em seu próprio corpo. A mulher elegante, bonita, inteligente viria a morrer em um cemitério brasileiro, já no exílio.

---

5. Ver a descrição do que é um *pogrom* em Benjamin Moser (2017: 41-42).

6. Benjamin Moser afirma que o estupro era frequente nos *pogroms*, segundo a quase totalidade dos relatos. O autor interpreta esse fato como – assim como em outros conflitos – um ato de limpeza étnica, destinado a humilhar um povo, assim como a extingui-lo (Moser, 2017: 44).

Clarice nasceu com a mãe já doente. Não conheceu Mania em seu esplendor e plenamente desabrochada reinando sobre o feliz lar judaico do qual era matriarca. Seus olhos viram apenas a figura fragilizada e enferma da mulher vítima da violência e da enfermidade que foi sua consequência direta. Seu próprio nascimento envolve dor e culpa, já que havia uma crença popular de que ter um filho curava uma mulher de eventuais doenças de que fosse portadora. Mas isso não aconteceu no caso de Mania. Clarice então não só teve que conviver com a doença de sua mãe até vê-la morrer prematuramente como também sentiu a culpa de ter sido concebida para curá-la e não haver conseguido tal coisa. Sentia como se houvesse falhado na missão para a qual fora concebida.

Isso a marcou por toda a vida. Diz em *A descoberta do mundo*: "Sei que meus pais me perdoaram eu ter nascido em vão e tê-los traído na grande esperança. Mas eu, eu não me perdoo. Quereria que simplesmente se tivesse feito um milagre: eu nascer e curar minha mãe" (Moser, 2017: 45). Clarice nasceu em trânsito para os Estados Unidos, tendo a viagem depois aportado no Brasil. Antes de cruzar o oceano, os Lispector pararam em Tchetchelnik – Ucrânia – para o parto.

A infância de Clarice foi marcada pela dor de ver a mãe naquele estado. Mas imaginava histórias para ver se estas conseguiam sua cura. No fundo, Mania desejava a morte. Encarava-a como um alívio para seu sofrimento e finalmente morreu, aos 42 anos, quando a filha mais nova tinha 10 anos. A orfandade materna a acompanhou pelo resto da vida. Sempre sofreu por não ter mãe. E por não ter conseguido, com sua narração de histórias, salvar a mãe das garras da morte. Apesar disso seguia escrevendo como se fosse para salvar a vida de alguém. Provavelmente a sua própria vida.

O corpo da mãe de Clarice, violentado, estuprado e depois paralisado e doente, acompanhou-a sempre. E se reflete em seus personagens. E também em sua experiência vital e concepção de mundo. Assim como no sentimento de culpa que a acompanhou. Com a mãe viva, mantinha a esperança de seu nascimento não ter sido em vão. Depois disso uma tristeza sempre a acompanhou e lançou uma sombra sobre sua vida.

A violência sofrida por sua mãe a fez olhar sempre a corporeidade como um lugar de vulnerabilidade e dor. E especialmente a corporeidade feminina. Mulher que era, seus personagens em geral eram suas irmãs de sexo, em cuja corporeidade via a maravilhosa integração da Bíblia judaica, corpo animado pelo *nefesh* divino. Mas também sua extrema vulnerabilidade e fragilidade, o que também é uma constante na Bíblia judaica[7].

A visão permanente do corpo da mãe paralisado e doente, chorando quando a filha mais velha ia à escola, implorando-lhe que ficasse, com o olhar parado e melancólico, ansiando pela morte como alívio – e, apesar de tudo – a esperança que lhe permite esperar que haja uma cura milagrosa vai marcar toda a sua vida nesta dinâmica de espera dolorosa, mas real e verdadeira. O corpo era uma via dolorosa, como o de Mania, como o seu próprio ao ficar doente. E a busca de Deus era uma presença constante neste corpo.

O estudo da religião judaica, que teve início no convívio com um pai que lia diariamente a Torah e se ampliou quando foi ao colégio, a intrigava, mas não respondia a suas perguntas[8]. A literatura passou a ser, então, o meio pelo qual se movia em direção a Deus, embora desde a morte da mãe se sentisse abandonada por Ele. A tragédia do Holocausto que viveu já em terras brasileiras só reforçou esse sentimento de sentir-se abandonada por Deus. Isso não impediu que sua escrita fosse marcada sempre por um cunho espiritual, evidenciando que seus interesses eram mais espirituais do que materiais. Esta espiritualidade tem também um sopro de "excesso", de loucura mesmo, no entender de alguns comentadores de sua obra (Rafferty, 2015 apud Jacobsen, 2016).

Clarice não tinha uma relação tranquila com sua judeidade[9]. Assim, entre os que escreveram sobre ela, há autores que narram a sua insistência em se autoafirmar brasileira e não judia[10]. E mesmo declarando-se abertamente judia, procurava desvencilhar-se dessa herança, apresentando resistência semelhante por exemplo à de Hannah Arendt – e outros autores – de aceitar a

---

7. O sentido atribuído à palavra "carne" difere na Bíblia Hebraica e na Bíblia Cristã. Na primeira, o termo *basar*, entendido como carne, é assumido para designar o ser humano na sua criaturalidade transitória, na sua fragilidade do ser terra, pó, que nada pode pretender diante do poder divino. Não há na tradição veterotestamentária a oposição dualista grega entre carne e espírito, que, no entanto, se fará presente na Bíblia Cristã.

8. Cf. Catalina Joseph, artigo citado.

9. Nisso assemelha-se a outros intelectuais brilhantes do século XX que com ela comungam da mesma procedência, como Simone Weil, Hannah Arendt e outros. Trata-se de algo perfeitamente compreensível, em se tratando de judeus que viviam na diáspora, recebendo a influência de outra cultura onde o judaísmo não era dominante e vivendo em tempos difíceis nos quais ser judeu era uma ameaça permanente à vida e à integridade física.

10. Cf., por exemplo, H. Vaitsman, *Aspectos judaicos de Clarice Lispector*, disponível em: http:// museujudaicorj.blogspot.com/2009/10/aspectos-judaicos-de-clarice-lispector.html Acesso em 14 de janeiro de 2021. Cf., igualmente, o mesmo detalhe comentado por Nelida Piñon, artigo citado na nota 1. Ver ainda Berta Waldman (2011).

denominação dos judeus como povo eleito. O Holocausto é o grande obstáculo a isso, fazendo Clarice e outros se questionarem sobre a pertinência dessa eleição, quando Deus permite que seu povo sofra tais atrocidades[11].

No entanto, na obra de Clarice, além de abordagens da temática judaica de forma oblíqua[12], aparecem menções a passagens da Bíblia Hebraica. Assim também é impressionante, em sua obra, a imensa prevalência da Palavra. Importa não esquecer, antes de continuar nossa reflexão, que, para o povo de Israel, antes que nada, Deus é Palavra. Palavra ouvida e obedecida, Palavra que inaugura mundos, engravida virgens e estéreis, transforma desertos em jardins, perfura os ouvidos humanos dando ao profeta língua de discípulo. Clarice, artista da palavra, declarou ela mesma em sua crônica "As três experiências": "A palavra é meu domínio sobre o mundo" (Lispector, 1983: 101).

Trata-se, no entanto, como veremos a seguir, de palavra ativa na existencialidade, não teórica. Palavra que faz o que diz e faz fazer. Palavra que convoca e evoca, provocando assim a totalidade da pessoa humana, incluindo a corporeidade[13]. É o que procuraremos ver nos textos claricianos que comentaremos a seguir.

DEUS NO PONTO ÍNFIMO DO MUNDO

Em *A paixão segundo G.H.*, parece que a personagem central da qual apenas as iniciais são reveladas ao leitor é mais que uma pessoa. É o gênero humano em sua totalidade. Gênero humano dotado de uma corporeidade habitada por desejos e perguntas, informada por um espírito que eleva ao infinito o que é material, finito, baixo.

A personagem é uma mulher burguesa e estabilizada, que vai fazer uma limpeza no quarto da empregada recém-demitida e ali descobre um inseto, uma barata, e é seduzida e arrancada do seu cotidiano medíocre pela visão deste inseto. Ela narra como a visão da barata remove sua sensibilidade inteira, da cabeça aos pés. "Vista de perto, a barata é um objeto de grande luxo.

---

11. Cf. Jacobsen (2016: 22). Veja-se igualmente a reflexão que sobre isso faz outra judia, holandesa e jovem, Etty Hillesum, a partir do campo de concentração, no bojo de uma intensa experiência mística. A respeito disso, consultar meu artigo "The Journey of Etty Hillesum from eros to agape", in Klaas Smelik ed. *The ethics and religious philosophy of Etty Hillesum*. Proceedings of the Etty Hillesum Conference at Ghent University, January 2014, Brill, 2017, pp 68-89.

12. Cf. Catalina Joseph, Clarice Lispector y el judaísmo en "Cerca del corazón salvaje", in https://letrasenlinea.uahurtado.cl/clarice-lispector-y-el-judaismo-en-cerca-del-corazon-salvaje/ Acesso em 16 de janeiro de 2021.

13. Sobre o sentido de "dabar", o termo hebraico para Palavra, diferente de "logos", Libânio (1992).

Uma noiva de pretas joias. É toda rara, parece um único exemplar. Prendendo-a pelo meio do corpo com a porta do armário, eu isolara o único exemplar" (Lispector, 1964: 78). E mais: G.H. descobre, olhando a cara da barata enquanto viva, a identidade de sua vida mais profunda[14]. A barata literalmente a seduz.: "A barata é pura sedução. Cílios, cílios pestanejando que chamam" (Lispector, 1964: 41, 62).

O chamado que o sedutor inseto faz a G.H. é para a comunhão, corpórea e material – e brutal –, caminho inevitável para a nova vida onde reina a comunhão. Comunhão material indiscutível e chocantemente concreta. A barata passou a constituir sua única passagem possível para a vida transfigurada e nova: "A entrada para este quarto só tinha uma passagem, e estreita: pela barata" (Lispector, 1964: 44).

E este quarto é o *topos* que, facilitando-lhe o êxodo de seu "lugar" habitual, desprovido de sentido e significado, a leva a outro lugar que a fascina: o nada: "Eu chegara ao nada, e o nada era vivo e úmido" (Lispector, 1964: 42). Vivo e úmido como a placenta que envolve o feto em gestação e parturição. Vivo e úmido como os humores em meio aos quais é fecundada a vida. Vivo e úmido como o corpo humano.

Tudo, porém, não acabou ali, e a travessia ainda não foi realizada. Não bastava entrar no quarto, contemplar a barata, olhar em sua cara, sentir a vida que jorrava de sua "umidade" branca. Havia agora que experimentar e sentir a proximidade da massa branca que saía da barata e convidava... a que? G.H. sente com mais força e vigor que ali está sua chance, sua oportunidade, sua possibilidade única de entrar na vida verdadeira, no mundo tal como ele é e ela o deseja.

O amor que busca e deseja é a matéria viva. A partir dali se dará sua comunhão com o universo. Mas não é possível a ela aceder sem passar, sem comungar com esta matéria viva: "(...) que abismo entre a palavra amor e o amor que não tem sequer sentido humano – porque – porque amor é a matéria viva" (Lispector, 1964: 45). E para receber permissão de caminhar até esse amor, precisa tocar e aproximar-se daquilo que é "imundo", proibido. E transgredir. E "pecar", diríamos nós teologicamente. E Clarice, aliás G.H., o faz e declara: "Eu fizera o ato proibido de tocar no que é imundo" (Lispector, 1964: 49). O

---

14. Clarice Lispector (1964: 57): "eu olhara a barata viva e nela descobria a identidade de minha vida mais profunda". Cf. ainda: "O neutro era a minha raiz mais profunda e mais viva – eu olhei a barata e sabia" Lispector (1964: 62).

corpo de G.H. tocara no imundo, entrara em relação real, material, física, com o imundo. Como, na plenitude dos tempos, aquele que não conheceu o pecado, Deus o fizera pecado para salvar a todos[15].

O mergulho kenótico a atrai e aterroriza e traz a marca da experiência do Absoluto, como sempre o disseram os grandes teóricos da experiência religiosa e mística[16]. Tocar no imundo e ficar impura como ele[17]. Por que não? "Abri a boca espantada: era para pedir um socorro. Por quê? Por que não queria eu me tornar tão imunda quanto a barata? Que ideal me prendia ao sentimento de uma ideia? Por que não me tornaria eu imunda, exatamente como eu toda me descobria? O que temia eu? Ficar imunda de quê? Ficar imunda de alegria" (Lispector, 1964: 50).

A descida vertiginosa de G.H. se aprofundará na medida em que todos os seus cinco sentidos, vale dizer, toda a sua corporeidade e identidade vai entrando em comunhão sempre mais profunda com essa alteridade sob forma de inseto que se lhe apresenta como único caminho para a vida plena. O ápice desse percurso acontecerá quando enfim a barata não entrar em sua pessoa unicamente pelos olhos, ouvidos, olfato, mas atingir o tato e finalmente o paladar, a boca. Por ali passa para G.H. a redenção. "E a redenção na própria coisa seria eu botar na boca a massa branca da barata" (Lispector, 1964: 113). A redenção de G.H. está consumada e a faz sentir-se no epicentro da santidade e do milagre. O sobrenatural passa pelo natural, pelo corpóreo, pelo nojo, a imundície, o nada.

A revelação da barata é a revelação do mundo e da vida como um todo. GH – aliás Clarice – entra na reciprocidade e comunhão universais através do seu corpo em comunhão com o corpo da barata. É sua condição de comunhão com tudo que existe. "Assim como houve o momento em que vi que a barata é a barata de todas as baratas, assim quero de mim mesma encontrar em mim a mulher de todas as mulheres" (Lispector, 1964: 118).

---

15. Cf. 2Cor 5,21.

16. Cf. por exemplo a obra de Rudolf Otto, "Lo Santo", que chama o mistério de "tremendo e fascinante".

17. Há muitos exemplos nas vidas de místicos, santos ou não. Por exemplo, São Francisco de Assis que experimenta uma profunda libertação ao beijar o leproso. O biógrafo Tomás de Celano em 2Cel 9,11 relata: "Quando o leproso lhe estendeu a mão como que para receber alguma coisa, ele colocou dinheiro com um beijo (...). Repleto, a partir daí, de admiração e de alegria, depois de poucos dias, trata de fazer obra semelhante. Dirige-se às habitações dos leprosos e, depois de ter dado o dinheiro a cada leproso, beija a mão e o rosto deles. Assim toma as coisas amargas como doces". Cf o comentário que sobre isso faz Frei Vitorio Mazucco em: http://carismafranciscano.blogspot.com/2016/06/francisco-e-o-beijo-no-leproso.html - Acesso em 17 de janeiro de 2021.

Como alguns de seus amigos mais próximos disseram recentemente em declarações e entrevistas sobre seu centenário, Clarice é uma mística[18]. Talvez ela mesma não houvesse aceito, nem concordado, com esta qualificação. No entanto, é inevitável fazê-lo quando se lê seus escritos e o leitor se dá conta de que Clarice é alguém que conhece a Deus por experiência. *"Cognitio Dei experimentalis"* (conhecimento de Deus por experiência) é a definição que Santo Tomás de Aquino dá sobre a mística. Nisso é secundado por seu discípulo Jacques Maritain, que define a mísitica como "experiência fruitiva do Absoluto"[19].

Na verdade, em coerência com os estudos da mística, através dos relatos dos místicos que são seus melhores teóricos, é impossível escrever o que escreveu Clarice sem "saber", em uma sublime *"docta ignorantia"*, até onde a levaria este Mistério sem fundo, no qual se lançou com suas palavras em uma atitude apaixonada que causa vertigem em todo aquele ou aquela que a lê. Não seria possível ler seu romance *A paixão segundo G.H.* sem aí perceber e ver o itinerário kenótico e mortificante da personagem central, que conduz à comunhão, ou seja, à união com o divino que é o ponto culminante de toda experiência mística.

O itinerário do personagem G.H. é místico porque mística é a autora que o cria, primeiramente como uma mulher burguesa e alienada que inicia um processo de descida à habitação da empregada onde vai encontrar-se na verdade com um minarete que a leva a olhar o infinito. Ali começa um processo ascético e purificador, que prepara o alargamento do eu ao qual se segue a morte do mesmo que se submerge na alteridade da matéria, do mundo, do outro. A personagem de Clarice toca os extremos da condição humana, quer dizer, a vida e a morte.

G.H. renunciou a tudo, até ao próprio nome. E por isso se encontra em qualquer outro ser humano, em qualquer espaço ou tempo de vida. "E eu também não tenho nome, e este é o meu nome. E porque me despersonalizo a ponto de não ter o meu nome, respondo cada vez que alguém disser: eu" (Lispector, 1964: 119). Através da comunhão com a matéria, experimenta a comunhão com tudo que existe.

Sente-se batizada: "Oh Deus, eu me sentia batizada pelo mundo. Eu botara na boca a matéria de uma barata, e enfim realizara o ato ínfimo" (Lis-

---

18. Referimo-nos entre outros aos depoimentos de Olga Borelli e Nelida Piñon no caderno de *O Globo* de 05/12/2021 a propósito do centenário de Clarice.
19. Cf. meu livro, *O mistério e o mundo: Paixão por Deus em tempos de descrença* (Rio de Janeiro: Rocco, 2013).

pector, 1964: 121). E neste ato ínfimo está contido o mais alto, o mistério, a totalidade. "O mundo independia de mim – esta era a confiança a que eu tinha chegado: o mundo independia de mim, e não estou entendendo o que estou dizendo, nunca! Nunca mais compreenderei o que eu disser. Pois como poderia eu dizer sem que a palavra mentisse por mim? Como poderei dizer senão timidamente assim: a vida se me é. A vida se me é, e eu não entendo o que digo. E então adoro" (Lispector, 1964: 122).

Clarice chega aos limites da palavra e da linguagem humanas. Esbarra neles. Não entende o que diz. E o horizonte que se abre diante dela é o da adoração, ou seja, o silêncio feito louvor, culto, amor que nas tradições judaica e cristã só se presta a Deus e a nenhuma criatura[20]. Clarice em G.H. descreve o encontro com a adoração a partir e por mediação do ser mais ínfimo e imundo: a barata que lhe descortinou a totalidade da vida.

DEUS NA EXISTÊNCIA QUE É "DE MENOS"

Existe um outro romance de Clarice – aliás o último antes de sua morte – que nos parece igualmente instigante para pensar a questão de sua experiência de Deus. Trata-se de *A hora da estrela*. Na introdução-comentário que Clarice Fukelman faz à edição que utilizamos (Lispector, 1977), a mesma diz haver nela três eixos que se entrecruzam: o primeiro seria o da autora confrontando o embate do escritor brasileiro de hoje com a condição oprimida e injusta da população de seu país. O segundo, confirmando a linha dos romances de Clarice Lispector, a reflexão sobre a mulher. O terceiro é como uma linha mestra que a tudo pervade e não apenas reúne e entrecruza os outros dois eixos como – dizemos nós – introduz um elemento teológico e, em termos cristãos, crístico: a vida de Macabéa, jovem nordestina, sofrida e diminuída – de menos – na grande cidade, no caso o Rio de Janeiro.

O narrador ou escritor é quem começa toda a trajetória de Macabéa, no momento em que, andando pela rua, capta o olhar de desespero de uma jovem nordestina no meio da multidão (Lispector, 1977: 18). E esse olhar lhe traz desconforto e compaixão, por comparar a situação da moça à sua própria,

---

20. Biblicamente, a expressão "adorar" significa, literalmente, prostrar-se. Na cultura do antigo Oriente Médio, quando uma pessoa queria prestar reverência a alguém, prostrava-se à sua frente. Vemos exemplos de prostração quando se quer honrar um visitante; ou quando se está na presença de um rei. A adoração é uma atitude que só se tem diante de Deus e jamais de uma criatura. Implica o reconhecimento da grandeza incomensurável de Deus e da pequenez da criatura. O termo em latim para a palavra adoração é latria. O culto de latria ou culto latrêutico só se presta a Deus.

vivendo na abundância e no conforto e percebendo que aquela nordestina representa a maioria da população do país onde vive.[21] É aí que nasce Macabéa, do narrador que é personagem de Clarice Lispector, mas que também é a própria Clarice, cujo olhar capta o sofrimento e a dor alheia e o despeja em seu livro. A partir daí, o narrador que cria Macabéa passa a configurar, na narrativa que apresenta ao leitor, seu corpo oprimido pela pobreza e a tristeza e entrando no drama narrado naquela corporeidade. Confessa o narrador seu desconforto e dificuldade ao empreender essa aventura de contar Macabéa: "Com esta história eu vou me sensibilizar, e bem sei que cada dia é um dia roubado da morte. Eu não sou um intelectual, escrevo com o corpo" (Lispector, 1977: 21). E acrescenta: "Se sei quase tudo de Macabéa é que já peguei uma vez de relance o olhar de uma nordestina amarelada. Esse relance me deu ela de corpo inteiro" (Lispector, 1977: 49).

O corpo de Macabéa, visto pelos olhos e na perspectiva do narrador, se torna a partir daí fonte de metáforas (Silva, 2004: 7). As metáforas corporais ali consignadas manifestam a dor de viver (de Macabéa e do narrador) e de escrever (do narrador). Aparecem frases como: "A dor de dentes que perpassa esta história deu uma fisgada funda em plena boca nossa"; "A vida é um soco no estômago"; "Será que o meu ofício doloroso é o de adivinhar na carne a verdade que ninguém quer enxergar?" (Lispector, 1977). A dor de viver da jovem nordestina que maltrata e fisga sua corporeidade – aguda como dentina exposta – é igualmente a fonte de sua capacidade de perceber o mundo e de sua lucidez dificilmente perceptível. É também fonte de sua compaixão, que a levará até a experiência da alteridade transcendente a partir da qual e diante da qual se passa a tragédia da moça pobre na cidade grande.

Macabéa grita ou ameaça gritar sem conseguir, e esse grito calado é a marca da insuportabilidade dessa dor aguda que percorre o livro suprindo sua parca expressão verbal. A dor – como já foi dito por vários autores – é a intensificação mais elevada da corporeidade[22]. Sendo achatamento da existência, desmascara a mentira da abstração e rememora constantemente o aprendizado da fragilidade e da vulnerabilidade. O narrador diz, referindo-se a Macabéa e a sua sofrida indigência e solidão, que "o Destino havia escolhido para

---

21. "É que numa rua do Rio de Janeiro peguei no ar de relance o sentimento de perdição no rosto de uma moça nordestina" (Lispector, 1977: 18).

22. Cf., por exemplo, Márcio Seligmann-Silva, Riso e rubor: o sujeito nos limites do corpo. Prolegômenos para uma filosofia do corpo. *Corpolinguagem: gestos e afetos* (Campinas: Mercado de Letras, 2003, p. 78-79). O autor cita aí Adorno em seus comentários à fragilidade do corpo.

ela um beco no escuro e uma sarjeta. Ela sofria? Acho que sim. Como uma galinha de pescoço mal cortado que corre espavorida pingando sangue. Só que a galinha foge – como se foge da dor – em cacarejos apavorados. E Macabéa lutava muda" (Lispector, 1977: 65).

O narrador exibe essa dor refletida na corporeidade torturada, oprimida, encolhida, atrofiada da personagem, o que lhe evita inclusive a necessidade de descrevê-la com riqueza de detalhes. Fala de circunstâncias que levam o leitor a sentir o corpo de Macabéa como precariedade. Como por exemplo na passagem onde após receber o aviso de demissão e pedir desculpas ao patrão "por qualquer coisa", a moça vai ao banheiro: "Olhou-se maquinalmente ao espelho que encimava a pia imunda e rachada, cheia de cabelos, o que tanto combinava com sua vida" (Lispector, 1977: 26). Ou a frase do namorado Olímpico, ao terminar o relacionamento com ela porque conhecera outra moça mais interessante: "Você, Macabéa, é um cabelo na sopa. Não dá vontade de comer" (Lispector, 1977: 51). Ou ainda o que diz o próprio narrador ao se dispor a narrar sua história: "Sei que há moças que vendem o corpo, única posse real, em troca de um bom jantar em vez de um sanduíche de mortadela. Mas a pessoa de quem falarei mal tem corpo para vender, ninguém a quer, ela é virgem e inócua, não faz falta a ninguém" (Lispector, 1977: 19).

E segue o narrador: "Por que escrevo sobre uma jovem que nem pobreza enfeitada tem? Talvez porque nela haja um recolhimento e também porque na pobreza de corpo e espírito eu toco na santidade, eu que quero sentir o sopro do meu além. Para ser mais do que eu, pois tão pouco sou"[23]. Essa pobreza que diminui, que oprime, que apequena, o narrador cogita que talvez seja uma escolha da própria Macabéa: "Talvez a nordestina já tivesse chegado à conclusão de que a vida incomoda bastante, alma que não cabe bem no corpo, mesmo alma rala como a sua. Imaginavazinha, toda supersticiosa, que se por acaso viesse alguma vez a sentir um gosto bem bom de viver – se desencantaria de súbito de princesa que era e se transformaria em bicho rasteiro. Porque, por pior que fosse sua situação, não queria ser privada de si, ela queria ser ela mes-

---

23. Nesta frase Clarice expressa toda a mística que perpassa a Revelação cristã: a revelação do rosto de Deus no pobre. Naqueles onde a vida está mais diminuída, agredida, humilhada e violentada; naqueles que são insignificantes a ponto de não serem sequer enxergados; naqueles que vivem de menos e têm a vida encolhida pela pobreza e a vulnerabilidade extras pode-se tocar a santidade do próprio Deus. Por isso, para glorificar o Santo, é preciso servi-lo nos pobres e desvalidos deste mundo, pois só ali se experimenta sua santidade. Cf. o texto do Juizo Final de Mt 25, 31-46. Cf. meu livro *Santidade; desafio à humanidade* (São Paulo: Paulinas, 2019), onde comento a exortação apostólica do Papa Francisco sobre a Santidade, "Gaudete et Exsultate".

ma. Achava que cairia em grave castigo e até risco de morrer se tivesse gosto. *Então defendia-se da morte por intermédio de um viver de menos, gastando pouco de sua vida para esta não acabar"* (Lispector, 1977: 31, grifo nosso).

Macabéa só tem fragilidades e subtrações em sua vida. É mulher, é migrante nordestina sozinha na cidade grande, é virgem, inócua, sem graça, feia. O escritor a descreve "de ombros curvos como os de uma cerzideira", com "o corpo cariado". Era "um acaso, um feto jogado na lata de lixo embrulhado em um jornal" (Lispector, 1977: 12).

O escritor percebe haver escrito algo horrível sobre o ser humano. "Afianço-vos que se eu pudesse melhoraria as coisas. Eu bem sei que dizer que a datilógrafa tem o corpo cariado é um dizer de brutalidade pior que qualquer palavrão" (Lispector, 1977: 33). Mas não vem à pena do escritor outro vocábulo para descrever essa pobreza, essa precariedade, essa vítima ambulante que é a nordestina anti-heroína de sua história.

Esse corpo cariado, no entanto, era sensual. E o escritor se pergunta, atônito, como é que num corpo cariado como o dela cabia tanta lascívia, sem que ela soubesse que tinha? Mistério. Havia, no começo do namoro, pedido a Olímpico um retratinho tamanho 3x4 onde ele saiu rindo para mostrar o canino de ouro e ela ficava tão excitada que rezava três pai-nossos e duas ave-marias para se acalmar (Lispector, 1977: 55). Já na primeira vez que vira aquele que seria seu namorado manifestou-se esse êxtase sensual e vital como uma explosão. Era maio, mês das noivas flutuando em branco. E ela sentiu o "o êxtase inesperado para o seu tamanho pequeno corpo" (Lispector, 1977: 37). A luz aberta e rebrilhante das ruas atravessava a sua opacidade (Lispector, 1977: 37). Os dois nordestinos se olharam e se reconheceram como bichos que se farejam mutuamente. O corpo cariado de Macabéa explodiu em sensualidade.

Este corpo que Olímpico desprezará, chamará de feio, magricela, sujo, como cabelo na sopa, ele também o tocará e levantará do chão acima da própria cabeça (Lispector, 1977: 45). Mas a altura e o prazer de ser erguida pelos braços de um homem não é para ela. Ela é exígua, precária cariada. "E para tal exígua criatura chamada Macabéa a grande natureza se dava apenas em forma de capim de sarjeta – se lhe fosse dado o mar grosso ou picos altos de montanhas, sua alma, ainda mais virgem que o corpo, se alucinaria e explodir-se-lhe-ia o organismo, braços pra cá, intestino para lá, cabeça rolando redonda e oca a seus pés – como se desmonta um manequim de cera" (Lispector, 1977: 65). O voo nos braços de Olímpico não lhe convém, e sim a queda ao chão proporcionada pelo Mercedes amarelo que a atropela. Ali é seu lugar: entre capim e sarjeta.

O narrador confessa a dificuldade que experimenta em fazer sua personagem morrer. E isso porque tocando na sua pobreza de corpo e alma sente que tocou na santidade, no âmago virgem da condição humana que não tem nada de seu, nada de que valer-se e está destinada ao desprezo, à opressão e à humilhação até o fim da vida[24]. É aí que o narrador (ou que Clarice) encontra a Transcendência, que seu judaísmo de nascença e o cristianismo que encontrara na cultura brasileira identificam como o Santo e ao mesmo tempo o porta-voz e defensor dos pobres, das categorias de pessoas que vivem de menos: o órfão, a viúva, o estrangeiro. Na vida de menos dos pobres vítimas da injustiça, Deus se faz presente como justiça que se faz e se fará, mesmo adiada, mesmo tardia.

O atropelamento de Macabéa é descrito por Clarice usando a palavra "atropelamento" em lugar de morte do seguinte modo: "Ficou inerme no canto da rua, talvez descansando das emoções, e viu entre as pedras do esgoto o ralo capim de um verde da mais tenra esperança humana". A dignidade humana da nordestina enxerga a transcendência quando está no fundo mais profundo da humilhação e da vulnerabilidade. E o sentimento de morrer é de exaltação e não de desespero: "Hoje, pensou ela, hoje é o primeiro dia de minha vida: nasci" (Lispector, 1977: 61).

A morte não é para Macabéa senão aquilo que finalmente a faz estrela, estrela como as de cinema que ela tanto admirava, Marilyn, toda cor de rosa.... Na morte passava de virgem a mulher. Recebia o beijo, o abraço definitivo. E sobretudo descansava do doloroso e inútil esforço de viver. Vivia plenamente seu destino de mulher, intuído no quase dolorido e esfuziante esforço do desmaio de amor. E a última palavra que sai de sua boca é "futuro".

Essa palavra já havia roçado o corpo cariado e o coração oprimido da nordestina. Quando Glória, sua rival amorosa, lhe perguntara se não pensava no futuro (Lispector, 1977: 54). Ou quando a Madama que bota cartas lhe disse que sua vida ia mudar. Nesta ocasião, ela que nunca havia tido coragem de ter esperança, sentiu que seus olhos estavam arregalados por uma súbita voracidade pelo futuro (explosão) (Lispector, 1977: 63). E saiu da casa da cartomante "grávida de futuro" e isso a desesperava, porque não se sentia mais ela mesma

---

24. Esse é o sentido mais profundo daquilo que o Evangelho cristão chama de bem-aventuranças. Os bem-aventurados – segundo Mateus – felizes – segundo Lucas, são os pobres, os tristes, os que choram... porque deles é o Reino, porque eles verão a Deus, porque eles participam da santidade de Deus.

(Lispector, 1977: 65). Agora, caída ao chão, atropelada, próxima à sarjeta e sobre os paralelepípedos, disse então: "Quanto ao futuro" (Lispector, 1977: 68).

Entre os paralelepípedos e os transeuntes seu corpo atropelado pelo Mercedes amarelo agoniza. E em sua agonia ela é grotesca como sempre fora abraçando-se a si mesma "com vontade do doce nada". A consciência aflorava e ela se sentia ser. E Clarice dará um nome a esse ser. Um nome transcendente. "Fora buscar no próprio profundo e negro âmago de si mesma o sopro de vida que Deus nos dá" (Lispector, 1977: 68). A morte era a nova criação de Macabéa, o momento análogo àquele em que o Criador, após fazer Adão da argila, sopra-lhe nas narinas o hálito divino que o fará humano (Gn 1). Macabéa nasce agora, encontrando dentro de si "o sopro da vida que Deus nos dá", o fôlego divino que atesta que ela é imagem e semelhança do Criador[25].

Macabéa, humana e amada por Deus, criatura feita à sua imagem e semelhança, agonizava atropelada na rua. Aos olhares dos que rodeavam seu corpo, era grotesca como sempre fora. Mas o que lhe acontecia de fato é que ela relutava em ceder, mas desejava profundamente o grande abraço. E quem lhe dá esse abraço? Em uma leitura teopoética, pode-se legitimamente interpretar que o Deus Criador – que é ao mesmo tempo o Deus da justiça – abraçava essa vida destinada à plenitude e que fora tão duramente oprimida em seu existir.

É com termos pascais[26] que o narrador – aliás Clarice – descreve a agonia e morte de sua anti-heroína pobre, nordestina, cariada e feita para a sarjeta. "Então – ali deitada – teve uma úmida felicidade suprema, pois ela nascera para o abraço da morte. A morte que é nesta história o meu personagem predileto" (Lispector, 1977: 68). E seu corpo em agonia exibe certa sensualidade, "no modo como se encolhera." Ou – pergunta o narrador – é porque a pré--morte se parece com a intensa ânsia sensual? Seu rosto exprime um esgar de desejo. Deseja a vida e sabe que apenas a morte lha dará (Lispector, 1977: 68). E morrendo sente nostalgia e pergunta pelo futuro.

Seu corpo estendido nos paralelepípedos tem uma vela acesa ao lado, trazida por algum vizinho. "O luxo da rica flama parecia cantar glória" (Lispector,

---

25. Cf. Gn 2, 7: "Então o Senhor modelou o ser humano do pó da terra, feito argila, e soprou em suas narinas o fôlego de vida, e o homem se tornou um ser vivente".
26. Utilizamos aqui o termo "pascais" em referência ao mistério pascal, que é o centro da fé e da revelação cristã. O Cristo morto passa, faz a Páscoa – para a Ressurreição, que o torna o Vivente sobre quem a morte não tem mais poder. Clarice ao narrar a morte de Macabéa usa termos de exultação e glória, e não de puro desespero. Daí qualificarmos a narrativa como pascal.

1977: 66). E Macabéa no chão "parecia se tornar cada vez mais uma Macabéa, como se chegasse a si mesma" (Lispector, 1977: 66). E escrevendo essa cena o narrador se pergunta se seu folego o leva a Deus. E ouvindo Macabéa dizer sua última palavra: "futuro", se pergunta: "Terá tido ela saudade do futuro?" (Lispector, 1977: 68).

Neste momento exato acontece o jorro de sangue, que ela não queria vomitar, pois queria apenas expelir "o que não é corpo, vomitar algo luminoso. Estrela de mil pontas" (Lispector, 1977: 68). E Clarice saúda com palavras de triunfo e de esperança a morte da nordestina que é libertação de sua opressão. "Vejo que ela vomitou um pouco de sangue, vasto espasmo, enfim o âmago tocando no âmago: vitória! (...) a vida come a vida".

E a vida triunfa da morte, em Macabéa, sobre cuja morte o narrador exclama: "Sim, foi este o modo como eu quis anunciar que – que Macabéa morreu. Vencera o Príncipe das Trevas. Enfim a coroação" (Lispector, 1977: 68). E o narrador humilhado em sua consciência, constata que foi ele que morreu, foi Macabéa quem o matou. Revelou seus secretos compromissos com a iniquidade, sua ambígua aliança com as trevas, seu conluio com a opressão oculta e disfarçada. Mas agora "ela estava livre de si e de nós" (Lispector, 1977: 69).

A nordestina que podemos aproximar do Severino de João Cabral de Melo Neto, do Fabiano das *Vidas secas* de Graciliano Ramos e de tantos outros personagens semelhantes presentes na literatura brasileira experimentava a morte prematura que é o destino inelutável de todos os pobres e vítimas da injustiça que reina neste mundo. Porém, pelo olhar de Clarice, sua morte não é só fracasso, mas triunfo de haver matado em seu criador – o escritor –, a indiferença cruel e assassina, isenta de compaixão, que não origina sentimentos nem emoção e, sobretudo, atitudes vitais e comprometidas diante da desgraça e do corpo "cariado" de tantos oprimidos que dia a dia caminham no cotidiano como sombras pelas ruas das cidades onde se habita. Pela morte e libertação de Macabea o narrador se torna humano.

O corpo cariado era agora corpo luminoso, transfigurado, "*soma pneumatikón*"[27] como o d'Aquele que foi obediente até a morte e que Deus elevou acima de todo nome. A via crucis do corpo de Macabéa – figura crística – era agora libertação, vida ressuscitada e não mais submetida ao poder da morte. Gozo pascal! Soara a hora da estrela e Macabéa brilhava sobre as trevas que não conseguiram engoli-la não devido à compaixão humana, mas sim ao amor divino.

---

27. Expressão grega com que Paulo designa o Cristo Ressuscitado: 1 Cor 15, 35-49.

O DEUS DE CLARICE, MISTÉRIO SANTO E LIBERTADOR

Nossa viagem por esses romances de Clarice Lispector, tendo como pano de fundo um episódio de sua infância, nos faz perceber algo de sua "teologia". Clarice tem uma maneira de observar a ela mesma e às pessoas. E essa "observação", esse "olhar" é inseparável de sua experiência de Deus.

No episódio trágico da agressão violenta e mortal ao corpo de sua mãe, a escritora faz a experiência da culpa e da frustração de não haver podido redimir com seu corpo e sua vida o mal que afligia Mania e que terminou por matá-la. Sentia-se culpada por isso, e esse sentimento de não poder salvar os outros vai acompanhá-la sempre, marcando sua escrita. Sua literatura será então assinalada por essa busca de salvação e plenitude em outras experiências vitais.

Em *A paixão segundo G.H.*, Clarice dramatiza uma experiência mística. Para os Judeus, Deus está além do nome e o romance narra a eliminação da linguagem para descobrir uma verdade última e necessariamente sem nome. É no nada que a personagem mergulha seu corpo, no último, no ínfimo, no imundo e só aí experimenta a alegria que a resgata da vida medíocre e alienada na qual vive. Para isso foi necessário deixar-se seduzir pela barata, inseto que resiste ao caos e pisca seus cílios para a mulher que a olha fascinada e atraída e que, por fim, acaba por, em gesto explícito de comunhão corpórea, morder seu corpo e a massa branca que o forma. Trata-se de um êxodo que a faz descer até o fundo mais profundo da matéria e da vida. Deve o êxodo ser kenótico, descer até o fundo mais profundo do nada para aí entrar em comunhão com o todo. E isso faz G.H. abrir mão inclusive do próprio nome, reforçando aquilo que escreverá em seu último texto, pouco antes de morrer: "Sou um objeto querido por Deus. E isso me faz nascerem flores no peito. Ele me criou igual ao que escrevi agora: 'sou um objeto querido por Deus' e ele gostou de me ter criado como eu gostei de ter criado a frase. E quanto mais espírito tiver o objeto humano mais Deus se satisfaz" (Borelli, 1981: 61)[28].

É sintomático e eloquente que seu último romance, o terceiro que examinamos, *A hora da estrela*, seja tão claramente marcado pelo olhar sobre o outro, no caso a outra, Macabéa. O êxodo acontece, perpassado pela *kenosis*, porém onde vai o olhar do narrador, da narradora, é para outra e não para si própria. E olhando a outra e seu corpo pobre, cariado, infeliz, desengonçado

---

28. Ver também Moser (2017: 53).

e sem lugar, que vive de menos, é que o escritor aprende, aceitando morrer a sua alienação anterior e se transformar, aprendendo a ser consciente de seus privilégios e da opressão dos pobres e da injustiça que reina no mundo.

E isso se dá olhando um corpo sem lugar para estar, um corpo pouco à vontade na vida, um corpo que não encontra sentido e cuja plenitude só se dá na morte. Nessa estrela escurecida e subitamente brilhante pelo avesso – que não tem graça nem beleza que atraia os olhares, que é como cabelo na sopa que embrulha o estômago e estraga o apetite – está o segredo, o mistério da vida e de seu Criador. Ali está o mistério do Senhor da vida que sempre fascinou a judia Clarice Lispector.

A *via crucis* do corpo não termina em nada, em dissolução, em ausência. Mas termina em ser mesmo perdendo o entendimento e o falar. É a condição de encontrar o silêncio adorante em frente ao Mistério incompreensível e indizível. Como tão bem expressou a escritora em outra obra, *Água viva*: "Há muita coisa a dizer que não sei como dizer. Faltam as palavras. Mas recuso-me a inventar novas: as que existem já devem dizer o que se consegue dizer e o que é proibido. E o que é proibido eu adivinho. Se houver força. Atrás do pensamento não há palavras: é-se. Minha pintura não tem palavras: fica atrás do pensamento. Nesse terreno do é-se sou puro êxtase cristalino. É-se. Sou-me. Tu te és" (Lispector, 1973: 34).

Mas esse Mistério também se manifesta como um Deus próximo e amoroso, que a faz aplicar suas grandes potencialidades e visibilizá-las, que a inspira. Como diz ela mesma em carta a Lúcio Cardoso: "Deus me chama a si quando eu necessito dele... É que eu não sou senão um estado potencial, sentindo que há em mim água fresca, mas sem descobrir onde está sua fonte" (Lispector, 2002: 177). ●

REFERÊNCIAS BIBLIOGRÁFICAS

BORELLI, Olga. *Clarice Lispector: esboço para um possível retrato.* Rio de Janeiro: Nova Fronteira, 1981.

DE MORI, Geraldo; BUARQUE, Virginia. (Orgs.). *Escritas do crer no corpo.* Em obras de língua portuguesa. São Paulo: Loyola, 2018.

JACOBSEN, Rafael Ban. "Notas sobre o judaísmo em Clarice Lispector." *WebMosaic, Revista do Instituto Cultural Judaico Marc Chagall,* v. 8, n. 1, jan-jun./2016, p. 21.

LIBÂNIO, João Batista. *Teologia da Revelação na* modernidade. São Paulo: Loyola, 1992.

LISPECTOR, Clarice. *A paixão segundo G.H.* Rio de Janeiro: Rocco, 1964.

_____. *Água viva.* Rio de Janeiro: Rocco, 1973.

_____. *A hora da estrela.* Rio de Janeiro: Rocco: 1977.

_____. *A descoberta do mundo.* Rio de Janeiro: Nova Fronteira, 1983.

_____. *Correspondências*. Rio de Janeiro: Rocco, 2002.

MOSER, Benjamin. *Why this world. A biography of Clarice Lispector*. New York: Oxford University Press, 2009.

_____. *Clarice, uma biografia*. São Paulo: Companhia das Letras, 2017.

RAFFERTY, T. The Complete Stories. *The New York Times*, NY, 2 agosto de 2015, Book review, p. 1.

RAHNER, Karl. *Curso Fundamental da fé*. São Paulo: Paulinas, 1989.

SILVA, Flávia Trocoli Xavier da. "Impossibilidade e impotência: trajetórias da representação em Clarice Lispector." *Revista Letras*, Curitiba, n. 64, set-dez./2004, p. 33-44.

VIEIRA, Nelson H. "A expressão judaica na obra de Clarice Lispector." *Remate De Males* 9 (junho). Campinas, SP, 2015, p. 207-9. https://doi.org/10.20396/remate.v9i0.8636580.

WALDMAN, Berta."Por linhas tortas: o judaísmo em Clarice Lispector", *Revista digital de estudos judaicos da UFMG* 5. n. 8, 2011. Disponível em: http://www.periodicos.letras.ufmg.br/index.php/maaravi/article/view/1780/1854. Acessado em 16 de janeiro de 2021.

Nádia Battella Gotlib

Clarice Lispector hoje:
literatura e pandemia

Nádia Battella Gotlib

Professora (livre-docente) de Literatura Brasileira da Universidade de São Paulo. Atuou em várias universidades do Brasil e do exterior, como Universidade de Oxford e Universidade de Buenos Aires. Publicou dezenas de artigos e ensaios. Orientou vários alunos em nível de pós-graduação. Foi coordenadora do Grupo de Trabalho *A mulher na Literatura* (Anpoll) e membro do Comitê Assessor de Letras e Linguística do CNPq. Publicou 11 livros, entre eles, dois sobre Clarice Lispector: *Clarice, uma vida que se conta* (1995, 7a ed. rev. e aum, 2013); *Clarice fotobiografia* (1a. ed. 2008, 3a ed. rev. e aum., 2014) – ambos traduzidos para o espanhol, respectivamente, na Argentina (2007) e no México (2015).

(...) eu me prometia que um dia
esta seria a minha tarefa:
a de defender o direito dos outros.

Clarice Lispector

De março a dezembro de 2020 pudemos observar mudanças drásticas na rotina de vida, sob a sombra das ameaças de morte que efetivamente foram se multiplicando em decorrência da pandemia. As esperanças de que a tragédia que se abateu sobre nós e os outros, de outros países, diminuiria ao longo dos primeiros meses do ano seguinte, de 2021, aos poucos se desvanece, na medida em que a situação se agrava, e, no Brasil, acontece paralelamente ao desmando político, incapaz de um projeto nacional integrado de conduta responsável e eficaz contra a doença.

A luta pela sobrevivência alterou comportamentos, hábitos, posturas, pautados por uma nova visão da realidade. Parte da população, em que me incluo, volta-se para valores fundamentais e longamente construídos no sentido de preservação e cultivo de princípios humanísticos que são reforçados em movimentos de reflexão em torno de uma ordem ética, moral, política.

Por outro lado, o isolamento necessário da população, que se estende no início desse ano de 2021, enquanto instrumento disponível para enfrentar a séria e lamentável situação de crise, gera posturas de setores da sociedade que, infelizmente, revelam traços violentos de ataques a princípios democráticos e que por vezes se desdobram em lastros de imbecilidade degradante, em ações desrespeitosas que aviltam, sobretudo, as minorias.

Diante dessa situação, releituras de textos, ficcionais ou não, ajudam-nos a manter o fio da resistência, pela capacidade que têm de promover novos encontros com valores humanísticos, ao transformarem as oportunidades de reflexão em fontes geradoras de reforço de propósitos, força de luta e esperanças de mudança.

É o caso da escritura de Clarice Lispector. O texto nos surge com tonalidade mais veemente a partir das cores dos tais valores que sustentam sua estrutura de pensamento voltada para 'o outro', valores, em tempos presentes, renegados ou mesmo transformados em peças difamatórias e de deboche de caráter populista em situação de política adversa.

Sob essa perspectiva é que volto a considerar alguns textos escritos por Clarice Lispector ao longo dos seus 37 anos de produção jornalística e literária, desde seu primeiro conto, "Triunfo", publicado na revista Pan, no Rio de Janeiro, em 25 de maio de 1940 – pioneiramente registrado por Aparecida Maria Nunes em dissertação de mestrado publicada em 1991 ao lado de outros textos publicados na imprensa carioca a partir da década de 1940. A partir de considerações sobre esse primeiro conto, estendo-me até demais textos de Clarice Lispector publicados entre os decênios de 1950 a 1970.

***

Desde jovem, a escritora Clarice Lispector manifesta um "estado de ser" que poderíamos considerar como pilar estrutural de uma personalidade moldada por princípios humanitários, responsável pelas marcas de uma escrita guiada pela "consideração do outro" ou, ainda, pelo "amor ao outro". E que emerge a partir de um pendor filosófico que a leva a indagar sobre questões de dimensão universal.

"Eternidade. Vida. Mundo. Deus." Esses referenciais amarram a reflexão da protagonista do conto "História interrompida", paralelamente a uma experiência radical: o suicídio do namorado, W., com quem a protagonista pretendia se casar. Antes de tentar lhe dar um xeque-mate, ou seja, antes de ela lhe comunicar que, por iniciativa apenas dela, eles dois iriam se casar, a morte acontece. Rompe-se o laço. Dessa forma o homem desmancha a proposta da moça que encontraria no casamento a única forma de prendê-lo, quando poderia então livrar-se do perigoso poder desse homem calculista e dominador, que a levara à consciência de que "ou eu o destruo ou ele me destruirá".

A história, construída a partir do afloramento da força da protagonista na defesa de seus direitos de ser livre, num duelo de amor e morte, termina com esse elenco de preocupações a que acrescenta um termo final, após a experiência drástica da perda, em indagação dirigida a nós, leitores. "Eternidade. Vida. Mundo...Amor?" (Lispector, 1979: 13)

Questões como essa, referentes ao sentido da vida – que se mesclam ao senso de liberdade e de justiça – pautam a rotina da moça Clarice. Muitas são as razões possíveis de serem evocadas como explicação para esse perfil de personalidade.

É o caso, por exemplo, da perseguição aos judeus, seus ascendentes, durante o czarismo e depois da revolução bolchevique, judeus que viviam em bairros separados dos demais nas aldeias do leste da Ucrânia, então pertencente à Rússia, com as limitações que lhes eram impostas, como a vedação a educação formal, incluindo cursos universitários.

É o caso, e este seria um outro possível exemplo, dos sofrimentos durante a viagem de exílio, da Ucrânia ao Brasil, quando as cinco pessoas da família – pai, mãe e três filhas – enfrentaram fome, preconceito, doenças, epidemias, até a chegada ao Brasil, ocasião em que Clarice, nascida durante a viagem, tinha apenas um ano e três meses de idade. Se a recém-nascida não tinha condição de perceber tais fatos durante a viagem, teria ciência deles depois, pelos relatos que possivelmente deve ter ouvido por parte dos pais e pelas duas irmãs mais velhas.

No Nordeste, a família viveu em meio à pobreza, com o pouco dinheiro que o pai ganhava, fosse trabalhando para um cunhado em fábrica de sabão em Maceió, fosse como mascate, em Recife. E no Rio de Janeiro a situação melhorou um pouco, quando o pai assumiu atividades comerciais.

O senso de justiça que Clarice certamente desenvolvera, a partir de fatos vivenciados e presentes na memória familiar, levou-a a estudar Direito na então Universidade do Brasil, hoje Universidade Federal do Rio de Janeiro. O artigo que publica na revista Época, do corpo discente da Faculdade, intitulado "Observações sobre o fundamento do direito de punir", em agosto de 1941, atesta esse propósito.

De fato, a jovem autora volta-se para os "fundamentos" do direito de punir, que contrapõe ao "poder de punir", e levanta questões. Quem é quem para punir? Qual o crime? O que a pena faz? E conclui: a sociedade não cura, só abafa o mal de onde o crime vem, narcotizando com morfina as dores dessa sociedade, incapaz de lidar com a recuperação dos criminosos e devolvê-los aptos a uma vida social regular. Resta encarar de frente uma sociedade doente (Lispector, 2012: 66-70).

Como despertar a sociedade desse sonho mau? Se assim quisermos, a pergunta ganharia repercussão nos dias de hoje: como vencer o negacionismo das tragédias sociais, essa morfina narcotizante responsável pelo recrudescimento do número de mortes de tantas pessoas?

Eis que Clarice nos traça um caminho nessa hora agônica, graças a um olhar compreensivo do seu entorno. Como um radar sensível, soube captar e registrar as nefastas condições dos menos favorecidos, das minorias compostas por milhares de mulheres, de negros, de pobres, entre outros.

São alguns desses olhares que destacarei a seguir, situados na contramão das atitudes conservadoras e retrógradas, machistas e de teor fascista, que, no momento, povoam posturas governamentais presentes entre nós.

A MULHER, O NEGRO, O POBRE, AS PLANTAS, OS ANIMAIS

Certa personagem de nome Flora, enquanto espera pelo seu amado companheiro sentada junto a uma mesa de restaurante, passa pela experiência da solidão e do abandono, até que ele, Cristiano, chega. Nesse momento de espera, regada a aflição e reflexão, a protagonista sente o que poderia ser e não é.

> Poderia me levantar agora e fazer um discurso contra a humanidade, contra a vida. Pedir ao governo a criação de um departamento de mulheres abandonadas e tristes, que nunca mais terão o que fazer no mundo. Pedir qualquer reforma urgente. Mas não posso, meus senhores. E pela mesma razão não haverá reformas. É que em vez de gritar, de reclamar, só tenho vontade de chorar bem baixinho e ficar quieta, calada. (Lispector, 2015: 100)

Depois que ele chega, acalma-se. Mas a experiência acontecera. É o que constata a narradora do conto. "Revoltar-se, lutar, isso sim. É preciso que aquela Flora desconhecida de todos, apareça, afinal (Lispector, 2015: 101)".

Essa personagem Flora, do conto intitulado "Trecho", publicado no periódico *Vamos Lêr!* em 9 de janeiro de 1941, quando Clarice acabara de completar seus 20 anos, é uma das tantas personagens de Clarice desconhecidas até de si mesmas, que *da* e *pela* linguagem emergem, passando por diferentes experiências de emancipação, libertando-se dos grilhões de uma sociedade marcadamente machista e autoritária.

Mas é em "Triunfo", aliás, o primeiro conto de Clarice publicado, em 25 de maio de 1940 na revista Pan, que a personagem Luísa, também em estado de perda e de solidão, descobre não só a mediocridade do companheiro, que a abandonara no dia anterior, mas renasce para um espaço seu, já se desvencilhando dele, ao perceber que as coisas também assim tinham seu encanto e que ele não mais "era tudo". No final, depois de lavar roupas no tanque do quintal, arranca o pijama, toma ali um banho de água fria, e tem consciência de sua potencialidade feminina.

Se proponho tais situações de vida de mulheres, em determinadas encenações, é porque considero essa matéria como um 'mote' da ficção posterior. Desde os seus primeiros contos, a personagem mulher criada por Clarice mostra uma 'face velada', que deixa pistas a serem rastreadas até um futuro encontro da personagem com esse lado "outro", até então desconhecido e abafado.

Esses contos praticamente desenham o fio da urdidura narrativa. De um lado, a força da sociedade patriarcal marcada pelos laços familiares conjugais e pela força dos elementos masculinos na relação. De outro, a figura da mulher na tentativa de se libertar do aprisionamento, ao dar vazão a um impulso de caráter libertário.

A sensação de estranhamento já existe, manifestada nesse lado obscuro, mais pressentido que explicitado, mediante uma linguagem calcada nos recursos da sugestão e do mistério.

Em artigo publicado também na revista Época, intitulado "Deve a mulher trabalhar", datado de setembro de 1941, a jovem estudante, ao introduzir uma pesquisa de opinião entre colegas da Faculdade de Direito, emite, ela mesma, seu ponto de vista particular, reconhecendo o que já parecia óbvio no seu tempo: a mulher estuda e trabalha, contando com leis trabalhistas que regulam suas atividades, numa "nova ordem" que lhe trouxe a "alegria de um pouco de liberdade" (Lispector, 2012: 73).

E no conto intitulado "Eu e Jimmy", datado de 10 de outubro de 1940, a personagem jovem explicita essa questão das diferenças. Ao se referir à atração que sente por Jimmy, "aquele rapaz de cabelos castanhos e despenteados, encobrindo um crânio alongado de rebelde nato", (p. 35), ao se deixar levar pela ideia do moço, de que o amor é natural e simples, e "que se duas pessoas se gostam nada a fazer senão amarem-se", a jovem recorre ao modelo de vida doméstica para justificar sua opção.

Que podia eu fazer, afinal? Desde pequena tinha visto e sentido a predominância das ideias dos homens sobre a das mulheres. Mamãe antes de casar, segundo tia Emília, era um foguete, uma ruiva tempestuosa, com pensamentos próprios sobre liberdade e igualdade das mulheres. Mas veio papai, muito sério, e alto, com pensamentos próprios também sobre... liberdade e igualdade das mulheres. O mal foi a coincidência da matéria. Houve um choque. E hoje mamãe cose e borda e canta ao piano e faz bolinhos aos sábados, tudo pontualmente e como alegria. Tem ideias próprias, ainda, mas se resumem numa: a mulher deve sempre seguir o marido, como a parte acessória segue a essencial (a comparação é minha, resultado das aulas do Curso de Direito). (Lispector, 2012: 35-36)

A sequência episódica mostra um novo personagem masculino, o examinador, por quem a personagem se sente atraída, a ponto de romper o namoro com o primeiro. No diálogo da ruptura, nota-se uma certa violência por parte dele, ao acusá-la de "inconstante e borboleta como todas"; e uma ironia por parte dela, recorrendo ao fato de que agira como ele sempre propunha, de modo natural, sem "conflitos morais", ironia que reside inclusive no seu modo de construir os argumentos, inspirada pelo examinador, comprovando aí a tese da mãe: "a mulher deve seguir..." Os homens, claro!

Um diálogo com a avó, "uma velhinha amável e lúcida", arremata o conto e prepara o desfecho. Dela recebe a explicação "de que os homens costumam construir teorias para si e outras para as mulheres". Mas acrescenta: "esquecem-nas exatamente no momento de agir...". E encerra o diálogo: "- Minha filha, os homens são uns animais."

E a conclusão da moça, depois dessas duas experiências de atração, é a de que "não há mesmo nada a fazer senão viver" (Lispector, 2012: 38).

Outras personagens criadas nesse mesmo período constatam a emergência de mudança. No conto "A fuga", a mulher cansada de uma relação conjugal de 12 anos tenta se libertar, viajar, ela precisa "ver se as coisas ainda existiam" (Lispector, 1978: 100). E vem o medo: "e ela só tem um medo na vida: que alguma coisa venha transformá-la" (Lispector, 1978: 101). Eis a mulher numa nova condição, liberta: "eu era uma mulher casada e agora sou uma mulher" (Lispector, 1978: 102).

Evidentemente essa postura resulta num contraponto entre a mulher e o homem: "Os desejos são fantasmas que se diluem mal se acende a lâmpada do bom senso. Por que é que os maridos são o bom senso?" (Lispector, 1978:

101). Mas constata que não tem dinheiro e volta, então, para casa, para a região de conforto, mas sem brilho e com lágrimas.

Talvez Flora, Luísa, e as personagens sem nome dos demais contos acima mencionados, sejam antecessoras de Ana, a protagonista do conto "Amor", cuja criação dataria aproximadamente do ano de 1950, já que teria sido escrito durante temporada de Clarice no Brasil, depois do período em que morou em Berna, na Suíça. Este conto seria publicado em 1952 no volume *Alguns contos*. Pois a narradora passa a se deter nos detalhes do momento especial vivido pela personagem enquanto está temporariamente 'fora de casa'. Não somente prolonga a ação, expandindo-a, como a intensifica. E o que seria um simples percurso das compras para o jantar da noite com a família, transforma-se num estranho encontro consigo mesma – e ao mesmo tempo com o mundo vegetal e animal.

De fato, no conto "Amor", as barras da contenção rompem-se figurativamente ainda no bonde, quando devido a uma brecada inesperada, pelas malhas da sacola de tricô, escorrem as gemas viscosas dos ovos quebrados. Ana, após se surpreender com a imagem do cego mascando chicletes, uma espécie de guia que a atrai para as profundezas de um mundo ainda não revelado, encontra-se repentinamente no Jardim Botânico, Inferno e Éden, tal como uma Alice surpresa diante de dálias e tulipas. Pelo oco da árvore, Alice cai no chão desse novo mundo. Pelo oco de si mesma, Ana se reconhece irmanada com o que a rodeia, num misto de atração e repulsa.

Não se trata apenas de mais uma parada num simples passeio. A personagem descola-se do fio histórico e ingressa numa órbita que até então lhe era desconhecida: experimenta um novo modo de ver as coisas, que ganham novas formas, tonalidades, sabores. E o que ganha realce é a multiplicidade de que são feitas as coisas, em tons de vida e de morte, tal como os frutos, antes possivelmente saborosos, mas ali parecendo cérebros apodrecidos.

Não é só o 'ser Ana' que atua nesse cenário. Num só conjunto, a Ana somam-se plantas e animais, irmanados nesse mesma rede de vida e morte. Daí o tom de ritual que perpassa toda a cena, como se, nesse intervalo reservado para tal cerimônia de respeito à natureza, todo ser vivo tivesse seu papel garantido, de igual importância, sem distinções.

Talvez a cena de Ana imersa nesse Jardim demoníaco, ou diante de um Inferno paradisíaco, seja o cenário exemplar do espaço em que a mulher comunga com sua mais ampla dimensão, ao ser o Outro de si, desvinculada temporariamente dos laços domésticos e sociais, mas aí mesmo se inteirando da importância de percepção do que constitui um espaço de libertação emancipatória, que lhe é oferecido pela arte.

Não somente nesse conto inserido em *Alguns contos* (1952) e, posteriormente, em *Laços de família* (1960), a escritora Clarice manifesta seu respeito pela natureza. Basta percorrer os vários textos em que o vegetal ocupa papel de protagonista nas suas crônicas.

O Jardim Botânico guarda essa "vital seiva", matéria-prima e selvagem que pulsa. "No Jardim Botânico, então, eu fico exaurida, tenho que tomar conta com o olhar das mil plantas e árvores, e sobretudo das vitórias-régias" (Lispector, 1984: 421). E mais: "Sentada ali num banco, a gente não faz nada: fica apenas sentada deixando o mundo ser" (Lispector,1984: 494). E continua sua crônica:

> Eu estava simplesmente exausta de morar num apartamento. Estava exausta de tirar ideias de mim mesma. Estava exausta do barulho da máquina de escrever. Então a sede estranha e profunda me apareceu. Eu precisava – precisava com urgência – de um ato de liberdade: do ato que é por si só. *Um ato que manifestasse fora de mim o que eu secretamente era.* E necessitava de um ato pelo qual eu não precisava pagar. Não digo pagar com dinheiro mas sim, de um modo mais amplo, pagar o alto preço que custa viver. (Lispector, 1984, 648-649, grifos meus)

E foi assim que tomou um táxi e rumou para o Jardim Botânico: "Só para ver. Só para sentir. Só para viver" (Lispector, 1984: 649).

O truque da narradora – de dizer que não vai dizer, mas já dizendo – abre o próximo parágrafo.

> De propósito não vou descrever o que vi: cada pessoa tem que descobrir sozinha. Apenas lembrarei que havia sombras oscilantes, secretas. De passagem falarei de leve na liberdade dos pássaros. E na minha liberdade. Mas é só. O resto era o verde úmido subindo em mim pelas minhas raízes incógnitas. (Lispector, 1984: 650)

O passeio que aqui se registra é mais que um simples passeio: torna-se uma salvação da rotina massacrante. E um mergulho num território estranho e desconhecido, que merece atenção, na medida em que é 'vida' e que tem o poder inclusive de 'salvar', resgatando liberdades perdidas, sensações de plenitudes benéficas. Eis o poder da arte.

Não apenas as plantas ocupam lugar de destaque nos seus textos. Também no conto "Amor" um gato surge e repentinamente some. A esse gato, outros animais se somam na sua vasta produção jornalística e ficcional, num repertório vasto e de bichos vários. O cão Dilermando, que a escritora Clarice abandonou em Nápoles, provoca-lhe um sentimento de culpa, e não por acaso o desenterrar um cão acaba sendo tema do seu conto "O crime", posteriormente intitulado "O crime do professor de matemática". E há o cão Ulisses, que a acompanhou na sua última década de vida no apartamento do Leme. E há galinhas, cavalos, macacos, sagui, búfalo, coelho, peixes, rato e baratas, e tantos outros mais, em crônicas, contos, histórias para crianças.

Nesse cenário povoado por bichos, tanto dóceis quanto ameaçadores, por plantas encantadas e ao mesmo tempo ameaçadoras, a vitória cabe ao que pulsa, e que é acolhido com o devido respeito ao que cada um é, ou está ali sendo: um respeito ao 'ser vivo'.

Ocorre que, neste momento em que florestas estão sendo devastadas, animais estão sendo mortos, esse espaço no 'de fora da casa', em que a criatividade mostra seu poder, sinalizando a experiência de uma libertação revigoradora, a literatura de Clarice ganha ainda maiores proporções de importância.

Por isso considero *A paixão segundo G.H.* como mais um novo estágio nesse percurso emancipatório da mulher, quando a linguagem pode se desenvolver com mais folgança já instalada no gênero mais extenso do romance, e quando a autora encontra, no meu entender, um modo mais elaborado esteticamente de narrar suas incursões em direção ao "oco" de si, tanto quanto ao repertório imagístico, de louvável requinte, quanto à intensidade da voltagem gradativamente tensionada ao longo do fluxo narrativo.

De fato, a autora mantém aí um desenho episódico que observamos desde o início de sua produção, quando a mulher parte em busca de um lugar próprio e lá se depara com um novo modo de ver e experimentar o mundo.

No entanto, em *A paixão segundo G.H.*, esse 'outro' mundo está e não está dentro da casa. Está dentro porque os espaços em que a ação se desenvolve integram um mesmo conjunto arquitetônico do apartamento de cobertura. Não está dentro porque a personagem sai da sala – ambiente social em que G.H. é a imagem que seus pares têm dela, ou seja, ambiente formatado conforme modelos instituídos e superficiais – e entra no quarto de empregada, um apêndice de 'menor valia' habitado pela empregada que se fora, que deveria estar sujo e que por isso G.H. escolhe como o primeiro lugar do apartamento a passar por uma limpeza.

Justamente por se encontrar nesse espaço social relegado à segunda importância, praticamente até então abandonado, é que a ação repercute com forte apelo 'revolucionário', surpreendendo as expectativas da proprietária, até então apenas pressentindo de leve um novo 'modo de ser', e do leitor que a acompanha nessa história que a narradora G. H. nos conta.

Trata-se de uma história em que o ínfimo é reconfigurado sob nova perspectiva de ação do olhar. O espaço de segunda classe transforma-se em local ao mesmo tempo profano e sagrado das redescobertas, numa cerimônia ritualística, mais uma vez, de longo alcance humanístico.

Se o caminho é longo – são 33 seções, e cada uma delas envolve um peculiar tratamento imagístico –, me detenho em dois momentos que considero cruciais: o mural na parede desenhado pela empregada doméstica; o confronto com a barata que G. H. repentinamente vê dentro do armário.

Quando G. H. se depara com a imagem de si desenhada a carvão na parede pela empregada, ao lado de um homem e de um cão, sente-se atraída por essa imagem de si e, ao mesmo tempo, por ela ameaçada, pelo que essa imagem esconde e pelo que ela pode revelar a seu respeito: o vazio. E é pelo reconhecimento de seu vazio, um 'outro' de si, que lhe é revelada a existência de um 'outro', que pela memória G. H. recupera, detalhe por detalhe: a empregada doméstica Janair.

O "outro" ganha estatuto de existência. Ele é um ser vivo, tal como G. H. E se antes era vulto que lhe passava despercebido ao circular com seu uniforme que se confundia com sua pele escura, passa a ter contornos definidos, até se apresentar nem mais apenas como Janair, uma fisionomia e um nome, mas como uma rainha africana.

Importa aqui ressaltar que há um embate entre essas duas mulheres. G.H., assustada diante do que não vê, nem conhece – o seu "oco vazio" no miolo dos contornos a carvão da sua imagem de mulher gravada por Janair na parede do quarto –, num impulso primeiro deseja apagar essa imagem. Em vão. Impossível voltar atrás. "Mas o mal estava feito" – é o que a narradora do conto "Amor" afirma quando Ana se encontra no Jardim Botânico. É o que acontece nesse minúsculo quarto de empregada.

Se Ana se achara fisgada pelo cego, que a empurra para a visão de dentro de si, G.H. se encontra atraída pelo desenho de Janair, de que deixa traços a carvão, mas como um umbral que a essa altura não é só um chamado, mas uma espécie de rapto irreversível.

A presença de Janair por meio do seu gesto artístico – a arte da captura do outro e sua imersão no ciclo de novos sentidos – gera uma série de reações, como essa: a consciência de que a serviçal é gente, não apenas uma negra empregada e domesticada para o trabalho pesado. Eis o aspecto revolucionário desse ato que vem de baixo para cima – da trabalhadora para a patroa –, na medida em que impõe o confronto irreversível para desmontar as diferenças.

Como a sequência episódica acontece em lances de tensão gradativa, com amarração das 33 seções amarradas uma à outra – mediante a repetição da última sentença verbal no início da seção seguinte – o próximo lance ou próximo encontro pode ser considerado como uma nova etapa nesse processo difícil e ao mesmo tempo encantador do enfrentamento em direção ao outro transfigurado, então, na figura da barata.

Ao ver a barata, ao dela se aproximar, ao espremer o animal na porta do armário e ao supostamente devorar o sumo desse outro, a protagonista executa o ritual não somente de uma comunhão sacro-profana com o outro, atingindo a experimentação desse mundo arcaico e selvagem, até então proibido, como simula uma união acentuadamente erótica com o outro, o homem, o amante.

De um lado, experimenta o 'ser outro', identificando-se com esse animal que há trezentos e cinquenta milhões de anos habita os escombros da civilização – conforme nos alerta a narradora. E constata que esse 'de dentro' da barata, matéria viva pulsando, constitui sua própria matéria viva enquanto ser vivo. Encontra aí não apenas o outro – a barata –, mas o outro da barata; no seu de dentro, encontra aí o outro de si mesma: G.H. e a barata, ambos 'seres vivos', primordiais, arcaicos, que resistem, apesar de tudo e de todos, numa cópula simbólica que assegura a continuidade da vida.

Esse processo de composição por desdobramentos, patente nesse enredamento de *A paixão segundo G.H.*, publicado em 1964, constituirá o suporte do seu romance, que começará a escrever cerca de doze anos depois e que será publicado em 1977, ano de seu falecimento. Mais uma vez volta-se para a miséria da nordestina na cidade do Rio de Janeiro, marginalizada, sem 'nada ter', num mundo feito para os que 'têm' e que por isso acaba morrendo, atropelada por carro de alto luxo, em mais um baque da minoria diante do poder do outro.

De fato, G.H. passa a "ser Janair", como será Macabéa, em A hora da estrela, três mulheres, seres da mesma espécie, num clímax triunfante de efetivação do que costumo chamar de "grandeza igualitária", o que deveria ser o alvo de uma sociedade sensível e justa.

Em suma, o romance *A paixão segundo G.H.* narra a história de uma luta – contra a desigualdade social, que marginaliza o negro e o pobre, promovendo o reconhecimento do estatuto de 'ser vivo' e que deve ser não só respeitado, mas integrado num justo sistema das relações humanas.

E defende, na sua luxuosa elaboração imagística, o pequeno espaço supostamente sujo, mas efetivamente límpido, a equivalência com um mundo maior, que também se desdobra em muitos outros, como uma cartola mágica, que escapa das janelas do apartamento para as favelas e as praias cariocas, para as montanhas da Assíria, para o estreito de Dardanelos e para as areias e desertos do Egito. Para o Mundo, enfim. Quem sabe talvez para o que anteriormente propusera, num de seus primeiros contos aqui já mencionados: "Eternidade. Vida. Mundo...Amor?"

Sim, Amor. O amor ao outro e a si mesma.

Num momento de pandemia, em que passamos pela experiência do sofrimento e pela proximidade da morte, a arte de Clarice Lispector mostra a sua força ao vencer a 'via sacra' das adversidades, que inclui, entre tantas outras, a resistência ao medo. Se a barata, por um lado, revela o seu 'outro', ao trazer no seu 'dentro' o sumo da vida primordial, que resiste apesar de tudo, revela também a morte que tem de ser enfrentada, metáfora do vírus que assola e destrói nossa população. Em ambos os casos, é a revelação do valor da vida. E da alegria possível. "Alegria difícil, mas alegria", tal como a própria escritora propõe na dedicatória a seus leitores, em *A paixão segundo G.H.*

Finalmente, é a própria Clarice que responde a uma pergunta latente em todos esses textos que acabamos de mencionar: como enfrentar o monstro e vencer o medo? E o que sou, afinal, nesse território de luta? As perguntas estão presentes nos textos que acima mencionamos, pois nos mostram opções corajosas de 'tornar a ser' a partir do reconhecimento e do respeito pelo outro. Ou seja, nos leva ao caminho de como construir-se como "ser mulher" e "ser vivo" nesse Mundo de pessoas, animais e vegetais, seres tão vivos como qualquer um de nós.

Na crônica intitulada "O que eu queria ter sido" a escritora desenvolve uma definição desse ser-Clarice, mas à moda-Clarice: pelo seu contrário, não pelo que ela é, mas pelo que "gostaria de ser". E é nesse lugar que a especificação da sua força reivindicadora se manifesta com clareza.

O que eu gostaria de ser era uma lutadora. Quero dizer, uma pessoa que luta pelo bem dos outros. Isso desde pequena eu quis. Por que foi o destino me levando a escrever o que já escrevi, em vez de também desenvolver em mim a qualidade de lutadora que eu tinha? Em pequena, minha família por brincadeira chamava-me de "a protetora dos animais". Porque bastava acusarem uma pessoa para eu imediatamente defendê-la. E eu sentia o drama social com tanta intensidade que vivia de coração perplexo diante das grandes injustiças a que são submetidas as chamadas classes menos privilegiadas. Em Recife, eu ia aos domingos visitar a casa de nossa empregada nos mocambos. E o que eu via me fazia como que me prometer que não deixaria aquilo continuar. Eu queria agir. Em Recife, onde morei até doze anos [na verdade, 14 anos], de idade, havia muitas vezes nas ruas um aglomerado de pessoas diante das quais alguém discursava ardorosamente sobre a tragédia social. E lembro-me de como eu vibrava e de como eu me prometia que um dia esta seria a minha tarefa: a de defender os direitos dos outros.

No entanto, o que terminei sendo, e tão cedo? Terminei sendo uma pessoa que procura o que profundamente se sente e usa a palavra que o exprima.

É pouco, muito pouco. (Lispector, 1984: 217-218)

Não é pouco, Clarice.
Ainda mais agora. ●

Em isolamento social devido à pandemia.
23 de março de 2021

REFERÊNCIAS BIBLIOGRÁFICAS

LISPECTOR, Clarice. *Alguns contos*. Rio de Janeiro, Ministério da Educação e Saúde/ Serviço de Documentação, 1952. [Col. Os Cadernos de Cultura].

_____. *Laços de família*. Rio de Janeiro, editora do Autor, 1960.

_____. *A hora da estrela*. Rio de Janeiro, Livraria José Olympio editora, 1977.

_____. *A bela e a fera*. Rio de Janeiro, Nova Fronteira, 1978.

_____. *A descoberta do mundo*. Rio de Janeiro, Nova Fronteira, 1984.

_____. *Outros escritos*. Org. e seleção: Teresa Montero e Lícia Manzo. Rio de Janeiro, Rocco, 2005.

_____. *Clarice na Cabeceira. Jornalismo*. Org. Aparecida Maria Nunes. Rio de Janeiro, Rocco, 2012.

_____. *Todos os contos*. Org. Benjamin Moser. Rio de Janeiro, Rocco, 2015.

NUNES, Aparecida Maria. *Clarice Lispector Jornalista*. 2 v. São Paulo, FFLCH/USP, 1991. [Dissertação de Mestrado]

_____. *Clarice Lispector Jornalista. Páginas Femininas & Outras Páginas*. São Paulo, Editora SENAC São Paulo, 2006.

Roberto Corrêa dos Santos
A arte da frase em Clarice

Roberto Corrêa dos Santos

Semiólogo, teórico da arte, escritor, artista; atuou como professor de Teoria da Arte e de Estética no Instituto de Artes da Universidade do Estado do Rio de Janeiro (Uerj), tendo sido professor de Semiologia e de Teoria da Literatura na PUC-Rio e na UFRJ. Publicou e vem publicando livros sobre teoria, arte, literatura; livros de poesia; livros de artista. Dedica-se a pesquisas sobre as relações entre escrita e arte visual.

E ntre 2013 e 2014 publicamos *As palavras de Clarice Lispector* e *O tempo de Clarice Lispector*. Ambos compostos de frases de Clarice, constantes das duas obras, que foram por mim colhidas, tendo em conta a sua obra completa. Esse trabalho de curadoria nasceu em virtude do convite de Paulo Gurgel Valente, filho da escritora. Após a publicação, variadas questões me foram postas por veículos de imprensa e sites. Apresento aqui parte das perguntas e das respostas que pude na ocasião oferecer, a partir do contato tão próximo da frase clariciana, expressa na formação de sentenças verbais extremante raras. Que o documento a seguir possa valer como registro vivo tanto de meu exercício de curador em face de material extraordinário quanto de minhas proposições acerca dessa arte – da arte da frase em Clarice Lispector.

1. Clarice Lispector é conhecida pelo caráter intimista de sua literatura. Como pincelar textos de suas obras e manter o sentido e a conexão deles isoladamente e entre si?

Talvez estejamos em hora de rever esse termo (intimista) para designar a obra de Clarice; a meu ver, o que em sua obra se encontra é a forte e insistente reflexão crítica acerca da ideia de íntimo; ao contrário do que parece – em virtude do modo de Clarice aproximar-se do leitor pela via de uma comunicação, digamos, 'íntima', ou seja, feita por um trato afetuoso, diretamente ao leitor dirigido –, Clarice dedica-se a desconstituir a ideia de intimidade, bem como as ideias a esse vocábulo relacionadas, ideias como a de profundidade, interioridade, subjetividade etc.. A todo tempo, e sem cessar, afirma-se ali o desprender-se de todo traço psicológico. Em frases de *As palavras* e de *O tempo* tal empenho desconstrutor bem se declara em diferentes momentos; e não se trata apenas de declaração e sim de compromisso, compromisso com o fora, com o exterior, com a política vital, e com o outro; quer-se afirmar, e afirma-se, a certeza de nossa multiplicidade de rostos e devires. Para Clarice, o intimismo, o eu, a crença em o existir a pessoa, o indivíduo, a identidade como modos unitários de existência só tendem a enfraquecer tanto a saúde da vida quanto a saúde da arte, da arte da letra e da arte em geral. Portanto, a questão – 'obra intimista' – não gerou obstáculo algum no que tange à seleta e à estruturação do livro. O trabalho de retirar da escultura verbal dos escritos claricianos os potentes diamantes (sentenças de poder filosófico, poético, plástico: aparições, pois) que a compõem fez-se com uma facilidade estranha: no ato de separar, logo me encontrei no compreensível e quase 'natural' gesto de ler como ato irrecusável de colheita. O texto de Clarice monta-se assim: de sentenças completas, de estados frasais absolutamente irradiantes neles mesmos. A junção das frases – o arranjo – que gera seus livros requer de Clarice uma esplendorosa sabedoria; diante da riqueza do material (frases e frases e frases), enorme é sua perícia artística quanto ao modo de compor; indo de fragmento a fragmento, Clarice elabora e orquestra obra de grande força rítmica, musical; nela, na obra, muitas vezes composições de silêncios e, subitamente, composições de gritos.

2. Quando surgiu a ideia de criar uma obra com as palavras de Clarice, tão intensas e enigmáticas?

Esse desejo era bem mais antigo; fiz isso, recortes frasais, em tempos anteriores, para uso pessoal – recortes, sempre postos no seio dos estudos sobre Clarice por mim realizados, e jamais exercendo os recortes o papel de citações; era um uso voltado para a hipótese de haver poemas no corpo narrativo das obras: dobrei nessas épocas, para a forma vertical, frases postas à maneira de poemas. Lá marcava-se nas linhas redistribuídas a cadência poética; lá estavam poemas geradores de 'distúrbios' no caminho da leitura dos livros, dado que o leitor, sem aviso, teria de passar de um tom a outro, de uma atitude discursiva a outra, isso sem contar os sustos das imagens a se expandirem por meio de recursos tais como os provindos do *como se* (princípio do comportamento do fictício), da *alusão* (princípio do movimento do repetir e repetir até gerar-se o impossível definir de algo, senão pela diferença que o repetir acaba por gestar) e da *tautologia* (princípio de algo só a se reconhecer em sua redundância congênita; princípio quase oriental de, diante da pergunta 'o que é isso', só se poder dizer de maneira certeira assim: isso, 'isso é isso'). A ideia desse fazer da 'prosa' poemas acompanhava-me. A adorável feitura mais intensiva dessas recolhas só se tornou possível pelo referido convite.

3. *A descoberta do mundo* é um livro que já li e reli várias vezes. Curiosamente, fiz como você: lia, anotava algo, relia, pincelava outra frase. Tudo aquilo se reverberava em mim e as frases sempre refletiam alguma época da minha vida. Isso aconteceu com você?

Sim: reverberar é o verbo perfeito; reverberam tanto períodos do que costumamos nomear de 'minha vida', como reverberam as vontades e as ideias que ainda não puderam estar conosco antes, e precisavam as palavras de Clarice. Em artes visuais, lugar de onde também falo, tenho-me dedicado ao que nomeio de clínica de artista, 'método' de fazer artístico que lida com algum-outro que esteja em trabalho (mesmo que não saiba) de tornar-se artista, e essa é a obra a ser feita: há tratos, princípios, atitudes em jogo: visa-se, repita-se, à saúde do espírito. Pois bem, em *As palavras*, em todas as frases, seja cuidando de animal, planta, sentimentos, sensação, fato, ou de que mais, Clarice exerce sua potentíssima clínica, clínica de artista a envolver ética, política, história, desejo, fulgor.

4. Clarice sempre se colocou no lugar do outro (a crônica *Mineirinho* prova isso). Ao selecionar as sentenças que fariam parte de *As palavras*, você se colocou no lugar dela? Como organizou as frases?

Não se pode ter diferente operação ou estratégia em se tratando de Clarice: a obra dá a nota, diz o que pede ou exige; deixava-me conduzir, obedecia ao que Freud chamou de escuta flutuante; creio na arte de ceder. Diante dos livros escolhidos, aparelhei-me de uns bons lápis 6b, lápis de artistas, lápis que lidam com e que produzem marcas e manchas (traços da escrita clariciana); com lápis em punho, segui nas páginas, por impulso e por intuição, a ordem do sensível, sempre atento à ideia da concretude necessária de um dizer 'completo', sempre à captura do enunciado que se montasse qual se montam os poemas, os aforismos, os fragmentos ou ditos filosóficos (no caso, fragmentos ou ditos pós-filosóficos, uma vez que, em Clarice, distantes da lógica do pensar socrático). Definida a ordem da nova composição (o ritmo foi o norteador mais forte), entreguei o xerox dessa pesquisa-traço-marca. O 6b mais o xerox com sua borradura-grafite-escrita geraram uma obra plástica contemporânea de arte-escritura (livros-de-artista) a aguardarem algum convite para exposição. Friso ainda que, quanto às obras publicadas, tudo se concebeu como espaço expositivo para receber as frases-obras de Clarice: ou seja, os livros foram entendidos como sala de exposição; daí o sentido de curadoria como termo possível para o que se fez.

5. "Eu nunca assumi ser escritora, sou uma amadora e faço questão de continuar assim". Como uma mulher que não almejava pertencer ao mundo das letras consegue agradar a alta literatura, o mundo acadêmico e o leitor comum?

Talvez Clarice não pretendesse ser escritora *profissional*, como ela entendia esse termo em diferença ao termo *amador*. Escritor *profissional* faz desse trabalho (criar) seu campo de sustento financeiro e, assim, em razão da necessidade de sobreviver, ter, em muitos casos, de... conceder. Clarice diz em As *palavras* ser o sucesso uma gafe, uma falsa vitória. E diz também: "*O autor: que tenha medo da popularidade, senão será derrotado pelo triunfo.*" Afastava-se, assim, de tudo que lhe parecesse vir a atingir o núcleo vital de sua arte. E é justamente por 'não pertencer', por pertencer somente aos comandos de seus desígnios de sabedoria, observação e delicadeza no trato das coisas do mundo, por fazer-se sem esforço indiferente à vontade de agradar alguém ou alguma instituição, por tal que Clarice alcança aquela magnitude constitutiva somente das artes fortes e raras: a academia e o leitor que busquem o valor ampliado do entender e, como ela avoca, do não-entender, encontrarão em Clarice esse farol. Trata-se do muito saber e do muito desfazer-se do saber. E ir, qual o amador: no ensaio, no risco.

6. O que diferencia as crônicas das obras ficcionais de Clarice?

Não há diferença significativa: as ditas 'crônicas' são igualmente obras ficcionais. Em ambas, o domínio da palavra, da sintaxe, da imagem, do ritmo, do imaginar, do plasmar um existir plural e extemporâneo.

7. Ela tinha o costume de anotar sempre que algo lhe vinha a cabeça, seja de dia ou de noite. Aconteceu o mesmo com você ao ler as obras dela?

Tenho eu o mesmo 'hábito'; no caso, e mesmo antes, não foi necessário despertar para o registro: o desenho a lápis em torno da frase na página servia de arquivamento. Tratei as páginas como gavetas de recortes de preciosidades.

8. Em entrevistas, Clarice se mostra avessa à fama. Como acha que ela reagiria diante de tanta repercussão positiva de sua obra?

Clarice dizia grande sim a amar. E grande sim a ser amada. E isso não tem a ver com fama. Tem a ver com entrega, alegria, comunhão. E sabia Clarice proteger-se do que ela chama de mão indelicada do amor, mão que também no amor também fere.

9. Qual é sua citação favorita?

Não tenho frases favoritas. Destaco algumas. Uma que poderia, para mim, referir-se aos livros de frases publicados:

(a)*"Faço tantas fantasias a respeito desse livro desconhecido e já tão profundamente amado. Uma das fantasias é assim: eu o estaria lendo e de súbito, a uma frase lida, com lágrimas nos olhos diria em êxtase de dor e de enfim libertação: 'Mas é que eu não sabia que se pode tudo, meu Deus!'."*
Uma que a todos pode servir de horizonte:
(b) "Só são humilhados os que não são humildes."
E outra, por seus aviso e lança :
(c) "Sou um homem que tem mais dinheiro do que os que passam fome, o que faz de mim de algum modo um desonesto."

10. O que pensa dos leitores que se satisfazem apenas com citações e referências descontextualizadas da obra de Clarice? Isso não levaria a obra da escritora a uma exaustão?

Creio que, em *As palavras* e em *O tempo*, as frases se recontextualizam: abrem-se a novos sentidos, e isso é bom; creio ainda que o leitor forte será conduzido pela vontade do querer mais, e querer os livros outros, e bem ver as frases no pulmão das cenas, das personagens, dos acontecimentos; o leitor forte pede de Clarice tanto esses sinais do respirar que se encontram nos livros de frases quanto o tambor do respirar ardente que se encontra em cada livro seu. Exaurir, como exaurir? Como secar tais obras? Como dissipá-las? Como despejar até a última gota tamanha natureza de vida intensiva? Não há essa possibilidade.

11. Segundo pesquisa feita pelo site Youpix em junho de 2012, Clarice é a escritora mais citada no Twitter. Essa legião de "citadores" lhe agrada? Porque Clarice é um fenômeno nas redes sociais.

Não me desagrada, digo-lhe francamente: parece haver um senso coletivo de que a presença-Clarice nos desperta, nos acolhe, nos torna melhores, isso é, nos aristocratiza em sentido grego. Clarice escreve gerando redes, pede o terreno, afirma o capim, a capilaridade; seu texto é texto de conexões. Conclama o outro do outro do outro; nas redes sociais subjazem também redes de processos amplos e ativos de subjetivação, daí avocarem artistas e saberes e pensamentos mesmo quando de modo talvez estrábico. Clarice, em um escrito de 1974, em atitude mental premonitória, viu esse fenômeno, e ficou nervosa. Hoje, hoje talvez devesse rir como sempre por fim acabava por fazer em face da contingência; veja este texto: *"Acordei com um pesadelo terrível: sonhei que ia para fora do Brasil (vou mesmo em agosto) e quando voltava ficava sabendo que muita gente tinha escrito coisas e assinava embaixo o meu nome. Eu reclamava, dizia que não era eu, e ninguém acreditava, e riam de mim. Aí não aguentei e acordei. Eu estava tão nervosa e elétrica e cansada que quebrei um copo."*

12. Em sua fonte de pesquisa, houve alguma obra em que a colheita de citações foi mais farta? É possível explicar o que distingue essa obra das demais?

Sim, houve duas: *Um sopro de vida* e *A descoberta do mundo*. *Um sopro de vida* constitui-se em livro de frases e frases soltíssimas, livres de qualquer suporte narrativo diretamente encontrável; publicou-se após a morte de Clarice, tendo sido organizado não por ela, Clarice, e sim por sua amiga Olga Borelli; estava eu diante de arcabouços de livro, de livro-a-fazer-se, bem diante, portanto, da matéria bruta e iluminada do material (sentenças e sentenças) ainda a formar-se obra: a riqueza verbal de *Um sopro* surpreendeu-me, pois, em leituras anteriores, lastimava que aquele sutil rigor compositivo de Clarice não tivesse tido tempo de ali se realizar. Já a *A descoberta do mundo* marca-se por imensa

A ARTE DA FRASE EM CLARICE • 289

potência de ideias, pensamentos, sensações, e tudo plantado no terreno das ardentes frases enviadas ao leitor de jornal todo sábado: trata-se de livro de 'crônicas', escolhidas por seu filho, Paulo Gurgel Valente. Em verdade, um livro de sabedorias curatoriais e terapêuticas. Por todo tempo cuidei de montar uma 'ordem' de obra em que as vibrações e os acordes de pensamento/sensação pudessem mais bem mostrar as alternâncias da vida do pensar e do sentir (e, logo, sempre sob o calor de sua escrita poética e pós-filosófica) na arte de Clarice.

13. Alguns críticos, como Olga de Sá, chamaram a atenção para procedimentos da escrita de Clarice que tinham afinidades com técnicas de pintura. Esta professora fez mesmo uma aproximação com técnicas impressionistas no que diz respeito à forma como Clarice tentou captar sensações através da escrita. O que pensa disso?

Não consigo ver elos diretos da obra de Clarice com o que realizaram os pintores ditos impressionistas; a ideia de sensação que vários daqueles artistas franceses afirmavam em sua obras difere largamente da concretude da sensação, da, digamos, pós-filosofia das sensações que Clarice expõe e exercita; as sensações em Clarice bem mais se unem (e antecedem) ao que Gilles Deleuze, em seu livro *Lógica da sensação*, compreendeu existir em obras nada trêmulas ou indiretas, como as do pintor Francis Bacon: tanto em Clarice quanto em Bacon, a sensações dizem respeito ao corpo, à observação e à vivência do corpo, do corpo como matéria vívida e atingível; ou mais ainda, diz respeito à carne viva e pulsante do corpo, ou seja, do embate brutal do corpo em face dele mesmo e em face de outro(s) corpo(s): carne viva e humana e carne do açougue, que, em um corpo, exigem vigor máximo para não tombar alguém diante da dor ou da morte em tudo já contida. As sensações conclamadas pelos impressionistas prendem-se ao âmbito retiniano; são homens, aqueles, de uma arte do olho e da captação do mover-de da luz e das cores do ao redor; menos do que sentir o fora como território matérico a erguer-se e desfazer-se a um só instante, visavam a capturar sua móvel beleza; Clarice quer mais: quer o feio, tantas vezes; quer o mau-gosto (o fel das coisas), tantas vezes; o pulsar da carne quando em pensamentos e ditos sobre o amor, o viver; em Clarice, o olho olha para ir ao ver; e o ver, em Clarice, envolve reversões dos sentidos: ver – ver como tato, olfato, escuta; daí as ressonâncias de toda ordem no corpo da escrita e dos leitores; ressoam sensações que vão do transpor o esplendor do nojo até o esplendor do estado de graça; a beleza para Clarice, diferentemente do que julgaram os impressionistas, não importa, ou importa sim, desde que sua força, a força da beleza, esteja 'à beira' de gerar surtos — surtos de almas, surtos de entendimentos.

14. Na escrita, Clarice comprova não estar presa a modelos. Ela está permanentemente a experimentar, mas não se trata de um experimentalismo artificioso. Ela olhou de frente o escuro, como poucos fizeram. Você concorda?

Sim, concordo; "gênero não me pega" é uma de suas frases a indicarem seu não aprisionamento, seja aos chamados gêneros literários, seja aos chamados gêneros humanos; o experimento em Clarice diz respeito à capacidade do entregar-se, do ir-indo; do contar inclusive com o medo para dele extrair as substâncias saudáveis para audácias múltiplas; o experimento impõe ser o outro do outro; olhar-se no outro, e se preciso, desfazer-se de algum outro que em nós se implanta como um juiz vingador e punitivo; Clarice considerava crime o experimento movido pelo impulso da novidade; sequer consideraria tal ato um trabalho de experimento; experimentar impõe contar com o trunfo do desconhecer, do não saber, do ampliar-se acatando a validade existencial dos riscos. E o escuro (a cegueira iluminante) norteia as linhas entrelaçadas que formam suas páginas. Mais do que olhar de frente: ir para o dentro-fora do que, reduzida a luz, mais permite abocanhar o que ela nomeia de neutro, de plasma, de coisa. Comer o escuro da coisa, o escuro que se instala na coisa é o que faz sua obra.

15. O escritor Milton Hatoum disse, certa vez, que, como Machado de Assis é um autor de linguagem clássica, movido pela ironia e erudição, é até saudável tentar imitá-lo. Segundo ele, impossível é ser rosiano ou lispectoriano, pois o leitor reconhece logo que é um pastiche deliberado ou uma imitação que não faz sentido. Você comunga da mesma opinião?

Não é assim tão possível 'imitar' Machado: seu gesto 'clássico' é ilusório, e suas ironia e erudição não consistem nos vetores mais significativos da assinatura-Machado; são recursos apenas, recursos de um dom mais amplo, de um dom que vem de um saber antecipatório: saber que percebe, nos fatos e nos seres, seus futuros e suas genealogias. Imitar-se-ia talvez o 'estilo' (aqui tomado impropriamente como sinônimo de o rosto da escrita), mas estilo, desse modo entendido, tem pouca ou nenhuma importância para Machado ou Clarice. O estilo, com traço capaz de imprimir uma marca a fogo nas regiões de uma arte e da existência, esse não é imitável: ter-se-ia antes de imitar uma vida, impossível: leis das contingências impedem.

16. Como foi o processo de seleção das frases dos livros? Qual o critério escolhido?

Depois de escolhidos os livros de Clarice, dei-me a ler de modo diferente das outras maneiras por que entrei antes nessas mesmas obras: ler, agora, situou--se como um ato-radar dedicado bem menos a seguir os (poucos, quase sempre poucos) acontecimentos das narrativas e mais, muito mais, a entregar os olhos (com a mão e o lápis) à enormidade de sabedorias verbais que nas obras não param de surpreender-nos, de ampliar-nos o espírito; o critério nasceu, pouco a pouco, das próprias frases: inteireza e pluralidade de sentidos, poder filosófico, capacidade poética, caráter plástico.

17. Nas notas do livro [*As palavras de Clarice Lispector*], você afirma que tomou a seleção das frases de Clarice como uma curadoria. A intenção foi inserir o leitor em uma espécie de mundo poético da escritora?

Desde o começo da tarefa crítica e amorosa a que eu fora convidado, não se tratava de selecionar, dando às frases alguma natureza de ordem; tratava-se sim de, com delicadeza e com permissão da artista-Clarice, entrar em seu ateliê e ir acompanhando seus muitos 'métodos' de trabalho, marcando os resultados, digamos, poéticos; ou, na verdade, os resultados de pensamentos inscritos na palavra de modo tal que se pudesse depreender, no pensar, a respiração, ou como Clarice diz: o traço do pré-pensar e, nele, tudo de vida vigorosa que nos antecede e antecede a linguagem. Daí a curadoria: ir, sentir, assinalar, colher e conduzir ao livro-sala-exposição.

18. Estes são livros para serem lidos fora de ordem?

Livros para leitura aos saltos, sim: seguindo os sustos, os arrebatamentos, as aprendizagens, as lições vitais; para ser lido na ordem das sensações; logo, no interior de uma ordem totalmente particular, decidida pelos saberes e pelos afetos de quem o toque, de quem, com espírito livre, entre na sala-livro.

19. Qual o papel da obra de Clarice na sua vida?

Mestra: tenho Clarice Lispector, desde os 17 anos, quando conheci alguns de seus textos, como a Mestra; creio na necessidade de alguém encontrar uma força de vida em algum outro-alguém com quem se sinta capaz de pressentir o estar diante de algo que francamente abre luz para as possibilidades do melhor a tornar-se; Clarice trabalhou em mim muitas forças de entusiasmo vivo e deu-me direções de escolhas de artes e de modos de ação e de entendimento; com ela, em mim brotou muito do que sei hoje sobre saúde e ética; além disso, conduziu-me Clarice a muitos de seus pares escritores no mundo.

20. Observando os fragmentos da obra de Clarice, sobressai a presença constante do eu. A subjetividade marca a obra da autora?

Esse 'eu' de Clarice, sempre, já no primeiro livro, refere-se a um eu ficcional; Clarice entende ser esse um pronome necessário no uso da comunicação por meio da língua, e no entanto, do ponto de vista existencial, todo seu trabalho de pensamento diz respeito a não se acreditar no eu: o eu pode fazer-se, por vezes, como um sinal aprisionante da vida múltipla e rica, por conter o risco de não abrigar o fora, o exterior, o terreno, o outro; sonha a arte de escrita de Clarice por exaltar o campo da grande e alerta apessoalidade, o que significaria estar saudável o suficiente para se provar do neutro e do seco e só então sair do si. Não é a subjetividade que marca a obra de Clarice, mas sim: a reflexão exaustiva e analítica sobre a subjetividade, seus efeitos, seus entraves, suas aberturas.

21. O 'eu' em Clarice pretende se aproximar do leitor?

Clarice quer o leitor, escreve com o leitor, tal 'eu' pede-lhe a mão para escrever, para pensar, para prosseguir; o leitor, como em raros livros de literatura, está firme e inscrito e atuante nas obras, ele é o outro e o par de Clarice. Mais do que aproximar-se: ir junto; conversam, longamente conversam Clarice e ele, o leitor de Clarice.

22. Em sua opinião, Clarice é o ápice de uma linha de escritores intimistas e psicológicos na literatura brasileira?

Clarice é o ápice de nosso poder maior de a escrita valer-se da língua portuguesa do Brasil e com ela amalgamar inaugurais pensamentos, ritmos, descobertas, poemas ampliados. Entretanto, quase nada há de psicológico ou de intimismos em seu ato-escrever: nem causas, nem consequências importam; novos são seus modos de compreender vida, morte, tempo, amor; cuida-se do como se processa a ardente alegria, desenha-se a vida por intermédio de um saber a valer-se do ativo ignorar; conclama sua obra à cegueira encaminhante e responde aos enigmas 'do que é isto?' com: 'isto é isto, apenas isto e, logo, isto é tanto e tanto, sendo isto'. Não cria Clarice narrativas que justifiquem o bem ou o mal-viver; dizem seus textos da importância do seguir sem aprisionar-se nem ao antes nem ao depois: quer, como afirma, o *já*.

23. É possível sentir a influência da escrita de Clarice na literatura contemporânea?

Digo sempre que a literatura contemporânea no Brasil ainda está por valer-se mais da obra de Clarice: seu dispositivo de proposições contemporâneas tem sido levado a cabo no que se escreve hoje, mas ainda não suficientemente; tenho visto suas proposições instalarem-se de maneiras bem agudas no âmbito das artes visuais e no âmbito do que se pode chamar de pós-filosofia; seus disparos impulsionadores bem especialmente acionam saberes contemporâneos diversos que visam a ultrapassar as províncias disciplinares: as literaturas (de que ordem for: mesmo as nomeadas de filosofia, política ou história) no e fora do Brasil urgem por Clarice, urgem por sua contemporaneidade e extemporaneidade.

24. Ao retirar frases de Clarice Lispector do contexto dos livros em que elas estão, o que ganham e o que podem perder?

O ato de retirada das frases de Clarice, ou de outro alto artista, de seu local de 'origem', muito pouco difere, se é que difere, do comportamento básico de qualquer atitude de leitura (de escuta), em virtude de os modos de funcionamento do aparelho mental exigirem a seleção em face de um todo; tal exigência constitui uma das maneiras de o próprio aparelho preservar-se e preservar-nos vitalmente, e assim podermos prosseguir; logo, o contexto 'narrativo' (seja qual for) sempre será atingido, queira-se ou não, pelo processo aparentemente violento de espotejar a totalidade; no caso específico desse trabalho com os livros de Clarice creio que mais se ganha do que se perde; ganha-se em virtude de trazer à vista, e bem nitidamente, o raríssimo processo de escrita dela, Clarice; processo a compor-se justamente da capacidade intuitiva e conceitual de produzir não por enorme vontade de contar um caso, mas de valer-se do caso/fato (Clarice assim denomina: fato) para que, naquele espaço de um ir-quase-acontecendo, algo esteja a brotar (justo a frase!); interessa-lhe cravar na página a frase, que, em Clarice, outra coisa não é do que pensamento grafado. O retirar dali a frase destaca um dos mais vigorosos mecanismos construtivos desse modo de escrita, que só reconheço, no Brasil, em Clarice. O que se perde, talvez? Perde-se, talvez, aquele sentimento de estar o leitor sendo lançado, no ato da leitura de seus textos, como em uma roda gigante (a imagem é de Clarice), lançado aos alegres susto e exaustão do sem interromper de pensamentos, palavras, sensações; 'isoladas' especiais e surpreendentes frases, ganha-se o bônus de um certo bem-estar (não a roda gigante, mas quem sabe, o barco e o lago: perigos ali também); com isso, continua o poder, no ler, ampliar-se; o coração do leitor baterá, com diversa batida. E baterá muito, pois perplexo em face do plural dos saberes de vida, amor, morte, ética, gesto, graça; diante ainda de reveladores desenhos-aparições de coisas e seres. ●

REFERÊNCIAS BIBLIOGRÁFICAS

SANTOS, Roberto Corrêa dos (Curadoria). *As palavras de Clarice Lispector*. Rio de Janeiro: Rocco, 2013.

SANTOS, Roberto Corrêa dos (Curadoria). *O tempo de Clarice Lispector*. Rio de Janeiro: Rocco, 2014.

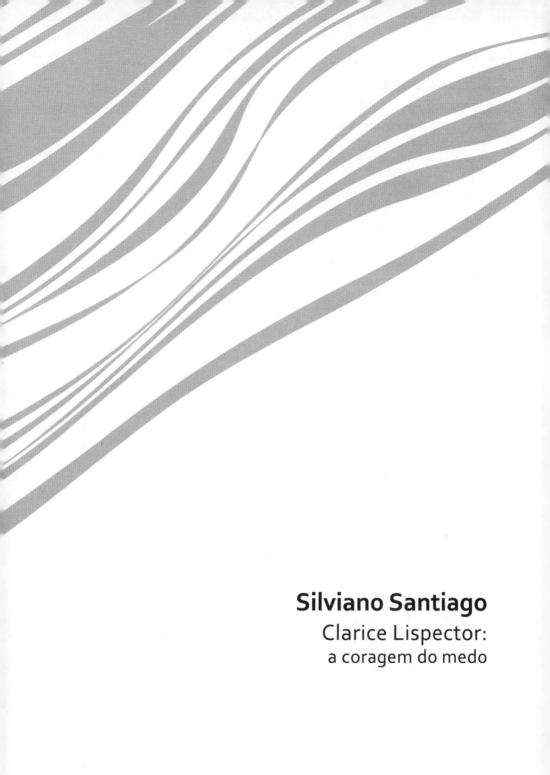

Silviano Santiago
Clarice Lispector:
a coragem do medo

Silviano Santiago

Ensaísta, romancista, crítico, contista e poeta. Sua vasta obra inclui romances, contos, ensaios literários e culturais. Doutor em Letras pela Sorbonne, Silviano começou a carreira lecionando nas melhores universidades norte-americanas. Transferiu-se posteriormente para a PUC-Rio e é professor emérito da UFF. Por três vezes foi condecorado com o prêmio Jabuti. Pelo conjunto da produção literária, recebeu o prêmio Machado de Assis da Academia Brasileira de Letras e o José Donoso, do Chile. Entre seus livros publicados, estão *Uma literatura nos trópicos* (1978; 2020), *Em liberdade* (1981), *Vale quanto pesa* (1982); *Stella Manhathan* (1985), *O cosmopolitismo do pobre* (2004), *O falso mentiroso* (2004), *Mil rosas roubadas* (2014), *Machado* (2016), *Fisiologia da composição* (2020) e *Menino sem passado* (2021).

para Helô Buarque

Na inveja do desejo, meu rosto adquiria a nobreza inquieta de uma cabeça de cavalo. Cansada, jubilante, escutando o trote sonâmbulo. Mal eu saísse do quarto minha forma iria se avolumando e apurando, e, quando chegasse à rua, já estaria a galopar com patas sensíveis, os cascos escorregando nos últimos degraus. Da calçada deserta eu olharia: um canto e outro. E veria as coisas como um cavalo as vê. Essa era a minha vontade.

Clarice Lispector, "Seco estudo de cavalos"

O medo. Três figuras se agigantam em cena aberta. Thomas Hobbes, o filósofo anglo-saxão, autor do *Leviatã* (1651). Clarice Lispector, que estreou na literatura com o romance *Perto do coração selvagem* (1943). E Roland Barthes, o francês estudioso da linguagem literária, a ganhar o proscênio por ter assinado o ensaio *O prazer do texto* (1973).

O medo é conceito capital na filosofia contratualista do século XVII, na Inglaterra. Em meados do século XX, ele transborda para a poesia de Carlos Drummond de Andrade e, em contos de Clarice Lispector, ganha parceira, a coragem. A coragem do medo. No ano de 1973, o crítico literário Roland Barthes desconfia do título de cidadania que fora concedido por Hobbes em filosofia ao medo e resolve revelar o *conformismo* que o medo acoberta e resolve investir contra o conceito e contra Hobbes desde a epígrafe de *O prazer do texto*.

Nessa exposição sobre o medo em Hobbes, Clarice e Barthes, sigo a lição do saudoso mestre em Literatura espanhola, José Carlos Lisboa. Inverto a ordem cronológica. 1973, 1943 e 1651. Aqui e ali, à semelhança do professor Lisboa, irmão de Henriqueta, espero divertir o leitor com as arapucas que o francês, a brasileira e o anglo-saxão armam para mim.

Roland Barthes elege uma frase de Thomas Hobbes para a epígrafe de *O prazer do texto*. Cito-a: "O medo foi sempre minha grande paixão". Primeira arapuca. Renato Janine Ribeiro, nosso especialista em Hobbes, esclarece que a frase, tal como citada por Barthes, é certamente apócrifa. Não está nas obras inglesas do filósofo, nem em seus manuscritos da British Library. Segundo o estudioso paulista, tudo faz crer que a frase é produto doméstico, do crítico pós--estruturalista. É apócrifa, ou melhor, teria sido o resultado da reelaboração do clássico *Leviatã* pela memória (traiçoeira) de Barthes. Autêntica, garante-nos Renato Janine, é uma frase semelhante e, naturalmente, controvertida que está na autobiografia do filósofo: "minha mãe pariu gêmeos, eu e o medo". Parir gêmeos, um deles humano e o outro o medo, não seria coisa do Demo brasileiro?

Tanto é coisa brasileira, que Roland Barthes poderia ter retirado sua frase da trama dos gêmeos Pedro e Paulo em *Esaú e Jacó* (1904), conhecido romance realista e alegórico de Machado de Assis. Um deles, Pedro, poderia ter sussurrado a palavra medo na barriga da mãe, Natividade, quando de sua subida ao morro do Castelo. Grávida de gêmeos, Natividade vai em busca da palavra da verdade sobre o futuro dos filhos na boca da cabocla vidente.

Pedro, o futuro monarquista, teria pensado e sussurrado *medo* ao perceber que compartilhava o útero materno com o gêmeo Paulo, futuro republicano. Mamãe está a parir gêmeos, eu e o medo.

Profético, o sussurro de Pedro se concretiza na dupla polarização que se arma ao final do século XIX. De um ano, 1888, para o outro, 1889, a princesa Isabel decreta o trabalho livre e os marechais do Exército querem – também por decreto – que a nação brasileira seja republicana e liberal. O medo passa a rondar as sucessivas e definitivas transformações por que passa o Brasil até então escravocrata e monárquico. Por que o medo de Pedro não poderia figurar-se no romance, como aliás vai figurar, no esperado desastre republicano, consequência do Encilhamento?

Rui Barbosa, ministro da Fazenda do Marechal Deodoro da Fonseca, tem a ideia de reformular os entraves por que passam as finanças republicanas pela emissão de papel-moeda. Mal imagina que desbaratará o relógio financeiro da nação. Na boa companhia do jovem Estado, as fortunas tradicionais entram em ruína, enquanto os novos empreendedores nacionais e estrangeiros se locupletam. Naquele novo e esperado Eldorado, anota Machado de Assis com a ajuda do filósofo otimista Cândido, de Voltaire, os contratos só se negociam na bacia das almas.

"Tem que vender essa porra logo" – repetiu em 2020 um ministro de Estado, enquanto outro colega seu, também ministro de Estado, aproveita o clima de falência generalizada para "mandar tocar a boiada".

Pensam que estou a inventar falas alheias? Nunca de núncaras, poetou Carlos Drummond. Em "A luta dos retratos", capítulo 26 de *Esaú e Jacó*, o jovem monarquista Pedro se dirige à mãe e diz: "Mamãe, Paulo [o republicano] é mau. Se mamãe ouvisse os horrores que ele solta pela boca fora, mamãe morria de medo". Responde-lhe Natividade: "Meu filho, não fales assim, é teu irmão". Mais ao final do romance, se lê que quem crê no Tempo acaba por vê-lo "pintado como um velho de barbas brancas e foice na mão, que mete medo". Em períodos de transição sociopolítica, o medo é imperador.

Voltemos a Renato Janine. Lembra-nos ele que Hobbes nasce durante o "grande medo" de 1588, no Reino Unido. Aliás, nasce de parto prematuro. Reaparece Clarice. Dadas as circunstâncias de seu nascimento, não seria tampouco imprudente mesclar o dado familiar com o dado histórico. A escritora brasileira foi concebida em família judia a fugir da Ucrânia, logo depois da Revolução russa. O bebê nasceu quando a família caía no oco do mundo. Nasce numa desconhecida Tchetchelnik ("Ali apenas nasci e nunca mais voltei"), ao meio de longa e dramática viagem de exílio ao Novo Mundo.

"Minha mãe pariu gêmeos, eu e o medo" – poderia ser frase alheia, de Hobbes, de Barthes e de Machado de Assis, subscrita por Clarice Lispector.

Para Roland Barthes, o chato do medo é que, com o correr dos séculos, ele se transforma num sentimento banal e, por isso, ferramenta sem serventia, ferramenta desprezada pelos filósofos modernos. É sentimento vulgar e desagradável. Indigno do ser humano pós-iluminista. Para que e por que perder o tempo em defini-lo, pergunta Barthes em 1973. E responde: posso saber melhor o que seja o medo se o comparo a experiência desagradável e corriqueira.

O sentimento de medo, escreve ele, se assemelha à encomenda que o destinatário recebe e rejeita por não corresponder à especificidade do pedido feito. Pedi isso, meu querido carteiro Leviatã, e me chega aquilo ali. Consumidor tem seus direitos. Devolvo a encomenda ao remetente. Mãos vazias não gratificam o destinatário. Ele permanece desconsolado e desalentado. Pedido justo, endereço certo e mercadoria errada.

Ainda estou, continua Barthes, "à procura da própria coisa". O medo. Sua chegada foi adiada. Tanto no equívoco da remessa (não me enviaram o solicitado), quanto na recusa íntima (não posso aceitar o produto errado), o medo tem uma função moderna. É a mais devastadora das experiências humanas de auto rejeição e de rejeição.

O destinatário frustrado – o medroso – não tem prazer, ou adia o prazer. No limite da experiência, o auto rejeitado ou rejeitado pode sentir gozo (*jouissance*), esclarece Barthes. Se o medo não se concretizasse na falta do objeto recebido, o destinatário poderia ter-se aventurado por algo – o prazer –, que seus cinco sentidos desejam, e querem experimentar e expressar. Despossuído do sentimento que deseja e espera, fica refratário à posse pela paixão e ao prazer pela felicidade. O prazer do texto pode ser uma experiência frustrante se a escrita literária estiver em mãos de um(a) escritor(a) medroso(a).

O medo cria escritores e pensadores *conformistas*, diz Roland Barthes, leitor pós-modernista do *Leviatã*. O medroso conforma seu desejo, não ao objeto encomendado, mas à mercadoria equivocada que recebe. Ao ter de conformar a escrita literária ao objeto que ele (não) possui, o medroso perde também o acesso à linguagem plena, feliz e inventiva da literatura. Anula-se a si e ao texto que escreve, para acatar e trabalhar a linguagem que se *conforma* à mercadoria equivocada.

Barthes conclui de maneira brilhante a argumentação. O texto do medroso se expressa por escrita literária de "significantes conformes". O texto do medo é raro na modernidade porque nunca se eleva à linguagem do delírio. Conforma-se à recusa do objeto do desejo. O prazer. O medo fica solto e perdido, "apócrifo", segundo Renato Janine, no absolutismo inglês. Por nunca se alçar à linguagem do delírio, o texto do medo é raro na modernidade, menos no Brasil.

O gozo entrevado (paralisado, tolhido) do escritor medroso não propicia prazer. Entreva também a linguagem delirante. Clarice Lispector, autora do conto "O búfalo", é a primeira e talvez a única pensadora moderna a *desentrevar* o gozo propiciado pelo medo. (O verbo *desentrevar* existe em português e é bíblico, significa *curar de paralisia* e é usado para descrever os milagres de Cristo.) Clarice *desentreva* o texto do gozo para assumir a atrevida linguagem delirante do medo. A coragem do medo.

A operação do texto de Clarice Lispector visa a retirar o medo da masculinidade tóxica a dominar o Ocidente, a fim de poder configurá-lo com as características de gênero (*gender*). No mundo patriarcal, a mulher é *a priori* medrosa e, por isso, tem de estar sempre em alerta. Ela transforma a encomenda equivocada, o medo, recobrindo-a com a especificidade do objeto que fora solicitado, a coragem do medo.

Em muitos dos textos curtos de Clarice, "a moça" (assim é nomeado o destinatário do medo) recebe uma encomenda que, por desejo próprio, acolhe como sendo a solicitada, ainda que não chegue a corresponder à especificidade do pedido. Faz milagre. Cito: "Na inveja do desejo, meu rosto adquiria a nobreza inquieta de uma cabeça de cavalo". A moça é cavalo. No delírio, ela opera a metamorfose no conteúdo do pacote que lhe cai às mãos. A coragem do medo. Volto a citar: "Mal eu saísse do quarto minha forma iria se avolumando e apurando, e, quando chegasse à rua, já estaria a galopar com patas sensíveis, os cascos escorregando nos últimos degraus. Da calçada deserta eu olharia: um canto e outro. E veria as coisas como um cavalo as vê. Essa era a minha vontade".

Passageiramente, Clarice e todos nós humanos caímos no engodo, ou na cilada da tradição masculina e tóxica do medo. Em certo momento, ela e muitos de nós rechaçamos os recursos retóricos que enriquecem e embelezam nossa prosa. Optamos pelo conformismo. Deixamos de ser ficcionistas para ser pedestres. Entregamo-nos à produção de "significantes conformes". De significantes cuja forma e sentido estão dicionarizados. Moça é cavalo, escreve o texto delirante do prazer. No entanto, o texto do gozo diz: "abdico de ser cavalo e com glória passo para a minha humanidade".

A moça abdica de ser cavalo para acatar o medo, elemento passageiro, paralisador e imobilizador do delírio ficcional na escrita audaciosa. Pão pão, queijo queijo. Moça é moça. Cavalo é cavalo. No texto medroso do medo, a escrita deixa de se referir delirantemente à moça metamorfoseada em cavalo. Cabeça, patas e cascos de cavalo. Ela não se identifica ao centauro que a suplementaria. No texto medroso do medo, ela está a se referir à *amazona*, como é praxe na ficção falocêntrica. Na cama, moça é moça, cavalo é cavalo.

No entanto, no camarim da ficcionista, o texto da coragem do medo está sempre à espera de ser encenado no palco da vida, botando abaixo os significantes conformes. "Na inveja do desejo, meu rosto adquiria a nobreza inquieta de uma cabeça de cavalo."

Leiamos uma anotação solta de Clarice, intitulada "Não soltar os cavalos", que está recolhida na coletânea *Para não esquecer*:

> Como em tudo, no escrever também tenho uma espécie de receio de ir longe demais. Que será isso? Por quê? Retenho-me como se retivesse as rédeas de um cavalo que poderia galopar e me levar Deus sabe onde. Eu me guardo. Por que e para quê? para o que estou eu me poupando? Eu já tive clara consciência

disso quando uma vez escrevi: "é preciso não ter medo de criar". Por que o medo? Medo de conhecer os limites de minha capacidade? ou medo do aprendiz de feiticeira que não sabia como parar?

Em crônica que leva por título "Vergonha de viver", Clarice afirma primeiro: "há pessoas que têm vergonha de viver: são os tímidos, entre os quais me incluo", para logo em seguida assumir seu estilo autoirônico e paradoxal: "Sempre fui uma tímida muito ousada". Não me envergonho de viver, "solto os cavalos". Para exemplificar a ousadia da tímida, Clarice recorre ao relato da sua primeira experiência de *montaria*. Sua experiência de *centauro*. A experiência da coragem do medo poderia se manifestar de outra forma?

A moça vai passar férias no interior. Da estação ferroviária telefona para a fazenda, que "fica a meia hora dali, num caminho perigosíssimo, rude e tosco, de terra batida e estreito, aberto à beira constante de precipícios". Perguntam-lhe o meio de transporte desejado: Carro ou cavalo? "Eu digo logo cavalo. E nunca tinha montado na vida". Em vibrato lírico e vocabulário épico, a descrição das aventuras vividas pela moça a cavalo, a moça/cavalo, a centauro, não se diferenciam do andamento trágico encontrado nas descrições de grande vigor retórico de responsabilidade de Dante ou Camões. Ou de Guimarães Rosa, especialista em centauros no *Grande sertão: veredas*, que cito: "Todos os que malmontam no sertão só alcançam de reger em rédea por uns trechos; que sorrateiro o sertão vai virando tigre debaixo da sela".

A nova citação de Clarice é ainda longa. Vale a pena ser transcrita por se abrir para o esclarecimento final, indispensável à compreensão do "prazer do texto" – o da coragem do medo. Cito-a:

> Foi tudo muito dramático. Caiu uma grande chuva de tempestade furiosa e fez-se subitamente noite fechada. Eu, montada no belo cavalo, nada enxergava à minha frente. Mas os relâmpagos revelavam-me verdadeiros abismos. O cavalo escorregava nos cascos molhados. E eu, ensopada, morria de medo: não sabia que corria risco de vida. Quando finalmente cheguei à fazenda, não tinha força de desmontar: deixei-me praticamente cair nos braços do fazendeiro.

Tão importante quanto apontar o animal selvagem a que a moça se associa na experiência da coragem do medo, é acentuar que é também dele, animal, que brota a "pura sede de vida melhor [, já que] estamos sempre à espera do extraordinário que talvez nos salve de uma vida contida", como se diz no curto relato "Morte de uma baleia", recolhido no livro *Visão do esplendor*.

Dois filhotes inexperientes de baleia, um na praia do Leme e outro na do Leblon, surgem na arrebentação e, sob o olhar dos populares, sobrevivem em lenta agonia. Afinal, o espetáculo extraordinário acontece e exclui do balneário carioca o ramerrão cotidiano dos corpos seminus bronzeados e despreocupados. O espetáculo da morte das duas baleias explode em boatos que correm pelas ruas da zona sul e assanham os olhos da espectadora à janela do apartamento no Leme.

A simbiose entre moça e baleia explode em exclamações de horror diante do duplo e trágico espetáculo que deixa a escritora estarrecida. As frases de repúdio se sucedem no texto: "detesto a morte", "morte, eu te odeio".

A que morte se refere a moça à janela? •

Veronica Stigger
O útero do mundo

Veronica Stigger

Escritora, professora universitária e curadora independente. Doutorou-se em Teoria e Crítica de Arte pela USP e realizou pesquisas de pós-doutorado junto à Università degli Studi di Roma "La Sapienza", ao Museu de Arte Contemporânea da USP e ao Instituto de Estudos da Linguagem da Unicamp. É professora da pós-graduação *lato sensu* em Histórias das Artes da FAAP. Foi curadora, entre outras, das exposições *Maria Martins: metamorfoses* e *O útero do mundo*, ambas no MAM (São Paulo, 2013 e 2016). Esta última tomava trechos de textos de Clarice Lispector como fio condutor. Fez a curadoria, ao lado de Eucanaã Ferraz, da exposição *Constelação Clarice*, realizada no Instituto Moreira Salles (IMS), em São Paulo, no segundo semestre de 2021. Entre seus livros publicados, estão *Opisanie świata* (2013), *Sul* (2016) e *Sombrio ermo turvo* (2019).

*Entro lentamente na escritura assim
como já entrei na pintura. É um
mundo emaranhado de cipós, sílabas,
madressilvas, cores e palavras
– limiar de entrada de ancestral caverna
que é o útero do mundo e dele vou nascer.*
Clarice Lispector, *Água viva*

LIMIAR DE ENTRADA

Até o século XIX, acreditava-se que as manifestações histéricas, até então vistas como exclusivas das mulheres, derivavam do mau funcionamento do aparelho sexual feminino. Na Grécia antiga, o útero era descrito como um animal vivo que se deslocava pelo corpo feminino. Se ele ia para o fígado, a mulher perdia imediatamente a voz, passava a ranger os dentes e sua pele ficava escura. Se ia para a cabeça, a mulher sentia dores nas narinas e abaixo dos olhos. Se o movimento se dava em direção às pernas, a mulher tinha espasmos sob as unhas dos dedões dos pés. Se andava rumo ao coração ou às vísceras, o quadro poderia ser ainda mais grave, provocando o sufocamento. Todos esses deslocamentos são relatados por Hipócrates em seu tratado *Da natureza da mulher*. Ao traduzi-lo para o francês, Émile Littré introduziu, às margens, parênteses que sintetizam e atualizam cada parágrafo do texto hipocrático, associando alguns dos espasmos e das dores decorrentes do vagar do útero pelo corpo à *histeria* (Hipócrates, 1851) – palavra que, vale lembrar, deriva do grego *hystéra*, conexo ao latino *utĕrus*, de onde vem útero em português. Cabia à mulher procriar. Para os antigos, se ela não procriasse, ou seja, se não colocasse seu útero em funcionamento, este se punha a mover-se, e o organismo inteiro entrava em colapso. É para esse entendimento que aponta Platão, contemporâneo e provável leitor de Hipócrates, no *Timeu*:

> Nas mulheres (...) o que se denomina matriz ou útero é um animal que vive nela com o desejo de procriar filhos, e quando fica muito tempo estéril, depois da estação certa, suporta com dificuldade sua condição, irrita-se e, vagando por todo o corpo, bloqueia os canais do fôlego, o que dificulta a respiração, provoca extrema angústia na paciente e é causa das mais variadas perturbações, até que, unindo os dois sexos o amor e a vontade irresistível, eles venham a colher os frutos, como de uma árvore, e semear na terra arável da matriz animais invisíveis por sua pequenez e ainda informes, e, depois de promover a diferenciação de suas partes, alimentá-los, até que dentro eles cresçam, para, por último, com trazê-los à luz, arrematar a geração da criatura viva[1]. (Platão, 2001: 145)

Talvez venha daí a crença corrente de que as mulheres eram mais propensas a não refrear seus impulsos, a não ter total controle sobre suas ações. Curiosamente, a noção de que algo indomável e desvairado é inerente à condição feminina marcou as primeiras reflexões sobre as artes. Como bem lembra Alexandre Nodari em breve ensaio sobre o livro de poemas *Um útero é do tamanho de um punho*, de Angélica Freitas, "Platão não bane os poetas de sua *República* ideal por se distanciarem demais da verdade; ele decreta seu expurgo pela simples razão de que fazem os homens se *efeminarem*, sentirem *simpatia* pelos personagens, *com-sentir* os afetos destes"[2]. Para Platão, estaria aí um dos grandes defeitos dos poetas: eles não teriam nascido para "o princípio racional da arte", porém para "o princípio irascível e variado", característico das mulheres (Platão, 2000: 448). A arte teria, então, algo de intrinsecamente feminino, no sentido de que expressa aquilo que foge ao controle, à temperança, ao domínio das paixões. Comenta Nodari: "O feminino e o poético convergem pois são, respectivamente, o princípio e a prática da errância, da instabilidade, em suma, da diferença e da loucura". Significativamente, Sigmund Freud, em *Totem e tabu*, que é de 1913, ao constatar que as neuroses mostram "notáveis e profundas concordâncias com as grandes produções sociais que são a arte, a religião e a filosofia", diz que "uma histe-

---

1. Daí o fenômeno do "útero errante" acontecer, segundo Hipócrates, sobretudo entre as solteironas e as viúvas. Para estas últimas, a receita era ficar grávida; para aquelas outras, arranjar um marido (Hipócrates, 1851: 317).
2. Alexandre Nodari. "De onde vem a poesia?". Ensaio publicado no extinto Blog da Cosac Naify, hoje sem acesso.

ria é uma caricatura de uma obra de arte" (Freud, 2012: 79). Anos depois, em 1928, de uma perspectiva complementar, ainda que antitética, Louis Aragon e André Breton, em texto comemorativo aos "cinquenta anos da histeria" – segundo eles, "a maior descoberta poética do fim do século XIX" –, propõem uma nova definição de histeria em que esta deixa de ser vista como "um fenômeno patológico" e passa a ser considerada como "um meio supremo de expressão" (Aragon; Breton, 1928). Em contraposição, portanto, a uma visão negativa da histeria, elabora-se, no âmbito artístico, uma visão positiva, a que não falta, porém, ironia – a ironia de quem sabe estar se confrontando, a cada palavra, a cada gesto, a cada imagem, com um discurso predominantemente antagônico sobre o mesmo objeto.

Os "cinquenta anos da histeria" comemorados pelos surrealistas referem-se à publicação, em 1878, da *Iconographie photographique de la Salpêtrière*, obra do neurologista Jean-Martin Charcot em que se reproduziam fotografias de mulheres histéricas em pleno ataque, fotografias nas quais se veem seus corpos contorcidos, deformados, indomáveis – corpos nos quais, segundo Jean Clair, os surrealistas "quiseram ver o triunfo de Eros (...), o êxtase do gozo e (...) o protótipo formal da beleza 'convulsiva'" (Clair, 2012: 35). A estas imagens reunidas por Charcot, associadas a seu trabalho junto ao Hospital da Salpêtrière, que abrigava um grande contingente de histéricas, Georges Didi-Huberman creditará o que denomina *invenção da histeria*: "a histeria, em todos os momentos de sua história, *foi uma dor forçada a ser inventada, como espetáculo e como imagem*" (Didi-Huberman, 2015: 21). Deste modo, o corpo convulsivo, em especial o corpo da mulher, ganha centralidade na *imagem que se inventa da histeria*. A expressão imagética da histeria, neste momento de invenção, era também uma expressão *feminina*[3]. As fotografias das histéricas em pleno ataque terminam por se difundir para além dos domínios da medicina, transbordando para o campo artístico, como lembra Clair: "O corpo curvado em arco da mulher tomada pelo Grande Ataque torna-se em alguns anos um *locus communis* da modernidade fim de século" (Clair, 2012: 34). Mais perto de nós, talvez não haja exemplo mais explícito daquilo que afirma Jean

---

3. Só dez anos depois da publicação da *Iconographie photographique de la Salpêtrière*, em 1888, seriam divulgadas fotografias de homens histéricos (cf. Didi-Huberman, 2015: 118). Étienne Trillat observa que, mesmo no "período mais científico" da história dessa patologia, o século XIX, quando há muito já não se falava mais da doença como decorrência do mau funcionamento do útero e casos de histeria masculina já haviam sido descritos, ela ainda era compreendida como "uma questão de mulheres" (Trillat, 1991: 105).

Clair que o célebre *Arco da histeria* (1993), de Louise Bourgeois, em que vemos um corpo nu e sem cabeça – um corpo aqui masculino – suspenso no ar e curvado para trás, a formar um arco.

Assim, a partir do século XX, o que antes era considerado problemático ou doentio torna-se, pelo menos para algumas correntes mais radicais do pensamento estético, aquilo que é próprio da expressão artística, ganhando, assim, valor positivo. Daí, por exemplo, Roland Barthes falar de uma "histeria necessária para escrever" (Barthes, 1977: 146); daí Antonin Artaud dizer que quer "experimentar um feminino terrível" (Artaud, 2006: 167); daí Pier Paolo Pasolini referir-se a "uma espécie de impulso histérico" (Pasolini, 2003: cxvi), que o teria levado a compor o poema "Il PCI ai giovani!!"; daí Oswald de Andrade declarar que tem "o coração menstruado" e que sente "uma ternura nervosa, materna, feminina", que se despregava dele "como um jorro lento de sangue": "Um sangue que diz tudo, porque promete maternidades. Só um poeta é capaz de ser mulher assim" (Andrade, 1982: 74). Como se vê, desde Oswald e Artaud, podemos afirmar que o princípio feminino, na arte, é uma força tão poderosa e transformadora que pouco importa se o artista nasceu homem ou mulher: seja como for, ele se impõe e se expõe.

GRITO ANCESTRAL

Escritora-filósofa[4], Clarice Lispector foi quem, em textos fundamentais como *Água viva*, retomou com brilho o elogio do impulso histérico na forma de um pensamento simultâneo da forma artística e do corpo humano como lugares de êxtase, isto é, de *saída de si* – e de saída, portanto, também das ideias convencionais tanto de arte quanto de humanidade. Não por acaso, Ruth Silviano Brandão já propôs que se pensasse a "convulsão de linguagem", de que fala Clarice Lispector em *Água viva*, como uma "histeria *na* e *da* linguagem" – noção que, aliás, segundo a crítica, poderia ser estendida à "lingua-

---

4. Clarice é tratada aqui não apenas como escritora, mas fundamentalmente como pensadora, isto é, como criadora de conceitos. Já afirmou o antropólogo Eduardo Viveiros de Castro: "[Clarice] é a grande pensadora dos devires de nossa literatura – e de nossa filosofia: Oswald, Rosa e Clarice são os maiores pensadores brasileiros do século 20, no sentido de serem os autores que deram a maior contribuição *filosófica* ao pensamento 'ocidental' oriunda de nosso país" (Viveiros de Castro, 2015: 25). E, antes dele, observou Eduardo Prado Coelho: "Clarice Lispector é a mais deleuziana das escritoras" (Prado Coelho, 1995). Uma observação que ele amplia e aprofunda em artigos como "A paixão depois de G.H.", no qual, ao traçar um paralelo entre Clarice e Marguerite Duras, aproxima a concepção clariciana de um "pensamento sem forma", um "pensamento que se pensa a si mesmo", daquilo que Deleuze nomeia "Plano de Consistência", explicitando, de certa maneira, o fundo comum de ambos, que seria Spinoza.

gem literária em geral, sempre beirando a histeria, ao engendramento de seus fantasmas" (Brandão, 2006: 120). Sintomático que Fernando Guerreiro, em sua *Teoria do fantasma*, se questione justamente sobre a possibilidade de se considerar a literatura como "histerização da linguagem" que passaria pelo apelo ao que há de mais primário no corpo humano: "A produção de um corpo, da *verdade* de um corpo, por meio de uma re/invenção (mortal) a partir de suas excrescências, sintomas últimos ou pústulas" (Guerreiro, 2011: 18). E Eric Laurent, em conferência sobre o *Seminário XXIII* de Lacan ("Le sintho-me"), sugeriu que Clarice Lispector (a autora é, aí, vista como uma espécie de personagem de si mesma) corresponde mais à descrição da "histeria sem sentido", de que fala Lacan, do que a própria "Dora" que este tinha em vista ao comentar a retomada por Hélène Cixous, numa peça teatral, da personagem do caso clínico freudiano clássico (Laurent, 2012)[5]. Por esses motivos, aproprio-me aqui de determinados fragmentos de *A paixão segundo G.H.*, *Água viva* e *A hora da estrela* como guias teóricos do percurso que proponho, extraindo desses textos três fórmulas conceituais decisivas: *grito ancestral*, *montagem humana* e *vida primária*.

Em *Água viva*, Clarice Lispector (1973: 58; grifo meu) escreve: "Estou agora ouvindo o *grito ancestral* dentro de mim: parece que não sei quem é mais a criatura, se eu ou o bicho. E confundo-me toda. Fico ao que parece com medo de encarar instintos abafados que diante do bicho sou obrigada a assumir".

O *grito ancestral* sugere uma primeira saída de si, por meio de uma primeira metamorfose do corpo: a animalização. Diz ainda a narradora de *Água viva*: "Não humanizo o bicho porque é ofensa – há de respeitar-lhe a natureza – eu é que me animalizo" (Lispector, 1973: 58-59). Confrontar o bicho, em Clarice, é como estar diante de um espelho que não apenas revela aquilo que se quer esconder, a animalidade, mas obriga a assumir o que, até então, se receava encarar. É por meio do grito – um som anterior à fala e a qualquer outra forma de linguagem articulada – que o humano se aproxima do animal, arriscando-se à desumanização: "quando o que é humano é mascarado", nos lembra Georges Bataille (1970: 403), "não há mais nada presente, senão a animalidade e a morte". A desumanização não é, aí, algo a se evitar, mas uma experiência radical. O grito em Clarice Lispector, assinala Alexandre Nodari (2015: 151), "se apresentaria primeiro como um ponto de partida, um chamado, o chamado

---

5. Adriana Campos de Cerqueira Leite e Edson Santos de Oliveira também aproximam certos trabalhos de Clarice Lispector à noção de histeria. Cf. Cerqueira Leite (2011); Oliveira (2010).

da Terra e para a metamorfose". Como não recordar, a propósito disso, o breve texto do filósofo Paul B. Preciado (que foi um dia, ou é também, a filósofa Beatriz Preciado: questão, também, de metamorfose), no qual ele propõe um "animalismo por vir", que não se pode confundir com qualquer forma de naturalismo, mas que deve ser compreendido como "um gozo molecular", "um sistema ritual total", "uma contratecnologia de produção da consciência [...], a conversão para uma forma de vida, sem qualquer soberania", em contraposição a uma sociedade desenvolvida a partir da Revolução Industrial, que transformara escravos e mulheres em animais, e aqueles e os próprios animais em máquinas vivas (trabalhadores da lavoura, trabalhadoras do sexo e reprodutoras). Escreve Preciado (2014): "Os humanos, encarnações mascaradas da floresta, deverão se desmascarar do humano e se mascarar novamente do saber das abelhas". Por esta razão, o feminismo não é, para Preciado, um humanismo, mas um animalismo: "Dito de outro modo, o animalismo é um feminismo dilatado e não antropocêntrico". Já dizia Artaud (2006: 169): "O Feminino é tonitruante e terrível como o uivo de um fabuloso molosso, atarracado como as colunas cavernosas, compacto como o ar que mura as abóbadas gigantescas do subterrâneo".

Em pelo menos duas fotografias da série realizada por Otto Stupakoff em 1976, no zoológico de Stuttgart, para um editorial de moda, o confronto da mulher com o animal se torna evidente. Em ambas, as modelos estão de bocas bem abertas, simulando gritos, ao lado de animais que berram: um hipopótamo, num caso; um gorila, no outro. Em *Modelo com gorila*, até mesmo as posições da modelo e do animal se assemelham: ambos levam as mãos às próprias cinturas. Como num espelho, acham-se frente a frente, separados apenas por um vidro, a se encarar e a se imitar. Vale ressaltar que, se nos detivermos na sequência de onde provêm as duas fotografias em questão, notaremos que Stupakoff (2009) selecionou justamente aquelas em que a mulher estabelece uma relação mais estreita com o animal, deixando de lado outras da série que não produzem efeito similar.

Uma forma aproximada de relação com o animal pode ser notada numa obra mais recente da arte contemporânea brasileira, a série de três fotografias de Rodrigo Braga, de 2006, em que o artista aparece junto a um bode: ora os dois estão imersos na terra com as testas encostadas, ora estão deitados lado a lado encobertos pela vegetação, como se estivessem mortos, ora estão enroscados sobre a grama, em postura mais amorosa. A série não poderia ter um título mais elucidativo: *Comunhão*. Mais que o estabelecimento de uma relação com o animal, acha-se em jogo aqui uma tentativa de partilha de um mesmo sentimento, uma busca por uma identificação com o que é, a princípio, completamente alheio. Enquanto em *Fantasia de compensação*, série de 2004, Rodrigo Braga buscava se transformar num cão ao costurar, a seu próprio rosto e orelhas, pedaços da pele extraídos da cabeça do animal morto, no vídeo *Mentira repetida*, de 2011, poderíamos supor que ele finalmente atinge a animalidade tantas vezes almejada por meio do grito: por um grito que é, ele também, uma espécie de máscara, uma máscara de linguagem, mas de linguagem em estado de formação ou decomposição, ou ainda de aspiração a uma linguagem outra, não exclusivamente humana[6]. Neste vídeo, realizado numa das ilhas do arquipélago fluvial de Anavilhanas, no Amazonas, o artista, de calça jeans e sem camisa, se detém junto às árvores, encostando-se ao tronco de uma delas, e se põe, subitamente, a gritar. Ele grita e grita e grita, com brevíssimas pausas para retomar o fôlego. Depois de três minutos berrando, seu rosto fica vermelho, sua respiração se torna ofegante, seu corpo parece exausto. O grito se transforma quase num choro. Rodrigo agarra-se ao que lhe resta de forças e emite os últimos gritos – gritos roucos, quase afônicos. Aos quatro minutos e vinte e dois segundos do vídeo, ele cai no chão, exaurido. Aos cinco minutos, ele se levanta com certa dificuldade e sai de cena.

Há, neste berro angustiado de Rodrigo Braga, algo do "chamado à terra" que Nodari havia identificado no "grito ancestral" de Clarice. Nas fotografias da série *Comunhão*, o ponto em comum entre o homem e o animal é a terra; é nela que eles comungam, como bem observa Eduardo Jorge (2006): "O encontro, no nível do chão, da terra, se torna ainda uma negação da atividade dos corpos, da atividade funcional que os separaria. Uma negação do que é 'próprio' do homem, ou do que se chama comumente por *cultura*". Parafraseando Clarice, não é Braga que humaniza o bicho, mas ele que se animaliza; e o lugar em que essa transformação se torna possível não poderia ser outro que a terra: elemento no qual, por um lado, se gera vida, mas também, por outro, elemento no qual se *enterram* os mortos. Em *Água viva* (Lispector, 1973: 25-26), a narradora desce ao nível do chão, numa tentativa de se fundir à terra (que grita!), e se mistura aos

---

6. Eduardo Jorge (2006), a propósito de *Comunhão*, fala numa "comunhão impossível" entre artista e animal: "O corpo humano no seu limite compartilha com o animal a transformação da matéria, suas metamorfoses. Tal imagem assinala uma comunhão impossível, uma comunhão no plano da linguagem". Acessado em 20 de junho de 2016.

elementos da natureza encontrados pelo caminho: "E eu inteira rolo e à medida que rolo no chão vou me acrescentando em folhas, eu, obra anônima de uma realidade anônima só justificável enquanto dura a minha vida. E depois? depois tudo o que vivi será de um pobre supérfluo. Mas por enquanto estou no meio do que grita e pulula".

É desde um "subterrâneo" que Artaud (2006: 171) se exprime no teatro, ou melhor, grita, como se fosse preciso descer às entranhas da terra para recuperar uma linguagem que se perdeu, uma linguagem primordial, talvez porque *anterior* à fala, ou talvez porque *posterior* à destruição da linguagem articulada: "quando represento, meu grito deixou de girar em torno de si mesmo, mas desperta seu duplo de forças nas muralhas do subterrâneo. E esse duplo é mais do que um eco, é a lembrança de uma linguagem cujo segredo o teatro perdeu". Por esta razão, o grito que preconiza é "como a queixa de um abismo que se abre: a terra ferida grita, mas vozes se elevam, profundas como o buraco do abismo, e que são o buraco do abismo que grita" (p. 167). Na série *Aaaa...*, pertencente à coleção do Museu de Arte Moderna de São Paulo, assim como em outras obras de Mira Schendel, a linguagem parece se desarticular, voltando a um estado mais bruto, a um estado inaugural. O Aaaa a que se refere o título é a primeira letra do alfabeto e a primeira vogal, mas também, por ser repetida quatro vezes, acompanhada de reticências, sugere um grito, que se espalha e se amplifica pela superfície pictórica, de modo análogo ao que ocorre em outra obra de Mira, sem título, de 1965, também integrante do acervo do MAM.

Em *Le surréalisme au jour le jour*, Bataille (1976: 180) recorda o dia em que viu Artaud exteriorizar um lado demente e animalesco de si por meio do grito:

> eu havia assistido a uma palestra dele na Sorbonne (mas não a vira até o final). Ele falava da arte teatral e, na semissonolência em que eu o escutava, o vi, de repente, se levantar: entendi o que ele dizia, ele havia resolvido nos tornar sensível a alma de Tiestes, incluindo o fato de que ele digere seus próprios filhos. Diante de um auditório de burgueses (quase não havia estudantes), ele segurou a barriga com as duas mãos e soltou o grito mais inumano jamais saído da garganta de um homem: aquilo deu um mal-estar semelhante ao que sentiríamos se um de nossos amigos cedesse bruscamente ao delírio. Foi horrível (talvez mais horrível por ser apenas encenação).

Horror semelhante, diante de gritos que acreditavam ser também apenas encenação, sentiam os médicos que cuidavam das histéricas internadas na Salpêtrière (Didi-Huberman, 2015: 365-367). O grito era um dos grandes sinais

O ÚTERO DO MUNDO • **317**

do ataque. Talvez, como em Bataille, o horror se intensificasse justamente por crerem estar diante de fingimento. Charcot, frente a uma crise histérica, teria dito, conforme relata em *Lições da terça na Salpêtrière*: "Os senhores estão vendo como as histéricas gritam. Podemos dizer que é muito barulho por nada" (Charcot apud Didi-Huberman, 2015: 368). Segundo relatos, eram gritos guturais, que imitavam ruídos de máquinas ou, mais frequentemente, os sons dos mais diversos bichos. Paul Richer, ao comentar o ataque da moça que ficou conhecida como Augustine, descreve: "Um grito de caráter muito especial. É penetrante, parecido com um apito de locomotiva, prolongado e, vez por outra, modulado. Repete-se várias vezes seguidas, quase sempre três vezes. A doente afunda-se na cama ou se encolhe toda, encurvando o corpo, para soltar esse grito. Ele se produz antes dos grandes movimentos regulares, entre dois grandes movimentos ou depois" (p. 365). O próprio Richer, falando ainda de Augustine, afirma que ela produz um "ruído laríngeo que imita o canto do galo"; e Pierre Briquet observa que as histéricas "sabem simular os latidos e ganidos dos cães, o miar dos gatos, os rugidos, os regougos, o cacarejo das galinhas, o grunhido dos porcos e o coaxar dos sapos" (p. 365, 367).

Real ou encenado, um grito, no mínimo, sempre intimida, porque foge à "normalidade". Arthur Omar, que tem consciência de que "a arte pressupõe estados alterados da percepção" (Omar apud Fioravante, 1998) e para quem a exaltação esteve sempre no centro de suas preocupações, não poderia ter se representado de outro modo do que gritando em muitos dos autorretratos da série *Demônios, espelhos e máscaras celestiais*: "a minha câmera registra a densidade, a potência, o peso desses estados" (*Idem*). E, *não por acaso*, na gravura de Regina Silveira intitulada *As loucas*, realizada nos primeiros anos de sua carreira, no Hospital Psiquiátrico de Porto Alegre, uma das duas internas figuradas é representada gritando.

Por tentar manter as aparências, a G.H. de Clarice Lispector (1996: 40) fica muda diante da barata esmagada com a porta do armário:

> "Grite", ordenei-me quieta. "Grite", repeti-me inutilmente com um suspiro de profunda quietude.
>
> (...)
>
> Mas se eu gritasse uma só vez que fosse, talvez nunca mais pudesse parar. Se eu gritasse ninguém poderia fazer mais nada por mim; enquanto, se eu nunca revelar a minha carência, ninguém se assustará comigo e me ajudarão sem saber; mas só enquanto eu não assustar ninguém por ter saído dos regulamentos. Mas se souberem, assustam-se, nós que guardamos o grito em segredo inviolável.

Gritar é "revelar a carência", deixar claro que não sabe como lidar com o bicho que se apresenta à sua frente e que, como vimos, a obriga a assumir "instintos abafados". Deixar o grito emergir é deixar-se levar por esses instintos, é sair "dos regulamentos", mostrar o lado animal guardado "em segredo inviolável". É, em síntese, tornar-se também ela, G.H., um animal, uma barata – e a simples ideia dessa transformação assusta. Afirma ainda G.H.: "Se eu der o grito de alarme de estar viva, em mudez e dureza me arrastarão, pois arrastam os que saem para fora do mundo possível, o ser excepcional é arrastado, o ser gritante" (Lispector, 1996: 41). Não esqueçamos que o grito de Artaud assustou até mesmo um pensador tão livre quanto Bataille...

Em *Água viva*, publicado quase uma década depois de *A paixão segundo G.H.*, o próprio sujeito se torna um "objeto que grita", um "objeto gritante" – era este último, aliás, o título de um manuscrito de 151 páginas considerado a versão primeira do livro (cf. Severino, 1989; Roncador, 2002). Várias páginas depois de deixar aflorar o "grito ancestral", anota a narradora (Lispector, 1973: 104):

> Há muito já não sou gente. Quiseram que eu fosse um objeto. Sou um objeto. Que cria outros objetos e a máquina cria a nós todos. Ela exige. O mecanismo exige e exige a minha vida. Mas eu não obedeço totalmente: se tenho que ser um objeto, que seja um objeto que grita.[7]

Didi-Huberman, ao se contrapor às acusações de que as histéricas fingiam seus gritos, comenta que elas "urrava[m], cruzava[m] absurdamente as pernas (...) e rasgava[m] a camisola, simplesmente como um animal, como talvez você ou eu, reagiria ao golpe invisível que o atingiu" (Didi-Huberman, 2015: 367). Para ele, o grito não diz respeito necessariamente a um sintoma de uma angústia, mas a algo "mais simples, menos simbolizado": "Responde não a uma suspensão do recalcamento, mas a seu desmoronamento" (Didi-Huberman, 2015: 372). Gritar é, em certa medida, libertar-se, romper as frágeis barreiras que delimitam aquilo a que convencionamos chamar de "cultura" (que

---

7. Raul Antelo (1997: 26-27) chama atenção para como a noção mesma de *objecto* em Clarice (um objecto com "c", para, segundo a própria Clarice, se tornar mais "duro"), um *objecto* que é, em certa medida, "secreto", se constitui como lugar de encontro com o Outro: "O *objecto* é [...] sempre secreto, aliás o único e verdadeiro segredo, o da elaboração secundária, sempre ansiado como Outro absoluto do sujeito mas, no entanto, sempre esquivo e removente, reencontrado, na melhor das hipóteses, como saudade e base de uma ordem moral". E acrescenta, ainda, evocando Lacan: "Nesse sentido, diríamos que o *objecto* é fora do significado, mera passagem em que o sujeito se define como distância ou diferença prévia à simbolização, como lugar ou posição que, contendo as palavras, sustenta ao mesmo tempo a tensão essencial, 'aquela em que o outro pode encontrar-se como Outro de um Outro'".

abrange, entre outros aspectos, uma série de regras de conduta), em oposição à "natureza", isto é, em oposição ao que há de selvagem e indomável em
nós. Daí Klaus Mitteldorf (2013) falar que a série fotográfica *O último grito* é
sua "catarse pessoal": "A minha liberação dos valores formais que eu mesmo
tinha criado para poder me expressar". Curiosamente, não é apenas ao grito
que ele recorre, mas também à imagem da mulher, que, às vezes, aparece
em altos brados, como na fotografia que dá título à série: "Foram sete anos
de pesquisas fotográficas tentando descobrir meus mais íntimos sentimentos, envolvendo o meu lado feminino e a experiência do mundo aquático". Daí,
também, "o direito ao grito" reivindicado por Clarice Lispector, o qual nos faz
ver que, ao derrubar as amarras que nos prendem aos modos e comportamentos convencionais, gritar se torna também um gesto político[8]: "Porque há o direito ao grito. Então eu grito. Grito puro e sem pedir esmola" (Lispector, 1977:
18). É para esse sentido que igualmente se dirige "o grito da revolta pisoteada,
da angústia armada em guerra e da reivindicação", de Artaud (2006: 167). E o
grito de liberdade é contagioso, como nos lembra ainda Clarice: "um primeiro grito desencadeia todos os outros, o primeiro grito ao nascer desencadeia
uma vida, se eu gritasse acordaria milhares de seres gritantes que iniciariam
pelos telhados um coro de gritos e horror"[9]. Gritar desencadeia não apenas a
vida humana, mas a vida do próprio universo: "Se eu gritasse desencadearia
a existência – a existência de quê? a existência do mundo" (Lispector, 1996:
41-42). O grito que vem da terra talvez seja o grito inaugural, o grito de nascimento, mas pode ser também o grito dos mortos, o grito de *renascimento*:
não de simples início, mas de retorno à vida.

Em troca de cartas com Julia Kristeva, recolhida no volume *O feminino e
o sagrado*, Catherine Clément lembra um episódio que nos leva a pensar que,
por trás de um grito, algo mais pode estar sendo liberado. Clément assistia, na
cidade de Popenguine, no Senegal, a uma missa em honra da Virgem. Vários
bispos senegaleses celebravam o evento juntos. Pelo menos oitocentas pessoas, entre homens, mulheres e crianças, estavam presentes. De repente, uma
mulher gritou no meio da multidão. Os médicos correram, amarraram-na fir-
memente à maca com cintas e saíram com ela. Clément pensou que se tratasse

---

8. Alexandre Nodari já havia apontado para o "caráter 'político' (relacional e contestatório)" presente
no "direito ao grito" de Clarice Lispector (2015: 151).
9. Já que falamos de animalismo, diga-se que esse trecho – que figura algo como um contágio político
dos gritos – é, em alguma medida, uma retomada do poema "Tecendo a manhã", de João Cabral de
Melo Neto, onde o que está em questão é o grito dos galos.

de um ataque de nervos, mas, alguns minutos depois, outro grito de mulher ecoou na multidão. Novamente, os médicos acorreram com maca e cinta. Durante as duas horas que durou o culto, houve sempre uma mulher gritando a intervalos regulares. Um senhor ao lado de Catherine Clément não titubeou em diagnosticar: histeria. Mas Clément desconfiou que ali poderia haver algo mais: "Através da tristeza de um rito monoteístico, outra forma de sagrado, a forma antiga, se inseriu. Coros, incenso, fânon sobre a casula, o sol no seu zênite, uma pequena Virgem negra colocada na base do altar, e, de repente, a infração... Ela apareceu. Quem a prevenirá? Não as cintas, nem o clero. O grito é irresistível, e é para isso que ele é feito" (Clément; Kristeva, 2003: 10).

MONTAGEM HUMANA

Um impulso histérico na arte não desarticula apenas a fala, mas o corpo como um todo. Em *A paixão segundo G.H.*, Clarice Lispector escreve: "Ontem, (...) perdi durante horas e horas a minha *montagem humana*. (...) Quem sabe me aconteceu apenas uma lenta e grande dissolução?" (Lispector, 1996: 10, 11 grifo meu). E, mais adiante, acrescenta: "Fico tão assustada quando percebo que durante horas perdi minha formação humana. Não sei se terei uma outra para substituir a perdida. Sei que precisarei tomar cuidado para não usar sub-repticiamente uma nova terceira perna que em mim renasce fácil como capim, e a essa perna protetora chamar de 'uma verdade'".

A narrativa de *A paixão segundo G.H.* inicia-se com a protagonista falando justamente da "desorganização" que está vivendo. A descoberta do quarto da empregada, inesperadamente luminoso, com um estranho desenho a carvão na parede, mostrando uma mulher nua (com a qual se identifica), um homem nu e um cachorro, e, principalmente, o defrontar-se com a barata no armário, não apenas tiram G.H. de sua rotina, mas a colocam diante de algo com o qual não sabe lidar: "A isso prefiro chamar desorganização pois não quero me confirmar no que vivi – na confirmação de mim eu perderia o mundo como eu o tinha, e sei que não tenho capacidade para outro" (Lispector, 1996: 9). Essa "desorganização" de que G.H. fala não é apenas uma desorganização espiritual, mas também – e, talvez, fundamentalmente – uma desorganização física: à fragmentação do eu corresponde a fragmentação do próprio corpo, "uma lenta e grande dissolução". É precisamente a perda da "montagem humana" que leva à escrita, como a narradora de *Água viva* deixa claro: "Antes de me organizar, tenho que me desorganizar internamente" (Lispector, 1973: 81). É esta desorganização, esta desmontagem do humano, que conduz à liberdade, conforme comenta a narradora, na sequência: "Para experimentar o primeiro e passageiro estado primário de liberdade. Da liberdade de errar, cair e levantar--me". O que Eliane Robert Moraes assinala a respeito de Artaud talvez pudesse ser estendido, aqui, a Clarice: "tornava-se urgente a tarefa de encontrar o espaço corporal da liberdade" (Moraes, 2002: 70).

Paradoxalmente, escrever se constitui como uma tentativa de dar forma, de dar existência, o que, em última instância, implica dar corporalidade ao que se passou: "Mas é que também não sei que forma dar ao que me aconteceu. E sem dar uma forma, nada me existe" (Lispector, 1996: 11). Todavia, há aí a consciência da impossibilidade de se atingir essa forma. A desorganização do corpo replica-se na desorganização da própria linguagem. Escreve Clarice em *Água viva*: "Quero a profunda desordem orgânica que, no entanto, dá a pressentir uma ordem subjacente. A grande potência da potencialidade" (Lispector, 1973: 31). É essa exploração da "potência da potencialidade" – em oposição à concretização num ato definitivo – que acaba contribuindo para que o texto não adquira uma forma definida, que ele permaneça, em alguma medida, informe. Por isso, a narradora afirma: "Inútil querer me classificar: eu simplesmente escapulo não deixando, gênero não me pega mais" (Lispector, 1973: 14). Evando Nascimento (2012: 53) já chamara atenção para o fato de que *Água viva* "tem algo de tornar-se-animal, de tornar-se-planta e de tornar-se-coisa" (e onde se lê *tornar-se*, leia-se, segundo a tradução deleuziana consagrada, *devir*: *devir-animal*, *devir-planta*, *devir-coisa*). Há como que uma metamorfose em processo – uma metamorfose que também não deixa de estar presente no gesto de G.H. ao comer a barata: podemos talvez ver ali uma tentativa, antropofágica, de se fundir ao animal, de, ao devorá-lo, tornar-se o outro (cf. Viveiros de Castro, 2013). E essa constante metamorfose associada ao fluxo do texto – uma metamorfose que não chega a termo, que permanece sempre em processo – faz com que a escrita não se estabilize, chegando às raias da abstração. Não é, por certo, casual que as protagonistas de *A paixão segundo G.H.* e *Água viva* sejam artistas plásticas: G.H. é uma escultora de classe média, e a narradora do segundo livro, pintora. Além disso, os dois textos trazem epígrafes que fazem referência ao universo da arte. *A paixão segundo G.H.* toma emprestada uma frase de Bernard Berenson, historiador da arte: "Uma vida plena talvez seja aquela que termina em tal identificação com o não eu que não resta mais um eu para morrer". E *Água viva*, por sua vez, começa com uma epígrafe do pintor belga Michel Seuphor, um entusiasta da arte abstrata, que trabalhou junto a Piet Mondrian e Theo van Doesburg, e que fundou, com Joaquín Torres-García e Pierre Daura, o grupo abstrato Cercle et Carré, em 1930, tendo ainda publicado dois livros relacionados à abstração, *Dicionário de pintura abstrata* e *Pintura abstrata: 50 anos de realização*: "Tinha que existir uma pintura totalmente livre da dependência da figura – do objeto – que, como a música, não ilustra coisa alguma, não conta uma história e não lança um mito. Tal pintura contenta-se em evocar os reinos incomunicáveis do espírito, onde o sonho se torna pensamento, onde o traço se torna existência"[10].

Esse processo de desestabilização do texto em Clarice, que vai em direção à abstração, nos faz recordar as duas tendências da literatura moderna identificadas pelo psicanalista André Green em ensaio publicado em 1971, isto é, dois anos antes da primeira edição de *Água viva*: a *escrita do corpo* e a *escrita do pensamento*. Segundo Green, a literatura da época sofrera uma tal "mutação", "cujos equivalentes se encontram na pintura não figurativa e na música serial" (Green, 1975: 240), que acabou por romper com certo modo de concepção da *ligação*[11], o que conduz a dois tipos de empreendimentos: por um lado, "o recurso a um modo de escrita muito mais próximo do fantasma inconsciente em seus aspectos menos representativos", abrindo caminho à "formulação do inconsciente em seus aspectos mais violentos, menos discursivos, mais selvagens"; por outro, "um esvaziamento da remição à representação na escrita", o que leva ao "processo do pensamento escrevente, como se pensar e escrever se tornassem uma única e mesma atitude" (Green, 1975: 240). Na primeira atitude, que ele denomina *escrita do corpo*, "a representação deixa de organizar um

---

10. Sônia Roncador observa que: "O modelo da pintura parece ser particularmente importante para Clarice nesse período" (2002: 39). É por esta época que Clarice Lispector vai começar a pintar (Cf. Mendes de Sousa, 2013).

11. Para Green, o texto literário é aparentado ao que Freud definiu como "elaboração secundária", em seu *A interpretação dos sonhos*: operação mental por meio da qual o conteúdo latente do sonho se torna manifesto, remodelando o sonho de modo a apresentá-lo de forma coerente (Cf. Garcia-Roza, 2009: 68). Nesse sentido, afirma ainda Green, talvez fosse "mais exato comparar o texto literário ao fantasma (consciente), na medida em que no fantasma se misturam estreitamente os processos primários e os processos secundários, sendo que estes modelam os primeiros dotando-os de um grande número de atributos pertencentes à secundariedade" (Green, 1975: 229). Em outras palavras, o fantasma opera o trânsito de um registro da atividade psíquica para o outro. Transforma dados do inconsciente em consciente, como no processo do sonho, o qual, diga-se de passagem, serve, para Freud, de modelo para a formação de fantasmas. Nesse processo, a *ligação* assume um papel fundamental: é ela que torna o texto coerente, lógico, conforme uma ordem temporal – e não fragmentado, disperso e sem sentido, como, por vezes, nos chegam os dados do inconsciente. O fantasma, como, de resto, a elaboração secundária, não deixa, portanto, de ser aproximada da ficção: preenche, com fantasia, aquilo que o consciente não alcança (ou não quer alcançar).

fantasma construído para se fragmentar em estados corporais fugazes, inapreensíveis, em que o escritor se obstina sempre na comunicação por escrito de uma realidade intransmissível, porque nem a palavra nem a escrita podem-lhe dar o equivalente" (Green, 1975: 242). Assim, destaca ainda Green, "nem mesmo o afeto é mais o objeto da escrita, ou pelo menos não mais sob as formas sutis que um Proust lhe dá, mas *o estado do corpo próprio na sua manifestação mais violenta*" (Green, 1975: 242-243; grifo meu). O pensamento torna-se, em última instância, "um órgão corporal" (Green, 1975: 243). No outro polo, estaria a literatura que Green chama *escrita do pensamento*, escrita que se apresenta "despojad[a] de toda representação, de toda significação", que "se esforça por não dizer mais nada além do que é o processo de escrita". Em síntese : "Esta escrita não é figurativa tal como a precedente, pois nesta última trata-se menos de representar o corpo do que fazê-lo viver em estilhaços, fragmentados e despedaçados". Em *A paixão segundo G.H.*, percebemos que a montagem (ou remontagem) do humano só se torna possível se feita por fragmentos, sem nunca deixar de se mostrar como um arremedo de construção, como os cacos de um vaso outrora quebrado, e agora reconstituído, não deixam jamais de se revelar como cacos (Lispector, 1996: 11):

> E que minha luta contra essa desintegração está sendo esta: a de tentar agora dar-lhe uma forma? Uma forma contorna o caos, uma forma dá construção à substância amorfa – a visão de uma carne infinita é a visão dos loucos, mas se eu cortar a carne em pedaços e distribuí-los pelos dias e pelas fomes – então ela não será mais a perdição e a loucura: será de novo a vida humanizada.

Se Artaud, conforme o próprio Green (Green, 1975: 243)[12], poderia ser lido a partir da "escrita do corpo", Clarice Lispector nos coloca diante da impossibilidade de decidir, de uma vez por todas, entre a "escrita do corpo" e a "escrita do pensamento". Clarice, em alguma medida, dramatiza, em sua escrita, essa

---

12. Afirma Green: "E se durante toda a sua vida Artaud não deixou de relacionar-se com os psiquiatras, os taumaturgos, os videntes, foi porque expunha-lhes o corpo fervilhante de miasmas que ele próprio convocava, pois seu pensamento é um corpo e, bem entendido, um corpo sexuado. Desde os primeiros anos em que escreve, solicita 'injeções de suco testicular'. Só lhe importa o contato com as 'potências do espírito', mas as concebe como as potências de um sexo corporal. Quando Artaud descreve os fenômenos múltiplos que o impedem de pensar, usa uma escrita que lembra a de Gaetan Gatian de Clérambault, o mais brilhante representante do organicismo em psiquiatria, o qual, salvo engano, ele nunca conhecera. E quando seus êmulos e amigos, a começar por Jacques Rivière, recomendam-lhe que retoque alguns detalhes em seus escritos, ele recusa qualquer modificação, pois não lhe interessa o valor literário do texto, mas a transmissão de um estado corporal, de um momento de tensão 'incorrigível'" (Green, 1975: 243).

impossibilidade[13], traduzindo incessantemente o que seria da ordem do corpo em forma de pensamento e o que seria da ordem do pensamento em forma de corporalidade. Anota a narradora de *Água viva*: "E antes de mais nada te escrevo dura escritura. Quero como poder pegar com a mão a palavra" (Lispector, 1973: 13). Por isso, ao escrever, ela tenta fazê-lo "com o corpo todo" – uma expressão que utiliza tanto em *Água viva* quanto em *A hora da estrela*. Há algo aqui da *escritura de voz alta*, de que fala Barthes: "Com respeito aos sons da língua, *a escritura em voz alta* não é fonológica, mas fonética; seu objetivo não é clareza das mensagens, o teatro das emoções; o que ela procura (numa perspectiva de gozo), são os incidentes pulsionais, a linguagem atapetada de pele, um texto onde se possa ouvir o grão da garganta, a pátina das consoantes, a voluptuosidade das vogais, toda uma estereofonia da carne profunda: a articulação do corpo, da língua, não a do sentido, da linguagem" (Barthes, 1993: 86).

Há algo de histérico, no sentido que temos dado ao termo, nesse processo de desarticulação do corpo, que, em certa literatura, se replica na desarticulação da linguagem. Em seu estudo sobre a representação na modernidade da figura do monstro (isto é, da figura humana deformada), Jean Clair observa que a histeria "cria um corpo inacreditável que parece pura manifestação da linguagem, pura manifestação da palavra, e que, portanto, produz efeitos físicos" (Clair, 2012: 42). Num de seus primeiros estudos sobre o trabalho desenvolvido junto a Charcot na Salpêtrière, Freud percebe que as contorções dos corpos nas histéricas, quando tomadas por uma crise, não respeitam os movimentos e as paralisias regulares do organismo: "Nas suas paralisias e em outras manifestações, a histeria se comporta como se a anatomia não existisse, ou como se não tivesse conhecimento desta" (Freud, 1996: 212). Isso significava que, se o corpo convulsivo histérico não se comportava como o corpo físico, estava-se, então, ali, diante de um *corpo indomável*, que não se submetia aos princípios neuroanatômicos; um corpo que era, antes de tudo, um "corpo representado" (Zecchin, 2004: 81), um "corpo plástico" (Clair, 2012: 45) – o que, de certa maneira, não deixa de ser contrastante com a famosa afirmação freudiana de que "a anatomia é o destino". Comenta Clair: "em 1913 exatamente, Freud não havia falado (...), de maneira contraditória, da anatomia como um destino? Isso era estranho e incompreensível da parte de um terapeuta que veio a descobrir àquela altura que o corpo era plástico, infinitamente moldável pelo espírito e por suas afecções, capaz de fazer sofrer os membros onde não se via nada, e

---

13. Não por acaso, Benedito Nunes fala de um "drama da linguagem" (cf. Nunes, 1989).

mesmo de fazer sentir dor lá onde nenhum suporte orgânico era visível" (Clair, 2012: 44-45). É ainda Clair que percebe que, no estudo sobre os sonhos, Freud confirma o que a pesquisa sobre a histeria deixou pressentir: o trabalho da histérica sobre seu próprio corpo "é o trabalho da metamorfose perpétua" (Clair, 2012: 44). Assinala Clair: "Mais nada é fixo, inscrito, marcado, tatuado: tudo se torna livre, móvel, flutuante. Tudo se move, evolui, se transforma". Assim, "não há mais ajustamento topográfico possível da vida corporal e da vida psíquica. O homem não está mais contido em seu corpo, menos ainda 'marcado' em sua anatomia por esses signos, que livrariam sua identidade e ditariam seu destino". O corpo convulsivo, indomável, é também, portanto, um corpo livre de qualquer predeterminação biológica absoluta, um corpo que se destrói, se deforma, no sentido de que perde sua forma original e, ao se destruir e se deformar, se transforma, ou melhor, se fabrica novamente.

A influência exercida sobre as artes pelas imagens desse corpo convulsivo, mas ao mesmo tempo liberto, porque em desacordo com as convenções estabelecidas, não se vislumbra apenas em obras com referências incontestáveis à histeria, como na escultura já citada de Louise Bourgeois. Se, na literatura, a desarticulação do corpo corresponde a uma desarticulação da própria linguagem, nas artes visuais modernas, o corpo aparece como lugar de expressão de um impulso desvairado e metamórfico. Sob este impulso, o corpo se secciona, se convulsiona, se desorganiza, se modifica, perde contornos e definição. Flávio de Carvalho, que defendia uma "arte anormal" por esta conter "o que o homem possui de demoníaco, mórbido e sublime" (Carvalho, 1936), convulsiona o traço que define os corpos humanos em suas representações de mulheres feitas a nanquim. Uma semelhante convulsão do traço, associada a uma representação da figura humana por meio de fragmentos de corpos, acha-se também nos desenhos de 1988 de Ivald Granato. Nas fotografias, é a falta de foco que borra o contorno da figura, como podemos ver em Eduardo Ruegg, Edouard Fraipont, Marcelo Arruda, Edgard de Souza, entre outros. Associada à radiologia, a fotografia também nos mostra aquilo que do corpo nunca vemos diretamente, o seu interior, como podemos verificar nas obras de Vera Chaves Barcellos, Almir Mavignier e Daniel Senise.

Dos artistas contemporâneas brasileiros, Keila Alaver é pródiga em estranhar o corpo humano. Em *Despelamento braço homem* e *Despelamento tronco criança*, ambos de 1997, o corpo humano reduz-se a um braço e um tronco, respectivamente, que se encontram depositados sobre mesas similares às de hospital ou laboratório, como se houvessem sido cirurgicamente extraídos. É desse mesmo ano a série de fotografias de Márcia Xavier que fragmenta partes do corpo – pescoço, tronco, pernas – e, ao repetir e remontar esses fragmentos, sugere uma nova anatomia. Em dois trabalhos de 2000 de Keila Alaver, os corpos de dois meninos que aparecem abraçados nos são dados a ver em parcelas: apenas os troncos e as cabeças, sem pescoços, num dos casos, e somente as cabeças e os braços, no outro. E, nos lugares dos rostos e das vísceras, acham-se pedaços de couro amassado, isto é, pedaços de pele de animal curtida. O fragmento de couro em substituição ao rosto e ao que seriam os órgãos internos já fora usado por Keila em obra de 1999, na qual apresenta uma mulher e um homem, lado a lado, com seus corpos também seccionados em posição que remete às das figuras ilustrativas de estudos de anatomia. Se, nestas figuras de anatomia, o corpo já se revelava cientifica-mente dividido, a fim de mostrar suas partes internas, o estranhamento em Keila advém da substituição dos órgãos por algo indefinido, informe: o couro amassado. E um detalhe reforça ainda mais o caráter disruptivo: o homem segura, na mão direita, outro homem, de corpo inteiro e completo, em dimen-são bem menor, mas também com o couro no lugar do rosto e dos órgãos. Em princípio, parece haver aqui um movimento contrário ao que vemos em Vera Chaves Barcellos, Almir Mavignier e Daniel Senise: enquanto Keila esconde o que o corpo abriga, os outros o tornam visível. Contudo, o efeito é similar: em todos os exemplos, o corpo torna-se inquietante. A imagem que temos do corpo humano sofre um golpe quando nos é dado a ver em partes ou quando nos é revelado apenas o que dele habitualmente não vemos.

O corpo seccionado, convulsionado, sem contornos, com os órgãos inter-nos substituídos por pele de animal é, em última instância, o corpo livre de suas determinações biológicas, um corpo que está por se *re*construir, se *re*montar, se *re*fabricar. Quando Rafael Assef nos mostra, em *Roupa n. 6*, de 2002, um corpo dividido em dois, sem suas extremidades (cabeça, mãos e pés), "vestido" ape-nas com incisões feitas a gilete nas pernas e nos braços, percebemos como este corpo *re*montado e *re*fabricado se apresenta, ao mesmo tempo, como um cam-po de batalha onde as forças morais, sociais, religiosas e econômicas vêm se confrontar, e uma *máquina de guerra*, no sentido deleuziano do termo (cf. Zou-rabichvili, 2009: 64-67), uma forma singular de intervir no jogo dessas forças. "A arquitetura do corpo é política", já nos ensinou Paul B. Preciado, para quem o corpo é lugar de construção e, portanto, resistência (Preciado, 2000: 31).

VIDA PRIMÁRIA

Logo no início da narrativa de *A paixão segundo G.H.*, quando a protagonista lembra o momento em que, na manhã anterior, saíra da sala em direção ao quarto da empregada, ela comenta: "Minha luta mais primária pela vida mais primária ia-se abrir com a tranquila ferocidade devoradora dos animais do deserto" (Lispector, 1996: 17). Isso porque, diz ela, ainda: "Eu ia me defrontar em mim com um grau de vida tão primeiro que estava próxima do inanimado" (Lispector, 1996: 17). Como vimos, ver-se diante da barata é ver-se diante do animal que a convoca a ser, também ela, animal, que, em outras palavras, a obriga a revelar "instintos abafados". Por isso, afirma: "Escuta, diante da barata viva, a pior descoberta foi a de que o mundo não é humano, e de que não somos humanos" (Lispector, 1996: 45). E esta constatação não é má; pelo contrário, é tranquilizadora: "Não, não te assustes! certamente o que me havia salvo até aquele momento da vida sentimentizada de que eu vivia, é que o inumano é o melhor nosso, é a coisa, a parte coisa da gente". Assim, percorrer o curto caminho que a leva ao quarto da empregada se transforma numa travessia rumo ao inumano, que começa por se completar quando G.H. se depara com a barata, isto é, com aquilo que ali se apresenta como a "vida mais primária", e termina quando ela come o inseto. Berta Waldman, em estudo sobre Clarice Lispector, se pergunta: "por que, entre tantos outros animais, a escolhida para interagir com G.H. foi a barata?" (Waldman, 1993: 76). "Talvez porque", responde ela, "se trate de um animal cuja ancestralidade precede o surgimento da vida humana na terra, o que dá à oposição mulher-barata o contraste máximo." (Waldman, 1993: 77) A própria G.H. assinala a ancestralidade da barata: "sinto que tudo isso é antigo e amplo, sinto no hieróglifo da barata lenta a grafia do Extremo Oriente" (Lispector, 1996: 40). O certo é que se trata, para Waldman, do "animal que a induz decididamente a dar o passo no caminho de sua vida mais secreta e mais fortemente recalcada, conduzindo-a para a desordem, a tragédia, a desestabilização de sua existência cotidiana": "É a partir dele que G.H. se desnuda do núcleo de sua individualidade para estabelecer com o inseto um laço de união. Para confirmar esse nexo, ela ingere a massa branca da barata esmagada, numa espécie de ritual de comunhão sagrada, em que o horror e a atração se equivalem" (Waldman, 1993: 77). Uma comunhão em que, como nas fotografias de Rodrigo Braga, parece haver não só uma busca de identificação com o animal, mas também uma tentativa de se transformar no outro, de vir a ser outro, deixando de ser o que era. Talvez seja nesse sentido que possamos compreender a epígrafe já citada de Berenson em *A paixão segundo G.H.*, epígrafe que nos diz de uma "tal identificação com o não eu que não resta mais um eu para morrer" (Berenson apud Lispector, 1996).

Não podemos perder de vista que, em Clarice Lispector, "a parte coisa da gente", isso que se aproxima do animal, é também "matéria do Deus" (Lispector, 1996: 45), portanto, matéria divina. Diz G.H. ao interlocutor a quem se dirige, interlocutor ficcional que não responde e não se confunde necessariamente com o leitor, quando ela se encaminha para o encontro com a barata: "–Segura a minha mão, porque sinto que estou indo. Estou de novo indo para a mais primária vida divina, estou indo para um inferno de vida crua" (Lispector, 1996: 40). A ida em direção à "vida primária", que é, em certa medida, um itinerário em direção ao divino, revela-se não como uma previsível ascensão, mas como uma descida, em certa medida, uma descida de volta à terra, o fundo comum de humanos e animais, elemento de vida e morte. No entanto, não há nada de escuro e opressor nesse "inferno" rumo ao qual ela se encaminha: conforme já assinalamos, o quarto da empregada, ao contrário do que G.H. esperava, era iluminado (Lispector, 1996: 26):

> Mas ao abrir a porta meus olhos se franziram em reverberação e desagrado físico.
>
> É que em vez da penumbra confusa que esperara, eu esbarrava na visão de um quarto que era um quadrilátero de branca luz; meus olhos se protegeram franzindo-se. (...)
>
> Esperara encontrar escuridões, preparara-me para ter que abrir escancaradamente a janela e limpar com ar fresco o escuro mofado.

O quarto, contudo, não se aparentava a um céu, mas sim aos assépticos quartos de hospitais de loucos: "Tratava-se agora de um aposento todo limpo e vibrante como num hospital de loucos onde se retiram os objetos perigosos" (Lispector, 1996: 26).

Era ali que se achava "o núcleo da vida" (Lispector, 1996: 40): "Aquele quarto que estava deserto e por isso primariamente vivo. Eu chegara ao nada, e o nada era vivo e úmido". A "vida primária" – que é também, para Clarice, "vida divina" (mas a própria ideia convencional do divino entra aí em colapso) – era "inteiramente sem graciosidade, vida tão primária como se fosse um maná caindo do céu e que não tem gosto de nada: maná é como uma chuva e não tem gosto" (Lispector, 1996: 67). Talvez precisamente por se revelar insossa, a vida primária coloca em xeque a possibilidade de redenção: "através da barata

O ÚTERO DO MUNDO • **329**

que mesmo agora revejo, através dessa amostra de calmo horror vivo, tenho medo de que nesse núcleo eu não saiba mais o que é esperança" (Lispector, 1996: 40). Só a morte seria, então, capaz de levar à glória (Lispector, 1996: 42):

> Se soubesses da solidão desses meus primeiros passos. Não se parecia com a solidão de uma pessoa. Era como se eu já tivesse morrido e desse sozinha os primeiros passos em outra vida. E era como se a essa solidão chamassem de glória, e também eu sabia que era uma glória, e tremia toda nessa glória divina primária que, não só eu não compreendia, como profundamente não a queria.

Essa vida mais primária e divina, ao se deixar entrever, se manifesta, em certa medida, como uma volta à cena da origem, apenas possível ao se fazer tábua rasa do que aí está (Lispector, 1996: 45):

> O mundo havia reivindicado a sua própria realidade, e, como depois de uma catástrofe, a minha civilização acabara: eu era apenas um dado histórico. Tudo em mim fora reivindicado pelo começo dos tempos e pelo meu próprio começo. Eu passara a um primeiro plano primário, estava no silêncio dos ventos e na era de estanho e cobre – na era primeira da vida.

Neste novo começo, o humano não se contenta em se metamorfosear em algum animal complexo, mas busca se transformar no que há de mais fundamental: "com meus cílios eu avanço, eu protozoária, proteína pura" (Lispector, 1996: 40)[14].

Esse tipo de vida mais primária desestabiliza a percepção que costumamos ter da própria vida. É uma vida que, em certa medida, deteriora as coisas do mundo "civilizado", como podemos ver na série *Imagens infectas*, de Dora Longo Bahia, na qual cenas que poderiam ter sido extraídas de um álbum de família se mostram alteradas pela ação de fungos. Em *Vivos e isolados*, Mônica Rubinho promove a geração desta espécie de vida, ao molhar e guardar folhas de papel até que estas estivessem tomadas por fungos. No vídeo *Danaë nos jardins de Górgona ou Saudades da Pangeia*, Thiago Rocha Pitta propõe uma leitura mitológica dessa volta à vida mais primária. O título do seu trabalho evoca, por um lado, um episódio da mitologia grega fartamente ilustrado ao longo da história da arte, de Ticiano a Klimt, passando por Cor-

---

14. Raul Antelo, ao recordar quatro contos escritos por Clarice na mesma época de *Água viva*, comenta: "a narradora de 'Objecto', sintomaticamente, queria construir sua obra como um 'anticonto geométrico', uma alegoria da seiva-placenta primordial, uma eufonia de traços geométricos se entrecruzando no ar para expressar o silêncio" (1997: 35).

reggio e Rembrandt, entre outros. Danaë, que havia sido encerrada numa torre de bronze por Acrísio, seu pai, o qual temia ser assassinado pelo neto, é engravidada por Zeus transmutado em chuva de ouro. É esta cena do mito a mais representada. Dessa fertilização, nasce Perseu. Com medo de que a previsão de ser morto se concretize, Acrísio manda colocar Danaë e Perseu numa barca e lançá-los ao mar, para morrerem. Próximos à ilha de Sérifo, são socorridos por um pescador que os leva ao rei Polidectes, o qual os abriga e protege. Quando Perseu se torna adulto, o rei lhe ordena que mate a Medusa, uma górgona, isto é, um monstro com a cabeça recoberta de serpentes que petrifica todos que a encaram. Perseu, como bom herói grego, a derrota. No vídeo de quinze minutos, Danaë, reduzida a um feixe de mel transparente que reflete o sol, passeia por sobre diferentes rochas de vários tons de cinza até cair no mar. O mel aí, fluido originalmente inanimado, faz as vezes de uma seiva vegetal (dourada como a chuva de ouro a que a mitologia refere) com vida própria, que contrasta com a estaticidade e a dureza das pedras, as vítimas do olhar da górgona. Não há música nem qualquer outro efeito sonoro. O vídeo registra apenas o som ambiente, acompanhando ora o lento, ora o ligeiro deslocar-se do mel sobre as rochas. A terra não grita mais. Medusa, imortalizada por Caravaggio num grito de terror, está agora morta – e muda. Porém, algo como um fio de grito, uma vida, a mais primária, se figura nesse deslocar-se de Danaë pela superfície agora inorgânica do mundo. Talvez venha daí o segundo título do vídeo, que foi também o título da exposição em que Thiago o apresentou pela primeira vez, *Saudades da Pangeia*: evocação dos primórdios não da humanidade, mas do próprio mundo, quando o planeta era uno, antes de sua fragmentação nos continentes que hoje conhecemos, antes, talvez, de sua transformação de *mundo vivo* em *mundo em que se vive* (residualmente, superficialmente, melancolicamente, nostalgicamente).

No entanto, quando se trata de vida primária, nada se perde de uma vez por todas, e inúmeras são as possibilidades de renascimento. Não por acaso, ao representar uma vulva em primeiro plano, numa tela que até hoje preserva seu poder de inquietação, Gustave Courbet denominou-a *A origem do mundo*. Depois dele, não foram poucos os artistas que retomaram a figuração da vagina, como podemos ver nas obras de Alex Flemming, Rosana Monnerat, Walter Levy, Franklin Cassaro, Paula Trope e até mesmo na *Miss Brasil 1965*, de Farnese de Andrade – o qual, aliás, assina também o desenho de título sugestivo, *O começo*, que apresenta um misto de planta e útero. Se, como Clarice Lispector afirma em *Água viva*, "o útero do mundo" se apresenta como uma "ancestral caverna" de onde se pode voltar a nascer, podemos ver a vagina como a figura, por excelência, dessa possibilidade de renascimento, com tudo que ela tem de ambivalente e perturbadora. Porta de entrada para o útero do mundo – mas também porta de saída *para o mundo*. Figura tão difícil de encarar – quase uma Medusa em miniatura –, precisamente porque nos põe diante do abismo das aberturas do corpo, do corpo como coisa que se abre. Nesse sentido, podemos dizer que a vagina pode ser uma abertura tão ou mais desestabilizadora que a boca, sobre a qual escreveu Bataille: "A boca é o começo ou, se quiser, a proa dos animais; nos casos mais característicos, ela é a parte mais viva, isto é, a mais arrepiante para os animais próximos. (...) E, nas grandes ocasiões, a vida humana concentra-se ainda bestialmente na boca, a cólera faz cerrar os dentes, o terror e o sofrimento atroz fazem da boca o órgão de gritos desoladores. (...) Como se os impulsos explosivos devessem jorrar diretamente do corpo pela boca, sob a forma de vociferação" (Bataille, 1930). A vagina – vida primária que desmonta desde dentro a montagem humana, obrigando-a a remontar-se – também grita: grita, hoje e sempre, o mais ancestral dos gritos, que é também o grito do que ainda não veio de todo, mas virá. Daí que, entre os títulos alternativos propostos por Clarice Lispector para seu livro derradeiro, *A hora da estrela*, esteja, ao lado de "O direito ao grito", a fórmula aberta "Quanto ao futuro". A gruta grita.

Em *A hora da estrela*, há uma vontade explícita de transformar a própria literatura em algo que toca o primário: "Não se trata apenas de narrativa, é antes de tudo vida primária que respira, respira, respira" (Lispector, 1977: 17). O texto inicia-se justamente com uma imagem de origem, que é, na verdade, uma imagem de eterna continuação ou, em termos nietzschianos, de eterno retorno:

> Tudo no mundo começou com um sim. Uma molécula disse sim a outra molécula e nasceu a vida. Mas antes da pré-história havia a pré-história da pré-história e havia o nunca e havia o sim. Sempre houve. Não sei o quê, mas sei que o universo jamais começou. (Lispector, 1977: 15)

Se a vida primária manifesta-se como uma volta incessante à cena de origem, esta volta não é nenhum retorno a um tempo passado, a uma "pré-história" situada, de fato, *antes da história*. A vida primária – presença sempre inquietante – é manifestação deste começo sem fim, desta "pré-história" inacabável, no agora. Vida primária é o que bagunça a estrutura do tempo e a estrutura da história, o que altera a *cronologia*, transformando-a em *bio-grafia*; e pensemos, aqui, esse termo em sentido radical, para além dos mitos do eu e da individualidade: escrita-vida de um mundo vivo. A vida primária configura-se, antes de tudo, como um desejo permanente de mais vida. "O universo", bem diz Clarice, "jamais começou". ●

REFERÊNCIAS BIBLIOGRÁFICAS

ANDRADE, Oswald de; GALVÃO, Patrícia. "O romance da época anarquista ou O livro das horas de Pagu que são minhas." In: CAMPOS, Augusto de. *Pagu: vida e obra*. São Paulo: Brasiliense, 1982.

ANTELO, Raul. *Objecto textual*. São Paulo: Fundação Memorial da América Latina, 1997.

ARAGON, Louis ; BRETON, André. "Le cinquantenaire de l'hystérie" (1878-1928). *La Révolution Surréaliste*, nº 11, 15 março 1928.

ARTAUD, Antonin. "O teatro de Seraphin." In: _____. *O teatro e seu duplo*. Trad. Teixeira Coelho. São Paulo: Martins Fontes, 2006.

BARTHES, Roland. *O prazer do texto*, trad. J. Guinsburg. São Paulo: Cultrix, 1993.

_____. *Roland Barthes por Roland Barthes*. Trad. Leyla Perrone-Moisés. São Paulo: Cultrix, 1977.

BATAILLE, Georges. Bouche. *Documents*, a. II, nº 5, 1930.

_____. "Le masque." In: _____. *Oeuvres complètes*, vol. II. Paris: Gallimard, 1970.

_____. *Le surréalisme au jour le jour*. In: *Oeuvres complètes*. vol. VIII. Paris: Gallimard, 1976.

BRANDÃO, Ruth Silviano. *Mulher ao pé da letra: a personagem feminina na literatura*. Belo Horizonte: UFMG, 2006.

CARVALHO, Flávio de. "A única arte que presta é a arte anormal." In: *Diário de S. Paulo*, São Paulo, 24 set. 1936.

CERQUEIRA LEITE, Adriana Campos de. "A histeria do amor". In: *Percurso*, nº 46, jun. 2011.

CLAIR, Jean. *Hubris: la fabrique du monstre dans l'art moderne: Homuncules*, Géants et Acéphales. Paris: Gallimard, 2012.

CLÉMENT, Catherine; KRISTEVA, Julia. *The Feminine and the Sacred*. Trad. Jane Marie Todd. Nova York: Columbia University Press, 2003.

DIDI-HUBERMAN, Georges. *Invenção da histeria: Charcot e a iconografia fotográfica da Salpêtrière*. Trad. Vera Ribeiro. Rio de Janeiro: Contraponto, 2015.

FIORAVANTE, Celso. "Mostra registra transe de caras e cores". *Folha de S.Paulo*, 12 ago. 1998.

FREUD, Sigmund. "Algumas considerações para um estudo comparativo das paralisias motoras orgânicas e histéricas [1893]." In: _____. *Edição standard brasileira das obras psicológicas completas de Sigmund Freud*. Rio de Janeiro: Imago, 1996, vol. I.

_____. *Totem e tabu*. In: _____. *Obras completas*. v. 11. Trad. Paulo César de Souza. São Paulo: Companhia das Letras, 2012.

GARCIA-ROZA, Luiz Alfredo. *Freud e o inconsciente*. Rio de Janeiro: Zahar, 2009.

GREEN, André. "Literatura e psicanálise – a desligação". In: COSTA LIMA, Luiz (org.). *Teoria da literatura em suas fontes*, vol. I. Rio de Janeiro: Francisco Alves, 1975.

GUERREIRO, Fernando. *Teoria do fantasma*. Lisboa: Mariposa Azul, 2011.

HIPÓCRATES. *De la nature de la femme*. Trad. E. Littré. Paris: Chez J. B. Baillière, 1851.

JORGE, Eduardo. "A comunhão impossível: sobre *Comunhão I*, 2006, de Rodrigo Braga". *Interartive*, disponível em: http://interartive. org/2010/11/a-comunhao-impossivel/. Acessado em 20 de junho de 2016.

LAURENT, Eric. Le Sinthome. In: *Lectures Freudiennes à Lausanne*, jul. 2012.

LISPECTOR, Clarice. *Água viva*. Rio de Janeiro: Artenova, 1973.

_____. *A hora da estrela*. Rio de Janeiro, 1977.

_____. *A paixão segundo G.H.* (ed. crítica). Madri; Paris; México; Buenos Aires; São Paulo; Rio de Janeiro; Lima: ALLCA XX, 1996.

MENDES DE SOUSA, Carlos. *Clarice Lispector: pinturas*. Rio de Janeiro: Rocco, 2013.

MITTELDORF, Klaus. "The Last Cry – 1991 a 1998". In: *Work: Klaus Mitteldorf Photographs 1983-2013*. Exposição. São Paulo: FAAP, 2013.

MORAES, Eliane Robert. *O corpo impossível*. São Paulo: Iluminuras, 2002.

NASCIMENTO, Evando. *Clarice Lispector: uma literatura pensante*. Rio de Janeiro: Civilização Brasileira, 2012.

NODARI, Alexandre. "'A vida oblíqua': o hetairismo ontológico segundo G.H." *O eixo e a roda*, Belo Horizonte, v. 24, nº 1, 2015.

_____. "De onde vem a poesia?" Ensaio publicado no extinto *Blog da Cosac Naify*, hoje sem acesso.

NUNES, Benedito. *O drama da linguagem: uma leitura de Clarice Lispector*. São Paulo: Ática, 1989.

OLIVEIRA, Edson Santos de. "Reflexões sobre a leitura, a histeria e a feminilidade em *Felicidade clandestina*, de Clarice Lispector". *Revista Alpha*. Patos de Minas: Unipam, nº 11, ago. 2010, pp. 118-121.

PASOLINI, Pier Paolo. *Tutte le poesie*. vol. I. Milão: Mondadori, 2003.

PLATÃO. Livro X. *A República*. Trad. Carlos Alberto Nunes. Belém: UFPA, 2000.

_____. *Timeu – Crítias*. Trad. Carlos Alberto da Costa Nunes. Belém: Editora Universitária UFPA, 2001.

PRADO COELHO, Eduardo. "Deleuze, uma vida pública". *Público*, 7 out. 1995.

PRECIADO, Paul B. PRECIADO, Paul B. *Manifesto contrassexual: práticas subversivas de identidade sexual*. Trad. Maria Paula Gurgel Ribeiro. São Paulo: N-1, 2000.

_____. "O feminismo não é um humanismo". *O povo*, 24 nov. 2014. Disponível em: http://www.opovo.com. br/app/colunas/filosofiapop/2014/11/24/ noticiasfilosofiapop,3352134/o-feminismo-nao-e-um-humanismo.shtml. Acessado em 15 de janeiro de 2016.

RONCADOR, Sônia. *Poéticas do empobrecimento: a escrita derradeira de Clarice*. São Paulo: Annablume, 2002.

SEVERINO, Alexandrino. "As duas versões de Água viva". *Remate de Males*, 1989.

STUPAKOFF, Otto. *Sequências*. São Paulo: IMS, 2009.

TRILLAT, Étienne. *História da histeria*. Trad. Patrícia Porchat. São Paulo: Escuta, 1991.

VIVEIROS DE CASTRO, Eduardo. "A força de um inferno: Rosa e Clarice nas paragens da diferOnça". Conferência ministrada no IEL-Unicamp, 2013.

_____. Entrevista: Eduardo Viveiros de Castro, fotógrafo. *Revista Cult*, nº 204, ago. 2015.

WALDMAN, Berta. *Clarice Lispector. A paixão segundo C. L.* São Paulo: Escuta, 1993.

ZECCHIN, Rubia Nascimento. *A perda do seio: um trabalho psicanalítico institucional com mulheres com câncer de mama*. São Paulo: Casa do Psicólogo, Fapesp, Educ, 2004.

ZOURABICHVILI, François. *O vocabulário de Deleuze*, trad. André Telles. Rio de Janeiro: Relume Dumará, 2009.

Vilma Arêas
Circuitos da vida íntima

Vilma Arêas

Deu aulas de literatura inglesa na Faculdade de Letras de Campos dos Goytacazes, tendo ganhado em 1964 uma bolsa de estudos pelo Conselho Britânico para aperfeiçoamento em Londres. Em 1968 foi contemplada com outra bolsa para Lisboa, onde viveu um ano fazendo pesquisa sobre novelística clássica. No Rio de Janeiro, 1970, trabalhou na UFF e na PUC-Rio. É professora titular de literatura brasileira na Unicamp, onde deu aulas de 1984 a 2006. Foi professora convidada na Universidade de Salamanca (1995/1998) e na Univervisade de Berkeley, Califórnia (2012). Escreve ensaios e ficção, a exemplo de *Na tapera de Santa Cruz* (1987), *Clarice Lispector com a ponta dos dedos*, que recebeu o prêmio APCA em 2006, com uma segunda edição em 2020. Os livros de ficção ganharam vários prêmios, sendo o último, *Um beijo por mês*, prêmio Jabuti 2019.

*A Joana Lopes, cuja presença atemporal e estimulante
tornou possível este texto.*

1 Este comentário gira ao redor de dois temas entrelaçados, distribuídos em três blocos: considerações sobre *A vida íntima de Laura*, de Clarice Lispector (1974), o que arrasta comentários sobre a literatura infantil – e, em segundo lugar, a experiência da adaptação teatral desse mesmo texto em 1981 por José Caldas[1]. À época ele era secretário geral na Associação Internacional de Teatro para Público Jovem, com sede em Paris. Este segundo aspecto também arrasta ponderações sobre a relação do teatro português e brasileiro, principalmente depois da Revolução dos Cravos em 1974, além de observações sobre a encenação do conto de Clarice transformado em peça teatral. José Caldas participou de "aventuras teatrais marcantes" como "O Balcão", encenado por Victor Garcia, ou ainda "l'epoppé du Living Théâtre", confessando-se também criador de espetáculos influenciados pela "dramaturgie archétypique brésilienne", mesclando "modos de expressão artística, culturas e públicos".[2]

---

1. José Caldas, brasileiro nascido em 1945, saiu do país em 1972. Radicado em Portugal, é ator e diretor teatral, cursou em Londres cursos de mímica e montagem (1972-1974); foi premiado pela Associação Portuguesa de Críticos Teatrais e pela Bienal de Teatro de Lyon, com *La vie intime de Laura*.
2. Cf. Lyon Poche – cine,spectacles/restos/Lyon Pratique- mai/1993 e Le Monde, jun/1993, "La façon de voir le monde – La Biennale Jeunes Publics de Lyon a ouvert ses portes".

Antes de 1974 a peça brasileira que mais fez sucesso em Portugal foi *Morte e vida severina*, de João Cabral de Melo Neto. Escrita nos anos 50 do século passado e inspirada nos autos pastoris pernambucanos, expunha a vergonhosa pobreza brasileira, até hoje a todo vapor; a peça esperou um decênio até receber a consagração no Brasil e na França, com a obtenção do primeiro lugar no Festival de Nancy[3]. No mesmo ano de 1974, José Cardoso Pires (1977: 273) anotou as mudanças no país: "As cores voavam para o Tejo e havia música enquanto eles pintavam rodeados de multidão e de feira, numa parada de *happenings* e teatro de rua, e era como se estivessem a lavrar escritura pública da inauguração de um país".

Luiz Francisco Rebello, Luís de Lima e Helder Costa adaptaram *Liberdade liberdade*, de Millôr Fernandes. Seguiram-se *A navalha na carne*, de Plínio Marcos, além de adaptações e colagens, como *Ou isto ou aquilo*, livro de poemas de Cecília Meireles, adaptado à cena também por José Caldas.

Expressivo foi o encontro de Augusto Boal — à altura exilado do Brasil, após prisão e tortura[4] — com o extraordinário Grupo Barraca de Portugal, fundado em 1975, que defendia um teatro combativo à inspiração de Federico García Lorca (1889-1936), executado aos 37 anos por um esquadrão falangista na Guerra Civil Espanhola. Foi da Companhia de Lorca que os novos homens de teatro tomaram o nome Barraca para seu próprio grupo. Em 1977 encenou-se em Portugal *Barraca conta Tiradentes*, com textos de Boal, Guarnieri e da própria Barraca, espetáculo que permaneceu oito meses na cena portuguesa, com músicas de Caetano Veloso, Gilberto Gil, Sidney Miller, Theo de Barros e Carlos Alberto Moniz. Foi neste clima de mútua colaboração que se encaixou a encenação de *A vida íntima de Laura* premiada como a melhor montagem portuguesa de 1981 para público jovem, percorrendo o Canadá, Alemanha, Itália, França e Iugoslávia[5].

Em outubro de 1986, essa experiência teatral foi retomada na Universidade Estadual de Campinas (Unicamp) por Joana Lopes, educadora brasileira ligada à arte cênica. Com o título "Curso-Montagem *A vida íntima de Laura*", organizou-se o curso e dele participei com uma aula sobre a narrativa clariciana.

---

3. Ver Prado (1988), Meyer (1993) e Rosenfeld (1993).

4. Cf. Luiz Francisco Rebello, "Saudação a Augusto Boal" e demais textos de *Combate por um teatro de combate* (Lisboa: Seara Nova, 1974, p. 156).

5. Duas matérias na revista *Cult*, de dezembro de 2020, assinadas por André Luis Gomes e Sérgio Roberto Montero Aguiar, fazem um bom levantamento de obras de Clarice Lispector no teatro e em espetáculos lítero-musicais, concentrados no espaço brasileiro.

CIRCUITOS DA VIDA ÍNTIMA • 341

Durante dez meses o texto foi trabalhado em suas várias camadas significativas, visando à melhor compreensão das alternativas para a montagem. A atividade era apensa ao Departamento de Assuntos Culturais de Campinas, sob a coordenação da própria Joana Lopes. Dela faziam parte professores convidados para informações específicas nas áreas de literatura, música, danças brasileiras, crítica e análise de texto, além da participação comunitária dos escolares, que desenhavam os personagens da história, inspirando dessa forma o figurino dos atores. Além disso, as crianças acompanharam os ensaios e apaixonaram-se pelo livro, o que não aconteceu com aquelas que apenas ficaram limitadas à leitura da obra.

Desejo sublinhar, nestes nossos tempos de desprezo oficial pela cultura, a excepcionalidade do projeto, ao mesmo tempo artístico e atendendo ao sentido real do verbo educar, que combina "criar, alimentar, cuidar", com "formar, instruir".

2 A infância sempre esteve presente na ficção de Clarice, desde *Perto do coração selvagem*. Presente como referência, investigação, alusão e como tema. Escreveu também alguns livros para crianças, embora às vezes não pareça convencida da separação de livros para adultos e livros para crianças, conforme confessa em *A mulher que matou os peixes* (Lispector, 1968: 19): "Eu até já contei a história de um coelho num livro para gente pequena e para gente grande. (...) Gosto muito de escrever histórias para crianças e gente grande. Fico muito contente quando os grandes e os pequenos gostam do que escrevi".

Certamente Clarice concordaria com as palavras de Davi Arrigucci Jr. (1968: 141) a respeito do estudo de abertura à cuidadosa tradução das *Aventuras de Alice* (Caroll, 1980) feitas por Sebastião Uchoa Leite, que os julgou livros para adultos. Arrigucci desconsidera a oposição criança/adulto, reconhecendo-a às vezes como argumento de crítica ou exaltação de uma obra; pondera além disso que as *Alices* de Carroll, semelhantes às grandes obras poéticas, obedecem a um ritmo de totalidade. "Por essa via atingem a todos, em níveis diferentes de compreensão" e resistem "a toda visão mutiladora". São obras especiais, compreensíveis a todas as idades, como se fossem feitas em camadas, como se aumentassem e encolhessem à semelhança de Alice. Sendo assim, cada um poderia entendê-las segundo a idade, a sensibilidade, a experiência etc[6].

---

6. Desenvolvo o tema em "Children´s Corner" (Arêas, 2020: 122).

Sem propor igualar Lispector a Carroll quanto a um valor literário específico, talvez a discussão nos ajude a considerar que Clarice escreveu alguns livros dirigidos ao público infantil, cujas páginas também podem aumentar ou encolher segundo o leitor. Antes de ler mais detidamente *A vida íntima de Laura*, farei algumas observações sobre *O mistério do coelho pensante* (Lispector, 1967), além de referências à construção de *A mulher que matou os peixes*, citado acima. Não comentarei a última narrativa, *Quase de verdade* (Lispector, 1978), que foi *não-escrita* pela Narradora, mas *latida* por seu cachorro Ulisses, a quem também é dedicado o livro[7], pois a história traz questões que mereceriam atenção mais detida.

No prefácio a *O mistério do coelho pensante*, Clarice nos dá muitas explicações sobre as razões para escrevê-lo, mas o que realmente surpreende é ler na introdução que a história era mais longa do que parecia, isto é, "mais extensa que seu número de páginas"; o melhor dela estava nas entrelinhas, preenchidas com as explicações adicionais de quem as contaria oralmente. Nesta proposta ela já aponta a possível vocação teatral do texto por se apresentar em aberto, só concluído na representação ou interpretação oral de quem conta. Por isso a história obrigatoriamente termina fora do livro, quando a criança descobre outros mistérios. Além disso ela não é bem um "mistério", seria antes "uma conversa íntima do que uma história".

Assim começam os "circuitos da vida íntima", desestabilizando visões e promessas de completude imediata. A Narradora tem coragem de se arriscar, desdenhando conceitos, que costumam apostar nos supostos bons sentimentos a serem ensinados ou sugeridos às crianças, prontos a conduzi-las às certezas convencionais. Ao contrário disso, ela não acredita em verdades inteiras e acha que não se deve mentir às crianças qualquer que seja o assunto. Tudo aqui é uma coisa e, ao mesmo tempo, outra. O que quer que seja o real, ele não é estável, mas dinâmico, isto é, mutável e contraditório. Assim, a exiguidade da narrativa precisa das invisíveis entrelinhas[8] para se completar pelos contadores da história.

Por fim, lemos no subtítulo: "Uma estória policial para crianças". Trata-se então de uma narrativa de detetives, com um mistério a ser resolvido. Mas Joãozinho, o coelho, diz a Narradora, nunca abriu a boca sobre o assunto, pois ele não fala; talvez apenas pense, se é que conseguia mesmo pensar, franzindo

---

7. Dedicatória: "(...) ao meu cachorro chamado Ulisses" (Lispector, 1974).
8. Não nos esqueçamos de "Fundo de gaveta", segunda parte de *A legião estrangeira* (Lispector, 1964: 137): "Mas já que se há de escrever, que ao menos não se esmaguem com palavras as entrelinhas".

o nariz, igual a todos os coelhos, em geral burrinhos. Mesmo assim, Joãozinho acabou por farejar uma ideia: fugir sempre que não houvesse comida na casinhola onde vivia. A fome o empurrava ao delito. Pois bem, levando o pensamento ao ato, ele passou a fugir. Comer bem e fugir, sempre de coração batendo, era um "programa ótimo", observa a narradora. Mas o problema continuava: como Joãozinho conseguia sair daquela casinhola gradeada, se era gordo demais para passar por entre as grades? E por que fugia mesmo alimentado?

A Narradora não tem a menor dúvida: Joãozinho fugia para ver a namorada-coelha e ter filhinhos. Também fugia só para ficar admirando as coisas: "Foi olhando as coisas que seu nariz adivinhou, por exemplo, que a Terra era redonda". (p. 42)

Como vemos, até um coelho sabe disso. Mesmo assim abandonemos essa trilha, e voltemos ao X do problema desta narrativa policial: como é que Joãozinho conseguia fugir?

A Narradora confessa com a maior tranquilidade que o mistério estava justamente ali. Ela não sabia. E repete: "Não sei". Com isso joga por terra o modelo da narrativa policial, ao lado de outras convenções: "É uma história tão misteriosa que até hoje não encontrei uma só criança que me desse uma resposta boa". Não adiantava nem mesmo franzir o nariz tentando pensar como um coelho, porque em vez de uma ideia, tinha "uma vontade doida de comer cenoura". Será que ela estava virando uma coelha? Será que estava zombando dos labirintos intelectuais? Bom, ela não responde à dúvida e em vez disso estimula as crianças a descobrir a solução. Suas palavras finais afirmam: "Eu é que não vou mais franzir meu nariz, porque já estou cansada, meu bem, de só comer cenoura".

Esta história, levando em consideração as entrelinhas na investigação de todas as possibilidades, duraria certamente muito tempo. O mesmo acontece com o livro seguinte, *A mulher que matou os peixes*, organizado como um processo judicial. Mas tal como o anterior, começa por desarmar o leitor e o gênero policial. "Essa mulher que matou os peixes infelizmente sou eu". Segue-se a autodefesa da ré. "Mas juro a vocês que foi sem querer. Logo eu! que não tenho coragem de matar uma coisa viva! Até deixo de matar uma barata ou outra".

Devemos acreditar nessas palavras? Se a personagem deixa de matar "uma barata ou outra", quer dizer que ela mata algumas[9], mas afirma isso de

---

9. São conhecidas as várias histórias de Clarice com baratas, principalmente "A quinta história", em *A legião estrangeira* ou *A paixão segundo G.H.*.

maneira enviesada, sem admitir claramente o ato. Logo em seguida assegura que não mente "para menino ou menina", mas mente às vezes para "gente grande chata". Quer dizer que ela mente! Pensemos na Joana de *Perto do coração selvagem* (Lispector, [1943] 1963), que mentia sem a menor culpa. Mas o objetivo na autodefesa da Narradora é apenas provar às crianças que é uma boa pessoa e que gosta dos bichos, por isso passará em revista sua relação com eles, esperando ganhar o perdão dos leitores ou ouvintes.

A história, entretanto, não é apenas conversa amena. Por exemplo, a Narradora recorda que em pequena adoecera de tristeza, porque sumiram com sua gata muito amada, substituindo-a por outra de pano. Por outro lado, seria a menina boazinha? Bom, ela achava graça das lagartixas cortadas com chinelo, cada pedaço se mexendo sozinho. Embora afirme adorar cachorros, a historieta que conta é sobre vingança, pois "a lei dos cachorros é a vingança" e eles "não se perdoam". Ela também adora quando uma ratinha de estimação é devorada por um gato, "com a rapidez com que comemos um sanduíche". A descrição de uma ilha "um pouco encantada" (o "pouco" já é aqui sinal de ironia) afirma que ali vivem cobras, lagartos e mosquitos, além de manadas de antas.

No final do texto a Narradora espera o perdão pela morte das vítimas, dois peixinhos vermelhos, pois estava distraída, escrevendo; além disso, a culpa era também deles, porque se todos os animais "falam por sons", o peixe "é tão mudo como uma árvore". Todas essas razões desafiam o Direito, e o livro termina sem terminar, como *O mistério do coelho pensante*. A diferença entre os dois livros é que *A mulher que matou os peixes* apresenta-se mais fragmentado e contraditório, mais claramente tecido com os textos anteriores da escritora, que atravessam, como sabemos, um longo processo de depuração, na constante irradiação de um para outro.

A vida íntima de Laura não se afasta dos modelos anteriores em muitos aspectos. A história já começa provocando estranhamento, a partir do nome Laura, tradicionalmente literário, que é atribuído agora a uma galinha. A Narradora faz mesmo um *suspense* numa passagem cheia de pausas, silêncios e parágrafos, pedindo às crianças que adivinhem quem é a protagonista.

> Dou-lhe um beijo na testa se você adivinhar. E duvido que você acerte! Dê três palpites.
>
> Viu como é difícil?
>
> Pois Laura é uma galinha.

CIRCUITOS DA VIDA ÍNTIMA • 345

Em segundo lugar a definição de "vida íntima" foge, irônica e surpreendentemente, da noção de profundeza[10] ou interioridades, pois "Vida íntima quer dizer que a gente não deve contar a todo o mundo o que se passa na casa da gente". Talvez os leitores adultos também se surpreendam, ao perceber que seus ricos interiores podem ser transformados em mero assunto de fofoca. A Narradora segue impávida, prometendo contar o que se passa na casa de Laura, isto é, no quintal de Dona Luíza. (Concluímos que falar da casa dos outros é permitido). Laura é simpática e amada pelo galo Luís e por todos, porque põe muitos ovos. A dona gosta porque tem lucro e o galo parece "estourar de tanta vaidade". Apesar disso Laura é descrita com total distanciamento, longe da mitificação da figura do herói: ela tem "o pescoço mais feio que já vi no mundo", "é bastante burra, (...) ela pensa que pensa. Mas em geral não pensa em coisíssima nenhuma"[11]. Ela também é semelhante a qualquer galinha, de cor marrom avermelhada, com exceção de uma carijó "toda de enfeites preto e branco"; mas as outras galinhas não a desprezam, pois "não existem essas bobagens de raça melhor ou pior".

Essas descrições têm, portanto, dois lados: um, fiel à fantasia, outro, alusão à História com H maiúsculo. As referências a Laura continuam realistas: ela não gostava de pessoa alguma, "tinha tantos sentimentos quanto uma caixa de sapatos"; também tinha "um cheiro um pouco chato", uma "morrinha" etc.

Se concordarmos com Peter Brook, para quem "cada palavra, mesmo que pareça, não é inocente" (Brook, 2016: 13), podemos suspeitar que essa historieta está salpicada de azedume, num mundo com crimes inspirados pela diferença das raças e com a dominação dos vulneráveis. Laura, por exemplo, "pertence" inteiramente à dona, que pode até emprestá-la, o que desespera inicialmente a ave. Tímida, ela só admite aproximações com humanos se lhe dão milho para comer, caso contrário "foge com grande barulheira, cacarejando feito uma doida. Ela cacareja assim: não me matem!, não me matem!, não me matem!". Talvez a galinha, saiba do que está fugindo e a quem inutilmente implora pela vida. A se considerar mais uma vez o princípio irradiante da ficção clariciana, podemos lembrar uma passagem em "A menor mulher do mundo", em que é narrada a caça dos bantus aos pigmeus para comê-los. Enquanto isso

---

10. Clarice sempre desconfiou das "profundidades íntimas", como percebemos na descrição de Pequena Flor, da tribo de pigmeus africanos, apaixonada pelo explorador que a descobrira no Congo: "pode-se mesmo dizer seu 'profundo amor', porque não tendo outros recursos ela estava reduzida à profundeza". (Lispector, 1960).
11. Clarice às vezes se dizia "burra", "não intelectual" etc., por conta de seu saber intuitivo.

não acontecia, Pequena Flor ria, fruindo o momento em que não era devorada. A Narradora interpreta a passagem: "Não ser devorado é o sentimento mais perfeito. Não ser devorado é o objetivo secreto de toda uma vida"[12].

Em *A vida íntima de Laura*, a passagem admitiria uma interpretação mais direta, a que se acrescentam as dúvidas – algo cômicas – da Narradora quanto aos desígnios de Deus:

> Você sabe que Deus gosta das galinhas? E como é que eu sei que Ele gosta? É o seguinte: se ele não gostasse de galinha Ele simplesmente não fazia galinha no mundo. Deus gosta de você também senão Ele não fazia você. Mas por que faz ratos? Não sei[13].

Neste conto não matam a galinha porque ela é jovem e dá lucro com seus ovos. Mas quando Laura envelhece, ao perceber que querem matá-la, em pânico se disfarça de outra, sujando as penas de lama (bom disfarce, pois ela é conhecida pela fertilidade e pela limpeza). Além disso as duas galinhas também são meio marrons. Salve-se quem puder. O resultado é que não a reconhecem e apanham Zeferina, uma prima, para comer "ao molho pardo". Seguem-se descrições enlevadas do preparo desse prato. A Narradora percebe a contradição[14]: "É engraçado gostar de galinha viva, mas ao mesmo tempo também gostar de comer galinha ao molho pardo. É que pessoas são uma gente meio esquisitona"[15].

Fiel à afirmação, mas talvez sem saber – talvez entediada – para resolver várias passagens, a Narradora ata a história com um fio comprido de "não sei": ela não sabe por que desde pequena ficava horas e horas olhando galinhas, não sabe quando a galinha bota seus ovos, não sabe por que Deus faz ratos, não sabe quem ensinou o galo a cantar de madrugada etc.; a galinha é tão burra que não sabe que só se morre uma vez. Às vezes, a Narradora diz que "não é fácil explicar" e às vezes sabe a resposta, mas não diz. Há quanto tempo existem galinhas na Terra? "Você que me diga, porque não sei".

---

12. Clarice Lispector, "A menor mulher do mundo", op. cit. p. 94.

13. Cf. "A vingança e a reconciliação penosa", em "Fundo de Gaveta" (Lispector, 1964)..

14. A mesma contradição foi sentida por Sophia de M. Breyner Andresen (2018): "As pessoas sensíveis não são capazes/De matar galinhas/Porém são capazes/De comer galinhas" etc.

15. Como sabemos, há inúmeras narrativas com morte de galinhas, entre outras o terceiro conto de *Laços de família*, em que a galinha foi salva porque pôs um ovo, mas depois "mataram-na, comeram-na e passaram-se anos" e o delicioso texto "Uma história de tanto amor", em que a menina sofre com a morte de sua galinha Eponina, (...) mas "ela era um ser feito para amar até que se tornou moça e havia os homens" (Lispector, 1984: 173).

Esse chão movediço de negativas ao lado da ameaça de morte da protagonista, encurrala a narrativa, principalmente depois da atitude da cozinheira ("afiando a faca", acrescenta José Caldas na peça). Mas será que Laura foi má, ao transferir a degola à prima? É melhor não julgar. Ela "gostava muito de viver" e com isso mostrava que "não era tão burra assim". Sem conseguir seguir em linha reta, a narrativa dá um salto, Clarice muda de assunto. A partir daí Laura é redefinida, metamorfoseada, e a história, prestes a terminar, vira outra, completamente improvável, podemos dizer, mesmo na fantasia, chave do gênero. A não ser que interpretemos tal distanciamento como implicâncias com a "literatura infantil", que tem que "terminar bem". Vejamos: "Agora vou contar uma coisa muito bacana. Preciso antes dizer que Laura era uma galinha pra frente".

Dá-se o aparecimento de Xext, habitante de Júpiter, do tamanho de uma galinha, isto é, de Laura, com um olho só na testa, e que foi logo acordá-la. Surpreendentemente ela não teve medo, nem se espantou; não era mais aquela criatura espavorida, nem "quadrada". O diálogo acontece no registro da gíria juvenil dos anos 1970.

- Olá, bicho. Como é que você se chama?

- Xext, respondeu ele.

- Falou tá falado, disse Laura.

Como um ser mágico, ele promete fazer qualquer coisa que ela deseje. Laura parece ainda estar preocupada com a morte, ou com algo mais excitante. "Ah, disse Laura, se meu destino for ser comida, eu queria ser comida por Pelé". (Na peça, Caldas substitui inteligentemente "Pelé", ser concreto, por "Super-Homem", ser imaginário, para retornar à ficção e contornar a malícia).

É curioso que dois outros textos de Clarice usem o mesmo artifício do surgimento intempestivo de seres do espaço, o que, claro, não os faz de peso igual (Arêas, 2020: 120). O recurso surge numa narrativa excepcional a respeito de uma outra Laura, também marrom, de "A imitação da rosa"[16] (*Laços de família*), transformando-se anos depois no detalhe mais ou menos fantasioso do ser de Saturno, que aparece à maravilhosa Miss Algrave (*A via crucis do corpo*), ressurgindo por fim como pormenor frágil em *A vida*

---

16. Vale a pena ler a interpretação sensível do conto feita por Roberto Corrêa dos Santos, em "Predomínio do tom marrom", em *Lendo Clarice Lispector*, coord. Beth Brait (São Paulo: Atual, 1986).

íntima de Laura, tão arbitrário quanto a virada repentina do enredo. Nas últimas linhas, entretanto, voltamos ao perigo, pelo menos aludido, com tantas "camadas" do texto.

> Acabou-se aqui a história de Laura e de suas aventuras. Afinal de contas, Laura tem uma vidinha muito gostosa.
>
> (Podemos pensar: mas ela é que é gostosa para comer, segundo sugestão repetida do texto)
>
> Laura é bem vivinha.
>
> (mas será morta, agora ou depois, destino de todas as galinhas)

Se não for isso, será lícito avaliar que a história, depois do corte da Narradora, é empurrada decididamente para um certo registro farsesco, adequado à impaciência de Clarice para terminar a história, uma vez resolvido o conflito principal. O procedimento é comum nos grandes autores de farsas.

3 Se valesse uma epígrafe a esta parte, ela seria: "Caldas conta Clarice". Mas comparar a encenação de uma peça com o texto que a inspirou, será sempre desafiador. Pois não se trata de mera ilustração do que foi escrito e, sim, de uma concepção do texto e dos materiais em jogo. Na verdade, cada montagem deve descobrir sua própria forma e seus contornos, o que deve ter acontecido, em nosso caso na versão brasileira e na portuguesa, a que não assisti, embora os pressupostos da primeira montagem tenham sido descritos sumariamente no início. É limitado, mas não há outro jeito.

Na encenação da história, de saída podemos perceber que José Caldas trabalhou com as reticências que enchem os contos infantis de Clarice, abrindo espaço para multiplicar os pontos de vista, personagens e ambientes. Além de múltiplos, os personagens não são fixos, transformando-se conforme a ação dramática, como num jogo psicodramático, à semelhança da técnica do coringa de Boal. Os principais são identificados como Mãe, galinha protetora, envolvente, dona de casa; Pai, galo/galã de fotonovela, desligado da vida doméstica, cúmplice da Filha, menina indiscreta e poética, papéis que podem ser interpretados com a variação dos mesmos atores.

A cenografia deverá lembrar um galinheiro e ao mesmo tempo uma sala da casa; vários balanços que pendem do teto vão se transformando em poltronas, poleiros, cama, janelas, segundo o uso que fazem. Em um dos lados da

CIRCUITOS DA VIDA ÍNTIMA • **349**

cena existe um sol, sugerido por uma cortina de gaze ou plástico transparente e "do lado da lua está o músico com todo um arsenal de instrumentos", que também entra na ação dramática como personagem. Os autores usam de vários recursos, cantam, dançam, caminham sobre andas etc.

O figurino procura lembrar galináceos: calças muito largas que vão se afunilando, mangas bufantes como asas, penteados "meio punks sugerindo cristas etc.". Na peça escrita em Portugal, as canções populares são portuguesas, assim como algo do vocabulário e da sintaxe, o que evidentemente foi mudado entre nós. Vejamos o início, para termos uma ideia:

(Aparece atriz à direita mascando chicletes e olhando para o público)

(Aparece ator junto da atriz e olha para o público)

(Aparece a 2ª. atriz que se junta aos outros)

(Aparece o 2º ator que se junta aos outros)

(Atores saltam e formam uma roda à direita)

(A 1ª atriz tira o chiclete da boca, colando-o no anel; faz o jogo da escolha ou da sorte, batendo na cabeça de cada um que se abaixa a cada vez. Cantam uma cantiga folclórica, brincam nos balanços, fazem outros jogos. Em seguida a narrativa de *A vida íntima de Laura* vai sendo contada pelos atores, trocando os papéis, dirigindo-se ao público etc)

O texto foi desdobrado, funcionando as cantigas também como gancho entre as cenas. Uma interferência bem inteligente foi transformar a linguagem de Xext, ser de outro planeta, em língua do P, traduzida imediatamente por Laura e por outra atriz.

Laura, (dirigindo-se a Xext) – queres que eu peça a Luís para cantar a tua vinda? Xext- não-pão.

Atriz (traduzindo) – não, disse Xext.

(O recurso foi usado também por Clarice, no conto "Língua do P", de *A via crucis do corpo* (Lispector, 1974a), publicado no mesmo ano de *a vida íntima de Laura*, naturalmente com outra intenção).

Um outro procedimento foi usar um ovo grande e falar com ele "como um fantoche": "Agora adivinha quem é Laura. Dou-lhe um beijo na testa se você adivinhar. E duvido que acerte! Dê três palpites". Etc

Acho que a única diferença entre texto e encenação – difícil para quem não leu nem viu a peça, repito – é que no texto de Clarice os traços de tensão e promessas de violência surgem mais diretos, embora devam ser mitigados pelos contadores das histórias – é o que supomos – e pelos especiais contadores que são os atores, dedicados a superar essas dificuldades para um final feliz[17]. A verdade é que, na maioria das vezes – os procedimentos próprios do teatro, a música, a dança, as metamorfoses no cenário, os jogos entre atores, a inclusão dos assistentes etc., criam concretamente a graça e a fantasia, impossíveis num texto escrito. Um bom exemplo de suavização encontramos na cena em que a galinha Laura foge desesperada, cacarejando "não me matem, não me matem, não me matem" e que a peça, embora afirmando o "medo danado", dilui o apelo:

> Não me matem
>
> Có-có- Não me matem! Có-có Não me matem!

Por outro lado, existem soluções cênicas que substituem as palavras do medo, como vemos na cena em que a empregada quer avisar a Dona Luísa que Laura está ficando velha.

Vale a pena transcrever o trecho, pontuado por sapatos de cores diferentes e envolvido com um grande lençol, que serve como suplemento manipulável do cenário:

> Agora vou contar uma coisa um pouco triste. A cozinheira disse para Dona Luíza apontando Laura:
>
> (Aparece um par de sapatos pretos sob o lençol do lado direito)
>
> - Essa galinha já não está botando muito ovo e está ficando velha etc.
>
> (Aparecem sapatos cor de laranja do lado esquerdo e a atriz diz sob o lençol)
>
> - Essa aí eu não mato nunca. Etc.

Toda a cena, que é longa, com vários atores manipulando o lençol, combina ameaça e leveza, medo e alegria.

Não quero terminar sem transcrever uma experiência de Peter Brook com teatro para "adultos" e teatro para "crianças", que pode nos fazer pensar. Diz ele que certa vez ele e a equipe não encontravam o clima correto de uma representação, embora as falas já estivessem decoradas, já acertados o mobiliário, objetos, cenário, figurino. Sem saber o que fazer, largaram tudo e foram a uma escola.

---

17. Robert Darnton (1988: 79) comenta as transformações que os contos camponeses sofreram ao serem adaptados para crianças depois do século XVIII: "Mais da metade das 35 versões registradas de "Chapeuzinho Vermelho" terminam como a versão contada antes, com o lobo devorando a menina".

CIRCUITOS DA VIDA ÍNTIMA • 351

(...) em um porão pequeno e abarrotado, cercados aproximadamente de cem crianças, improvisamos diretamente uma versão da peça, usando as possibilidades daquele espaço, apenas com os objetos então disponíveis de maneira livre, de acordo com as necessidades.

O objetivo do exercício era se portarem como bons contadores de histórias. (...) As crianças são muito melhores e precisas do que a maioria dos amigos e críticos de teatro; elas não têm preconceitos, teoria, ideias fixas. Elas querem um envolvimento total naquilo que experimentam. Porém, se não estão interessadas, não têm razão alguma para esconder sua falta de atenção. (Brook, 1993: 91ss)

A peça era *A tempestade,* de Shakespeare, encenada como uma fábula, com uma constante leveza de tom "como um contador de histórias oriental".

O grande diretor incluiu essa experiência entre seus métodos de ensaio, o que nos leva de volta ao início deste comentário, a respeito de teatro para adultos e teatro para crianças. Quanto mais camadas forem desdobradas e embutidas nas entrelinhas, nos círculos da representação, nos processos de montagem, na técnica de dizer as falas etc. mais elástica e mais rica será a compreensão e o interesse de uma peça. •

REFERÊNCIAS BIBLIOGRÁFICAS

ANDRESEN, Sophia de M. Breyner. "As pessoas sensíveis". In: FERRAZ, Eucanaã. (org.). *Coral e outros poemas*. São Paulo: Companhia das Letras, 2018.

ARÊAS, Vilma. *Clarice Lispector com a ponta dos dedos/A trama do tempo*. São Paulo: Imprensa Oficial, 2020.

ARRIGUCCI Jr., Davi. *Outros achados e perdidos*. São Paulo, Cia das Letras, 1999.

BROOK, Peter, *Não há segredos-Reflexões sobre atuação e teatro* (trad. Tomaz Seincman). São Paulo: Via Lettera, 2016.

CARROLL, Lewis. *Aventuras de Alice no país das maravilhas, através do espelho e o que Alice encontrou lá e outros textos*. Trad. e estudo de Sebastião Uchoa Leite. São Paulo: Summus Editorial, 1980.

DARNTON, Robert. *O grande massacre dos gatos*. 2.ed. Trad. Sonia Coutinho. Rio de Janeiro: Graal, 1988.

LISPECTOR, Clarice. *Laços de família*. Rio de Janeiro: Francisco Alves, 1960.

_____. *Perto do coração selvagem*. Rio de Janeiro: Francisco Alves, 1963.

_____. *A legião estrangeira*. Rio de Janeiro: Editora do Autor, 1964.

_____. *O mistério do coelho pensante*. Rio de Janeiro: Rocco, 1967.

_____. *A mulher que matou os peixes*. Rio de Janeiro: Sabiá, 1968.

_____. *A vida íntima de Laura*. Rio de Janeiro: José Olympio, 1974.

_____. *A via crucis do corpo*. Rio de Janeiro: Artenova, 1974a.

_____. *A descoberta do mundo*. Rio de Janeiro: Nova Fronteira, 1984.

MEYER, Marlyse. *Caminhos do imaginário no Brasil*. São Paulo: Edusp, 1993.

PIRES, José Cardoso. *E agora, José?* Lisboa: Moraes, 1977.

PRADO, Décio de Almeida. *O teatro brasileiro moderno*. São Paulo: Perspectiva, 1988.

REBELLO, Luiz Francisco. *Combate por um teatro de combate*. Lisboa: Seara Nova, 1974.

ROSENFELD, Anatol. *Prismas do teatro*. São Paulo: Unicamp/Edusp/Perspectiva, 1993.

SANTOS, Roberto Corrêa dos. Predomínio do tom marrom. BRAIT, Beth (Coord.) *Lendo Clarice Lispector*. São Paulo: Atual, 1986.

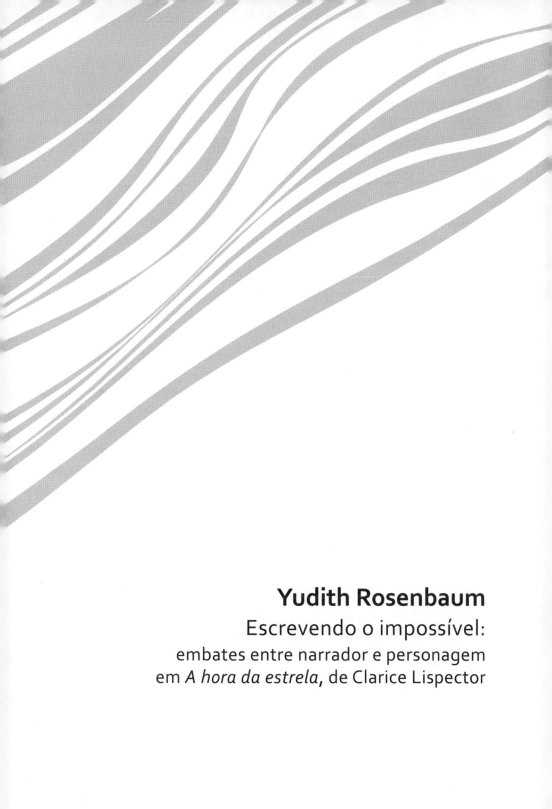

Yudith Rosenbaum
Escrevendo o impossível:
embates entre narrador e personagem
em *A hora da estrela*, de Clarice Lispector

Yudith Rosenbaum

Professora de Literatura Brasileira na USP, onde fez mestrado e doutorado em Teoria Literária e Literatura Comparada. Graduou-se em Psicologia pela PUC-SP e trabalha na interface da literatura com a psicanálise, pesquisando autores do século XX, como Manuel Bandeira, Guimarães Rosa e Clarice Lispector. É autora dos livros *Manuel Bandeira: uma poesia da ausência* (1993), *As metamorfoses do mal: uma leitura de Clarice Lispector* (1999) e *Clarice Lispector* (2002). Organizou com Cleusa Rios P. Passos as seguintes coletâneas: *Escritas do desejo* (2010) e *Interpretações* (2014), ambas na interface da crítica literária com a psicanálise. Também organizou com Passos e Sandra Vasconcelos o volume de ensaios sobre Guimarães Rosa, *Infinitamente Rosa. 60 anos de Corpo de baile e de Grande sertão: veredas* (2016).

O título desse ensaio, que é um exercício de leitura do romance de Clarice Lispector, *A hora da estrela* (1977), também poderia aludir à tarefa "impossível" do crítico. Ele estará, de certo modo, sempre à margem de uma obra que não se deixa capturar por inteiro pela razão discursiva e acadêmica, e pede um contato nem sempre exclusivamente cognitivo e intelectual. Sobre a apreensão não racional de seus livros, a autora mesma conta, na sua famosa entrevista ao jornalista Julio Lerner, na TV Cultura em 1977, que um professor de literatura do Colégio D. Pedro II, nos anos 70, já tinha lido quatro vezes o seu romance *A paixão segundo G.H*, de 1964, e não entendia nada, enquanto uma adolescente lia e relia, sendo o seu livro de cabeceira. Em outro depoimento, Clarice teria dito que a melhor crítica de sua obra seria aquela que a recebesse telepaticamente... [1].

Pode parecer paradoxal, à primeira vista, que uma escritora altamente sofisticada como Lispector mire com desconfiança o olhar especializado sobre seus escritos, apostando mais, em contrapartida, na intuição ou na apreensão

---

1. Segundo a amiga e confidente Olga Borelli, Clarice dizia que "só entendia e só podia ser entendida telepaticamente" (Borelli, 1981: 21).

358 · YUDITH ROSENBAUM

espontânea. Isso talvez se esclareça se lembrarmos que a autora esquivava-se de qualquer "atmosfera de literatura" em sua casa[2] e combatia a carga pesada do intelecto, segundo a crônica "Uso do intelecto", de 6/11/1999, citada a seguir:

> Talvez esse tenha sido o meu maior esforço de vida: para compreender a minha não-inteligência, o meu sentimento, fui obrigada a me tornar inteligente. (Usa-se a inteligência para entender a não-inteligência. Só que depois o instrumento – o intelecto – por vício de jogo continua a ser usado – e não podemos colher as coisas de mãos limpas, diretamente na fonte.) (Lispector, 1999: 384-385)[3]

Mas, de todo modo, à revelia da própria autora, é com o instrumental da crítica literária em sua interface com a psicanálise que se buscará uma aproximação ao romance *A hora da estrela*, ousando considerar possíveis reverberações afetivas que essa obra possa provocar em mim como sua leitora.

Começo justamente por esse aspecto "contra transferencial", relativo ao efeito da leitura do romance, entendendo-se a contratransferência como inevitável no campo reacional da recepção crítica. Aproximo o termo apenas *analogicamente* do referencial psicanalítico, cuidando para diferenciá-lo do sentido estrito que assume no *setting* clínico[4]. Explicando melhor: a contratransferência é um conceito psicanalítico que se refere às reações emocionais inconscientes do analista diante dos investimentos afetivos do paciente nas sessões de análise. Mencionada inicialmente em 1910, no artigo "As perspectivas futuras da terapêutica psicanalítica", Freud considerava tais reações como resistência do analista e um obstáculo ao trabalho analítico. Posteriormente,

---

2. Como se vê nesse trecho da crônica "Por trás da devoção", sobre a empregada Aninha, que pede à patroa (a cronista Clarice Lispector) um livro seu para ler:" Já que eu não queria lhe dar livro meu para ler, pois não desejava atmosfera de literatura em casa, fingi que esqueci" (Lispector, 1999: 49).
3. José Miguel Wisnik atribui esse traço peculiar da autora ao fato desta não representar o papel de escritora no "teatro da literatura", expressão do crítico, e sobretudo não posar como tal (segundo anotação de aula do curso *Clarice – Uma trilogia*, espaço *Escrevedeira*, dia 05/06/2019). Já em seu ensaio "Diagramas para uma trilogia de Clarice", Wisnik afirma que a busca de Clarice ao que seria o âmago da literatura pede de seus leitores que estejam desarmados e despreparados para entrar em contato com o desnudamento, sendo a nudez o alvo de sua escrita. Diante disso, conclui, entendê-la também supõe a experiência do "não entender" como forma possível de aproximação, muitas vezes mais exitosa do que a compreensão competente e "armada". Nas palavras de Wisnik, a escrita de Clarice guarda uma consciência crítica que lhe é inerente, e que trabalha rente à linguagem com um programa implacável de nudez e desarmamento". (Em "Dossiê "As mil coisas de Clarice". Revista Letras, Curitiba, UFPR, n. 98, pp. 287).
4. Ver também o texto "Sobre o conceito de Freud, Ferenczi e Heimann", fonte da presente nota (http://pepsic.bvsalud.org/scielo.php?script=sci_arttext&pid=S0103-56652013000100012).Acesso em 2/5/2019.

nas "Recomendações aos médicos que exercem psicanálise", de 1912, a contratransferência passa a ser importante material psíquico do psicanalista que, ao reconhecer seus sentimentos e diferenciá-los das emoções do paciente, torna-se um aliado na compreensão e avanço do processo de análise. Nesse último artigo, a contratransferência (*gegenübertragung*, sendo *ubertragung* a palavra referente à "transferência") ganha um campo metafórico curioso, permitindo expandir o conceito para outros territórios:

> Ele [o analista] deve voltar seu próprio inconsciente, como um órgão receptor, na direção do inconsciente transmissor do paciente. Deve ajustar-se ao paciente como um receptor telefônico se ajusta ao microfone transmissor. Assim como o receptor transforma de novo em ondas sonoras as oscilações elétricas na linha telefônica, que foram criadas por ondas sonoras, da mesma maneira o inconsciente do médico é capaz, a partir dos derivados do inconsciente que lhe são comunicados, de reconstruir esse inconsciente, que determinou as associações livres do paciente. (Freud, 2006: 54)

Guardadas todas as diferenças entre o trabalho do analista e o ofício do crítico, é inspirador pensar que o jogo que se estabelece entre texto e leitor tem algo dessas "ondas sonoras" que nos atingem ao lermos a obra, ativando as nossas (dos leitores) associações livres.

Parto, portanto, de um tipo singular de incômodo ou mal-estar que a narrativa pode suscitar, sobretudo em seus adiamentos para principiar um enredo que se mostra lacunar e descarnado de uma substância fabular mais espessa. A inconstância ou oscilação entre um início adiado e a narração de uma estória, aparentemente tão anêmica quanto a personagem protagonista, me conduz a um lugar desconfortável pela quebra da expectativa de apreensão (ou mesmo fruição) romanesca, como se, de fato, o livro tergiversasse em torno de um núcleo indevassável e não oferecesse ao leitor qualquer ancoragem segura. A narrativa parece caminhar em círculos, com parcos avanços e muitos recuos. A figura circular, de fato, acaba por abarcar tudo ao começar com um "sim" ("Tudo no mundo começou com um sim") e terminar com o mesmo monossílabo ("Não esquecer que por enquanto é tempo de morangos. Sim") (Lispector, 1998: 11)[5]. E dentro deste círculo, tem-se um tempo de hesitação, digressão e metaficção até o disparo da história em direção ao "sim" final.

---

5. Todas as citações desta obra serão desta edição e virão, a partir de agora, acompanhadas apenas do número da página.

Tendo a achar que essa inquietação com o andamento do enredo, sobretudo nas dezessete páginas iniciais, é da mesma natureza da reação do narrador diante de Macabéa – mulher, pobre e nordestina – e que esse incômodo, que atravessa a obra como a constante dor de dentes da personagem – no dizer do narrador, "[a] dor de dentes que perpassa esta história deu uma fisgada funda em plena boca nossa" (p. 11) – pode abrir caminho para um entendimento mais fundo de algo a ser aqui desenvolvido.

Não se pode perder de vista que esses aspectos agenciados pela narrativa clariciana, entre eles o intento de ofuscar a construção anedótica, erigindo aos fragmentos o edifício romanesco, embaralhando instâncias autorais, entre outros recursos, participam do "zeitgeist" da literatura moderna. Como se sabe, a partir do modernismo internacional, advindo com as vanguardas europeias na virada do século XIX para o XX, convenções estáveis são desestruturadas, deslocando-se e fundindo os gêneros literários da prosa e da poesia, além de um enfrentamento direto com o material linguístico. A mudança de paradigmas que alimentavam a literatura oitocentista na Europa encontrou no Brasil um modernismo de combate, que preparou o terreno para nascerem os novos escritores dos anos 1930 e 1940, entre eles Clarice Lispector.

Analisando os diferentes estilos que se enfeixam na definição maior de "modernismo", Jean-Michel Rabaté assim define a formação de um novo público para a infamiliaridade da recente narrativa:

> Os leitores de obras-primas modernistas como *Ulisses* ou *Os Cantos* enfrentam o desafio de se mostrar à altura das expectativas que o texto constrói com sua ideia de cultura, fruto de materiais e fragmentos das mais variadas espécies: quem aceita ser "leitor" enfrenta um complexo percurso educativo que se distingue do tradicional conceito de cultura (aquilo que vagamente aflora a partir de um oceano de referências, ao passo que todo o restante se afunda no esquecimento) para estabelecer associações renovadas e mais rápidas com os grandes espíritos do passado, numa descoberta contínua, numa "odisseia" que, por meio de contatos com estilos historicamente definidos, leva os leitores a uma indagação sobre a própria língua. (Rabaté, 2009: 888-889)

Portanto, a possível reação de estranheza "contratransferencial" do leitor diante de *A hora da estrela*, e de tantos outros textos claricianos, resulta de um campo de forças mais amplo, no qual se insere todo o processo de constituição de uma nova subjetividade pós-primeira guerra mundial e procedimentos antimiméticos, já bem investigados pela crítica (Rosenfeld, 1976; Ortega y Gasset, 1991). Herdeira dessa imensa experimentação e perturbação dos meios expressivos da arte, a obra de Lispector provoca estremecimentos nas bases sólidas de seus leitores. Vejamos alguns elementos desse fenômeno em seu último romance.

O primeiro aspecto já mencionado é que, ao lado da desestabilização que Macabéa representa para o narrador – sobre a qual vou me deter mais adiante –, também a narrativa em si, em sua forma cambiante, dispersiva e interrompida, provoca no leitor um estado de suspensão pouco confortável. É como se o impulso de narrar uma história com começo, meio e fim (o que o narrador Rodrigo S.M. diz experimentar contra os seus hábitos) esbarrasse na impossibilidade de uma escrita totalizante. Talvez porque o outro que provoca a escritura seja aqui e sempre, no conjunto da obra de Clarice Lispector, impossível de ser compreendido em seu âmago. Conforme se lê neste trecho da "Explicação", que introduz *A via crucis do corpo*, de 1974: "Já tentei olhar bem de perto o rosto de uma pessoa – uma bilheteira de cinema. Para saber o segredo de sua vida. Inútil. A outra pessoa é um enigma. E seus olhos são de estátua: cegos" (Lispector, 1994: 21).

Em *A hora da estrela*, Rodrigo S.M. se ressente da mesma impossibilidade em relação a si mesmo: "A verdade é sempre um contato interior e inexplicável. A minha vida a mais verdadeira é irreconhecível, extremamente interior e não tem uma só palavra que a signifique (p. 11).

O acesso à Macabéa é tingido igualmente por essa dificuldade. Sua parca e rala presença impossibilita um dizer que não traia a sua "delicada e vaga existência". Afinal, diz o narrador, "tenho que tornar nítido o que está quase apagado e que mal vejo. Com mãos de dedos duros enlameados apalpar o invisível na própria lama" (p. 19). Há, aqui, uma consciência de que o narrar tem "dedos duros" diante de algo impalpável, invisível, delicado. Dar corpo ao intocável é o desafio de um narrador cindido entre duas forças em disputa: de um lado, a necessidade imperiosa de falar da nordestina, pois, diz ele, "senão sufoco"; de outro, o modo esquivo da narrativa, fugidia e aos pedaços, mas que ainda assim, paradoxalmente, desenha um contorno razoavelmente claro, passível de ser reconstituído em uma sequência linear –, narrativa essa dominada por um sujeito que tem medo de enfrentar o desconhecido do outro e que se entrona no lugar da protagonista. Segundo Daniela Mercedes Kahn (2005: 104), em belo ensaio sobre o livro, "o resultado desse conflito é a manipulação da narrativa mediante uma invasão contínua do espaço da personagem". Roubando o lugar de Macabéa (ao mesmo tempo em que deseja emprestar a sua voz a quem não a tem), Rodrigo S.M. se abstém de penetrá-la e decifrar seu enigma – o que certamente acabaria em fracasso, pelo que já comentei acima. A ensaísta afirma: "O medo do confronto, de ser afetado irreversivelmente pela carência do *outro*, é ocultado sob um *show* de arbitrariedade" (Kahn, 2005: 104, grifos da autora).

Haveria, portanto, da parte do narrador, uma resistência a ser tocado pela "carência do *outro*", nas palavras de Kahn. Arrisco dizer que também a mim (aos leitores?) dá-se um recuo de ordem defensiva diante da errância de uma prosa indefinível e da fragilidade da personagem, sustentada pelo sopro de um narrador que duvida constantemente de sua reles criatura. Mas, adianto também que, sendo a narrativa marcada por uma dinâmica polarizada, há que se perceber sua flutuação: evita-se o contato com a prosa instável e com a insólita pequenez da personagem (por aspectos que a já comentada contra transferência poderia suscitar), mas, ao mesmo tempo, empatiza-se com algo nuclear da obra e de Macabéa. Em suma, atração e repulsão fazem parte do jogo contra transferencial aqui considerado.

Penso até que a dificuldade do narrador em fazer jus a um projeto de escrita que se inicia com uma abertura elevada e cósmica – "Uma molécula disse sim a outra molécula e nasceu a vida" (p. 11) –, mas que se descobre a cada parágrafo uma narrativa falha, insuficiente, miúda e rente ao chão, tem a ver com uma dupla condição muito particular, tanto de quem narra, quanto de quem é o objeto da narração, ou seja, Rodrigo S.M. e Macabéa. Passo, então, a investigar essa duplicidade, que levará à discussão sobre a escrita impossível e sobre o tal incômodo a que fiz referência no início desta reflexão.

***

Comecemos com o narrador Rodrigo S.M. Chamo de dupla condição à polaridade da potência e do fracasso de quem se apresenta ao leitor ora como importante personagem da história, ora afirmando "[...]que eu mesmo ainda não sei bem como esse isto terminará" (p. 16). Sua aparente superioridade, dada pela posição de poder discursivo como narrador (e mal sabe ele que sob seus ombros está, na verdade, Clarice Lispector, o que lhe aproxima, em algum grau, da alienação da protagonista[6]), encontra sua fraqueza quanto mais

---

6. "Rodrigo, por exemplo, desconhece a sua condição de personagem, posando como autor absoluto de Macabéa, que por sua vez ignora a existência dele e de Clarice, representando o nível extremo da inconsciência. Esta estrutura de dependência hierarquizada exclui automaticamente qualquer tipo de interação recíproca entre os níveis" (Kahn, 2005: 98).

ESCREVENDO O IMPOSSÍVEL • 363

almeja o ápice. É pelas suas costas que Macabéa se imiscui sorrateiramente na história, ainda que Rodrigo teime em obstruí-la. Daniela Kahn observa que a nordestina conquista seu espaço textual apalpando as brechas em "paralelo com a conquista geográfica do sudeste pelo emigrante nordestino" (Kahn, 2005: 105). Macabéa surge gradualmente ao leitor, na quarta página como parte de um coletivo:

> Como a nordestina, há milhares de moças espalhadas por cortiços, vagas de cama num quarto, atrás de balcões trabalhando até a estafa. Não notam sequer que são facilmente substituíveis e que tanto existiriam como não existiriam. Poucas se queixam e ao que eu saiba nenhuma reclama por não saber a quem. Esse quem será que existe? (p. 14)

Lembremos que a história de Macabéa é uma tentativa de reprodução de três páginas que literalmente foram jogadas no lixo pela cozinheira do narrador... O livro já surge como uma versão resgatada da lixeira, uma cópia aproximada de um original perdido. Essa origem rebaixada da narrativa em sua materialidade deixa entrever o rebaixamento da própria personagem, ela também o resíduo de uma experiência falhada. Não é preciso ressaltar que o fundo histórico da precária aventura da nordestina desenraizada rumo ao sudeste do Brasil está dado desde o início nesse nascedouro, lugar esquecido de todos, até mesmo por sua irmã de classe, a cozinheira. Pelo menos essa é *uma* das faces de Macabéa, sendo possível depreender outras menos esperadas. Comento esse aspecto mais adiante.

O duelo entre narrador e personagem ocupa praticamente todo livro, sendo a fonte que o dinamiza. Ora Rodrigo enaltece seu domínio, ora reconhece seus limites. Na mesma página, afirma primeiro: "O fato é que tenho em minhas mãos um destino e no entanto não me sinto com o poder de livremente inventar: sigo uma oculta linha fatal. Sou obrigado a procurar uma verdade que me ultrapassa" (p. 21).

Depois mostra um saber fusional com sua criatura, o que contraria a posição anterior: "Pareço conhecer nos menores detalhes essa nordestina, pois se vivo com ela. E como muito adivinhei a seu respeito, ela se me grudou na pele qual melado pegajoso ou lama negra" (p. 21).

E adiante volta a se perceber incapaz de desvendar o ar de perdição da moça, interpelando o leitor com alguma humildade (ainda que pouco confiável). Ele diz: "Não estou tentando criar em vós uma expectativa aflita e voraz:

é que realmente não sei o que me espera, tenho um personagem buliçoso nas mãos e que me escapa a cada instante querendo que eu o recupere" (p. 22).

Melado pegajoso, lama negra, personagem buliçoso... Mais uma vez, como tantas outras em Lispector, o informe é convocado para caracterizar o que não se pode abarcar, fazendo ver que a forma do romance, em princípio um gênero que nasce da tentativa de definir o homem em seu mundo, padece aqui da mesma indeterminação da matéria de Macabéa. Além ou ao lado desse aspecto, que diz respeito à indefinição da própria prosa experimentada pela autora, vislumbram-se as inúmeras figurações dessa massa sem forma ao longo de toda obra clariciana – passando pelo chiclete mascado pelo cego do conto "Amor", pela gema do ovo que se quebra no mesmo conto e no inquietante "O ovo e a galinha", pela massa branca da barata em "A quinta história" e em *A paixão segundo G.H*," ou pela "geléia viva como placenta" no conto homônimo, Todas essas imagens de um corpo amorfo apontariam, ao meu ver, para um terreno complexo e inominável da vida que pulsa sem limite e sem continência. O que está vivo resiste a qualquer delimitação. Já investiguei, em outro lugar, essa atração incontornável da autora pelo inorgânico e pelo que é avesso à sua representação em palavras[7]. Mas continuemos examinando a pendulação do romance entre ser e não ser matéria formada, estabilizada, e que perpassa dos planos mais gerais aos mais específicos da narrativa.

Diferença e identificação, distância e aderência, compreensão e ignorância movem o embate interminável entre narrador e personagem. Pois também Macabéa, que é construída a partir de sua inexistência e negatividade – ela não tem, não é, não sabe (Guidin, 1994: 37) –, emerge desse limbo impessoal ao portar algo impenetrável ao narrador irônico e muitas vezes impotente diante de sua reduzida criatura. Como intelectual brasileiro em país periférico, Rodrigo S.M. é obrigado a esvaziar ao máximo seu repertório esplendoroso e optar pela mais singela expressão[8]. Tal opção pela linguagem desprovida de "adjetivos esplendorosos" é também ela problemática, porque o esforço de singeleza não esconde as peripécias do estilo culto do narrador e tampouco captura o outro que não se entrega. E o que teria essa personagem residual de tão inatingível, como tantas da mesma linhagem clariciana, como galinhas, baratas,

---

7. Em *As metamorfoses do mal* (Lispector, 1999a), acompanhei as figurações da pulsão de morte em contos e romances de Clarice Lispector.

8. Sobre isso, Vilma Arêas (2005: 78) afirma em seu livro *Clarice Lispector. Com a ponta dos dedos*: "A identificação com Macabéa reduz tudo ao osso, o que inclui o livro no paradigma da arte 'pobre', estudada por Haroldo de Campos".

a pigmeia de "A menor mulher do mundo", Mineirinho e seu radium explosivo, bobos, loucos, doidas como a empregada Aninha ou enigmáticas como Eremita, além de tantos outros seres da borda, tão presentes na obra?

ESTRANHEZA FAMILIAR

Se é verdade que Macabéa não pode se constituir como sujeito desejante, o que a faz submeter-se ao poder do outro, dos outros (seja o namorado, o patrão, a amiga Glória, a cartomante e o narrador), ela nos surpreende e nos emociona por ter algo raro e único: ela tinha, nos informa Rodrigo S.M., o "delicado essencial". E ao se perguntar por que escreve sobre "uma jovem que nem pobreza enfeitada tem", ele mesmo responde: "Talvez porque haja nela um recolhimento e também porque na pobreza de corpo e espírito eu toco na santidade, eu que quero sentir o sopro do meu além. Para ser mais do que eu, pois tão pouco sou" (p. 21). Vejamos outras frases equivalentes: "A maior parte do tempo tinha sem o saber o vazio que enche a alma dos santos. Ela era santa? Ao que parece. Não sabia que meditava pois não sabia o que queria dizer a palavra. Mas parece-me que sua vida era uma longa meditação sobre o nada" (p. 38). Ou ainda: "Era apenas fina matéria orgânica" (p. 39).

Curiosamente, a narrativa que tanto desconstruiu a personagem feminina, destituindo-a de qualquer atributo sedutor, acena agora, na voz de Rodrigo, para uma espécie de ouro precioso que nela e só nela reluz. A plenitude primária de Macabéa é fruto de uma inocência original, diz Mário Eduardo da Costa Pereira, em ensaio sobre o romance[9]. Para Rodrigo S.M., "[e]ssa moça não se conhece senão através de ir vivendo à toa" (p. 15). Nela sobrevive uma percepção direta e imediata de quem olha o mundo de perto, sem simular ou dissimular o que quer que seja. "Ela tinha a felicidade pura dos idiotas", sendo referida como "doida mansa" e portadora de um encanto, aos olhos do narrador. Enquanto Olímpico, mais um contraponto masculino a Macabéa - além de Rodrigo S.M. –, interessa-se pelas grandes façanhas e se acha detentor de um ilusório poder, ela (que também o achava "muito sabedor das coisas") é atraída pelas minudências fora do alcance abrangente. Nas palavras do narrador, ao comparar ambas as personagens: "Ele falava coisas grandes mas ela prestava atenção nas coisas insignificantes como ela própria" (p. 52). Po-

---

9. "Há nela uma sorte de inocência fundamental, uma espécie de ausência do pecado original, que cativa Rodrigo" (Pereira, 1999: 20).

deríamos dizer que ela era um ser sem fissuras, inconsciente de suas faltas e, portanto, uno e pleno. Como diz, Daniela Kahn (2005: 110):

> Um dos aspectos mais cativantes da Macabéa é a sua capacidade de extrair prazer das coisas mínimas que a vida lhe oferece. É esta capacidade de resistir às limitações impostas pela realidade, teimosamente aspirando ao impossível, que confere grandeza à personagem.

A reversão de carência em plenitude não é estranha nos textos de Clarice. Nádia Battella Gotlib abriu essa porta em seus estudos sobre a figura do quiasma constitutiva das narrativas claricianas[10]. Em *A hora da estrela* não seria diferente. Há dobras de reversibilidades em sua obra que tornam as significações sempre ambíguas, paradoxais e de dupla face. Uma delas faz ver em Macabéa, e nas demais personagens ou figurações do que é precário, o símbolo do recalcado da dominação, habitando o lugar nenhum dos errantes e deslocados, exilados e à deriva do processo da modernização, já bem apontado pela crítica[11]. Várias vezes Clarice Lispector manifestou sua indignação contra uma sociedade em que "milhares de homens, mulheres e crianças são verdadeiros moribundos ambulantes que tecnicamente deviam estar internados em hospitais para subnutridos" (Lispector, 1999: 33). A frase contempla tanto a realidade de miséria e desigualdade que Clarice testemunhava no Brasil dos anos 1960 (a crônica "Daqui a vinte e cinco anos" foi escrita em 26/9/1967), quanto as afinidades de sua escrita com o romance marginal como gênero, com o qual a ficção clariciana possui traços de correspondência (e de subversão), como mostrou Chiappini em ensaio já mencionado[12].

Mas há uma outra face que olha essa sombra, feita de "escuridões reveladoras" (na ótima expressão de Carlos Mendes de Sousa[13]), a partir de uma outra perspectiva. E talvez por isso nosso estranhamento diante do que sai teimosamente do interior da casca protetora em tantos textos da autora. *Das*

---

10. Ver, entre outros, Gotlib (1989: 12-24).

11. Ver a esse respeito o ensaio de Lígia Chiappini (1996: 61-79). Diz a autora: "Macabeia é a expressão mais bem-acabada do mal-acabado, do malformado, do feio, do disforme (...)" (p. 67).

12. Para Chiappini, é impossível não associar o despojamento do narrador – sobretudo quando quer "entrar na pele de seu outro de classe" deixando de fazer a barba e "vestir-se com roupa velha rasgada" - com "o estilo 'brutalista ianque' dos narradores marginais de Rubem Fonseca, estilo duro, que reage explicitamente contra a linguagem indireta da literatura (...). Mas logo percebemos que não é tão simples assim, pois esse disfarce masculino da narradora, espécie de álibi muitas vezes por ela própria desmentido, serve entre outras coisas para ironizar esse estilo brutalista, tradicionalmente masculino, atribuindo à mulher, como única alternativa, a pieguice" (Chiappini, 1996: 68).

13. Ver Carlos Mendes de Sousa, "A íntima desordem dos dias", Posfácio a *Laços de Família*.

unheimliche seria a experiência do mal estar que nos acomete diante do que deveria ficar oculto e veio à luz, segundo Schelling citado por Freud no ensaio "O infamiliar" [1919] (2019). O incômodo que sentimos frente a esse outro pouco visível a olho nu, e que foi afastado do campo da consciência para possibilitar o processo civilizatório, vem à tona com o retorno das vivências pré-culturais, aquém da linguagem, podendo surgir como barbárie, como loucura, como desvio, como inocência pisada. Trata-se de um proto-sujeito arcaico e pulsional, que incomoda e que acusa nossa alienação diante de nossa própria natureza tornada "estrangeira a nós mesmos" (como diria Julia Kristeva[14]). No caso de Macabéa, à alienação social junta-se a de si mesma, tornando-a duplamente excluída.

Também Rodrigo S.M. se percebe pouco como sujeito. Ele afirma: "Sim, é verdade, às vezes também penso que eu não sou eu, pareço pertencer a uma galáxia longínqua de tão estranho que sou de mim. Sou eu? Espanto-me com o meu encontro" (p. 37). E na rasteira dele, pode-se lembrar que também habitamos algum tipo de exílio que nos alijou de uma morada primária e essencial que resiste como miragem de um lugar de impossível retorno. Esse eu que se estranha, como Rodrigo, vê-se refletido na figura incontornável do outro Macabéa, olhada com estranheza por nós e pelo narrador. Ela faz ressoar em nós o outro que também somos e que já não reconhecemos. Um outro familiar e estranho, com o qual nos debatemos e nos identificamos.

Essa parece ser a reviravolta da escritora ao revelar que nesse resto não simbolizável trazido por essa galeria de seres à míngua pode-se vislumbrar o que já fomos e nos olvidamos (e para o qual não há volta possível, a não ser como sombra em espelhamentos e imagens). Afinadas à precariedade e concretude de animais e insetos rasteiros, essas personagens da vacuidade, do silêncio, ocas e ausentes para o outro e para si mesmas, portam um signo vital que nasce de sua tolice sábia. No reverso de sua alienação – fruto de um cruel apagamento social e psíquico – esses seres inócuos e excluídos da própria história pessoal são apenas "vida primária que respira", como diz Rodrigo sobre Macabéa. A plenitude do mínimo, a grandeza da escassez, a potência do vazio parecem ser a realização máxima de uma utopia que a própria autora Clarice

---

14. Afirma Kristeva (1994: 177-178): "Pois com Freud, o estranho, o aflitivo, insinua-se na quietude da própria razão e, sem se limitar à loucura, à beleza ou à fé, nem à etnia ou à raça, irriga o nosso próprio ser-de-palavra, estrangeirado por outras lógicas, incluindo a heterogeneidade da biologia. A partir de agora, sabemos que somos estrangeiros de nós mesmos e a partir desse único apoio é que podemos tentar viver com os outros".

Lispector buscaria a vida toda. "Cada vez mais eu escrevo com menos palavras. Meu livro melhor acontecerá quando eu de todo não escrevê-lo" (Borelli, 1981: 85), levando a literatura muito perto do abismo do próprio desaparecimento para fazer reverberar, paradoxalmente, a potência de tudo.

Ao comentar o mesmo romance, a ensaísta Hélène Cixous, no ensaio "Extrema fidelidade" (Cixous, 2017: 131-163) aborda uma experiência similar quando compreende Macabéa como "uma habitante do apenas", uma "nativa do quase", "um muito pequeno pedaço de vida, vindo do nordeste", a figura "mais estrangeira possível e que ao mesmo tempo nos 'tocaria'". Vale reproduzir o trecho em que situa o minimalismo da personagem e se afina ao que propomos aqui:

> A "pessoa" que Clarice escolheu, essa quase mulher, é uma mulher quase não mulher, mas é de tal modo quase-não-mulher que talvez seja mais mulher que toda mulher. É de tal modo mínima, de tal modo ínfima, que está ao rés do ser, e portanto é como se estivesse em relação quase íntima com a primeira manifestação do vivente na terra; é, aliás, capim, e termina no capim. Enquanto capim, enquanto talo de capim, situa-se fisicamente, afetivamente, de todo embaixo na gênese, no começo e no fim. E pois mais que nós, que somos brancos e pesados, ela porta, ela mostra os elementos mais finos do que se pode chamar "ser mulher", porque, como as pessoas extremamente pobres, ela é atenta e nos faz atentos às insignificâncias que são nossas riquezas essenciais e que nós, com nossas riquezas ordinárias, esquecemos e rejeitamos (...). (Cixous, 2017: 134-135)

Cixous conclui o trecho mostrando que as descobertas e os maravilhamentos de Macabéa com o mundo ordinário "devolve[m]-nos as delicadezas perdidas". De fato, essa "quase-não-mulher que talvez seja mais mulher que toda mulher" mantém com a terra, com a gênese, uma inextricável ligação. E sua singular atenção ao seu micro universo "nos faz atentos às insignificâncias" essenciais recusadas. Pelo retrovisor de Macabéa, enxergamos a barata e G.H.. Nas palavras de Cixous, "Macabéa (...) está aí em lugar da barata. É uma barata falante, e é também antiga, tão primitiva quanto a barata" (Cixous, 2017: 56). A ensaísta vai ao âmago da questão quanto alerta para o fato de que, em Clarice, não se trata de ceder à projeção ou à identificação entre os seres que se aproximam em suas diferenças (Rodrigo e Macabéa, G.H. e a barata, passando por Janair, a empregada), mas justamente manter o intervalo que torne impossível a apropriação de um pelo outro: "É preciso que o outro permaneça estranhíssimo na maior proximidade".

ESCREVENDO O IMPOSSÍVEL • **369**

Ao analisar *A paixão segundo G.H.*, Berta Waldman comenta que há uma procura do neutro em Clarice, ou seja, do que está antes da existência social e histórica e coincide, em alguns pontos, com o que penso ser a pulsão não capturada pela rede simbólica. Para Berta, essa busca "supõe sempre um recuo para a anterioridade da forma, para o orgânico, para o estágio primeiro da vida, que ainda não é letra nem lei, apenas o mistério do impessoal, inabordável pela palavra" (Waldman, 2003: 44).

Anterior à forma, o informe. Aí estariam condensados os objetos impossíveis que provocam o estranhamento. Eles surgem do cotidiano mais familiar, ou seja, do que já *nos* foi conhecido no passado e se tornou estranho por efeito do recalque. Exilados da própria terra somos todos, afinal, em níveis diferentes, mas, semelhantes à nossa nordestina. Sua aparição nos causa uma reação desnorteadora. A autora abre o espaço literário para o que deveria ficar escondido, nas palavras já mencionadas de Schelling e de Freud. Como diz o narrador, Macabéa deveria ter ficado em Alagoas, com seu vestido de chita... O papel desse Outro provocativo e inapreensível, como já foi dito, ganha figurações variadas na escritura clariciana, ressoando contra transferencialmente a partir do contato com o efeito "unheimlich", experiência essencialmente desterritorializante. Essa presença da alteridade diante de um sujeito que a estranha é a mola propulsora dos textos dessa autora que não pode recuar diante da opacidade do outro, ainda que, em *A hora da estrela*, Rodrigo diga que ela, Macabéia, é uma verdade da qual eu não queria saber. Não sei a quem acusar mas deve haver um réu" (p. 39).

SEGREDO INVIOLÁVEL

Para finalizar, proponho uma última abertura interpretativa, tentando atar os fios lançados até aqui. Para isso, vou me servir de um pequeno e instigante texto do psicanalista Marco Antonio Coutinho Jorge intitulado "Clarice Lispector: do poder da palavra". Para ele, seguindo a inspiração de Paul-Laurent Assoun, autor de *Freud e a mulher*, esse material primordial a que aludi antes, cujo recalque o mantém em ruidoso silêncio, buscaria expressão a partir de uma das duas formas de linguagem que se opõem em tensa dialética na formação do sujeito humano: a linguagem materna pré-edipiana e a paterna edipiana. A diferença, diz Coutinho Jorge, reside no fato de que a segunda vem ordenar e organizar aquilo que na primeira é informe e caótico. A língua paterna seria o *cais* no qual o sujeito se ancora para fazer face ao *caos* pré-edipiano (grifos meus). Justamente o que a língua paterna recalca, na sua função de terceiro que intercepta a dualidade mãe/bebê, são as vivências corporais da criança, fragmentadas, dispersas, indiferenciadas em sua simbiose com a mãe. O discurso que o ensaísta chama de "feminino" (não identificado necessariamente com a mulher) tentaria resgatar essa experiência de sensações e de sentidos mais remotos. Trataria, ainda, "dos animais, da música, da pintura e de todas as produções humanas não linguajeiras, ditas não-verbais" (Jorge, 1997: 108). Diz ainda Coutinho Jorge que o estilo caótico de Clarice, que escrevia em qualquer lugar, numa conta de gás, num pedacinho de papel, "parece obedecer a orientações pulsionais acéfalas". Seria antes grito desarticulado, fluxos, espasmos e contrações.

Minha pergunta é a seguinte: essa "língua materna, língua visceral que quer dar voz ao terrível desamparo do bebê" e que Coutinho analisa em *Água viva* (1973), não estaria se opondo, em combate agônico, à outra língua paterna, fálica e estruturante, no embate entre Macabéa e Rodrigo S.M, na luta aguerrida por uma representação sempre faltante no encalço de um objeto não domesticável pela escrita? No caso, o narrador empunharia a língua paterna que busca dar forma ao inorgânico, ao enigma de sua muda personagem. No entanto, como vimos antes, também ele se vê imerso em desamparo, inseguro quanto às palavras, desarmado diante do inominável que "lhe foge por entre os dedos" (p. 29), enquanto Macabéa, pelo jogo reversível que rege o romance, ganha sua potência justamente por furtar-se ao simbólico, desafiar o que nos outros é saber constituído, trazendo perguntas imprevistas sobre o sentido da vida e da cultura. Sua matéria viva sem contorno é, afinal, seu maior trunfo, que resiste diante da tarefa organizadora de quem almeja "dizer o impossível de dizer", na expressão de Coutinho Jorge, para quem

> o texto de Clarice (...) não é um texto de experiências formais; é, antes disso, um texto de *experiência* em que a palavra apresenta a mais íntima aderência aos sentidos. Ele tangencia a borda do ininteligível, mas não cede à tentação delirante: ele fala do impossível e não da impossibilidade de dizer (Jorge, 1997: 115, grifo da autora)

O caso aqui se complexifica porque, justamente, a atitude de Rodrigo S.M. "(...) fálica, masculina, à desordem e ao mal-estar que os sujeitos carregam do período pré-edipiano" (Jorge, 1997:112), esfacela-se diante da ameaça do "segredo inviolável" de sua criatura. Trata-se de uma escrita de vida e morte, que pode sucumbir ao "apalpar no escuro" a fina membrana do silêncio de Macabéa. A senha muda da moça nordestina não se abre às palavras duras, falicizantes, do narrador, que intui o perigo:

> Será que Macabéa entrando na semente de sua vida estarei como que violando o segredo dos faraós? Terei castigo de morte por falar de uma vida que contém como todas as nossas vidas um segredo inviolável? Estou procurando danadamente achar nessa existência pelo menos um topázio de esplendor. Até o fim talvez se vislumbre, ainda não sei mas tenho esperança. (p. 39).

Curiosamente, aqui se espelha a própria empreitada da escrita clariciana, testemunhada por ela em escritos esparsos para além (ou aquém) da obra ficcional. Ela e o narrador de *A hora da estrela* enxergam em Macabéa o limite do que as palavras são capazes de penetrar. Mas parece haver a miragem de um signo que descobriria o segredo, o que levaria a autora a transgredir a proibição fatal:

> Sinto que existe uma palavra, talvez unicamente uma, que não pode e não deve ser pronunciada. Parece-me todo o resto não é proibido. Mas acontece que eu quero é exatamente me unir a essa palavra proibida. Ou será? Se eu encontrar essa palavra, só direi em boca fechada, para mim mesma, senão corro o risco de virar alma perdida por toda eternidade. Os que inventaram o Velho Testamento sabiam que existia uma fruta proibida. (Borelli, 1981: 85)

Haveria muito a comentar sobre a tradição judaica do não dito, mas extrapolaria as margens da proposta desse ensaio. Fiquemos com a ideia, já por si inquietante, de que em meio a tantos vocábulos há um que colocaria tudo a perder no gesto mesmo de revelar a verdade. Palavra, impossível, palavra buscada, palavra renegada.

Lembremos rapidamente a crônica "Ainda impossível", em que a escritora, agora adulta, quer testar sua escrita nos moldes da fórmula "era uma vez", nunca atingida por ela ao mandar textos aos sete anos para a página do suplemento infantil do Jornal de Recife. Ao escrever a primeira frase, percebe que ainda era impossível. Ela tinha escrito "era uma vez um pássaro, meu deus!" (Lispector, 1999: 406). O assombro diante do real incognoscível, o simples voo de um pássaro, marca o fracasso da linguagem em atingir o âmago do que quer que seja. E é justamente por não conseguir acessar o Real através do Simbólico (e aqui me refiro aos registos lacanianos) que a escrita corpórea e sensorial de Clarice acaba dizendo a vida possível pelas palavras. Será pouco? Ao sempre dizer outra coisa que não aquela visada pelas palavras, dada a impossibilidade de dizer o impossível (mas não dizer enquanto tal), preserva-se intacto o mistério das coisas.

Para Clarice, é de fato impossível que a palavra seja a coisa, que não haja intervalo entre o ser e o dizer. Nela ressoa a frase de Schiller: "Quando a alma fala, já não fala a alma". Como suplantar o hiato, a falha, a falta que habita todo símbolo? Mas é por ser impossível de dizer o mundo em sua totalidade que a literatura se move, retorcendo-se em signos vicários que nunca cessam.

Pulsão e palavra, língua materna e língua edípica transitam entre narrador e personagem, desenhando o jogo da linguagem clariciana, atraída pela estrela distante sem tocá-la jamais e por isso mesmo capaz de escrever, entre perdas e ganhos, todas as possíveis sobras do impossível. ●

O presente ensaio atualiza o texto "A escrita (do) impossível em A hora da estrela", publicado na Revista FronteiraZ (São Paulo: PUCSP, n. 23, dezembro, pp. 24-41, 2019).

REFERÊNCIAS BIBLIOGRÁFICAS

ARÊAS, Vilma. *Clarice Lispector. Com a ponta dos dedos*. São Paulo: Companhia das Letras, 2005.

BORELLI, Olga. *Esboço para um possível retrato*. Rio de Janeiro: Editora Nova Fronteira, 1981.

CHIAPPINI, Ligia. "Pelas ruas da cidade uma mulher precisa andar". *Revista Literatura e Sociedade*, v. 1, n. 1, 1996.

CIXOUS, Hélène. "Extrema fidelidade". *Em A hora da estrela*. Edição com manuscritos e ensaios inéditos/ Clarice Lispector; [concepção visual e projeto gráfico Izabel Barreto]. Rio de Janeiro: Rocco, 2017, pp. 131-163.

FREUD, S. *O infamiliar [Das unheimliche]*. Edição bilíngue. Trad. Ernani Chaves e Pedro Heliodoro Tavares (Freud) e Romero Freitas (Hoffmann). *Obras incompletas de Freud*, vol.8. Belo Horizonte: Autêntica Editora, 2019.

FREUD. S. "Recomendações aos médicos que exercem a psicanálise". In: *Obras completas. O caso de Schreber, artigos sobre a técnica e outros trabalhos*. Rio de Janeiro: Imago, v. XII. 2006.

GOTLIB, Nádia Battella. "Uma aprendizagem dos sentidos." In: _____. Três vezes Clarice. Rio de Janeiro: Escola de Comunicação da UFRJ. v. 7, p. 12-24, 1989.

GUIDIN, Márcia Lígia. *Roteiro de Leitura: A Hora da estrela*. Clarice Lispector. São Paulo: Ática, 1994.

JORGE, Marco Antonio Coutinho. "Clarice e o poder da palavra". In: *Nota azul*. Freud, Lacan e a arte. Alain Didier-Weill. Trad. Cristina Lacerda e Marcelo Jacques de Moraes. Rio de Janeiro: Contra Capa, 1997.

KAHN, Daniela Mercedes. *A via crucis do outro. Identidade e alteridade em Clarice Lispector*. São Paulo: Humanitas, 2005.

KRISTEVA, Julia. *Estrangeiros a nós mesmos*. Trad. Maria Carlota Carvalho Gomes. Rio de Janeiro: Rocco,1994, p. 177-178.

LISPECTOR, Clarice. *A via crucis do corpo*. Rio de Janeiro: Francisco Alves, 1994.

_____. *A hora da estrela*. Rio de Janeiro: Rocco, 1998.

_____. *A descoberta do mundo*. Rio de Janeiro: Rocco, 1999.

ORTEGA y GASSET, José. *A desumanização na arte*. Trad, Ricardo Araújo. São Paulo: Cortês Editora, 1991.

PEREIRA, Mário Eduardo Costa. "Solidão e alteridade em *A hora da estrela*, de Clarice Lispector". In: *Leituras da Psicanálise. Estéticas da exclusão*. Campinas: marcado de Letras/ ALB, 1999.

RABATÉ, Jean Michel. "O estranhamento de uma língua". MORETTI, Franco (Org.). *A cultura do romance*. São Paulo: Cosac Naify, 2009.

ROSENFELD, Anatol. "Reflexões sobre o romance moderno". In: *Texto/Contexto*. São Paulo: Perspectiva, 1976.

WALDMAN, Berta. *Entre passos e rastros*. Presença judaica na literatura brasileira contemporânea. São Paulo: Perspectiva: Fapesp: Associação Universitária de Cultura Judaica, 2003.

WISNIK, José Miguel. "Dossiê As mil coisas de Clarice". *Revista Letras*, Curitiba, UFPR, n. 98.

que é precedi

e seguido por

Atenção, prezado

agora conto for

os dois pontos

preciso para de

No fim se ente

trata de capric

a necessidade

se " Quanto ao futuro "

ponto, seguido por

ficaria aberta a

por um ponto final

no ponto final.

Tipógrafo, se isto que

mais impresso, ponho

e que eu tanto

limitar a frase — Tédalo.

lerá que não se

meia e se entenderá

delimitado. Porque

ou, em vez de

ticemos a frase

ilimitado e à

Margarida de Souza Neves
Clarice em seis tempos

Margarida de Souza Neves

Graduada em História, com o título de bacharel (1967), e de licenciada (1966), ambos pela Pontifícia Universidade Católica do Rio de Janeiro (PUC-Rio). Tem doutorado em História pela Universidad Complutense de Madrid (1975). Atualmente é professora emérita do departamento de História da PUC-Rio. Tem experiência na área de História, com ênfase em História Social da Cultura, e trabalha principalmente nos seguintes temas: memória e história, literatura e história, história cultural, cidade e história e pensamento social brasileiro. Foi a organizadora e é atualmente pesquisadora do Núcleo de Memória da PUC-Rio.

O Núcleo de Memória da PUC-Rio tem em seu acervo registros fotográficos da presença de Clarice Lispector em um evento acadêmico da Universidade.

São seis fotos. Talvez seja mais correto reconhecer que é uma única fotografia em seis versões. A série é o resultado da sequência de seis cliques obtidos pela pressão da mão do fotógrafo sobre o obturador da câmera fotográfica ansiosa por registrar os diversos ângulos das mesas de expositores e do público atento que lotava o auditório por ocasião do II Encontro de Professores de Literatura, realizado no auditório da PUC-Rio entre os dias 30 de julho e 3 de agosto de 1975. Em meio ao público descobrimos, linda e discreta, Clarice Lispector.

São apenas seis fotos as que flagram a presença da escritora no evento. Poucas, mas muito preciosas para o Núcleo de Memória, que as abriga para que possam ser vistas e analisadas por pesquisadores, estudantes, professores ou por quem mais possa por elas se interessar. O autor das fotografias, Antônio José Albuquerque Filho, há mais de cinquenta anos registra o cotidiano e os eventos acadêmicos da Universidade, e diz que não é habitual que os organizadores de um encontro, seminário ou congresso peçam fotos de algum participante em particular. Por essa razão, ele buscava capturar os melhores enquadramentos do auditório e do conjunto do público, e não de Clarice ou de qualquer outra pessoa em particular.

São seis fotos, fragmentos de um tempo passado e de um encontro acadêmico importante. E, de dentro delas, Clarice parece nos desafiar a encontrar algo mais que a simples constatação de sua presença no evento. Até a publicação deste livro, as fotos permaneceram inéditas, como se esperassem a comemoração dos cem anos da escritora para saltarem do silêncio dos arquivos para o ruidoso mundo dos debates acadêmicos no qual tiveram origem e para o qual parecem querer voltar. Sorte a nossa, porque, uma vez publicadas, será possível contar com as contribuições de outros olhares e de muitas outras leituras para analisá-las e compreendê-las.

Que perguntas as seis fotografias poderão ajudar a responder? Sobre o que nos interrogam essas seis fotos? Que nos dirão sobre Clarice? E que nos dirá a calada Clarice dessas fotografias?

OS SILÊNCIOS DO DOCUMENTO

Não sabemos qual a ordem original das seis fotografias, o que não faz grande diferença. Tudo o que podemos dizer é que foram feitas em dois momentos distintos, já que, em quatro delas, Clarice e suas amigas de longa data e acompanhantes naquele dia, Marina Colasanti e Nélida Piñon, estão sentadas na primeira fileira de cadeiras fixas do auditório, em frente às quais foram dispostas cadeiras extra, inesquecíveis para quem viveu a Universidade naqueles anos. Eram de ferro pintado de cinza-militar, algumas com o assento forrado de plástico azul-bebê, outras estofadas de amarelo clarinho, e faziam um barulho ensurdecedor ao serem montadas e desmontadas no antigo Ginásio, seu lugar de origem, ou onde se fizessem necessárias no *campus*. Nas outras duas fotos, Nélida, Clarice e Marina aparecem, no mesmo dia, já que todos no auditório estão com as mesmas roupas, mas em outros lugares, na primeira bancada da plateia escalonada, talvez antes ou depois de um intervalo nos trabalhos daquele dia.

No mais, as seis fotos nos permitem afirmar que os 200 lugares do auditório não foram suficientes para o público que as imagens deixam flagrar lotando os lugares disponíveis para depois transbordar pelas escadarias atapetadas. O *Jornal dos Sports* de segunda feira, 26 de maio de 1975, já anunciava com destaque a realização do Encontro de Professores de Literatura e assinalava que eram duzentas as inscrições possíveis. E o *Jornal do Brasil* do mesmo dia sublinhava que "existem somente 200 vagas para o segundo Encontro Nacional de Professores de Literatura". Meses depois, o *Boletim da PUC* de 22 de agosto de 1975, dá notícia do evento já realizado e observa que "cerca de 300 participantes nele reuniram-se". Aumentava assim em 50 % o público presente em relação às vagas previstas pela divulgação do *Jornal dos Sports* e do *Jornal do Brasil* e sublinhava o que as seis fotos atestam, e antes delas, o que já era bem sabido, dado o prestígio do organizador, o professor Affonso Romano de Sant'Anna, do Departamento de Letras da PUC-Rio que acolhe e patrocina o evento e dos conferencistas listados pelo mesmo *Boletim da PUC*, entre eles os professores Benedito Nunes, da UFPA; Antonio Candido, da USP; Silviano Santiago, da PUC-Rio; Roberto DaMatta, então da UFRJ; Cleonice Berardinelli, da PUC-Rio e da UFRJ; Luiz Costa Lima, da PUC-Rio e da UERJ; Milton José Pinto, da PUC-Rio e da UFRJ; Renato Cordeiro Gomes, da PUC-Rio e da UERJ; e Samira Nahib Mesquita, da UFRJ e da UERJ. Com esse elenco, não é de estranhar que o Encontro tenha alcançado "pleno êxito", como avaliou o mesmo *Boletim* e como permitem inferir as seis fotos agora aqui publicadas.

No entanto, é sempre bom lembrar que por mais imprescindíveis e fascinantes que sejam os documentos e, entre eles, as fotografias, esses vestígios que o passado nos deixa não falam por si mesmos. Quando muito, ajudam a responder as perguntas que os historiadores de ofício ou de exercício sejam capazes de formular.

As seis fotografias exercem, sem dúvida, a magia própria desse tipo peculiar de documentação, que consiste em capturar um instante pretérito e criar a ilusão de fazer o passado presente. "A foto é uma fina fatia de espaço bem como de tempo", tal como sugere Susan Sontag em um de seus ensaios (Sontag, 2004: 18). Por isso o encanto que delas emana. Mas as fotos feitas no auditório da PUC-Rio não nos dizem muito. São apenas testemunhas mudas do sucesso do Encontro e da presença de Clarice no evento. Coisa que, por certo, já sabíamos sem elas. E é a mesma Susan Sontag, na sequência do texto citado acima, quem nos ajuda a compreender o fascínio que as fotografias exercem sobre nós e, também, sua limitação: "fotos, que em si mesmas nada podem explicar, são convites inesgotáveis à dedução, à especulação e à fantasia".

Houve tempos em que a historiografia procurava *explicar* mais do que compreender e os historiadores negavam a si mesmos o direito à *especulação* e à *fantasia*. Tempos em que buscavam mapear para si caminhos capazes de chegar ao que, em dias passados, *realmente aconteceu*, para usar a conhecida fórmula de Leopold Von Ranke. E a história sonhava em ser uma ciência positiva. O roteiro traçado para navegar com esse mapa supunha que a verdade em história, o lugar onde se escondia sua positividade, eram os documentos. Neles residiria, intocada, a verdade do acontecido. Aos historiadores caberia encontrá-los, retirá-los da quietude dos arquivos ou dos desvãos onde repousam coleções de papéis, imagens ou objetos privados e públicos, para deixá--los falar. Não sem razão os profissionais da história operavam com a noção de *fontes* para referir-se à documentação, como se os acervos fossem uma nascente límpida capaz de revelar o rio caudaloso da verdade positiva sobre o que aconteceu. Esse era o "nobre sonho" dos historiadores-cientistas do século XIX ou de qualquer tempo, como sugere Peter Novik (1988) no título de seu livro.

No entanto, esse desejo de objetividade, que não se manifesta apenas no culto da empiria mas também na crença no método ou na teoria considerados como absolutos, esbarra no incessante entrechoque de versões sobre um mesmo acontecimento ou período, evidência de que a subjetividade dos agentes sociais aflora nos documentos que produzem ou analisam e deixam para a posteridade, assim como nos métodos de trabalho utilizados para a análise ou nos modelos teóricos com os quais operam os que fazem história.

Onde então estaria a verdade em história? Essa é a primeira interrogação que uma fotografia, documento à primeira vista inquestionável, ajuda a formular, e que ecoa pelas seis fotos distintas e semelhantes do auditório da PUC-Rio em 1975, assim como por qualquer vestígio do passado.

De dentro das seis fotos de Clarice no II Encontro de Professores de Literatura em 1975, como de dentro da ilusão especular de qualquer imagem fotográfica e de qualquer documento, somos convidados a refletir sobre uma pergunta radical: seria a verdade em história a formulação de algo dado e definitivo, uma espécie de arqueologia do acontecido, ou seria um exercício que, sem esquecer e respeitar o que, um dia, realmente aconteceu, faça reconhecer que o passado é passado e, por essa razão é, em certa medida, intangível. Dele só nos restam vestígios e interpretações sobre os quais poderemos, não sem esforço e persistência, reconstruir e oferecer o que sabemos ser mais uma interpretação sobre a qual deixamos as nossas marcas autorais e as digitais de nosso tempo.

IMAGENS E NARRATIVAS

As seis fotos de Clarice também nos instigam a buscar outros relatos que enriqueçam e esclareçam sua presença no Encontro de 1975. Nenhum documento ou série documental é autossuficiente e seria, sozinho, capaz de sustentar um relato histórico. E por mais que reconheçamos com Jochen Gerz (apud Selligmann-Silva, 2016: 51) que a fotografia é uma "escritura visual", essa escritura, por si só, permanecerá opaca e ilegível. Também disso nos adverte Susan Sontag (2004: 18): "Estritamente falando, nunca se compreende nada a partir de uma foto. É claro, as fotos preenchem lacunas em nossas imagens mentais do presente e do passado (...). Só o que narra pode levar-nos a compreender".

As narrativas sobre a presença de Clarice no evento, testemunhada pelas seis fotos, parecem, no entanto, fugir do nosso alcance. Os registros oficiais do Encontro ainda não foram localizados. A vida por vezes é injusta, e sua saúde frágil nos impede de ouvir do Professor Affonso Romano de Sant'Anna, a voz mais autorizada e, certamente, o relato mais rico sobre o Encontro. A própria Clarice não deixou nenhuma crônica, nenhuma carta, nenhuma anotação, nenhum comentário conhecido sobre aquele dia. E, na falta de narrativas que lhes confiram sentido, teríamos que nos contentar em olhar uma e outra vez as seis fotos, em imaginar as reações do auditório à presença da escritora, em esboçar a hipótese de que a presença da escritora é um índice do sucesso do *Encontro*, em tentar desenhar "imagens mentais" capazes de dar vida às figuras aprisionadas no papel, porque "só o que narra pode levar-nos a compreender", e fotografias não narram.

Não fosse a iniciativa e a sensibilidade inteligente do organizador desse livro, esse texto terminaria aqui e só poderíamos afirmar que as seis fotos agora publicadas são preciosas, mas que não podemos responder as perguntas que nos fazemos a partir delas por não entendemos o idioma da história que tentam nos contar.

Tudo mudará se encontrarmos, além das fotos, a memória do vivido naquele dia com Clarice. E essa memória é revisitada pelos dois relatos pedidos por Júlio Diniz a Marina Colasanti (2020) e a Nélida Piñon (2021). São relatos reveladores e que acompanham, na íntegra, a série de seis fotos, a enchem de vida e de colorido e trazem grandes surpresas.

A entrevista de Marina é breve e densa. Nela procura responder diretamente às perguntas que lhe são feitas pelo entrevistador e parece querer esconder-se para deixar toda luz recair sobre a figura de Clarice descrita ao longo das várias respostas como uma mulher que "prezava sua beleza", que sabia "debruçar-se sobre a vida", que amava seu mundo, seus filhos, seus livros. Mas sobretudo como a mulher misteriosa, que "buscava o âmago da vida, seu centro mais denso", a que só se revelava pela escrita e, por meio dela afirmou, corajosa: "eu quero a coisa em si". Na percepção sensível de Marina, "a coisa em si era, para ela, o núcleo da vida" (Colasanti, 2021).

Nélida escreve um texto longo e que pode ser lido como a história de 18 anos de amizade, um texto comovente no qual Clarice aparece como "a mulher com jeito de tigre", a "que conhecia a linha reta para ser sincera", aquela cujo "rosto, embora atento, revestia-se às vezes de uma neblina que a arrastava para longe" e que "fumava, com Ulisses, o amado cachorro, à espreita da guimba que depositaria no cinzeiro". Clarice era para Nélida a escritora admirada mesmo antes de conhecê-la pessoalmente e com quem construiu "uma amizade sem fissura nem defeitos" (Piñon, 2021).

A leitura dos dois depoimentos é mais um presente que esse livro traz para seus leitores, e seria uma pena estragar o prazer das muitas descobertas que permite sobre Clarice, sobre as duas depoentes, mas também sobre os trabalhos e os jogos da memória, sempre polifônica, sempre "fiel e móvel" (Le Goff, 1984: 46), sempre tecelã de narrativas surpreendentes.

Quando lhes é indagado sobre a presença de Clarice na PUC-Rio em 1975, Nélida e Marina, que escreveram seus depoimentos por separado, coincidem em deixar-nos um relato delicioso e, no essencial, coincidente: Clarice, para nossa surpresa, esteve pouco tempo no Encontro. Detestava a guerra de egos que muitas vezes se esconde atrás dos acalorados debates acadêmicos. E, na narrativa de Nélida, "quando dois famosos intelectuais, um no palco, e o outro na plateia, iniciaram intenso debate teórico (...). Clarice Lispector, sem delongas, ergueu-se irada da cadeira, pedindo que eu a seguisse." Saiu pretextando fome, e deixou o seguinte recado: "– Diga a eles que se tivesse entendido uma só palavra de tudo o que disseram, eu não teria escrito uma única linha de todos os meus livros."

Marina, por sua vez, conta que, no dia seguinte ao evento, Affonso, seu marido e organizador do evento, telefonou para Clarice "para saber se havia gostado" e ouviu dela "que tanta conversa de doutos em literatura havia-lhe dado uma fome tremenda e que acabara levantando-se antes do fim do evento, para voltar para casa e devorar uma galinha assada".

CLARICE EM SEIS TEMPOS • 385

Na contramão do relato que poderíamos imaginar pela simples visão das fotos, que provavelmente tenderia a destacar a presença da escritora como prova do prestígio do evento, esses breves comentários sobre a presença de Clarice no Encontro evidenciam que, efetivamente, "não se compreende nada a partir de uma foto". Os dois depoimentos em sua totalidade mostram, por sua vez, tudo aquilo que "o que narra pode levar-nos a compreender": buscadora "do âmago da vida", Clarice não tinha tempo nem paciência para guerras de vaidades. Conhecedora "da linha reta para ser sincera", a "mulher com jeito de tigre" levantou-se "irada" e foi embora, em busca "da coisa em si", no caso, uma boa "galinha assada" capaz de aplacar a "fome tremenda", fruto de "tanta conversa de doutos em literatura".

OLHAR EM VOLTA E IR AO CERNE DAS COISAS

Sabedores que somos que a vida de Clarice sucumbe a uma enfermidade traiçoeira em 1977, o ano de 1975 adquire significados muito especiais. É o ano em que começam as despedidas, ainda que nem Clarice nem ninguém soubesse disso. A cronologia de sua obra mostra que, naquele ano, continuava seu trabalho de escritora e publicou o livro *Visão do esplendor. Impressões leves*, seu segundo texto sobre Brasília, a cidade da qual dissera na década de 1960 "aqui eu tenho medo" (Lispector, 1999: 40). Muito possivelmente, como costumava a fazer, em 1975 anotava trechos que lhe vinham à cabeça sem ordem lógica para aproveitá-los em algum futuro livro, pelo puro prazer da magia da palavra, pela dor do trabalho árduo para conseguir a simplicidade na escrita. Seu próximo e derradeiro livro seria *A hora da estrela*, o romance que deu vida à inesquecível Macabéa e foi publicado em 1977. Nada impede pensar que, dois anos antes, Clarice começasse a rascunhar trechos do que viria a ser *A hora da estrela*, já que escrever para ela era vital, não publicou livros entre 1975 e 1977 e sua atividade como cronista, ensaísta e contista diminuiu nesses anos. Em 8 de novembro de 1975 o *Diário de Notícias* publica uma nota, na coluna assinada por Eduardo da Maia, em que anuncia o desejo de Clarice de abandonar a literatura, por ter "medo de adquirir uma habilidade detestável" e por não querer "escrever por hábito, mas por necessidade, como tem acontecido até agora". Não há evidências dessas anotações, mas com ou sem elas, em 1975 Clarice, sem sabê-lo, preparava sua própria hora da estrela.

Seu trabalho como tradutora continuou muito intenso em seus últimos anos de vida. A tradução, para ela "*um trabalho de minúcias*" (Gomes, 2004:

50), era uma ocasião para a busca prazerosa da palavra precisa, mas também lhe proporcionava uma renda extra, bem-vinda para a escritora consagrada que, como revela o depoimento de Nélida Piñon, vivia com pouco e comprava à prestação os vestidos que enfeitavam ainda mais sua beleza. Clarice traduzia livros muito diversos. Uma rápida busca no suplemento *Livro* do *Jornal do Brasil* de 1975 mostra que, naquele ano, ela publicou traduções do livro de Mary Ann Creenshaw dedicado ao público feminino interessado em beleza e saúde e intitulado *A receita natural para ser super-bonita;* do longo ensaio escrito pelo médico psiquiatra norte-americano Karl Menninger, que em português leva como título *O pecado de nossa época;* do romance de Pascal Lainé, vencedor do prêmio Goncourt de 1974, *A rendeira*, que revisita a história do amor entre uma moça pobre e um jovem aristocrata; e das *Novelas da erosfera*, oito histórias que o jornal qualifica de "erótico-surrealistas", terceiro volume da série *Emmanuelle* escrita por Marayat Rollet-Andriane com o pseudônimo de Emmanuelle Arsan, que causou grande impacto na época (*Jornal do Brasil*, de 09/08/1975, de 23/08/1975 e de 26/11/1975). O trabalho de Rony Márcio Cardoso Ferreira (2014: 181) aponta o ano de 1975 como aquele em que Clarice publicou o maior número de livros traduzidos, oito segundo esse autor, ao que se soma o livro de Mary Ann Creenshaw, que Ferreira registra em 1976. Nos últimos anos de vida, Clarice, tradutora, entre outros, de Jorge Luis Borges, Nikos Kazantzakis, Doris Lessing, Lilian Helmann, Gacia Lorca, Yukio Mishima e adaptadora de Ibsen, Edgar Allan Poe, Jonathan Swift, Sir Walter Scott e Julio Verne, continua a traduzir aquilo que as editoras lhe encomendam, nem sempre textos de grande qualidade literária, mas que, de alguma maneira, a levavam a "debruçar-se sobre a vida". E que lhe permitiam traduzir a vida, o mistério da vida, no que escrevia.

Ainda no ano de 1975 Clarice embarca em uma aventura insólita ao aceitar o convite para participar do I Congresso Mundial de Bruxaria, realizado em Bogotá e organizado por Simon González, um escritor e político colombiano aficionado do ocultismo. O Congresso, inaugurado no dia 24 de agosto, poucas semanas depois do Encontro de Professores de Literatura da PUC-Rio, reuniu cerca de 1.825 participantes inscritos, segundo artigo de Mario Pontes no *Caderno B* do *Jornal do Brasil* de 25 de agosto de 1975. Clarice, que sempre se interessou pelo misterioso e tinha fama de ser supersticiosa, além de ser frequentadora assídua de uma cartomante do Méier, se interessou pelo Congresso de Bruxaria e manifestou por cartas de 31 de janeiro e 3 de março seu desejo de participar do evento, desejo esse imediatamente acolhido pelos organizadores, que convidaram a escritora para a conferência que abriu o segundo dia dos trabalhos do Congresso, a terça feira 26 de agosto, e que teve por título *Literatura e magia*. A escritora brasileira seria uma das atrações do evento, ainda que o mais popular dos convidados fosse Uri Geller, o famoso mago que alegava ser capaz de entortar talheres com a força de sua mente.

Clarice optou por escrever uma brevíssima introdução que começava por afirmar

> Eu tenho pouco a dizer sobre magia.
>
> Na verdade, eu acho que nosso contato com o sobrenatural deve ser feito em silêncio e numa profunda meditação solitária. A inspiração, em todas as formas de arte, tem um toque de magia porque a criação é uma coisa absolutamente inexplicável. Ninguém sabe nada a propósito dela. Não creio que a inspiração venha de fora para dentro, de forças sobrenaturais. Suponho que ela emerge do mais profundo "eu" de uma pessoa, do mais profundo inconsciente individual, coletivo e cósmico. Mas também é verdade que tudo o que tem vida e é chamado por nós de "natural" é na verdade tão inexplicável como se fosse sobrenatural. Acontece que tudo o que eu tenho que dar a vocês todos é apenas minha literatura.

Estava dado o essencial de seu recado, destinado talvez não apenas para os bruxos, magos e seus seguidores reunidos em Bogotá. Na tensão entre o "eu acho" e o "não creio", Clarice alinhavava algo muito próximo a um credo pessoal e literário, pontuado pela tríplice aparição da palavra "verdade". Ele postula que "a criação é uma coisa absolutamente inexplicável" e que "ninguém sabe nada a propósito dela." E supõe que ela "emerge do mais profundo 'eu' de uma pessoa, do mais profundo inconsciente individual, coletivo e cósmico".

Por coerência, decide oferecer ao público o que acreditava ser "tudo o que tinha a dar". Sua literatura. E delega ao "Doctor Antonio Sambano [sic]", conforme consta do manuscrito em inglês conservado na Fundação Casa de Rui Barbosa desde 1978, a leitura do conto *O ovo e a galinha*, um de seus escritos favoritos (Lispector, 1977 e Lispector, 1976) justamente porque é "misterioso", "tem uma simbologia secreta" (Lispector, 1975) e é expressão do segredo da criação literária.

O que Clarice diz e faz no congresso dos bruxos pode ser uma pista que permite entender por que se levanta, "irada", e abandona o auditório da PUC-Rio para saciar a fome com uma galinha assada. Os dois doutos professores que se digladiavam no Encontro de Escritores, encantados com o som de suas próprias vozes, estavam longe do mistério, do silêncio, do sobrenatural da criação.

E, se esse texto cumprir seu objetivo de ser algo assim como uma legenda para as seis fotos de Clarice guardadas pelo Núcleo de Memória da PUC-Rio, o breve discurso que a escritora leva a Bogotá em agosto de 1975 pode ser um caminho para compreender o que aconteceu, poucas semanas antes, no auditório da Universidade. ●

Imagens do II Encontro Nacional dos Professores de Literatura, 1975, arquivo do Núcleo de Memória da PUC-Rio.

REFERÊNCIAS BIBLIOGRÁFICAS

COLASANTI, Marina. Entrevista concedida a Júlio Cesar Valladão Diniz. Departamento de Letras da PUC-Rio, Rio de Janeiro, 2021.

FERREIRA, Rony Márcio Cardoso. "Traduzir pode correr o risco de não parar nunca": Clarice Lispector tradutora (um arquivo) *Belas Infiéis*, volume 2, número 2, p. 175-204, 2013. Disponível em: https://periodicos.unb.br/index.php/belasinfieis/article/view/11251/9900

FORN, Juan. "Niebla negra en Bogotá. Clarice Lispector va a um Congreso Mundial de Brujería". *Página 12*, Buenos Aires, 16/10/2021. Disponível em: https://www.pagina12.com.ar/299465-niebla-negra-en-bogota

GOMES, André Luis. "Entre espelhos e interferências: a problemática da tradução para Clarice Lispector". *Via Atlântica*, São Paulo, número 7, p. 39-52, 2004. Disponível em: http://www.revistas.usp.br/viaatlantica/article/view/49784

INSTITUTO MOREIRA SALLES. *Cadernos de Literatura Brasileira*. Clarice Lispector. Rio de Janeiro, números 17 e 18, dezembro de 2004. Disponível em: https://ims.com.br/titular-colecao/clarice-lispector/

LE GOFF, Jacques. Memória. In: ROMANO, Ruggiero (dir.). *Memória - História*. Lisboa: Imprensa Nacional: Casa da Moeda, [1984]. Enciclopédia Einaudi, Vol. 1, p. 11-50.

LISPECTOR, Clarice. Introdução (manuscrita) à conferência *Literature and Magic*. Bogotá, 26/08/1975. 4 versões disponíveis *In* Acervo Clarice Lispector. Rio de Janeiro: Arquivo-Museu de Literatura Brasileira Fundação Casa de Rui Barbosa.

LISPECTOR, Clarice. Entrevista concedida a Affonso Romano de Sant'Anna, João Salgueiro e Marina Colasanti. Museu da Imagem e do Som, Rio de Janeiro, 20 out. 1976.

LISPECTOR, Clarice. PANORAMA com Clarice Lispector. Entrevista concedida a Júlio Lerner. São Paulo, TV Cultura, 01 fev. 1977. 1 vídeo (28 min). Disponível em: https://tvcultura.com.br/videos/5101_panorama-com-clarice-lispector.html. Acesso em: 10 jul. 2021.

LISPECTOR, Clarice. Brasília. In: *Para não esquecer*. 2.ed. São Paulo: Rocco, 1999. p. 40-63.

LISPECTOR, Clarice. "O ovo e a galinha". In: LISPECTOR, Clarice. *Todos os contos*. Rio de Janeiro: Rocco, 2016. p. 302-313.

NOVIK, Peter. *That noble dream: the "Objectivity Question" and the American Historical Profession*. Cambridge: University Press, 1988.

PIÑON, Nélida. Entrevista concedida a Júlio Cesar Valladão Diniz. Departamento de Letras da PUC-Rio, Rio de Janeiro, 03 fev. 2021.

SELLIGMANN-SILVA, Márcio. "Antimonumentos: trabalho de memória e de resistência". *Psicologia USP*, São Paulo, volume 27, número 1, p. 49-60, 2016. Disponível em: https://www.scielo.br/j/pusp/a/Vyft9fND6TVQywwV3bSkM6q/?lang=pt. Acesso em: 09 jul. 2021.

SONTAG, Susan. *Sobre fotografia*. São Paulo: Companhia das Letras, 2004.

Marina Colasanti
Depoimento

Marina Colasanti

Escritora, jornalista, artista plástica e tradutora. Desenvolveu atividades em televisão, editando e apresentando programas culturais. Foi publicitária. Traduziu importantes autores da literatura universal. Seu primeiro livro data de 1968. Hoje são mais de cinquenta títulos publicados no Brasil e no exterior, entre os quais livros de poesia, contos, crônicas, livros para crianças e jovens e ensaios sobre os temas literatura, o feminino, a arte, os problemas sociais e o amor. Por meio da literatura, teve a oportunidade de retomar sua atividade de artista plástica, tornando-se sua própria ilustradora. Sua obra tem sido objeto de numerosas teses universitárias. É uma das mais premiadas escritoras brasileiras, detentora de vários prêmios Jabutis, do Grande Prêmio da Crítica da APCA, do prêmio da Biblioteca Nacional para poesia, de dois prêmios latino-americanos. Foi o terceiro prêmio no Portugal Telecom de Literatura 2011. Tornou-se *hors-concours* da Fundação Nacional do Livro Infantil e Juvenil (FNLIJ), após ter sido várias vezes premiada. Participa ativamente de congressos, simpósios, cursos e feiras literárias no Brasil e exterior.

Depoimento dado a Júlio Diniz, em 13 de novembro de 2020.

Você conviveu com Clarice por muito tempo, conheceu seus gostos, hábitos e manias, sabia de um modo geral o que ela pensava e como se comportava diante de algumas questões que a vida nos impõe. Como era ser amiga de CL?

M.C. — Foi uma amizade diferente de qualquer outra. Primeiro, porque nascida da admiração profunda, que eu tinha desde muito jovem, por sua escrita. Segundo, porque apoiada numa relação de redação, no *Caderno B* do *Jornal do Brasil,* em que eu era encarregada de receber e revisar suas crônicas, de atendê-la e de fazer-lhe qualquer comunicação necessária.

Terceiro, porque reforçada pelo meu casamento com Affonso, que já a havia recepcionado em Belo Horizonte, e que a convidaria mais de uma vez para apresentações na PUC, onde lecionava.

Conhecia alguns de seus gostos, não porque ela os entregasse, mas porque a observava. Sabia que prezava sua beleza, porque nunca a vi sem maquilagem, ou despenteada, ou sequer malvestida. Sabia que gostava de acordar e fumar um cigarro na janela, forma de assimilar o dia e debruçar-se sobre a vida. Sabia que lia — embora dissesse em entrevistas que não estava lendo nada — porque quando íamos visitá-la havia sempre livros esquecidos numa poltrona ou sobre algum móvel. Sabia que considerava a escrita um fardo, mas que, quando porventura não conseguia escrever, entrava em desespero e telefonava para os amigos.

Mas nunca soube o que ela pensava de fato, ou só o soube através da leitura dos seus livros. Havia dois níveis no pensamento de Clarice. Um mais à superfície, como o de todo mundo, que servia para comentar a vida, para lidar com o cotidiano e suas tarefas, para relacionar-se com os amigos. E o outro, mais fundo que o de todo mundo, que só se expressava na escrita, e através do qual Clarice buscava o âmago da vida, seu centro mais denso, cujo entendimento lhe permitiria tornar-se mãe de todas as coisas ou "encontrar em mim a mulher de todas as mulheres" como escreveu em *A paixão segundo G.H.* "Eu quero a coisa em si", escreveu em outro momento. E a coisa em si era, para ela, o núcleo da vida.

Há no acervo do Núcleo de Memória da PUC-Rio registros do II Encontro Nacional de Professores de Literatura, realizado em 1975, e organizado por Affonso Romano de Sant'Anna, professor da universidade e seu marido. Há algumas fotos em que aparecem, lado a lado, você, Clarice e Nélida Piñon. Como ela chegou ao evento? Que interesse ela tinha em um encontro de acadêmicos, críticos, professores e pesquisadores universitários? Qual era a relação de Clarice com o mundo das Letras?

Clarice chegou a esse encontro através de um convite de Affonso. Mas ele mesmo contou em várias ocasiões que, ao telefonar-lhe no dia seguinte, para saber se havia gostado, Clarice respondeu que tanta conversa de doutos em literatura havia-lhe dado uma fome tremenda e que acabara levantando-se antes do fim do evento, para voltar para casa e devorar uma galinha assada, ainda era tempo em que se comiam galinhas, o frango chegaria mais tarde. Nélida é testemunha porque haviam ido juntas e Clarice lhe disse a mesma coisa ao se levantar para ir embora.

Nunca soube com exatidão qual a relação de Clarice com o mundo das Letras. Foi mais claro ao tempo de seus primeiros livros, quando se debruçava com alguma ansiedade sobre as críticas. E na sua correspondência com Fernando Sabino. Mas na nossa amizade não comentávamos literatura, falávamos de pessoas, de comida, de mistérios e cartomantes, falávamos da vida.

Sobre sua ligação com o mundo literário ela mesma escreveu em crônica do *Caderno B*, referindo-se a uma conferência sobre literatura que havia sido convidada a dar na Universidade do Texas, "escrevi-a como pude, explicando antes que eu não fora a pessoa mais indicada para falar de literatura: (...) além do fato de eu não ter tendência para erudição e para o

paciente trabalho da análise literária e da observação específica — acontece que, por circunstâncias sobretudo internas, não posso dizer que tenha acompanhado de perto a efervescência dos movimentos que surgiram e das experiências que se tentaram, quer no Brasil como fora do Brasil: nunca tive, enfim, o que se chama verdadeiramente de vida intelectual."

Certamente por isso declarava nas entrevistas não estar lendo nada. E também para não se comprometer com julgamentos literários que, como bem sabia, teriam muito peso.

Muitos críticos defendem a tese de que a ficção de Clarice é, antes de tudo, uma escrita autobiográfica, uma literatura com forte presença da autoficcionalidade. Como, para você, vida e obra se entrelaçam em CL?

Vida e escrita se entrelaçam na obra de qualquer autor, porque o autor, como todo artista, é o filtro pelo qual realidade e sentimentos passam. É justamente esse filtro, mais que o estilo, que distingue uma obra da outra.

Não considero a obra de Clarice autobiográfica. Ao contrário de muitos escritores, ela só utiliza dados autobiográficos em alguns, poucos, contos e, com mais frequência, em algumas crônicas. Mas é, sim, uma obra voltada para dentro de si, porque só dentro de si, no fundo mais fundo de si, poderia encontrar o entendimento do cerne da vida. Era essa a sua busca. E por isso a escrita de Clarice entra em sintonia com tantos leitores de tantas geografias e culturas diferentes. No fundo mais fundo, no cerne da vida, os humanos se assemelham.

Assim como CL, você faz parte do mundo das migrações e dos nomadismos, das vozes diaspóricas que fundam narrativas, reinventam a memória e percebem com singular sensibilidade a estranheza e a diferença. Que Brasil é o da Clarice?

O Brasil de Clarice é completamente diferente do meu, porque eu cheguei com dez anos e sempre tive plena consciência do meu pertencimento a três países e três continentes, enquanto Clarice chegou com apenas dois meses e se considerava totalmente brasileira. "Nasci na Rússia, mas não sou russa não", dizia ela. Sequer falava russo, a sua língua materna era o português, que seu pai Pedro fez questão de aprender logo ao chegar.

O Brasil que Clarice descreve é o da sua infância, o clima quente do Nordeste onde a família se estabeleceu, o furto das rosas nos jardins alheios – o que no diz de um universo de casas com pequenos jardins fronteiriços e roseiras –, uma certa poeira, uma menina sentada na porta da casa que convida para brincar as crianças que passam, o frescor e a penumbra interior das casas.

Brasil é também a fazenda de *A maçã no escuro* com seu curral, e a velhinha do conto "Viagem a Petrópolis" que veio do Maranhão, ou a nordestina Macabéa de *A hora da estrela*.

Mas há também um Brasil urbano, mais frio, um Brasil de apartamentos e janelas sem geografia, que, não fosse a língua, poderia estar localizado em qualquer outra parte.

Enfim, que mistérios tinha Clarice?

Os mistérios de Clarice fazem da sua obra "um dos verdadeiros eventos literários do século 21", como escreveu o *The New York Times*.

E continuam misteriosos, permitindo que cada leitor os interprete a seu modo ou sequer os interprete, absorvendo-os como os recebeu, mistérios da vida que a ninguém é dado desvelar. •

Nélida Piñon
Depoimento

Nélida Piñon

Nasceu no Rio de Janeiro, descendente de galegos. Ainda muito menina escrevia pequenas histórias e já tinha a certeza de que seria escritora. Formou-se no curso de Jornalismo na PUC-Rio. Suas obras foram traduzidas em mais de trinta países, e contemplam romances, contos, ensaios, discursos, crônicas e memórias. É membro da Academia Brasileira de Letras, e foi a primeira mulher a presidir a ABL, exatamente no ano do seu centenário. Recebeu inúmeros prêmios e condecorações nacionais e internacionais, sete títulos *Doctor Honoris Causa*, e foi *Visiting-Writer* em inúmeras universidades na Europa, Estados Unidos e América Latina. Da sua vasta obra destacam-se os livros de contos *Tempo das frutas* (1966), *Sala de armas* (1983) e *Calor das coisas* (1980); os romances *A casa da paixão* (1972), *Tebas do meu coração* (1974), *A força do destino* (1977), *A república dos sonhos* (1984), *A doce canção de Caetana* (1987), *Um dia chegarei a Sagres* (2020); além dos volumes de ensaios *Aprendiz de Homero* (2008), *Coração andarilho* (2009), e *Filhos da América* (2016) e o livro de memórias *Uma furtiva lágrima* (2019).

Depoimento dado a Júlio Diniz, em 3 de fevereiro de 2021.

Como uma das pessoas mais próximas de Clarice Lispector durante um período significativo da sua vida, você teve a oportunidade de dividir com ela conversas, vivências e momentos singulares. Como era Clarice para Nélida Piñon? Que lembranças dessa amizade são marcantes para você até hoje?

N.P. – Anos antes de conhecer Clarice Lispector, enviei-lhe na Páscoa uma cesta de ovinhos de chocolate comprada na Kopenhagen. Um gesto amistoso que não requeria sua atenção. Julgava cedo para nos conhecermos. Embora jovem, não postulava ser sua discípula, antes pleiteava uma relação duradoura, sem ruptura. E tanto era assim que não assinei o cartão que acompanhava o presente. Deixei a cesta no Leme, na portaria do edifício onde então morava. Mas na mensagem anônima escrevi frase de sua autoria:

"Foi então que aconteceu, por pura afobação, a galinha pôs um ovo".

Os anos teriam se escoado se Nélida Helena, amiga do colégio Santo Amaro, não detivesse o carro diante de um prédio, alegando ter encomenda que deixar, antes de irmos jantar. Acompanhei-a, como pediu. E tão logo tocou a campainha, surgiu a mulher com jeito de tigre, a cabeleira tão vasta que parecia agitar-se sob os efeitos de uma brisa. Era Clarice Lispector que, ao convidar-nos a entrar, decidira participar do jogo que a amiga lhe propusera, como modo de me propiciar porções de felicidade.

Ao longo daquela noite não derramei encômios literários que não cabiam diante da dimensão do gesto da autora. Surgia naquele convívio uma aliança inusitada para a Clarice que fui conhecendo ao longo dos anos. Contudo, graças a sua intuição, que agia como se a mão de Deus lhe ditasse o verbo, confiou naquele momento que a jovem sorridente haveria de acompanhá-la até o seu fim. Desde então ambas vivemos uma amizade sem fissuras e defeitos.

Clarice apreciava repartir comigo certas banalidades que testavam o nosso apreço pela vida. Não éramos exatamente duas escritoras que desafiavam a escrita ou se curvavam diante da seriedade do ofício. Escolhemos o afeto como modo de desenvolver a crença no porvir. Leais, acreditávamos que valia a pena estarmos juntas, rirmos juntas, chorarmos juntas. Para quem o cotidiano era fonte de atração, reduzindo certamente a gravidade dos temas estéticos, transcendentes, que não passavam de uma armadilha.

Ela e eu sabíamos do perigo que corríamos. Sobretudo Clarice temia que a nossa amizade pudesse cessar pelas pressões que eu sofria na condição de irmã menor de uma ordem religiosa que a tinha como abadessa. Temia, sim, que eu praticasse o "matricídio" como forma de obter a independência literária. Mas eu lhe dizia:

— Como se atreve a pensar que me deixaria enfeitiçar pela intriga, pela maledicência, ou pela glória literária, cujo objetivo é romper os nossos laços.

Supersticiosa como era, ainda assim Clarice me fazia jurar que em caso de algum intento de lançar-me contra ela, eu lhe falasse para se defender da falsa acusação. Algumas vezes na praia do Leme, descalças, com os pés na água, asseveramos proteger o afeto. Em especial em dezembro, época propícia aos compromissos, quando o novo ano se descortinava.

Seu rosto, embora atento, revestia-se às vezes de uma neblina que a arrastava para longe. Por tal razão, em sua casa, cedíamos ao peso da vida enquanto tomávamos café e ela fumava, com Ulisses, o amado cachorro, à espreita da guimba que depositaria no cinzeiro.

Ao longo dos dezoito anos de amizade, falando-nos diariamente, Clarice aportava-me benesses, júbilo, belos presságios. Eu pensava que estaria por muito tempo atada à eternidade terrena. No entanto, partiu cedo e não me conformei. Nossa amizade deveria ter durado mais que nós.

Mesmo no leito do hospital, onde eu a acompanhei ao longo de 40 dias aproximadamente, guardou intacta a sua alma, ninguém ousando, mesmo ali, enveredar pelas suas sendas discretas. Cuidei de sua intimidade ao contratar vigilância tempo integral na porta da sua suíte, que barrasse que a fotografassem, filmassem, ou a visitassem sem sua autorização. O que nunca ocorreu.

O desenlace de Clarice Lispector foi após imergir em profundo sono, alheia ao mundo. No quarto, éramos poucos presentes, Paulinho, o filho, a nora, as duas irmãs, Tania e Elisa, Olga Borelli, que retinha sua mão direita, e eu a esquerda.

Até hoje custa-me falar da amiga Clarice. Mas nossa comunhão não feneceu, Clarice está nas paredes de minha casa com suas pinturas, na mesa em que trabalho, e a evoco sem desalento.

Há no acervo do Núcleo de Memória da PUC-Rio registros do II Encontro Nacional de Professores de Literatura, realizado em 1975, e organizado por Affonso Romano de Sant'Anna, professor da universidade. Há algumas fotos em que aparecem, lado a lado, você, Clarice e Marina Colasanti. Como ela chegou ao evento? Que interesse ela tinha em um encontro de acadêmicos, críticos, professores e pesquisadores universitários? Qual era a relação de Clarice com o mundo das Letras?

Insisti que Clarice comparecesse ao Encontro Nacional de Professores, a realizar-se no auditório da PUC, em 1975. Não era um programa de agrado da amiga, pouco afeita a este tipo de atividade. Combinamos que viria almoçar em casa de minha mãe, Carmen, na rua Bartolomeu Mitre. Ela aceitou com agrado por ter muito apreço por dona Carmen, como a chamava. Pouco tempo antes da hora aprazada ela telefonou. Pediu desculpas, mas só viria para tomar um cafezinho. Efetivamente chegou mais tarde e eu lhe disse à entrada.

Como está elegante, Claricinha. De fato, exibia um traje novo. Ela gostou do elogio e disse a frase que quase me levou às lágrimas.

– Comprei-o há pouco e vou pagar à prestação.

Disfarcei a forte emoção. Como podia que a grande escritora não tivesse folga financeira para pagar à vista o traje que lhe ficava tão bem? Dirigimo-nos, então, para a PUC. Apontei-lhe o assento perto de Marina. E teve início o espetáculo verbal entre professores e acadêmicos a propósito de questões estéticas. Logo dei-me conta de meu erro, a amiga em breve se rebelaria ao desenrolar das apresentações.

Quando então que dois famosos intelectuais, um no palco, e o outro na plateia, iniciaram intenso debate teórico. Uma discussão acesa, que fazia uso de linguajar tão rebuscado que temi as consequências da cena. E estava certa. Clarice Lispector, sem delongas, ergueu-se irada da cadeira, pedindo que eu a seguisse. Já lá fora, em meio ao arvoredo do parque, seguidas pela escritora Julieta Godoy Ladeira, de São Paulo, dirigimo-nos ao quiosque, uma modesta cantina. Transmitiu-me, então, o seguinte recado, com sabor de café e indignação:

– Diga a eles que se tivesse entendido uma só palavra de tudo o que disseram, eu não teria escrito uma única linha de todos os meus livros.

Era o feitio de Clarice. Ia direto ao coração das palavras e dos sentimentos. Conhecia a linha reta para ser sincera. Por isso, quando em 1977 o arpão do destino roubou-lhe a vida, compreendi que se esgotara seu denso enigma, portanto seu cotidiano e sua obra. E que embora a morte com sua inapelável autoridade nos tivesse liberado para a tarefa de decifrar seu luminoso gênio, tudo nela resistiria às mais persistentes revelações.

Assim como CL, você faz parte do mundo das migrações e dos nomadismos, das vozes diaspóricas que fundam narrativas, reinventam a memória e percebem com singular sensibilidade a estranheza e a diferença. Que Brasil é o da Nélida? Que Brasil é o da Clarice?

Suspeito que a brasilidade de Clarice Lispector se amparava no amor à língua portuguesa, que transformou em linguagem, e nos panoramas nordestinas, o litoral ganho à custa do sacrifício dos pais que desembarcaram no Brasil após infindáveis tormentos. Enquanto crescia, encantava-se com o que descobria, e com as demais paisagens que se iam sucedendo ao longo dos anos. Ao regressar ao Rio, após viver no exterior, com frequência enaltecia a beleza da cidade, as praias, os relevos montanhosos, os aspectos que lhe serviam de referência amorosa. E ao instalar-se no Leme após expirar seu exílio, o bairro fazia parte do seu lar.

Falava pouco da imigração familiar, da fuga da Rússia. De como foram eles despojados de bens, da identidade, das memórias, devido aos *pogroms* sofridos, as perseguições aos judeus. Andança que propiciaram Clarice nascer em algum presépio. Finalmente a família, em meio a penúrias e a um futuro incerto, alojou-se na nova pátria.

Ela esquivava-se de rememorar este passado. Eu intuía que tais lembranças lhe doíam. Afinal conhecia os temores que perseguiam os imigrantes, sempre na expectativa de perder, mesmo sem razão legal, o seu refúgio. Um pouso que só seria deles, eterno apátrida, se convencessem autoridades e vizinhos de uma condição inofensiva, de ser um trabalhador servil às leis que arbitravam contra seus direitos. Exemplo a lei Adolfo Gordo,

promulgada em São Paulo em torno de 1907, mediante a qual qualquer imigrante poderia ser expulso do país sem julgamento.

A enfermidade da mãe, falecida no Nordeste, deixou-lhe penosas marcas, silenciou-a. Um sofrimento que somado a tantos, além daqueles advindos da própria alma, acentuaram nela emudecimentos, estranhezas, o sentimento de estar ausente do mundo. Intuía, então, estes vazios próximos da melancolia, mas esquivava-me de sondar seus grotões secretos.

Diferente de Clarice, ser filha da imigração fez-me bem. Conferia-me a certeza de ser universal, apta a bater à porta das civilizações, nenhuma cultura sendo-me vedada. Onde fosse, longe de casa, jamais perderia o Brasil. Ele pertencia-me e liberara-me para desfrutar dos recantos da terra, sem perder qualquer porção sua. Ao viajar em obediência ao ofício de escritora, fazia-o prazerosamente não por desamor ao Brasil, mas pela ânsia de ser Simbad, o aventureiro. O marinheiro dos setes mares.

Clarice repudiava as viagens ao exterior onde vivera anos por razão matrimonial. Fora-lhe penoso afastar-se do Brasil, privar-se dos sentimentos que só a pátria nutria. Enquanto eu, ao

morar no estrangeiro levava
o Brasil junto.

Clarice ressentia-se quando
apontavam não ser brasileira nata.
Em certa entrevista, em que pedira
minha presença, um jornalista afirmou
em tom arrogante não haver ela
nascido no Brasil. Ao perceber sua
expressão desgostosa, reagi, disse-
lhe que Clarice Lispector era mais
brasileira que qualquer um de nós.
A língua portuguesa que ela convertera
em arte, garantia-lhe o passaporte
de nascença.

Contudo ser imigrante, ou filha
da imigração, sempre gerou percalços,
desconfianças. Havia que provar ser
detentor de uma genealogia cultural,
de hábitos provindos das criações
do mundo. De ter firmeza
de propósito em relação ao país de
adoção. E afirmar, como filhos
e netos dos que aqui aportaram,
nossos ancestrais, não surripiaram
pedaços do Brasil. Antes regalaram
a este continente brasileiro
descendentes como Clarice
e eu, fervorosas amantes
da literatura brasileira.

**Você sentiu a influência de CL
em sua obra?**

Não registro influência literária
de Clarice Lispector em meus textos,

salvo minha profunda admiração
por sua obra que só vim a conhecer
depois de ter publicado meu primeiro
livro, *Guia Mapa de Gabriel Arcanjo*,
em 1961. Quem, aliás, me chamou
a atenção sobre a escrita de Clarice
Lispector foi Rachel de Queiroz,
minha primeira leitora. E lendo-a mais
tarde, reconheci-lhe a deslumbrante
singularidade de seus contos.
No entanto, minha criação,
conquanto permeada como a dela
pela soberania da linguagem, no
que tange ao universo romanesco
diferencia-se do intimismo ficcional
de Clarice. As composições de minha
lavra desenvolveram-se em cenários
com lastros históricos, impregnados
com evocações seculares.

Leitora de Tucídides, Heródoto,
e dos viajantes medievalistas,
aprendi a povoar minhas cenas com
personagens assentados, sim,
em seu tempo, mas com sintomas
herdados do acúmulo civilizatório.
Um universo que graças às camadas
visíveis e submersas, ensejava uma
narrativa de sugestões arqueológicas.
E por confiar nos efeitos da História
nos destinos individuais, os
personagens, afetados por sub-
-reptícia ancestralidade, colhiam com
naturalidade os rastros do real
e do poético.

Mas consoante com São Paulo, que confessava tudo dever aos gregos, aos romanos, aos antigos e aos clássicos, devo tudo aos saberes do mundo. Sou feita das leituras que, ao cravarem setas no meu coração, alteraram o sentido das coisas, e tornaram-me protagonista do que vivi. Assim, com sua grandeza, Clarice Lispector integra o meu mais precioso panteão.

Enfim, que mistério tinha Clarice?

A essência da genialidade é matéria dos deuses. Talvez eles próprios, sediados nas utopias da humanidade, não saibam esclarecer a substância que reveste o texto de alguns escritores de perturbadora grandeza. Como a criação no exercício da arte opera prodígios, e converte o verbo em pura ourivesaria. Sem dúvida tocou à Clarice Lispector este dom, o raro sortilégio.

Sei bem que outros mestres tardaram séculos em ganhar reconhecimento. Quanto à Clarice, foi prontamente acolhida no cetro mundial. Seus contos e crônicas, e alguns romances, ofertaram aos jovens e em especial às mulheres a dosagem de sonho, a sensibilidade, o poético, a melancolia sábia dos descrentes em busca da esperança. Um legado literário que a tornou universal.

As vezes que auscultei Clarice e sua obra, pareciam-me fundidas, indissolúveis, com traços repartidos entre o mistério e a claridade. Como se ela cedesse à alma o fulgor da escrita. Como a dizer que cada estação do ano era um fardo, uma sentença contrária à felicidade. Enquanto confrontada com a banalidade, lutava por captar uma réstea de ilusão.

Ao seu lado, eu custava descrevê-la. Aqueles estranhos olhos verdes que reverberavam. Ela refulgia arrestada em seu casulo, zona de penumbra e sol. Daquela esfinge irradiavam indecifráveis epifanias. ●

Maria Bethânia
Depoimento

Maria Bethânia

Uma das mais importantes cantoras da nossa música popular. Gravou inúmeros discos, apresentou-se em centenas de shows e leituras de textos no Brasil e no exterior, ganhou uma série de prêmios e homenagens ao longo da sua exitosa carreira artística. É considerada uma intérprete singular de textos literários, em particular de autores como Fernando Pessoa, João Guimarães Rosa e Clarice Lispector.

Depoimento dado a Júlio Diniz, em 15 de janeiro de 2021.

*Bethânia, quando e como a jovem
Maria Bethânia entrou em contato com os
textos de Clarice Lispector? Que lembranças
e sensações você guarda desse momento?*

M.B. — Eu era muito nova, muito menina, ainda na Bahia. Caetano ganhou, não me lembro agora se de meu irmão ou de meu pai, a assinatura da *Revista Senhor*, onde Clarice era contista. Então, Caetano me falou "Bethânia, tem uma autora que eu acho que você vai adorar". E me mostrou um primeiro conto. Eu não me lembro exatamente qual foi agora, mas eu ficava, assim, aguardando chegar aquela revista para poder eu ter acesso exatamente aos textos de Clarice. Me lembro de alguns. Tinha um sobre Brasília que estava recém-inaugurada ou ia inaugurar. Eu me lembro porque Caetano discordava de ela chamar o povo da terra de brasiliares, e eu achava interessante, assim, como batia no meu ouvido e como batia no de Caetano, a diferença. Mas sempre entusiasmadíssima lendo, porque era um universo diferente, que eu nunca tinha encontrado em nenhum autor, a maneira de expressar, de tudo... muito nova, muito particular e muito profunda, muito das emoções, muito das sensações. E eu, naturalmente, fiquei muito envolvida. Daí, passei a ficar apaixonada por ela, queria ler tudo o que fosse possível, tudo o que ela escrevia. Fui conquistando, assim, aos poucos, a alegria e o prazer de ler Clarice. Enquanto lia Clarice, as canções começaram a brotar no nosso grupo lá na Bahia. Capinam escreveu com Caetano "Que mistério tem Clarice", que não era uma referência diretamente a ela, mas ao mesmo tempo, para mim, era. Era uma brincadeira de Capinam com Caetano, não sei. Mas para mim tem a ver, que mistério tem Clarice. Porque, além de tudo, havia o fascínio pela qualidade do texto, pela intenção do texto, tinha a novidade e a ousadia de expressar sentimentos tão comuns numa pessoa, era algo tão natural, tão espontâneo. Nada era escuro, tudo era muito verdadeiro. É impressionante Clarice. Impressionante.

Você acabou reencontrando Clarice, anos mais tarde, pelas mãos delicadas, generosas e sábias de Fauzi Arap, não é verdade?

Foi. Pessoalmente, eu a conheci assim: Fauzi, num dos ensaios do Rosa dos Ventos, não me disse nada do que estava ocorrendo, era de tarde, o teatro escuro, fechado, só nós trabalhando. Eu via que tinha algumas pessoas. Era muito interessante lá no Teatro da Praia, porque o Fauzi convidava pessoas para ir aos ensaios. Eram visitas verdadeiramente extraordinárias, como o Ziembinski que por lá aparecia [risos]. Era muito engraçado: eu ensaiando lá no palco; o Fauzi no meio na plateia, andando, resolvendo com Teresa Aragão a luz; e, de repente, ele chegava perto da cena para me dar uma orientação ou coisa parecida, e falava "quem está aí é o Zimba". Era o Ziembinski sentado, vendo o ensaio quatro horas da tarde, no teatro. Um dia ele chegou e disse: "quem está aí é Clarice" [risos]. Eu quase morri. Era tudo muito bom. E Clarice foi nesse ensaio, nesse primeiro ensaio. Eu não sei se ela pediu ao Fauzi para não dizer que ela estava ou foi o próprio Fauzi que não quis antecipar a visita. Não me disseram que ela estava. Ele me contou depois. Ela voltou aos ensaios do Rosa dos Ventos depois e, eu me lembro perfeitamente, que Fauzi me chamou e disse: "você está ensaiando, Clarice está lhe vendo e está escrevendo". Eu ensaiava ou no Teatro da Praia ou na casa do Terra Trio, na casa da família, onde eles moravam. E um dia à tarde, nós estávamos ensaiando no apartamento dos meninos do Terra Trio, em cima do Veloso, do Bar Veloso, hoje Garota de Ipanema, quando tocou a campainha. Era Clarice [risos]. Imediatamente eu disse: "Fauzi, Clarice está aqui". Ele respondeu: "ah, manda ela entrar. Ela veio conversar comigo". Ela entrou, eles foram para uma sala ao lado e ficaram lá conversando. Nós paralisados ali na outra sala, paralisados, Terra Trio e eu. E querendo pescar alguma palavra que se ouvisse daquela conversa, mas... nada! Logo depois Fauzi mandou o seguinte recado: "vão ensaiando. Estou trabalhando aqui. Vão ensaiando". Eu acho que foi nesse dia que eles escolheram o texto final da Clarice para eu dizer no meio do show, "depois de uma tarde de quem sou eu, de acordar a uma da madrugada em desespero". Porque eles estavam falando "não, porque o show", "porque o texto"... percebi que era isso, acho que foi isso. O reencontro

com ela ocorreu novamente, também com o Terra Trio, mas no ensaio de um outro show. Eles já tinham mudado, estavam morando numa casa, em Ipanema também, mas em uma casa, que tinha, assim, um jardinzinho na frente e tal. Nós estávamos ensaiando de tarde e deu aquelas tempestades de verão, aquelas loucas, assim, de ventania. Igual a uma que marcou a minha chegada ao Rio, no primeiro dia que eu pousei aqui no Rio de Janeiro. Às três da tarde, fechou Copacabana de raio e trovão e noite e inundação. E foi nessa tarde, nós estávamos ensaiando e paramos, porque os instrumentos eram ligados à eletricidade. Desligamos tudo, estávamos meio assustados com aquela situação, com aquela tempestade. Quem entra no meio daquele vendaval? Dona Clarice [risos] Toda despenteada do vento [risos]. Ela entrou igualzinho ao vento. Entrou... outro susto. Meu Deus, o que vai ser essa tarde? Aí eu tenho a maior agonia da vida, porque ela entrou e falou "tem uma tempestade. Eu vou ficar aqui um pouco. Esperar". E eu respondi: "lógico, o Fauzi falou, lógico, você fica, espera. Não vai sair nisso, não sei o quê". Os meninos querendo oferecer uma água, um café, alguma coisa. E ela sentada escrevendo,

escrevendo na própria mão, o papel na mão e ia escrevendo. E na hora que ela foi sair, ela me deu esse papel. Eu me lembro que eu li, eu me lembro que eu guardei demais, demais, a ponto de perder.

Que loucura, que maluquice! E depois, mais encontros elétricos e intensos?

Na estreia de Rosa dos Ventos, ela foi. O teatro tinha uma abertura, uma passagem no meio. Eram duas áreas de cadeiras e as duas primeiras filas eram reservadas, todos os dias, para os alunos da Casa das Palmeiras. Os loucos, da doutora Nise. Os dez lugares, os vinte lugares da frente. Acho que era dez e dez ou quinze e quinze, sei lá, não me lembro. Eu sei que era deles e para eles. Mas o Fauzi não me disse que a Clarice iria, não me disse nada. Eu tinha uma marca muito colada com a plateia, falava o texto do Menino Jesus muito perto do público, era quase fora do palco. E o espaço entre a boca de cena e a primeira cadeira era mínimo. Hoje seria proibido [risos] de tão próximo. E eu, quando eu me encaminhei para a marca, eu vi Clarice sentada na frente. Primeira fila. Mas eu não me desconcentrei. Eu... eu tenho

isso em cena, é bonito isso meu em cena, não perco a concentração. Aconteceu quase a mesma coisa tempos depois, no Canecão, com a Fernanda Montenegro. Eu sentei para cantar e dizer... como é?... "mora comigo, na minha casa, um rapaz que eu amo...". Eu acho que foi esse texto, porque era um texto tão pessoal, e o primeiro rosto que estava na minha frente, perto da minha mão, era o da Fernanda Montenegro. Eu quase morri [risos]. Mas eu consigo trazer de volta a concentração. No palco, eu consigo. Fora do palco, eu me perco toda, me atrapalho.

E recentemente aconteceu a mesma coisa com o Chico, no show lá no Manouche?

Mas Chico é mais da minha praia, Buarque é mais, [risos] é mais camarada. Mas deixa eu só acabar de contar da estreia. Foi lindo o comentário dela. É uma das coisas mais bonitas que eu já ouvi, coincidentemente, duas vezes. O camarim do Teatro da Praia era embaixo. Tinha uma escada. Você entrava por trás do palco e tinha uma escada que você, lá de cima, via tudo que estava embaixo. Terminado o show, eu troquei de roupa e saí para poder receber naquele vão as pessoas que iam descer e falar comigo. Eis que eu vi a primeira pessoa lá em cima, segurando os dois lados da escada... era Clarice. Linda! Fortíssima! E me olhou. E eu olhei para ela, ela me olhou e disse "faíscas no palco. Faíscas. Faíscas no palco". Eu achei aquilo tão louco, tão mágico. Muitos anos se passaram e eu conheci Mãe Menininha do Gantois. Quando eu cheguei, foi Vinícius que me levou, às onze horas da manhã, na casa dela, no quarto dela, para pedir sua benção e conhecê-la. Ele me disse "quando você chegar" e me mostrou como eu deveria me comportar: arriar a cabeça no chão, aos pés dela, e pedir a benção. E eu fiz. Quando eu arriei ela disse "Nossa Senhora, quanta faísca" [risos]. Eu acho isso a coisa mais linda que pode acontecer para uma pessoa, uma revelação desses dois lados, assim, tão fortes e abundantes e mágicos e extraordinários da vida. Eu fiquei muito impressionada, muito, até hoje. É lindo isso.

Tempestades, raios, faíscas... Como as mãos de Iansã estão presentes nesse encontro, não é?
Que força que tudo isso tem.

Em todos os meus encontros. Essa é a dona do meu Ori, minha cabeça.

Então, ela realmente seleciona com muita delicadeza, com muita força [risos]. Ela não vai por caminhos pequenos, não. Ela é muito forte. Me dá esses prazeres.

O primeiro texto que você leu de Clarice, que o Fauzi pediu, foi Mineirinho, no final de Comigo me desavim, não foi?

Mineirinho, foi.

Como é tristemente curioso, como é tragicamente incrível, como esse texto tem uma atualidade imensa, como diz dos nossos nebulosos dias.

É inacreditável. I-na-cre-di-tá-vel. Um texto muito forte. Na primeira vez, eu pedi ao Fauzi, "deixa eu ler o texto". Era um espetáculo todo preto e branco. Inclusive, eu vestia preto e branco. Eu ainda vestia preto naquela época. Tudo era preto e branco: a luz, era metade do meu rosto, branca, metade iluminada, metade preta, sombra. Tudo era assim. Era muito bonito. E eu dizia: "Fauzi, é a cor do espetáculo. Papel branco com a tinta preta. Deixa. Vamos ler o Mineirinho". Ele escolheu o texto. Ele escreveu o espetáculo. Muito emocionante esse texto, é atualíssimo.

*É, com certeza. Você sabe
se Clarice escreveu algum texto,
por sugestão do Fauzi, pensando
na sua leitura?*

Ah, não creio não.

*Nessas anotações que ela fazia
durante os ensaios?*

Ela escrevia muito, muito durante os
ensaios. Eu, as vezes que vi Clarice, eu
a via sempre com uma coisa na mão,
assim, escrevendo. Uns garranchos.
Algumas coisas ficavam na mão do
Fauzi e depois, à noite, eu ia à casa
dele pra gente continuar. Porque era
um trabalho tão livre, tão apaixonado,
tão lindo e não tinha horário, não
tinha nada disso que tem hoje. Era o
prazer da vida. Era a vida, aquilo, fazer
aquilo, mexer com aquilo. A gente
só pensava nisso. Era uma entrega
geral, muito bonita. E, às vezes, eu via
e dizia "isso...." porque eu conhecia
a letra dela. Na *Revista Senhor*, eu
tinha assinatura e tinha textos que
vinham, assim, fotografados e tal.
Era chique aquela revista. Moderna.
Muito elegante. E eu dizia assim "esse
texto de Clarice tá escrito aqui" e
ele dizia "é, são os garranchos dela.
Ela escreveu isso, me deu hoje, não
sei o quê". Ele era realmente muito
amigo dela. Muito. Conversavam

muitas horas. E às vezes eu estava na
casa dele, no apartamento – era uma
cobertura, em Copacabana –, tocava o
telefone e ele dizia assim "ih, é Clarice.
Espera um pouquinho". E eu ia lá para
a varanda enquanto eles ficavam,
assim, uma hora, uma hora e meia
conversando. Conversavam muito,
eram muito próximos. Fauzi tinha
muita confiança nela e muito amor por
ela. Que coisa linda, né?

*Assim como foi com Fernando
Pessoa, você levou Clarice para o
grande público, aquele que lotava
as casas de espetáculo que eram
conhecidas pelas apresentações
musicais. Em relação à questão do
show e da música, eu lhe pergunto:
que diferença existe, para você,
entre ler Clarice e falar Clarice com o
jeito de Maria Bethânia e Fauzi Arap?
Porque, na verdade, você falava
e você fala Clarice com esse jeito
Bethânia, todo próprio, como uma
marca, uma assinatura vocal.*

É porque mentir não presta. Eu não
sou Clarice. Eu sou Bethânia.
Eu tenho que falar como Bethânia fala.
Mas com a influência do texto dela.
Eu procuro fazer isso com qualquer
um, com qualquer autor. Com Clarice
particularmente. Ela tem uma coisa
que eu... como Fernando: eu me
identifico de imediato.

Eu não demoro, não demora para me penetrar entranhas, entendeu? Cérebro, nada. É logo. É imediato. Então, eu tenho... leio com muita tranquilidade, com muita intimidade.

E você sempre lê Clarice?

Eu leio sempre. Eu leio sempre. Clarice, toda hora, e Fernando, sempre.

São livros de cabeceira para a vida inteira, né?

São, mas sem cabeceira, porque na cabeceira eu não leio, não. Se eu ler na cabeceira, eu não durmo. Se deixar o livro na cabeceira, eu não consigo dormir.

Você não dorme com um livro na cabeceira da cama?

Não.

Pessoa e Lispector são seus parceiros na arte e na vida, não são?

Para mim, são os meus grandes companheiros, Fernando e Clarice. Meus companheiros. Meus nobres e fiéis companheiros. Não me deixam na mão. A coisa aperta, eu corro pra um ou pra outro [risos].

Você sente que os dois estão com você no palco quando você está lendo os textos?

Não. Comigo eu não sinto eles, não. Mas eu sei que eles ficam contentes. Eu acho que eles ficam [risos]. Eles gostam. Tanto que me provocam. Nas outras coisas que eu vou fazer eles ficam me mostrando uma porção de pistas, caminhos, segredos. Eu bato a mão num livro, cai numa página. Bato, cai o livro aberto. Ficam me mostrando. Eu vou me animando, pego... eu acho que eles gostam, sim. Não tem por que não gostar, eu faço com um amor tão profundo e com tanta verdade.

Uma pergunta que não se faz, mas eu vou fazer: você tem um texto predileto ou um livro predileto dela? É difícil, né? É a mesma coisa que perguntar sobre Fernando Pessoa.

Olha, Julinho, eu... eu não posso dizer, assim, um livro, um texto. Teve um período em que eu era tão louca pelos *Desastres de Sofia*, que eu quase que sabia de cor o conto todo, eu podia ler inteiro. *O ovo e a galinha*, tudo aquilo era muito intenso e forte... os contos me pegavam de maneira muito mais forte. Aí, quando eu li o primeiro romance dela, que é *Perto do coração selvagem*, eu fiquei...

assim... "ah, então é.... eu, quando leio Clarice, agora, tenho que saber que ela também escreve assim". Porque o modo que ela escrevia nos contos, para mim, era muito diretamente para mim, para o meu... entendeu? Era como se ela me traduzisse, escrevesse por mim. Os sentimentos, as ideias, o que chamava a atenção, o que interessava, qual era o assunto, entende? Mas aí os romances, não. Os romances têm personagens ali. E, assim, histórias inteiras. Então, eu fico louca pelos contos. Eu persigo ali muito contos de Clarice.

E as crônicas são também incríveis. Eu lembro de "Restos de carnaval".

As crônicas... "Restos de carnaval" é uma graça. "Banhos de mar". Eu li recentemente "Banhos de mar". Fiquei tão emocionada. Eu estava gravando o meu disco e me pediram para fazer – nem sei para o que foi, foi alguma coisa para o centenário dela, que me pediram e eu li "Banhos de mar". Ah, foi para Portugal.

Há na literatura da Clarice e no seu trabalho como intérprete de canções, essa vontade de falar do pequeno, do sensível, dos afetos, da beleza, enfim, dos mistérios da vida. Você não acha?

É, também dos desarrumados, dos incompreendidos, dos que não são perfeitos, da imperfeição nossa, tudo isso. Essa coisa do humano. É tão bonito. Clarice é mágica nisso. Como nela tudo é profundo, ela com ela e ela com os outros. Ela vê muito o outro, ela penetra muito. Então ela entrega..., entendeu? Você é coautor o tempo todo. Eu, pelo menos me sinto assim, sou bem ousada.

Além disso existe o Nordeste, sempre presente em vocês duas.

É, ela é pernambucana. Ela pode ter nascido onde nasceu, mas ela é pernambucana.

Ela e o Recife, você e Santo Amaro. Bethânia, que Brasil, para você, é o da Clarice? Que Brasil, para você, é o da Bethânia? Esse Brasil profundo? Esse Brasil simples?

Para mim é o Brasil de todo dia, de toda hora. O Brasil que tira o sono, assim, pela beleza e que tira o sono pela incompreensão dele, da indelicadeza com ele, entendeu? É um país, é uma terra tão bonita, tão... tão possível, tão única. É diferente de tudo no mundo, entendeu? E fica tropeçando, tropeçando, tropeçando com gente que não lhe vê, que não lhe percebe, não lhe sente, sobrevoa, entendeu, tem medo de botar o pé no chão, tem medo de sentir o calor de sua terra, medo de molhar o pé na água do riacho, sua água limpa. Eu fico... fico nervosa. Não quero falar do Brasil, não, porque eu começo a chorar.

E terminando o seu depoimento, que eu agradeço profundamente, eu vou retomar o que você falou lá no início. E eu queria terminar exatamente com esse verso lindo, título da belíssima canção de Caetano e Capinam, mesmo que a música não tenha sido composta pensando nela. Para você, que mistérios, Bethânia, tem Clarice?

[risos] eu não sei, não. [risos] Deus me livre de saber [risos] é muito fundo, é muito grande. Mas o mistério que podia aparecer, através de sua obra, é um mistério cativante, atraente, belíssimo, encantador, único, com a assinatura digital maravilhosa, uma raridade, um rubi raríssimo, calorosa, afetiva, amorosa, tudo lindo, tudo mágico, as cartas dela, como ela se dedica/se dedicou às pessoas, as suas pequenas entranhas, suas pequenas nuances, tudo lindo. Aaai, dona Clarice, meu amor. ●

CIP-BRASIL. CATALOGAÇÃO NA PUBLICAÇÃO
SINDICATO NACIONAL DOS EDITORES DE LIVROS, RJ

Q24
Quanto ao futuro, Clarice / [Ana Kiffer ... [et al.]] ;
organização Júlio Diniz. - 1. ed. -
Rio de Janeiro : Bazar do Tempo : PUC-Rio, 2021.

ISBN (Bazar do Tempo): 978-65-86719-77-2
ISBN (PUC-Rio): 978-65-88831-40-3
1. Lispector, Clarice, 1920-1977 - Crítica e interpretação. I. Kiffer, Ana. II. Diniz, Júlio.

21-73858   CDD: 869.09981
                  CDU: 821.134.3.09(81)

Camila Donis Hartmann - Bibliotecária - CRB-7/6472
14/10/2021   15/10/2021

ESTE LIVRO FOI PUBLICADO EM COEDIÇÃO ENTRE BAZAR DO TEMPO E EDITORA PUC-RIO NA PRIMAVERA DE 2021, COMO PARTE DAS CELEBRAÇÕES EM TORNO DO CENTENÁRIO DE NASCIMENTO DE CLARICE LISPECTOR. O MIOLO FOI IMPRESSO EM PAPEL PÓLEN SOFT 80G PELA GRÁFICA VOZES. FORAM USADOS OS TIPOS DA FAMÍLIA CORBEL.